남북한 미사일 경쟁史
현무 vs. 화성

남북한 미사일 경쟁史
현무 vs. 화성

초판 1쇄 발행 2015년 12월 28일
초판 2쇄 발행 2016년   7월 20일

저   자 | 장철운
발행인 | 윤관백
발행처 | ㈜도서출판 선인

영   업 | 김현주

등   록 | 제5-77호(1998.11.4)
주   소 | 서울시 마포구 마포동 324-1 곳마루 B/D 1층
전   화 | 02) 718-6252/6257
팩   스 | 02) 718-6253
E-mail | sunin72@chol.com

정가 22,000원
ISBN 978-89-5933-950-1 93300

남북한 미사일 경쟁史
현무 vs. 화성

장철운 지음

서 문

2015년은 한반도가 일제 치하에서 벗어난 지 70주년인 동시에 남북한으로 사실상 분단된 지 70년을 맞는 해이다. 많은 사람들은 광복·분단 70년을 맞아 남북관계가 장기간의 경색 국면에서 벗어나 진전되기를 바랐지만, 현실은 녹록치 않다. 2015년 8월 비무장지대(DMZ) 지뢰 폭발 사건 이후 전개된 한반도의 군사적 긴장 수위 상승은 언제든지 한반도에서 전쟁이 재발할 수도 있다는 점을 모든 사람에게 다시 일깨워줬다. 필자는 이 같은 현상의 배경 중 하나가 한반도의 군사적 대결 구조가 지속되기 때문이라고 생각한다. 남북한 각각에 정부가 수립되는 과정에서 창설된 양측의 군대는 6.25전쟁을 거치며 급속하게 성장했고, 상대방의 군사력을 위협으로 규정하며 안보라는 자양분을 토대로 아직까지 대치를 이어가며 군비경쟁을 벌이고 있다.

그동안 남북한의 군비경쟁 및 군사력 비교 등을 주제 또는 소재로 한 연구는 적지 않게 이뤄졌다. 그러나 몇몇 연구를 제외한 상당한 정도의 기존 연구는 관변적 성격을 내포하고 있거나 여기에서 크게 벗어나지 못한 것이 사실이다. 이러한 연구들은 대체로 남북한 각각의 군대가 보유한 병력과 주요 장비의 수를 단순하게 비교함으로써 북한의 군사력이 남한보다 강하다는 결론을 도출하거나 전제하는 한계를 노정하고 있다. 군사(투자)비 누계 등과 같은 방법을 통해 남북한의 총체적 군사력을 비교·분석한 연구도 있지만, 남북한 군대의 부정과 비리 등을 감안했을 때 소요된 비용이 고스란히 군사력의 유지 및 증강으로 이어졌을 것이라고 가정하기는 어렵다.

한편 대부분의 기존 연구는 남북한의 전통적인 재래식 군사력을 주요 분석 대상으로 삼고 있다. 미국의 이라크 침공과 아프가니스탄 전쟁 등에서 알 수 있는 것처럼, 진일보한 과학기술이 탄생시킨 최첨단 무기체계는 전쟁의 승패에 강력한 영향을 미치고 있다. 그렇지만 이러한 현상이 전통적인 재래식 군사력의 중요성이 감소했다는 주장으로 직결되는 것은 아니다. 특히, 전쟁을 마무리하는 데 재래식 군사력은 여전히 중요한 역할을 하고 있다. 그러나 앞으로 벌어질 이른바 '현대전' 또는 '미래전'에서는 전통적인 재래식 군사력보다는 대량살상무기(WMD: Weapons of Mass Destruction)로 대표되는 비재래식 군사력이 전쟁의 승패에 결정적 영향을 미칠 것이라는 예측이 일반적이다. 이러한 측면에서 남북한의 재래식 군사력에 집중한 기존 연구는 북한이 핵과 미사일 개발을 지속하고, 남한 역시 미사일 개발에 집중하고 있다는 현실을 제대로 반영하지 못하는 것처럼 보인다.

이 책은 남북한의 군비경쟁이라는 맥락을 감안하면서 기존 연구가 충분히 다루지 않았던 남북한의 '지대지 미사일(SSM: Surface-to-Surface Missile)'을 주요 분석 대상으로 삼고 있다. 필자가 남북한의 SSM에 천착한 이유는 현대전에서 SSM이 갖는 의미가 다른 무기체계와 구별됨에도 불구하고, 남북한이 보유한 SSM에 관해 알려진 내용이 많지 않기 때문이다. 국방부가 약 2년마다 발표하는 『국방백서』와 국제적으로 공신력을 인정받는 영국 국제전략문제연구소(IISS: International Institute for Strategic Studies)의 *The Military Balance*는 남북한의 지대지 미사일 전력을 발사대 기준으로 기록하고 있어 실상을 제대로 파악하기 어렵다.

이 책은 필자가 2014년 8월 북한대학원대학교에서 박사학위를 받은 논문인 "남북한의 지대지 미사일 경쟁 연구: 결정요인 및 전력을 중심으로"를 수정·보완한 것이다. 수정·보완하는 과정에서 가능한 최근 변화까지 포함시키고자 노력하였으나, 독자들이 미진하다고 판단한다면 이는 필자의 노력이 부족했기 때문이다. 이 책을 통해 독자들이 남북한 군비경쟁에 대한 이해를 조금이라도 넓히고, 한반도 군사문제의 중요성을 다시금 생각하게 되기를 기대한다. 끝으로, 필자가 경남대 북한대학원과 북한대학원대학교에서 석·박사 학위 과정을 이수하고, 학위 논문을 작성하는 데 많은 가르침과 도움을 주신 함택영 교수님과 이 책을 출간하는데 많이 도와준 후배 오은경 석사께 감사드린다.

2015. 12

목 차

약어표

ABM: Anti-Ballistic Missile 대탄도탄 요격미사일

ADD: Agency for Defense Development 국방과학연구소

AECL: Atomic Energy Canada Ltd. 캐나다원자력공사

BM: Ballistic Missile 탄도 미사일

CANDU Rx: Canadian Deuterium-Uranium Reactor 캐나다식 중수형 원자로

CEP: Circular Error Probable(Probability) 원형공산오차

CM: Cruise Missile 순항 미사일

CTBTO: Comprehensive Nuclear Test Ban Treaty Organization
포괄적핵실험금지조약기구

DNI: Director of National Intelligence 미국 국가정보국

FAS: Federation of American Scientists 미국과학자연맹

GBI: Ground-Based Interceptor 지상 발사 요격 미사일

GLCM: Ground Launched Cruise Missile 지상발사 순항미사일

HEU: Highly Enrichment Uranium 고농축 우라늄

ICAO: International Civil Aviation Organization 국제민간(민용)항공기구

IMO: International Maritime Organization 국제해사기구

INF: Intermediate Nuclear Force 중거리 핵무기

INS: Inertial Navigation System 관성항법장치

JASSM: Joint Air to Surface Standoff Missile 합동 원거리 공격탄

KAMD: Korea Air and Missile Defense 한국형 미사일방어

KDX: Korea Destroyer Experimental 한국형 구축함 사업

KIDA: Korea Institute for Defense Analysis 한국국방연구원

KSLV: Korea Space Launch Vehicle 한국형 발사체

KSR: Korea Sounding Rocket 한국과학관측로켓

MAD: Mutual Assured Destruction 상호확증파괴

MD: Missile Defense 미사일방어

BMD: Ballistic MD 탄도 미사일 방어

NMD: National MD 국가 미사일 방어

TMD: Theater MD 전역 미사일 방어

MDA: Missile Defense Agency 미국 국방부 미사일방어국

MIRV: Multiple Independently targetable Reentry Vehicle 다탄두 미사일

MLRS: Multiple Launch Rocket System 다련장로켓(방사포)

MOX: Mixed-Oxide Fuel 산화혼합핵연료

MTCR: Missile Technology Control Regime 미사일기술통제체제

NATO: North Atlantic Treaty Organization 북대서양조약기구

NIE: National Intelligence Estimate 미국 국가정보평가

NLL: Northern Limit Line 북방한계선

NORAD: North American Aerospace Defense Command 북미항공우주방위사령부

NPT: Treaty on the Non-Proliferation of Nuclear Weapons 핵무기비확산조약

NSC: National Security Council 국가안보회의

NSDM: National Security Decision Memorandum 미국 국가안보결정 비망록

NWS: Nuclear Weapon State 핵무기보유국

PSI: Proliferation Security Initiative 대량살상무기 확산방지구상

RMA: Revolution in Military Affairs 군사혁신

RV: Reentry Vehicle 재돌입체

SALT: Strategic Arms Limitation Talks/Treaty 전략무기제한협상/협정

SAM: Surface to Air Missile 지대공 미사일

SCM: Security Consultative Meeting 한미 연례안보협의회

SDI: Strategic Defense Initiative 전략방위구상

SLBM: Submarine Launched Ballistic Missile 잠수함 발사 탄도 미사일

SLV: Space Launch Vehicle 우주발사체

SSM: Surface to Surface Missile 지대지 미사일

START: Strategic Arms Reduction Talks 전략무기감축협상

TEL: Transporter Erector Launcher 이동식 발사대

UAV: Unmanned Aerial Vehicle 무인비행체

WMD: Weapons of Mass Destruction 대량살상(파괴) 무기

    ABC: Atomic, Biological, and Chemical

    NBC: Nuclear, Biological, and Chemical

제1장

서 론

제1절 연구 배경 및 목적

2015년 북한은 노동당 창건 70주년을 기념하기 위해 장거리 로켓 발사 움직임을 보였다. 북한에서 장거리 로켓 개발 및 발사 등을 담당하는 국가우주개발국의 국장은 2015년 9월 14일 〈조선중앙통신〉 기자의 질문에 대답하는 형식으로 노동당 창건 70주년을 맞아 "선군조선의 위성들이 우리 당 중앙이 결심한 시간과 장소에서 대지를 박차고 창공 높이 계속 날아오를 것"이라고 밝혔다.[1] 이어 북한 국가우주개발국의 현광일 과학개발국장은 미국 CNN 취재진을 북한의 새로운 위성관제종합지휘소로 초청한 자리에서 "최근 몇 주 동안 여러 부분에서 진전이 있었다"며 "더 미더운 기반에서 더 나은 위성을 운반하기 위해 발사 장소를 고르고 있다"고 주장하기도 했다.[2]

한편 남한은 사거리가 800km에 달하는 지대지 탄도 미사일을 개발하고 있다. 2015년 9월 11일 국정감사 자리에서 양병희 합동참모본부 전력기획부장

---

1) 〈연합뉴스〉, 2015년 9월 15일자.
2) 〈연합뉴스〉, 2015년 9월 18일자.

은 새정치민주연합 김광진 의원이 '우리는 800km 미사일을 날릴 공간이 있느냐'고 질의하자 "한국방공식별구역(KADIZ) 남방으로 해서 이어도 남방 공해상으로 하는 것으로 검토하고 있다"고 답변했다. 최윤희 합참 의장이 "양 부장의 답변은 그런(발사할 수 있는) 공간이 존재한다는 보고이며 시험발사 계획은 아니기 때문에 이해해 달라"고 부연했지만,[3] 양 부장의 발언대로라면 우리 군의 800km 지대지 탄도미사일 개발이 거의 완료된 것으로 보인다. 남한은 미국과 2012년 10월 한·미 미사일 지침을 개정하면서 독자적으로 개발·보유할 수 있는 지대지 탄도 미사일의 사거리를 800km로 연장한 바 있다.

이에 앞서 남북한은 6·25전쟁 정전 60주년인 2013년 각각의 지대지 미사일 전력을 과시했다. 북한은 2013년 7월 27일 김정은 국방위원회 제1위원장이 참석한 가운데 이른바 '전승절'을 기념하기 위해 진행한 열병식에서 단·중·장거리 지대지 탄도 미사일을 대거 선보였고, 이를 〈조선중앙TV〉 등을 통해 생중계했다.[4] 약 3개월 뒤인 같은 해 10월 1일 남한은 박근혜 대통령 등이 참석한 건군 65주년 기념 국군의날 시가행진을 통해 현무Ⅱ 지대지 탄도 미사일과 현무Ⅲ 지대지 순항 미사일을 처음으로 일반에 공개했다.[5] 남북한은 2012년 말과 2013년 초 장거리 지대지 탄도 미사일과 기술적인 측면에서 큰 차이가 없는 우주발사체(SLV: Space Launch Vehicle)를 각각 쏘아 올리기도 했다. 북한은 2012년 12월 12일 광명성-3호 2호기 인공위성을 로켓인 은하-3호에 실어 우주로 쏘아 올렸고, 약 2개월 뒤인 2013년 1월 30일 남한도 나로과학위성을 나로호 로켓에 실어 우주로 날려 보냈다.

이처럼 남북한은 지대지 미사일 개발 경쟁을 본격화하고 있다. 지대지 미사일은 여타 무기에 비해 긴 사거리와 넓은 살상반경뿐 아니라 비행 속

---

3) 〈연합뉴스〉, 2015년 9월 11일자.
4) 〈연합뉴스〉, 2013년 7월 27일자.
5) 〈국방일보(인터넷)〉, 2013년 10월 1일자.

도가 빨라 방어가 어렵고 이동식 발사가 가능해 생존성이 뛰어나다는 등의 특징을 갖고 있다. 이러한 특징 때문에 지대지 미사일은 현대전에서 가장 중요한 무기체계 가운데 하나로 꼽히며, 나름의 정치적 · 전략적 의미를 갖는 것으로 평가된다. 1990년대 초반과 2000년대 초반 각각 치러진 이라크전쟁에서 미국은 토마호크 지대지 순항 미사일과 ATACMS 지대지 탄도 미사일 등을 동원해 이라크의 주요 거점을 무력화한 뒤에야 지상군을 대규모로 투입했다.[6] 이를 감안하면 한반도에서 전쟁이 재발할 경우, 지대지 미사일이 전쟁에 적지 않은 영향을 미칠 것이라고 예상할 수 있다. 현재 남북한은 상대방의 전 지역을 타격할 수 있는 사거리의 지대지 미사일을 적지 않게 보유하고 있으며, 보다 사거리가 길고 정교하며 파괴력과 살상력이 큰 미사일을 개발하기 위한 노력을 지속하고 있다.

지대지 미사일은 군사력을 구성하는 주요 요소라는 점에서 군사력 균형 평가에 반드시 포함돼야 하는 것이다. 그러나 남북한의 군사력 균형을 주제로 한 자료와 선행연구에서는 지대지 미사일을 거의 다루지 않고 있다. 심지어 남북한이 보유한 지대지 미사일을 함께 다룬 선행연구는 거의 없는 실정이다. 대부분의 선행연구는 북한의 탄도 미사일 개발 목적, 능력, 위협, 전략 등에 관한 분석 또는 추정에 초점을 맞춰왔다.[7] 1990년대 이후 북한이 지대지 미사일과 관련한 여러 행위를 선보이고, 이것이 한반도뿐 아니라 국제사회에서 주요 이슈가 됐기 때문에 기존 논의가 북한의 미사일에 모아진 것으로 보인다. 반면 남한의 지대지 미사일 개발을 다룬 연구는 많지 않다.[8] 박정

---

6) 박준복, 『미사일 이야기』(파주: 살림, 2013), pp. 12~17.
7) 장준익, "북한의 핵무기와 미사일 전략에 관한 연구"(경기대 정치전문대학원 정치학 박사학위논문, 2004); 홍용표, 『북한의 미사일 개발전략』(서울: 통일연구원, 1999); 최용환, "북한의 대미 비대칭 억지 · 강제 전략: 핵과 미사일 사례를 중심으로"(서강대 대학원 정치학 박사학위논문, 2003); 홍우택, 『북한의 핵 · 미사일 대응책 연구』(서울: 통일연구원, 2013); 황일도, 『김정일, 공포를 쏘아올리다: 북한 탄도미사일, 장사정포, 핵무기 위력 정밀해부』(서울: 플래닛미디어, 2009) 등.
8) 박준복, 『한국 미사일 40년의 신화: 자주국방 그리고 꿈을 이룬 사람들』(서울: 일조각, 2011).

희 정부 시절에 이뤄졌던 이른바 '백곰 유도탄' 개발과 관련해 한·미관계를 중심으로 고찰한 연구가 눈에 띄는 정도이다.[9] 남북한의 미사일 개발을 비교한 일부 연구는 남북한의 미사일 개발을 개략적으로 서술하는 데 그치고 있다.[10] 즉, 남북한이 지대지 미사일 경쟁을 벌이고 있다는 현실을 직시하는 연구가 필요한 것이다.

이러한 배경 하에서 이 책은 다음과 같은 질문으로 시작하고자 한다. 첫째, 남북한의 지대지 미사일 경쟁은 언제 시작됐는가? 이 질문에 앞서 남북한이 지대지 미사일 경쟁을 벌이는 것이 사실인지를 확인할 필요가 있다. 왜냐하면 많은 사람들은 남북한이 군비경쟁을 벌이고 있다고 인식하면서도 양측이 지대지 미사일 경쟁을 벌인다고는 인식하지 않기 때문이다.[11] 이러한 인식의 괴리는 1990년대 이후 북한의 지대지 미사일 및 핵 개발이 국제사회에서 논의되는 주요 화두 가운데 하나가 됐기 때문에 형성된 것으로 보인다.

그러나 장기적인 관점에서 보면 남북한은 지대지 미사일 경쟁을 벌이고 있는 것이 사실이다. 1970년대 남한은 백곰 미사일을 개발했고, 북한은 중국의 DF(DongFeng, 東風)-61 개발에 참여했다. 1980년대에도 북한의 스커드 계열 미사일 개발과 남한의 현무 미사일 개발이 나란히 진행되며 경쟁 양상을 나타냈다. 1990년대 북한이 지대지 탄도 미사일의 사거리를 증가시키는 동안 남한의 지대지 미사일 개발이 부진했던 것이 사실이지만, 2000년대 이후에는 북한이 다양한 사거리의 지대지 미사일 개발을 추진하고 남한이 북

---

9) 엄정식, "카터 행정부 시기 대한무기이전 정책의 변용: 백곰 미사일의 개발과 F-5E/F 공동생산의 합의" (서울대 대학원 외교학 박사학위논문, 2012).

10) Jung-Hoon Lee, "The Missile Development Race Between South and North Korea, and the U.S. Policy of Checking," *East Asian Review*, 9-3 (1997).

11) 남북한의 군비경쟁에 관한 논의는 함택영, 『국가안보의 정치경제학: 남북한의 경제력·국가역량·군사력』 (서울: 법문사, 1998); 함택영, "남북한 군비경쟁 및 군사력 균형의 고찰," 경남대 극동문제연구소 엮음, 『남북한 군비경쟁과 군축』 (서울: 경남대출판부, 1992); 하영선 편, 『한반도 군비경쟁의 재인식: 전쟁에서 평화로』 (부천: 인간사랑, 1988); 하영선, 『한반도의 전쟁과 평화: 군사적 긴장의 구조』 (서울: 청계연구소, 1989); 하영선, 『한반도의 핵무기와 세계 질서』 (서울: 나남, 1991); 선종률, "남북한 군비경쟁 양상 변화에 관한 연구" (울산대 대학원 정치학 박사학위논문, 2011) 등 참조.

한 전역을 타격하기 위한 지대지 미사일 개발을 진행하면서 경쟁이 다시 전개되고 있다. 이에 더해 양측은 지대지 탄도 미사일과 기술적으로 밀접하게 연관된 SLV 경쟁도 벌이고 있다.

둘째, 남북한의 지대지 미사일 경쟁은 왜 시작됐으며, 여기에 영향을 미친 요인은 무엇인가? 남북한의 지대지 미사일 경쟁은 양측이 지속하는 군비경쟁의 일환이라고 할 수 있다. 따라서 남북한 각각이 지대지 미사일을 개발하게 된 가장 큰 이유는 상대방의 군사적 위협 또는 이에 관한 인식과 대응의 맥락에서 이해할 수 있다. 남북한과 같이 적대적인 두 국가 또는 국가군 가운데 어느 일방의 군사력 증강은 상대방의 군사력 증강에 결정적인 영향을 미치기 때문이다. 특히, 핵 및 지대지 미사일처럼 재래식 무기와 구분할 수 있을 정도로 강력한 살상력과 파괴력을 갖는 WMD 개발은 같은 방식의 대응을 불러일으키는 경우가 많았다. 미국과 소련, 소련과 중국, 중국과 인도, 인도와 파키스탄이 벌인 지대지 미사일 및 핵무기 개발 경쟁이 대표적 사례이다.

그렇다면 여기에서 '왜 지대지 미사일인가'라는 질문을 추가로 제기할 수 있다. 특히, 이 질문은 남북한 가운데 지대지 미사일 개발에 먼저 나선 남한에 해당하는 것이라고 할 수 있다. 1970년대 박정희 정부는 북한의 위협이 상시적인 상황에서 닉슨 행정부가 주한미군 철수 등을 추진하자 안보 불안을 느껴 자주국방정책을 추진했고,[12] 이의 일환으로 지대지 미사일을 개발한 것으로 알려져 있다.[13] 북한 역시 1990년 9월 남한과의 수교 사실을 통보하기 위해 방북한 소련의 에두아르트 세바르드나제(Eduard Amvrosiyevich Shevardnadze) 외상에게 "조·소동맹이 유명무실하게 되며, 그렇게 될 경우 우리는 동맹관계에 의존했던 일부 무기도 자체로 마련하는 대책을 세우지 않을 수 없게 될 것"이라며 "한반도에서

---

12) 함택영, 『국가안보의 정치경제학』, p. 249.
13) 심융택, 『백곰, 하늘로 솟아오르다: 박정희 대통령의 핵개발 비화』 (서울: 기파랑, 2013) 등.

의 군비경쟁도 격화되지 않을 수 없다"고 주장했다고 한다.[14]

즉, 남북한 각각이 우방으로 생각하는 강대국들의 이른바 '포기' 가능성 우려가 남북한의 지대지 미사일 개발에 영향을 미친 것이다. 이를 감안해 이 책은 남북한의 지대지 미사일 경쟁을 고찰하는 과정에서 양측이 각각 맺고 있는 동맹관계의 변화를 중요한 요인으로 다루고자 한다. 이 같은 안보적 요인 외에도 권위주의 체제를 유지하는 제3세계 국가에서 나타나는 최고지도자의 권력 강화 및 이른바 관료정치와 같은 국내정치적 요인, 경제·기술적 여건, 국제적인 WMD 비확산 체제와 같은 요인도 남북한의 지대지 미사일 경쟁에 영향을 미쳤을 것이라고 가정할 수 있다.

셋째, 남북한의 지대지 미사일 전력을 비교하면 어떠한 결과가 도출되는가? 이와 관련해 남한의 국방부와 영국의 IISS가 발표한 남북한의 지대지 미사일 관련 내용을 살펴볼 필요가 있다. 국방부는 2003년 7월 기존의 『국방백서』를 대신해 발간한 『참여정부의 국방정책』부터 비교적 최근 발간한 『2014 국방백서』까지 남북한의 "지대지 유도무기"를 "발사대" 기준으로 표시하고 있다.[15] 지대지 미사일 관련 자료의 민감성 때문에 국방부가 수집·분석·

---

14) 임동원, 『피스메이커: 남북관계와 북핵문제 20년』(서울:중앙북스, 2008), p. 189; 〈연합뉴스〉, 2005년 9월 27일자.

15) 국방부, 『참여정부의 국방정책』(2003), p. 158; 국방부, 『2004 국방백서』(2005), p. 251; 국방부, 『2006 국방백서』(2006), p. 224; 국방부, 『2008 국방백서』(2009), p. 260; 국방부, 『2010 국방백서』(2010), p. 271; 국방부, 『2012 국방백서』(2012), p. 289; 국방부, 『2014 국방백서』(2014), p. 239. 국방부는 김대중 정부 말기인 2002년 말 발간한 『1998~2002 국방정책』에서 남북한 군사력 비교를 하지 않았으며, 2001년 말 『국방백서』를 대신해 발간한 『2001년도 국방 주요자료집』에서는 남북한의 야포 전력에서 유도무기를 제외했다. 국방부, 『2001년도 국방 주요자료집』(2001), p. 5. 그러나 국방부는 1999년 10월 발간한 『국방백서 1999』와 2000년 말 발간한 『국방백서 2000』에서는 유도무기를 로켓, 다련장, 방사포와 함께 야포 전력에 포함시켰었다. 국방부, 『국방백서 2000』(2000), p. 202; 국방부, 『국방백서 1999』(1999), p. 196. 국방부는 1992년 10월 발간한 『국방백서 1992~1993』부터 1998년 10월 발간한 『국방백서 1998』까지는 남북한 군사력 현황을 비교하면서 남북한의 유도무기에 관한 내용을 밝히지 않았다. 국방부, 『국방백서 1998』(1998), p. 213; 국방부, 『국방백서 1997~1998』(1997), p. 241; 국방부, 『국방백서 1996~1997』(1996), p. 64; 국방부, 『국방백서 1995~1996』(1995), p. 72; 국방부, 『국방백서 1994~1995』(1994), p. 74; 국방부, 『국방백서 1993~1994』(1993), p. 67; 국방부, 『국방백서 1992~1993』(1992), p. 62. 이에 앞서 국방부는 1991년 10월 발간한 『국방백서 1991~1992』에서 북한의 포병 전력 9,500여 문에 FROG 미사일 20여 기를 포함시켰다면서 북한이 "스커드 미사일 등 장사정 무기"를 "생산배치" 했다고 설명했지만 남한의 미사일 전력과 관련해서는 포병 전력을 설명하면서 "어네스트존과 한국형 미사일을 일부 보유하고 있다"고만 밝혔다. 국방부, 『국방백서 1991~1992』(1991), pp. 129~130. 국방부는 1990년 11월 발간한 『국방

평가한 자료를 그대로 발표하지 않는 것으로 보인다. IISS가 모든 국가의 재래식·비재래식 군사력 현황을 종합해 매년 발간하는 *The Military Balance*는 북한의 미사일 관련 내용을 『국방백서』보다 좀 더 자세히 기술하고 있다. IISS는 *The Military Balance 2015*에서 북한이 KN-08을 개발 중이고, 약간의 무수단 미사일 발사대를 갖추고 있으며, 노동미사일은 약 90기 이상, 노동미사일 발사대는 약 10개이고, 스커드-B/C는 약 200기 이상, 발사대는 30개 이상이라고 밝히고 있다. 반면 남한의 지대지 미사일과 관련해서는 백곰과 현무 I 및 현무 II -A/B 단거리 지대지 탄도 미사일(SRBM: Short Range Ballistic Missile)의 '발사대'가 30개이고, 현무 III 지상공격 순항미사일(LACM: Land Attack Cruise Missile)을 보유하고 있다고 설명한다.[16] 이 같은 자료를 통해서는 남북한이 보유하고 있는 지대지 미사일 현황조차 제대로 파악하기 어려운 것이 사실이다.

이처럼 남북한의 지대지 미사일 전력을 비교·평가한 자료나 선행연구를 찾기는 어렵다. 따라서 남북한의 지대지 미사일 전력을 객관적으로 평가하는 작업이 필요하다. 북한의 지대지 미사일 전력과 관련해 북한이 어떤 종류의 지대지 미사일을 얼마만큼 보유하고 있는지에 대한 추정은 수천기에서 수백기에 이르기까지 다양한 실정이다. 심지어 북한이 개발 중인 지대지 미

백서 1990』에서 북한이 "오산까지 위협을 주는 FROG-5/7, 전주·김천선까지 공격이 가능한 SCUD-B형 지대지 미사일을 다수 보유하고 있다 … 이에 비하여 한국은 어네스트존과 한국형 미사일을 일부 보유하고 있다"고 설명하면서도 미사일 전력을 포병 전력에 포함시켰는지 여부는 밝히지 않았다. 국방부, 『국방백서 1990』(1990), p. 113. 국방부는 1989년 10월 발간한 『국방백서 1989』에서는 "북한의 야포 9000여문에는 다양한 구경의 곡사 및 평사포와 방사포, 지대지 로켓 등이 포함되어 있"으며 "한국군의 야포 4,000여문은 … 어네스트 존 및 한국형 지대지 유도탄으로 구성되어 있다"고 밝혔다. 국방부, 『국방백서 1989』(1989), p. 178. 국방부는 1988년 말 발간한 『국방백서 1988』에서는 "북한의 야포 7,800여문에는 … FROG-5/7 지대지 로켓 등이 포함되어 있고, 한국군 4,000문은 … 어니스트 존 및 한국형 지대지 유도탄으로 구성되어 있다"고 밝혔다. 국방부, 『국방백서 1988』(1988), p. 149. 국방부가 처음 발간한 『국방백서 1967』에는 북한의 미사일 관련 내용은 없지만 남한이 "지대지, 지대공 미사일 무기의 새로운 도입과 신형전차 및 야포가 도입되고 앞으로는 "헬리콥터"를 포함한 기타장비가 도입될 예정"이라고 기술돼 있다. 국방부, 『국방백서 1967』(연도미상), p. 75. 국방부는 이듬해 발간한 『국방백서 1968』에 남북한의 미사일 관련 내용을 기술하지 않았다.

16) IISS, *The Military Balance 2015* (London: Oxford University Press, 2015), pp. 262, 265.

사일을 실전배치한 것으로 과대평가하는 경우도 있다. 반면 남한의 지대지 미사일 전력을 제대로 파악 · 분석한 자료는 찾아보기 어려운 것이 사실이다. 즉, 남북한의 지대지 미사일 전력에 관한 실증적이고 객관적이며 심도 있는 연구가 절실한 상황이다.

제2절 선행연구 검토

남북한 모두의 지대지 미사일을 연구대상으로 삼은 선행연구는 이정훈의 1997년 글이 대표적이다.[17] 이정훈은 당시까지 남북한의 지대지 미사일 개발 과정을 개략적으로 고찰 · 비교하면서 남북한의 지대지 미사일 개발을 통제하기 위해 미국이 취한 조치를 살펴보고 있다. 그는 남북한의 지대지 미사일 개발을 군비경쟁의 관점에서 비교하려고 했던 것으로 보인다. 그러나 경쟁에 필수적인 요소라고 할 수 있는 상호 간 영향, 즉 남북한 각각의 지대지 미사일 개발이 서로에 미친 영향을 제대로 살펴보지 않고 있다.

이정훈의 연구를 제외하고는 남북한의 지대지 미사일을 함께 다룬 선행연구는 찾기 어렵다. 선행연구 대부분이 남북한 가운데 어느 일방의 지대지 미사일만을 연구대상으로 다루고 있기 때문이다. 선행연구 가운데 상당수는 북한의 지대지 미사일 현황 및 능력을 추정하거나 북한의 장거리 지대지 미사일 개발 목적 등을 분석하는 것이다. 북한의 지대지 미사일 능력에 관한 연구 가운데 정규수의 2012년 저작을 눈여겨 볼 필요가 있다.[18] 저자가 남한에서 무기개발을 담당하는 연구기관인 국방과학연구소(ADD: Agency for

---

17) Jung-Hoon Lee, "The Missile Development Race Between South and North Korea, and the U.S. Policy of Checking."
18) 정규수, 『ICBM 그리고 한반도: 북한과 한반도 주변 열강의 탄도탄』 (서울: 지성사, 2012).

Defense Development)에서 근무했던 경험을 살려 북한이 2009년 은하-2
호 장거리 로켓 발사 등에서 노출한 공개적인 정보 등에 근거해 대포동-2호
탄도 미사일의 실체를 규명하려고 하는 부분은 다른 선행연구와 차별화되는
부분이다. 그러나 저자는 남한의 지대지 미사일 개발과 관련한 내용은 전혀
언급하지 않고 있다.

북한의 지대지 미사일 개발 목적 및 전략 등에 관한 선행연구로는 홍용표
의 1999년 연구와 장준익의 2004년 박사학위논문이 대표적이다.[19] 홍용표
는 북한의 미사일 보유 동기를 안보 모델, 국내정치 모델, 상징 모델, 경제 모
델 등의 분석틀을 이용해 설명하고 있다. 이 연구는 북한의 핵무기와 연계
하지 않고 지대지 미사일만을 연구대상으로 설정했다는 점에서 다른 연구
와 차별성을 갖는다. 장준익은 북한 탄도 미사일 부대의 편성과 운영, 그리고
이 부대가 남한의 안보에 미치는 영향 등을 분석했다. 그러나 북한의 미사일
을 핵무기 투발수단 정도로 다루고 있어 미사일 자체의 전략적 가치를 평가
절하 하는 문제를 갖고 있다. 또한 두 연구가 발표된 이후 각각 11년, 16년이
지나는 동안 북한의 지대지 미사일 개발이 진척됐다는 점에서 재론이 필요
하다.

북한의 미사일 개발과 관련해 백과사전 성격을 갖는 IISS의 2011년 발간물
과 국방부의 2007년 발간물 역시 중요한 자료이다.[20] IISS가 2004년 발간물[21]
을 발전시켜 내놓은 2011년 발간물은 '제6장 북한의 탄도 미사일 프로그램
(Chapter Six: North Korea's Ballistic Missile Programmes)'에서 북한의 미
사일 개발 역사와 미사일 관련 정책 등을 자세히 정리하고 있다. 또한 북한

---

19) 홍용표, 『북한의 미사일 개발전략』; 장준익, "북한의 핵무기와 미사일 전략에 관한 연구."
20) IISS, *North Korean Security Challenges: A Net Assessment* (London: IISS, 2011); 국방부, 『대량살
   상무기에 대한 이해』 (2007).
21) IISS, *North Korea's Weapons Programmes: A Net Assessment* (New York: Palgrave Macmillan,
   2004).

이 보유한 각종 미사일의 제원과 사거리, 원형공산오차(CEP: Circular Error Probable(Probability)) 등을 포함한 능력에 관해 비교적 객관적인 자료를 제시하고 있다. 국방부의 2007년 발간물은 탄도 미사일과 순항 미사일뿐 아니라 핵무기와 생물·화학 무기까지 다루고 있다는 점에서 'WMD 백과사전'이라고 평가할 수 있다. 그러나 서술의 주체인 국방부가 미사일을 포함한 남한의 WMD 관련 내용을 다루지 않는 것은 문제로 지적할 수 있다.

한편 남한의 지대지 미사일 개발에 관한 대표적인 저작은 박준복의 2011년 저서라고 할 수 있다.[22] 박준복은 ADD에서 40년 가까이 백곰, 현무 등과 같은 지대지 탄도 미사일과 구룡 등 다련장로켓(MLRS: Multiple Launch Rocket System) 개발에 참여했던 경험을 살려 1970년대부터 2000년대 초반까지 이뤄진 남한의 미사일 개발 역사를 비교적 자세히 서술하고 있다. 엄정식은 박사학위논문을 통해 1970년대 미국의 지미 카터 행정부가 남한의 백곰 미사일 개발에 제한적으로 협력하게 된 이유에 대해 고찰하고 있다.[23] 그러나 제목에서도 알 수 있는 것처럼, 이 논문은 남한의 지대지 미사일 개발에 초점을 맞춘 것이 아니다. 김태형은 2008년 글에서 북한의 지대지 미사일 개발이 남한의 지대지 미사일 개발과 한미동맹에 미친 영향을 분석하고 있다.[24] 그렇지만 이것만으로는 남한이 1970년대 초반 북한보다 먼저 지대지 미사일 개발을 시작했던 이유를 찾기 어렵다.

이처럼 대부분의 선행연구는 남북한 가운데 어느 일방만의 지대지 미사일을 연구대상으로 설정하고 있다. 동시에 남북한의 지대지 미사일 전력에 관한 객관적인 비교도 시도하지 않고 있다. 그렇지만 남북한이 지속적으로 군비경쟁을 벌이고 있다는 사실은 양측 가운데 어느 일방의 지대지 미사일 개

---

22) 박준복, 『한국 미사일 40년의 신화』.
23) 엄정식, "카터 행정부 시기 대한무기이전 정책의 변용."
24) Tae-Hyung Kim, "North Korea's Missile Development and Its Impact on South Korea's Missile Development and the ROK-U.S. Alliance," *Korea Observer*, 39-4 (2008).

발이 상대방의 지대지 미사일 개발에 중요한 영향을 미쳤을 수 있다는 점을 암시한다. 남한 또는 북한의 지대지 미사일만을 연구대상으로 한정하면 이 같은 상호 간 영향을 파악·분석할 수 없다. 이러한 문제는 특히 북한의 지대지 미사일 관련 선행연구에서 쉽게 찾을 수 있다. 장준익은 북한이 왜 지대지 탄도 미사일을 개발하기 시작했는지를 설명하지 않는다.[25] 홍용표 역시 북한이 1970년대 중반 지대지 탄도 미사일 개발 노력을 시작한 주요 요인으로 당시 북한의 군사노선을 언급하면서, 남한의 백곰 미사일 개발을 부차적 요인 정도로 취급하고 있다.[26]

그러나 남북한이 건국 이후부터 현재까지 치열하게 전개하고 있는 양측의 군비경쟁과 현대전에서 지대지 미사일이 갖는 정치적·전략적 의미 및 상징성 등은 남북한의 지대지 미사일 경쟁에서 반드시 살펴봐야 하는 요인이다. 예를 들어, 북한이 1970년대 중반 중국과 공동으로 지대지 탄도 미사일을 개발하려고 시도했던 가장 중요한 이유가 남한의 백곰 미사일 개발 추진이었을 것이라는 추정이 가능하다. 이러한 추정은 남북한이 1990년대 후반 장거리 로켓과 관련해 보여준 행태를 살펴보면 결코 무리한 것이 아니다. 북한이 1998년 8월 31일 광명성-1호 인공위성을 발사하자 남한은 이듬해 당초 2010년을 목표로 했던 우주로켓 개발 계획을 5년이나 앞당기고 외환위기 등으로 좋지 않은 경제상황에도 불구하고 로켓 개발 예산을 대폭 증액했다.[27] 이러한 맥락에서 이 책은 남북한의 지대지 미사일 경쟁을 고찰하는 과정에서 양측의 지대지 미사일 개발이 서로에 미친 영향이 무엇인지를 살펴보고자 한다. 즉, 남북한이 그동안 진행해 온 체제 및 군비경쟁이라는 보다 큰 틀 속에서 양측의 지대지 미사일 경쟁을 파악하고자 한다.

---

25) 장준익, "북한의 핵무기와 미사일 전략에 관한 연구," pp. 80~123.
26) 홍용표, 『북한의 미사일 개발전략』, pp. 25~26.
27) 이상목, "국가우주개발 중장기계획 수립," KDI 경제정보센터, 『나라경제』, 109 (1999); 이성만, "우주개발과 한·미협력: 현황과 과제," 『한국동북아논총』, 49 (2008), p. 192.

한편 북한의 지대지 미사일을 연구대상으로 삼는 선행연구의 상당수는 단거리 지대지 탄도 미사일보다 중·장거리 지대지 탄도 미사일에 초점을 맞추는 경향이 강하다. 그러나 남한 입장에서는 북한의 중·장거리 지대지 탄도 미사일도 중요한 위협이지만 이보다는 단거리 지대지 탄도 미사일이 더 큰 위협이다. 정확하게 표현하자면, 북한의 중·장거리 미사일은 남한에 간접적 위협이지만 단거리 미사일은 직접적 위협인 것이다.[28] 그러나 북한의 단거리 지대지 탄도 미사일에 관한 연구는 상대적으로 질적·양적 측면에서 빈약한 것이 사실이다. 이는 남한이 직면하는 현실을 선행연구가 제대로 반영하지 못하고 있다는 것을 의미한다. 이를 감안해 이 책은 북한이 보유한 다양한 사거리의 지대지 탄도 미사일을 폭넓게 살펴보고자 한다.

또한 선행연구 대부분은 남한 또는 북한의 지대지 미사일 개발과정을 개략적으로 서술하는 수준에 그친다는 한계를 갖고 있다. 이러한 문제는 지대지 미사일이라는 소재가 군사적으로 예민한 사안이기 때문에 관련 자료를 남북한 당국이 거의 공개하지 않아서 발생한 것으로 보인다. 게다가 지대지 미사일처럼 관련 업무에 종사했던 전문가 및 관료가 많지 않은 상황은 연구를 더욱 어렵게 하는 요인이다. 이로 인해 잘못된 정보에 근거한 분석이나 연구가 인용 또는 재인용되는 경우가 많다. 그렇지만 어떠한 자료를 인용하는 것은 해당 내용을 연구자가 나름대로 확인하고 검증해서 신뢰할 수 있다고 판단할 때에만 가능한 것이다.[29] 따라서 본 연구는 남북한의 지대지 미사일과 관련된 자료를 가능한 최대한 수집하고 검증할 것이다. 이와 함께 북한이 지대지 탄도 미사일을 도입한 시기 등과 같이 선행연구가 미처 정리하지 못해 서로 다른 의견

---

28) 북한이 보유한 미사일 가운데 노동 중거리 지대지 탄도 미사일은 일본을, 노동 미사일보다 긴 사거리를 갖는 무수단 및 KN-08은 미국을 위협하는 것으로 평가된다.
29) 정병기, 『사회과학 논문작성법』(서울: 서울대학교출판문화원, 2008), p. 40.

이 분분한 사안도 정리하고자 한다. 북한이 이집트를 통해 스커드-B 단거리 지대지 탄도 미사일을 도입한 시기와 도입한 스커드-B 미사일을 역설계해서 자체 개발·생산한 미사일의 명칭 등에 관해 다양한 주장이 혼재되어 있는 상황이기 때문이다.[30]

제3절 연구 범위 및 방법

1. 연구 범위

이 책이 남북한의 '지대지 미사일'에 천착하는 이유를 논의하기에 앞서 미사일을 어떤 기준으로 어떻게 분류하는지를 살펴볼 필요가 있다. 일반적으로 미사일은 발사 및 타격 지점을 기준으로 지대지, 지대공, 지대함, 공대지, 공대공, 공대함, 함(잠)대지, 함(잠)대공, 함(잠)대함(잠)으로 분류할 수 있다.[31] 이 가운데 지대공 및 함대공 미사일은 공중에서 지상과 함정을 공격하는 항공기 또는 미사일 등을 타격하기 위해 사용된다는 점에서 방공용이라고 할 수 있다. 공대공 미사일은 전투기에 장착돼 상대방 전투기를 격추하거나 파괴하기 위해 사용되고, 함대함 미사일과 지대함 미사일은 함정에 장착되거나 지상에서 발사돼 상대방 함정에 피해를 입히는 전술적 목적에서 주로 사용된다.

지대지, 공대지, 함대지 미사일은 지상과 공중, 해상에서 각각 발사해 지상

---

30) 북한 제2자연과학원에서 작가와 기자로 일했던 김길선은 1999년 12월 한 잡지를 통해 '북한이 1981년 스커드-B의 첫 복제품을 생산했다'고 말했던 2001년 4월 인터뷰에서는 '북한이 1981년 소련제 스커드 미사일의 복제품을 들여갔고, 1984년 스커드-B의 첫 북한 버전인 '화성-1'을 생산했다'고 주장했다. NTI, *North Korea Missile Chronology* (2012), p. 291. 한편 친북성향 재미인사로 분류되는 한호석은 국내에서 운영되는 한 웹사이트에 북한의 인민군 무장장비관을 참관했다며 올린 글에서 "이집트가 1970년대 후반 북(한)에 보낸 소련산 미사일 'R-17'을 역설계하고 그것의 성능을 더욱 향상시켜 만든 것이 화성-5다. 미국 군부는 화성-5를 '스커드(Scud)-B'라고 제멋대로 부른다. … (무장장비관 내) 전략로케트관 장방형 전시실에서 상영되는 동영상 내용에 따르면, 북은 1981년 화성-5를 제작하여 1984년 시험 발사에 성공하였다"고 밝혔다. 〈자주민보(웹사이트)〉, 2013년 7월 22일자(검색: 2014년 6월 27일).
31) 국방부, 『대량살상무기에 대한 이해』, p. 168.

표적을 타격하는 데 쓰인다. 공대지, 함대지 미사일은 미사일을 장착하는 수단이 항공기와 함정이라는 점에서 미사일 중량 등에 제한이 있으며, 이에 따라 타격 목표 역시 제한된다. 그러나 지대지 미사일은 타격 목표 및 중량 등에 사실상 제한이 없으며, 사일로(Silo) 등 고정 발사대가 아닌 이동식 발사대(TEL: Transporter Erector Launcher)를 이용할 경우 생존성을 극대화할수 있다.[32] 이같이 지대지 미사일은 여러 종류의 미사일 가운데 가장 강력한 공격력을 나타낸다. 이러한 이유에서 이 책은 지대지 미사일에 천착하는 동시에 상대방의 주요 거점을 파괴할 수 있는 공대지, 함대지 미사일과 관련해서도 제한적으로 논의할 것이다.

다음으로 많은 선행연구가 주목하는 탄도(Ballistic) 미사일뿐 아니라 순항(Cruise) 미사일까지 다뤄야 하는 이유에 관해 살펴보자. 탄도 미사일과 순항 미사일은 미사일의 추진 방식에 따른 구분이다. 탄도 미사일은 초기 추력으로 상승한 후 높은 포물선 궤도를 따라 탄력 비행해 탄두를 목표에 보내는 미사일을 지칭한다. 탄도 미사일은 고체 또는 액체 연료와 산화제가 내장된 로켓을 추진 기관으로 사용한다. 반면 순항 미사일은 대부분의 비행경로에서 항공역학적인 양력을 이용한 자체 추진력으로 비행을 지속하는 미사일을 지칭한다. 순항 미사일은 발사 초기에만 고체 추진 로켓을 사용해 가속한 뒤 항공기 엔진과 유사한 공기흡입식 엔진을 이용해 비행한다.[33] 이로 인해 미사일 관련 기술 및 물자의 확산을 방지하기 위한 국제체제인 미사일기술통제체제(MTCR: Missile Technology Control Regime)는 순항 미사일을 무인비행체(UAV: Unmanned Aerial Vehicle)의 일종으로 분류한다.

---

32) 사일로는 탄도 미사일을 격납, 발사하는 지하시설을 가리킨다. 사일로는 미사일 발사 후 재격납되고 다시 발사를 위해 사용될 수 있다는 점에서 재사용이 가능하며, 통상 대륙간 탄도 미사일을 격납하는 데 사용된다. Steve Tulliu and Thomas Schmalberger, *Coming to Terms with Security: A Lexicon for Arms Control, Disarmament and Confidence-Building* (Geneva: UNIDIR, 2003), 신동익 · 이충면 번역, 『군비통제, 군축 및 신뢰구축 편람』(제네바: UNIDIR, 2003), p. 185.
33) 국방부, 『대량살상무기에 대한 이해』, p. 185.

지대지 미사일은 사거리에 따라서도 구분할 수 있다. 국제사회에서 통용되는 기준에 따르면, 사거리 500km 이하는 단거리(Short-Range), 사거리 500~5,500km는 중거리(Medium-Range 또는 Intermediate-Range),[34] 사거리 5,500km 이상은 장거리 또는 대륙간(IC: Intercontinental) 미사일이다. 과거 핵미사일 감축 협상을 벌인 미국과 소련은 자신의 영토에서 상대방의 영토를 직접 타격할 수 있는 장거리 미사일을 전략 미사일로, 그렇지 않은 미사일을 전술 미사일로 분류했다. 미 · 소는 피아(彼我)의 정치적 · 전략적 결정에 영향을 미치기 위해 추진력이 커서 크고 무거운 탄두를 장착할 수 있는 장거리 미사일에 폭발력과 파괴력, 살상력이 큰 핵탄두를 주로 탑재해 전략적으로 운용했다. 그리고 장거리 미사일을 제외한 미사일에는 상대적으로 파괴력이 작은 핵 및 재래식 탄두를 탑재해 전술적으로 운용했다.

그러나 이 같은 미 · 소의 분류를 남북한에 그대로 적용하기는 어려운 것이 사실이다. 왜냐하면 한반도의 종심이 짧기 때문이다. 지리적 여건을 감안하면 남북한이 보유한 사거리 1,500km 이하의 지대지 미사일은 서로의 영토에서 상대방 영토를 직접 공격할 수 있다는 점에서 서로에게 전략적 성격을 갖는 미사일이라고 할 수 있다. 남북한이 보유한 미사일 가운데 중 · 장거리 미사일은 사거리에 따라 일본, 중국 등 주변국이나 미국 등에 대해 전략적 성격을 갖는다고 할 수 있다. 왜냐하면 일반적으로 고체 연료를 사용하는 탄도 미사일은 최대 사거리의 20~30% 정도만 사거리 하향 조정이 가능해 일정한 영역만 타격할 수 있는 것으로 알려졌기 때문이다.[35] 액체 연료 탄도 미사일은 연료를 적게 채우는 방법으로 사거리를 하향 조정할 수 있지만, 이럴 경

---

34) 미국과 소련은 1987년 12월 8일 서명한 「중거리 및 단거리 미사일 폐기 조약(Treaty Between the U.S.A. and the U.S.S.R. on the Elimination of Their Intermediate-Range and Shoter-Range Missiles)」에서 사거리 1,000~5,500km의 지상 발사 미사일을 중거리 미사일로, 사거리 500~1,000km의 지상 발사 미사일을 단거리 미사일로 규정했다. 국방부, 「군비통제 국제조약집」(1993), pp. 169, 480.

35) 전성훈, 「한반도의 미사일 문제: 현황과 대응방안」(서울: 민족통일연구원, 1997), p. 10.

우 정확성이 매우 떨어지기 마련이다. 즉, 남북한이 보유한 지대지 미사일 가운데 사거리가 1,500km 이상의 미사일은 남북한 사이에서 전략적 성격을 갖기가 어려운 것이다.

만약 이 책이 다른 선행연구들처럼 북한의 지대지 미사일만을 연구 대상으로 삼았다면 지대지 탄도 미사일만 연구범위에 포함하면 될 것이다. 왜냐하면 북한은 지대지 순항 미사일을 거의 보유하지 않는 것으로 알려졌기 때문이다. 북한은 사거리 120km의 'KN-02', 사거리 300km의 '스커드-B 모방형', 사거리 500km의 '스커드-C 유사형', 사거리 1,000~1,300km의 '노동', 사거리 2,000km 이상의 '대포동-1호', 사거리 4,000km의 '무수단', 사거리 4,000km 이상의 '대포동-2호', 사거리 5,500km 이상으로 대륙간탄도미사일(ICBM) 수준으로 평가되는 'KN-08' 등 지대지 '탄도' 미사일을 주로 보유하고 있다.

그러나 남한은 2000년대 중반 이후 지대지 순항 미사일 개발을 추진해 일정하게 성과를 거뒀다. 현재 남한은 사거리 180km의 현무, 사거리 165km의 ATACMS와 300km의 ATACMS 개량형 및 현무Ⅱ-A, 사거리 500km의 현무Ⅱ-B 등과 같은 지대지 탄도 미사일뿐 아니라 사거리가 각각 500km, 1,000km, 1,500km인 현무Ⅲ-A/B/C는 지대지 순항 미사일을 개발 중이거나 보유하고 있다. 이 같은 상황을 감안해, 이 책은 남북한이 보유한 지대지 탄도 미사일과 지대지 순항 미사일 전부를 연구대상에 포함할 것이다.

한편 탄도 미사일이 모양, 구성요소, 적용기술 등에서 SLV와 유사하게 이중용도(dual-use)적 특성이 있다는 사실도 감안할 필요가 있다. 일반적으로 탄도 미사일이 SLV보다 적은 추력을 사용하기 때문에 SLV를 탄도 미사일로 전환하기 위해서는 탄두 설계 및 장착 관련 기술, 탄두 재진입 관련 기술 등이 필요하다.[36] 즉, 로켓에 인공위성을 탑재하면 우주 공간으로 위성을 운반하는 로켓이 되지만, 핵탄두 등을 탑재하면 지대지 미사일이 되는 것이다.[37] 미국과 소련 등은 이러한 이중용도적 특성을 십분 활용하는 차원에서 인공위성 발사를 통해 ICBM 발사 능력을 확인하고 대내외에 그 능력을 공표해왔다. 즉, 남북한의 SLV 역시 지대지 미사일과 크게 다르지 않기 때문에 이 책에서 반드시 다뤄야만 하는 대상이다. 국제사회가 북한의 은하 시리즈 SLV를 장거리 로켓인 동시에 탄도 미사일로 인식하는 것도 같은 맥락이다.

이 책은 지대지 미사일의 특징과 분류 등을 유념하면서 앞서 제시한 질문들을 감안해 남북한의 지대지 미사일 개발과정과 전력비교 및 특징, 결정요인을 중심으로 논의를 전개할 것이다. 남북한의 지대지 미사일 개발과정을 고찰하는 작업을 통해 양측이 벌인 지대지 미사일 경쟁 양상을 확인할 수 있다. 남북한의 지대지 미사일 개발과정은 양측의 지대지 미사일 경쟁이 시작된 1970년대 이후부터 2014년 상반기까지를 냉전기와 탈냉전 초기, 2000년대 이후 등 크게 세 시기로 구분해 각각 살펴볼 것이다. 이는 냉전체제의 붕괴라는 국제질서의 변화가 남북한의 지대지 미사일 경쟁에 영향을 미쳤음을 감안한 것인 동시에 2000년대 이후 남북한의 지대지 미사일 경쟁이 다시 본격화된 사실을 감안한 것이다. 이를 통해 각 시기에 양측이 벌인 지대지 미사일 경쟁이 어떻게 진행됐는지를 알아보는 한편 통시적 측면에서의 경쟁 양상도 파악할 수 있을 것이다.

남북한 지대지 미사일 경쟁의 특징은 남북한의 지대지 미사일 전력을 비교하는 작업과 남북한 지대지 미사일 개발의 공통점 및 차이점을 분석하는 작업을 통해 확인할 수 있다. 남북한의 지대지 미사일 전력을 객관적으로 평가하기 위해 이 책은 남북한이 사거리를 기준으로 어떤 지

---

36) 전성훈, 『한반도의 미사일 문제』, p. 10.
37) 스즈키 가즈토 지음, 이용빈 옮김, 『우주개발과 국제정치: 경쟁과 협력의 이면』 (파주: 한울, 2013), p. 20.

대지 미사일을 얼마만큼 보유하고 있는지 등을 살펴볼 것이다. 이와 함께 남북한이 지대지 미사일을 운용함에 있어 반드시 고려해야 하는 요소인 CEP 등에 관한 분석도 진행할 것이다. 또한 남북한이 상대방의 지대지 미사일 위협에 맞서 갖추고 있는 대응 및 방어능력을 종합적으로 살펴봄으로써 양측이 보유한 지대지 미사일의 군사적 효율성을 분석할 것이다. 한편 남북한은 인구와 영토 등에서 중견국 수준이고 미국 및 소련·중국 등 국제질서의 초강대국과 동맹관계를 각각 맺고 있다는 공통점이 있다.[38] 이러한 상황에서 남북한이 1970년대 중·후반이라는 비슷한 시기에 지대지 미사일 개발을 시작하고, 현재까지 이를 지속하고 있다는 점을 감안해 양측의 지대지 미사일 개발에서 나타나는 공통점과 차이점을 발견할 수 있을 것이다.

남북한이 '왜' 지대지 미사일 경쟁을 벌이는지를 분석하기 위해서는 여기에 영향을 미친 요인을 살펴볼 필요가 있다. 이를 위해 이 책은 남북한 지대지 미사일 경쟁의 결정요인을 크게 안보적 요인과 비안보적 요인으로 나눠서 살펴보고자 한다. 이 가운데 안보적 요인에는 양측의 군비경쟁뿐 아니라 한반도적 특수성을 감안해 남북한이 각각 안보적으로 후견-피후견 관계를 맺고 있는 미국과 소련·중국 등과의 관계 변화 등이 포함된다. 비안보적 요인에는 남북한 각각의 국내정치와 경제·기술적 요건, 국제적인 WMD 비확산 체제 등이 포함될 것이다. 마지막 부분에서는 본 연구에서 논의한 내용을 정리하면서 남북한의 지대지 미사일 경쟁이 갖는 딜레마를 살펴본 뒤 이에 관한 나름의 해법을 간략히 제시하고자 한다.

---

38) 장철운, "남북한 핵정책 비교 연구" (경남대 북한대학원 북한학 석사학위논문, 2006), p. 2.

2. 연구 방법 및 자료

남북한의 지대지 미사일 개발과정과 결정요인을 분석하기 위해 가장 적절한 방법은 시간 순에 따라 사실관계를 정확하게 확인하는 방법, 즉 역사적 접근이라고 할 수 있다.[39] 여기에서 '역사적'이라는 용어는 시간의 흐름에 맞춰 사실관계를 서술하는 방식을 의미한다. 이 같은 역사적 접근은 사안의 선후관계를 명확하게 밝힘으로써 사안 전개의 방향성을 가늠할 수 있게 한다.[40] 물론 지대지 미사일 개발에 적지 않은 시간이 필요하다는 점을 감안하면 역사적 접근을 통해서만은 명시적인 인과관계를 도출하지 못하고 선후관계나 상관관계 정도만 파악할 수도 있다.[41] 그렇더라도 남북한의 지대지 미사일 개발과정을 시간의 흐름에 따라 살펴봄으로써 남북한의 지대지 미사일 경쟁 양상이 어떻게 변화했는지를 확인하는 동시에 앞으로 전개될 경쟁 양상의 방향성을 예측할 수 있을 것이다.

남북한의 지대지 미사일 전력 및 대응 · 방어능력을 보다 객관적으로 비교하기 위해서는 양적 측면을 위주로 하는 정량적 방법과 질적 측면을 중심으로 하는 정성적 방법을 모두 활용할 필요가 있다.[42] 남북한 지대지 미사일 전력 비교는 남북한의 재래식 군사력 비교와 비슷하게 북한이 양적 측면에서 우세하다는 결과가 도출될 것으로 예상된다.[43] 그러나 북한의 지대지 미사일에 관한 기존 연구와 은하-3호 2호기 잔해물 수거 결과에서도 알 수 있듯이, 북한이 보유한 각종 지대지 미사일은 정확성이 매우 떨어지는 등 남한의 지

---

39) 정확한 서술의 중요성에 관해서는 함택영, 『국가안보의 정치경제학』, p. 147; 정영철, 『김정일 리더십 연구』(서울: 선인, 2005), pp. 44~45 등 참고.

40) Theda Skocpol, *Vision and Method in Historical Sociology* (Cambridge: Cambridge University Press, 1984), pp. 7~32; 함택영, 『국가안보의 정치경제학』, p. 147.

41) 선후관계나 상관관계가 향후 인과관계로 치환될 가능성을 내포하고 있다는 점에서 선후 또는 상관관계를 파악하는 것은 중요한 작업이다. 왜냐하면 원인은 반드시 결과에 시간적으로 앞서기 때문이다. 김웅진 · 김지희, 『정치학 연구방법론(개정판)』(서울: 명지사, 2012), pp. 80~81.

42) 군사력 평가 방법에 관해서는 함택영, 『국가안보의 정치경제학』, pp. 29~63; 부형욱, "군사력 비교평가 방법론 소개," 『국방정책연구』, 45 (1999) 등 참고.

43) 국방부, 『2012 국방백서』, p. 289.

대지 미사일보다 질적 측면에서 뒤처지는 것으로 알려졌다.[44] 경제역량 및 군사과학기술 수준을 감안할 때, 남북한의 지대지 미사일 대응 및 방어능력 역시 양측의 재래식 군사력 비교 결과와 비슷한 특징이나 경향성을 나타낼 것으로 예상된다. 이러한 내용을 종합적으로 감안해, 양측의 지대지 미사일 전력이 어느 정도의 군사적 효율성을 갖는지 분석할 것이다.

한편, 남북한의 지대지 미사일 경쟁 관련 자료 가운데 공개된 것이 많지 않다는 사실은 본 연구의 진행을 어렵게 하는 것일 수 있다. 이를 감안해 연구의 토대가 되는 자료 획득을 위해 남북한 최고지도자의 발언 및 각각의 당국에서 발행한 공문서,[45] 지대지 미사일 개발에 직·간접적으로 참여·관여했던 인사들의 저작 등을 최대한 많이 수집하고 검증해야 한다.[46] 특히, 민주주의와 사회주의라는 정치체제의 차이에도 불구하고 남북한에서 최고지도자가 갖는 막강한 권한 및 권력이 지대지 미사일 개발에 강한 영향을 미쳤을 수 있다는 점을 감안할 필요가 있다. 남한에서 지대지 미사일의 본격 개발을 처음 지시한 박정희 대통령과 지대지 미사일 개발 계획을 폐기했다가 재개한 전두환 대통령, 남한이 독자 개발할 수 있는 지대지 탄도 미사일의 사거리를 연장하고 순항 미사일의 사거리 제한을 사실상 없앤 김대중 대통령, 단·중거리 순항 미사일 개발을 본격화한 노무현 대통령, 실제로 지대지 탄도 미

---

44) 함택영·서재정, "북한의 군사력 및 남북한 군사력 균형," 경남대 북한대학원 엮음, 『북한군사문제의 재조명』(서울: 한울, 2006), p. 392.

45) 남한과 미국 정부가 생산한 지 30년 이상 된 외교문서 가운데 심의를 거쳐 공개하는 문서와 함께 미국 우드로윌슨센터(Woodrow Wilson International Center of Scholars)의 국제냉전사프로젝트(CWIHP: Cold War International History Project)와 '폭로 전문 웹사이트'인 위키리크스(http://www.wikileaks. org) 등을 통해 공개된 외교문서가 대표적인 사례라고 할 수 있다.

46) 남북한에서 미사일 개발 실무를 담당했던 남한의 ADD와 북한의 제2자연과학원 출신 인사의 발언과 저작, 기고문 등을 검토할 것이다. 남한 ADD 출신인 구상회 박사의 언론 기고문과 박준복·정규수 박사의 저작, 북한 제2자연과학원 출신인 탈북자 기고문과 인터뷰 등이 대표적이다. 이 과정에서 ADD와 제2자연과학원 출신이긴 맞지만 미사일 개발에 직접 참여한 적이 없는 인사들을 가려내는 작업과 이들이 발언 또는 기고한 내용을 검증하는 작업에 주의할 것이다. 탈북자들뿐 아니라 국내 인사 역시 자료원의 오염 가능성과 자료원의 대표성 문제가 제기될 수 있기 때문이다. 이러한 문제들에 관한 내용은 최봉대, "탈북자 면접조사 방법," 경남대 북한대학원 엮음, 『북한연구방법론』(서울: 한울, 2003), pp. 331~333 참고.

사일의 사거리를 연장한 이명박 대통령 등의 발언을 반드시 살펴봐야 하는 것이다. 물론 북한의 김일성 주석과 김정일 국방위원장, 김정은 국방위원회 제1위원장이 지대지 미사일과 관련해 발언하거나 공개활동을 한 적이 있는지 등도 검토할 것이다. 이렇게 확보한 자료를 IISS, 스톡홀름국제평화연구소(SIPRI: Stockholm International Peace Research Institute) 등과 같이 국제적으로 공신력을 인정받는 연구기관 등에서 발행한 문헌과 교차 분석함으로써 신뢰성을 검증할 것이다.

남북한의 지대지 미사일에 관한 자료는 서적 등 오프라인보다 인터넷과 같은 온라인에서 상대적으로 쉽게 찾을 수 있다.[47] 그러나 온라인 자료를 이용하는 과정에서 일부 개인이 운영하는 웹사이트 등에 게재된 자료들이 제대로 된 검증 및 평가를 거치지 않고 무분별하게 확산되면서 사실이 아닌 것이 마치 사실인 것처럼 알려지는 문제가 종종 발생한다. 특히, 이른바 '마니아(mania)' 계층이 형성돼 있는 무기체계 관련 내용은 왜곡과 오해의 수준이 다른 분야보다 심각하다. 이로 인해 온라인 자료를 인용 · 활용할 때 잘못된 내용을 선택하지는 않도록 주의를 기울여야 한다. 이 같은 문제 발생을 예방하는 동시에 연구의 객관성을 향상하기 위해 온라인 자료를 인용할 때에는 해당 자료를 게재한 기관의 신뢰성을 우선적으로 검토하고, 가급적 원자료를 확보해 다른 자료와 교차 검증하는 한편 관련 정황을 감안해 신뢰성이 담보된 자료를 활용할 것이다.[48]

또한 이 책은 과학기술적 측면에서 남북한의 지대지 미사일과 장거리 로켓을 분석 · 평가한 자료를 최대한 활용하는 이른바 '학제간 연구'를 시도하

---

47) 대표적으로 글로벌시큐리티(www.globalsecurity.org), 핵위협이니셔티브(www.nit.org), 미사일위협(www.missilethreat.com), 미국과학자연맹(fas.org), 글로벌파이어파워(www.globalfirepower.com), SIPRI 웹사이트(www.sipri.org) 등을 언급할 수 있다.
48) 박성호, "인터넷 미디어의 사회 문화적 충격과 정책방향," 한국전산원, 『정보화정책』, 10-1 (2003), pp. 50~51 참고.

고자 한다. 그동안 정치학·북한학 등 사회과학 분야의 연구자들은 과학기술 분야의 연구 결과를 거의 인용·활용하지 않았다. 그러나 해당 무기체계에 관한 과학기술적 분석이 뒷받침되지 않으면 개발과정에 대한 정확한 이해뿐 아니라 전력을 객관적으로 평가하기가 어려운 것이 사실이다. 시험발사도 제대로 하지 않은 지대지 미사일을 실전에 배치했다는 주장에 대해 사회과학적으로는 나름대로의 의미를 부여할 수 있다. 그러나 과학기술적 측면에서 이 미사일이 제대로 된 성능 및 효과를 발휘할 것인지를 분석한다면 동일한 주장을 하더라도 설득력을 더욱 향상시킬 수 있다. 이러한 맥락에서 이 책은 남북한의 지대지 미사일 및 장거리 로켓에 관한 과학기술적 분석·평가 자료를 가능한 많이 활용할 것이다.

3. 분석의 틀

앞서 밝힌 것처럼, 이 책은 남북한의 지대지 미사일 개발에 영향을 미친 결정요인을 안보적 요인과 비안보적 요인으로 구분해 고찰할 것이다.[49] 지대지 미사일이 상대방에 심대한 타격을 입힐 수 있는 강력한 공격용 무기체계이며, 상대측 국민에게 매우 큰 심리적 위협을 줄 수 있다는 점에서 안보적 요인이 비안보적 요인보다 더 큰 영향을 미쳤을 것이라고 짐작할 수 있다. 특히, 남북한이 군비경쟁을 지속하며 자기중심적인 한반도의 통일을 주장하고 있다는 점을 감안하면 남북한 가운데 어느 일방의 지대지 미사일 개발이 상대방의 지대지 미사일 개발을 촉진하는 요인으로 작용했을 개연성이 크다. 남한은 2012년 지대지 탄도 미사일의 사거리를 연장하면서 북한의 핵·미사일 위협을 주된 이유로 내세웠다. 이러한 맥락에서 1970년대 남한의 백곰

---

49) 지대지 미사일 개발에 영향을 미치는 각종 요인에 관한 내용은 Dinshaw Mistry, *Containing Missile Proliferation: Strategic Technology, Security Regimes, and International Cooperation in Arms Control* (Seattle: University of Washington Press, 2003), pp. 28~37 등 참고.

지대지 미사일 개발로 북한이 지대지 미사일의 개발 필요성을 인지했을 수 있다는 추론이 가능하다. 게다가, 북한 입장에서 「한·미상호방위조약」과 주한미군, 한·미연합군사령부라는 제도적·실제적 장치를 통해 남한의 안보를 직접적으로 지원하는 미국은 주요 안보 위협일 수밖에 없다.

한편 남북한 각각이 안보적 측면에서 동맹 등 긴밀한 관계를 맺고 있는 미국과 소련(러시아)·중국이 남북한의 지대지 미사일 개발에 직·간접적인 영향을 미쳤을 수 있다. 미·소·중을 포함한 주변국은 남북한 가운데 어느 일방만의 군사력 강화에 따른 한반도의 불안정성 증대가 결국 자신들의 '연루'로 연결될 수 있다고 인식하는 경향이 강하다. 이러한 점에서 주변국들은 남북한의 지대지 미사일 개발을 반대하고 억제하려 했을 수 있다. 반면 이들이 남북한에 대한 '포기' 가능성을 내비치면 남북한은 안보 위협이 증대됐을 때 취하는 조치 가운데 하나인 군사력 증강에 나설 수 있으며, 이의 일환으로 지대지 미사일 개발을 추진할 수 있다.[50] 또한 주변 강대국들은 자국의 이익에 부합할 경우 남북한의 지대지 미사일 개발을 지원할 수도 있다. 이처럼 미·소·중의 대한반도 정책은 남북한의 지대지 미사일 개발에 촉진 요인과 억제 요인으로 작용할 수 있다는 점에서 반드시 고려해야 하는 요인이다.

최고지도자의 권력 공고화 및 관료정치와 같은 국내정치적 요인, 경제·기술적 여건, 국제사회의 WMD 비확산 체제와 같은 비안보적 요인이 남북한의 지대지 미사일 개발에 어떠한 영향을 미쳤는지도 살펴봐야 한다.[51] 독재

---

50) 동맹국 간 연루 및 포기 관련 논의는 이수형, "동맹의 안보 딜레마와 포기-연루의 순환: 북핵 문제를 둘러싼 한-미 갈등 관계를 중심으로," 『국제정치논총』, 39-1 (1999); 이수형, "미국-서유럽 국가들간의 중거리핵무기(INF) 논쟁과 NATO의 이중결정: 포기-연루 모델을 중심으로" (한국외대 대학원 정치학 박사학위논문, 1998) 등 참고.

51) Scott D. Sagan, "Why Do States Build Nuclaer Weapons?: Three Models in Search of a Bomb," *International Security*, 21-3 (1996/97), pp. 63~73; 조동준, "핵확산의 추세 vs. 비확산의 방책," 『한국과 국제정치』, 27-1 (2011), p. 59 참고.

국가에서는 정통성이 취약한 최고지도자가 리더십을 과시하고 공고화하거나 정권안보라는 국내정치적 목적을 위해 지대지 미사일 개발에 나설 수 있다. 또한 '군·산·학·연 복합체'와 같은 특정 집단이 자신들의 이익을 위해 지대지 미사일 개발에 영향력을 행사할 수 있다. 일반적으로 지대지 미사일 개발을 포함한 군수산업 육성이 민수산업과 '부(-)'의 상관관계를 갖는다는 점에서 남북한의 경제·기술적 여건은 지대지 미사일 개발에 장애로 작용했을 개연성이 있다. 반면 지대지 미사일 및 관련 물자·기술을 수출해 외화를 벌어들이는 것은 지대지 미사일 개발에 촉진 요인으로 작용했을 수 있다. 국제적인 WMD 비확산 체제도 남북한의 지대지 미사일 경쟁에 영향을 미쳤을 것이다. 이 같은 남북한 지대지 미사일 경쟁의 결정요인을 정리하면 〈표 1-1〉과 같이 표현할 수 있다.

〈표 1-1〉 분석의 틀: 남북한 지대지 미사일 경쟁의 결정요인

구분		남한	북한
안보적 요인	군비경쟁	-북한의 군사적 위협	-한·미의 군사적 위협
	동맹관계	-한미동맹	-북중동맹/관계 -북러(소)동맹/관계
비안보적 요인	국내정치	-권력 공고화	-수령·후계자의 권력 및 리더십 강화
	경제·기술적 여건	-경제성장 -군사과학기술	-경제성장 및 경제난 -군수산업 및 우주개발
	기 타	-국제적 비확산 체제	-국제적 비확산 체제 -유엔 안보리 제재

제2장

남북한의 군비경쟁과 지대지 미사일 개발

남북한의 군비경쟁과 지대지 미사일 개발

여기에서는 남북한의 지대지 미사일 경쟁을 본격적으로 분석하기에 앞서 남북한의 군비경쟁과 지대지 미사일 개발에 관해 논의하고자 한다. 왜냐하면 남북한의 지대지 미사일 경쟁은 군비경쟁의 일환으로 이해할 수 있기 때문이다. 이를 위해 먼저 군비경쟁 관련 이론 및 실제 양상을 살펴본 뒤 남북한 군비경쟁의 특징에 관해 알아볼 것이다. 이어서 지대지 미사일의 기능을 재래식 군사적 기능과 억지 기능, 비군사적 기능 등으로 세분해 살펴볼 것이다. 또한 지대지 미사일 경쟁을 벌인 대표적 사례인 미국과 소련, 인도와 파키스탄의 경쟁에 관한 고찰을 통해 남북한의 지대지 미사일 개발에 관한 시사점을 도출할 것이다. 이상의 내용을 토대로 남북한의 지대지 미사일 개발에 영향을 미치는 결정요인을 안보적 요인과 비안보적 요인으로 구분해 구체적으로 살펴볼 것이다.

제1절 남북한의 군비경쟁

1. 군비경쟁의 양상과 이론

전쟁과 같은 국가 간 관계를 규율할 수 있는 특정한 권위체가 없는 국제체제 하에서 국가는 생존을 도모하기 위해 군사력에 의존한다.[1] 국가는 외부 위협의 수준을 판단해 군사력을 증강 또는 감축하는데, 감축보다는 증강이 일반적인 현상이다. 왜냐하면 군사력 감축보다는 군사력 증강 결정 과정이 상대적으로 단순하기 때문이다. 각종 군비통제 및 군축 관련 국제조약에서 알 수 있듯이, 군사력 감축은 주로 외부와의 협상 등을 통해 합의에 이르거나 군사력 감축에 관한 군부 등의 반대를 이겨낼 때에만 가능하다. 그러나 군사력 증강은 국가 간 협상보다는 상대적으로 단순한 국내적 의사결정 과정을 거치면 대체로 가능하다. 이러한 군사력 증강은 자국을 방어하기 위한 것이지만 주변국에는 위협으로 인식된다.[2] 이로 인해 적대국 사이에서는 경쟁적으로 군사력을 증강하는 현상이 발생한다. 즉, 군비경쟁은 군사적으로 대립·대결하는 국가 또는 국가군이 경쟁적으로 군사력을 증강하는 현상을 지칭하는 것이다.[3]

군비경쟁이 발생하는 원인은 상호 갈등 및 적대정책, 상호 간에 느끼는 공포 등이라고 할 수 있다. 이로 인해 상대방의 과거, 현재, 그리고 미래의 군사력 증강에 대비하기 위해 군사력을 증강하는 것이다. 군사력 증강의 목적은 상대방보다 우세한 군사력을 보유함으로써 상대방의 공격을 억지하고, 전쟁

---

1) 케네스 월츠 지음, 정성훈 옮김, 『인간, 국가, 전쟁』 (서울: 아카넷, 2007); 케네스 월츠 지음, 박건영 옮김, 『국제정치이론』 (서울: 사회평론, 2000); 이근욱, 『왈츠 이후: 국제정치이론의 변화와 발전』 (파주: 한울, 2009), p. 34.

2) Barry Buzan 저, 김태현 역, 『세계화 시대의 국가안보』 (서울: 나남, 1995), pp. 306~307.

3) 이러한 개념 정의는 다음에서 차용한 것이다. Michael Wallace, "Arms Races and Escalation: Some New Evidence," *Journal of Conflict Resolution*, 23-1 (1979), pp. 3~16; Colin S. Gray, "The Arms Race Phenomenon," *World Politics*, 24-1 (1971), pp. 39~40 등.

이 발발할 경우 승리하기 위한 것이다.[4] 군비경쟁의 주요 양상인 군사력 증강은 외부의 지원과 독자적 증강이라는 2가지 방법으로 이뤄진다. 외부의 지원은 군사력을 구성하는 주요 유형 요소인 병력과 장비가 외부에서 들어오는 것으로, 강대국을 동맹국으로 두고 있는 약소국은 동맹국의 군사적 지원에 의존해 안보를 강화할 수 있다.[5] 독자적인 군사력 증강은 내부 역량을 동원해 군사력을 강화하는 것으로, 동맹국의 존재 여부와 상관없이 이뤄질 수 있다. 경제력이 튼튼하지 못할 경우에는 병력 증강이, 경제력이 뒷받침되거나 국가의 추출 능력이 강력할 경우에는 신무기 개발 등 장비 증강이 두드러진다.[6] 외부의 지원과 독자적 증강이 각각 나타날 수도 있지만, 병행돼 이뤄질 수도 있다.

군비경쟁 관련 이론 가운데 가장 대표적인 것은 루이스 리처드슨(Lewis F. Richardson)이 강조한 '작용-반작용' 모델이라고 할 수 있다. '작용-반작용' 모델은 상대방에 대한 두려움이 군비를 증가하게 하며, 이러한 상호 자극을 주고받으면서 군비경쟁이 발생한다는 논리로 이뤄져있다. 리처드슨은 작용과 반작용이 거의 즉시적으로 이뤄진다고 주장했지만, 이는 군비경쟁이라는 현실을 설명하기에 적합하지 않다.[7] 실제로 국가는 상대방의 위협에 즉각적으로 반응하는 것이 아니고 대내외의 여건과 상황 등을 감안하기 때문에 일정하게 시차를 두고 반응하는 것이 일반적이다. 또한 군사력 증강이라는 같

---

4) Charles H. Anderton, "A Survey of Arms Race Models," Walter Isard ed., *Arms Race, Arms Control and Conflict* (New York: Cambridge University Press, 1988), p. 17; 선종률, "남북한 군비경쟁 양상 변화에 관한 연구" (울산대 대학원 정치학 박사학위논문, 2011), pp. 17~18 참고.

5) 안보-자율성 교환 동맹에 관한 논의는 김기정 · 김순태, "군사주권의 정체성과 한미동맹의 변화," 『국방정책연구』, 79 (2008); 김기정, "전환기의 한미동맹: 이론과 현상," 『한국과 국제정치』, 24-1 (2008); 장은석, "후원-의존 관계에서의 약소국 방위산업 발전의 전망과 한계," 『국방정책연구』, 69 (2005); 전재성, "동맹이론과 한국의 동맹정책," 『국방연구』, 47-2 (2004) 등 참고.

6) 경제력과 군비지출의 관계에 관한 내용은 Newman Kwadwo Kusi, "Economic Growth and Defense Spending in Development Countries," *The Journal of Conflict Resolution*, 38-1 (1994); 임강택, 『북한의 군수산업 정책이 경제에 미치는 효과 분석』 (서울: 통일연구원, 2000), pp. 6~13.

7) 관련 내용은 김주홍, "리처드슨의 군비경쟁이론에 대한 비판적 고찰" (서울대 대학원 외교학 박사학위논문, 1994), pp. 93~94 참고.

은 방법으로 대응해 군비경쟁을 지향하는 경우도 있지만, 아무런 반응도 하지 않거나 오히려 군사력 감축에 해당하는 반응을 나타낼 수도 있다.[8]

리처드슨은 작용과 반작용이 대칭적인 수단으로 이뤄진다고 주장했지만 반드시 그러한 것도 아니다. 병력 증강이라는 방법으로 군사력을 강화할 경우 병력 증강이 아닌 신무기 개발 등과 같은 장비 증강의 방법으로 대응할 수 있기 때문이다.[9] 즉, 적대국의 군사력 증강 등 외부의 군사적 위협이 군비 강화를 결정하게 하는 요인일 수는 있지만 실제로 군사력을 증강하는 과정에서는 국가목표와 당면과제, 그리고 가용자원이 가장 중요한 요소로 영향을 미치는 것이다. 브루스 러셋(Bruce M. Russett)도 관료제 및 조직과정, 군산복합체의 압력, 정치경제적 순환주기 등 대내적 요소가 대외적 요소인 군비경쟁 이상으로 군사력 증강에 큰 영향을 미친다는 사실을 강조했다.[10] 한편 리처드슨은 억지와 같은 군사전략이 적을 많이 만들어 군비경쟁을 강화하고 결국 불안정으로 연결될 것이라고 주장했지만, 실제로 냉전기 미국과 소련이 보여준 억지전략은 국제체제의 안정에 기여한 것이 사실이다.[11]

2. 남북한 군비경쟁의 특징

남북한은 창군 이후부터 현재까지 매우 역동적인 군비경쟁 양상을 보여주고 있다(〈그림 2-1〉 참고). 양측은 각각의 군대를 창설한 이후부터 6·25전쟁이 발발하기 이전까지 병력 증강이라는 유사한 방법으로 군사력을 강화했

---

8) Craig Etcheson, *Arms Race Theory: Strategy and Structure of Behavior* (New York: Greenwood Press, 1989), pp. 47~57.
9) 선종률, "남북한 군비경쟁 양상 변화에 관한 연구," p. 22.
10) Bruce M. Russett, "International Interactions and Processes: The Internal vs. External Debate Revisited," Ada Finifter, ed., *Political Science: The State of the Discipline* (Washington: APSA, 1983), pp. 541~568. 함택영, 『국가안보의 정치경제학: 남북한의 경제력·국가역량·군사력』 (서울: 법문사, 1998), p. 88 재인용.
11) 김주홍, "리처드슨의 군비경쟁이론에 대한 비판적 고찰," pp. 98~103.

다.[12] 그러나 전쟁 발발 직전 남북한의 군사력은 해군을 제외한 지상군과 공군의 병력 및 장비 측면에서 북한이 우세한 심각한 불균형을 보였다.[13] 전쟁을 치르면서 남북한은 미국과 소련, 중국 등의 지원을 받아 장비를 강화하는 동시에 병력을 기하급수적으로 증가시켜 전쟁 전과는 비교할 수 없을 정도로 군사력을 증강했다. 전쟁 직전 10만여명의 병력을 보유했던 남한은 정전협정 체결 직후인 1953년 7월 말, 총 16개 사단에 59만여명의 병력을 거느릴 정도로 비대해졌다. 전쟁 직전 20만여명의 병력을 보유했던 북한도 정전협정 체결 직후 6개 군단에 26만명이 넘는 병력을 보유하게 됐다.[14] 양측은 정전 이후에도 수년 간 대칭적 군비경쟁을 이어나갔으며, 1950년대 후반에는 각기 병력을 일방적으로 감축하는 유사한 행태를 보이기도 했다.[15]

이 같은 대칭적 양상의 군비경쟁은 1960년대 들어 비대칭적으로 변화했다. 북한은 1960년대 초·중반 '국방에서의 자위'와 '4대 군사노선'을 천명하고 경제발전을 지체시키면서 군사력 증강을 다그쳤다. 그러나 이에 대응해 남한은 주한미군의 증강이 없는 상황에서도 특별한 조치를 취하지 않았다. 심지어 남한은 1960년대 중반 베트남 전쟁에 상당한 병력을 파견하기도 했고,[16] 1960년대 후반 북한의 도발이 이어졌음에도 향토예비군을 편성하고 6·25전쟁 시기 사실상 미국에 이양했던 작전통제권 가운데 대간첩 작전 시 작전통제권을 환수하는 정도에 그쳤다.[17]

---

12) 남북한의 창군 과정에 관한 내용은 한용원, 『남북한의 창군: 미·소의 역할을 중심으로』 (서울: 오름, 2008); 김광수, "조선인민군의 창설과 발전, 1945~1990," 경남대 북한대학원 엮음, 『북한군사문제의 재조명』 (서울: 한울, 2006) 등을 참고.

13) 고재홍, 『한국전쟁의 원인: 남북 군사력 불균형』 (파주: 한국학술정보(주), 2007), pp. 220~227.

14) 함택영, 『국가안보의 정치경제학』, p. 155 참조.

15) 함택영, "북한 군사력 및 군사위협 평가 재론," 『현대북한연구』, 7-3 (2005), p. 56.

16) 남한은 6·25전쟁 직후부터 베트남 전쟁에 파병할 의사를 종종 표명해왔다. 미국은 1960년대 초반 남한의 군사력이 북한에 비해 우세하다는 판단에 근거해 남한에 대한 군사원조를 차츰 줄이는 경향성을 지속하면서도 남한의 베트남 전쟁 자진 파병을 1965년 4월 초 수용했다. 관련 내용은 최동주, "한국의 베트남 전쟁 참전 동기에 관한 재고찰," 『한국정치학회보』, 30-2 (1996) 참고.

17) 조성렬, "한·미 동맹에 대한 도전요인과 주한미군 관련쟁점," 김일영·조성렬 지음, 『주한미군: 역사, 쟁점, 전망』 (서울: 한울, 2003), p. 197.

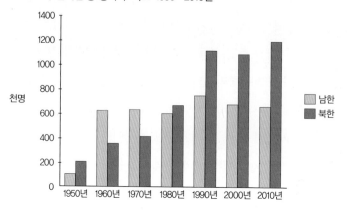

〈그림 2-1〉 남북한 총 병력 수 비교: 1950~2010년

천명

남한
북한

1950년 1960년 1970년 1980년 1990년 2000년 2010년

출처: 1950년 남북한의 병력 수는 국방부, 『한국전쟁사』, 1 (1967), pp. 37~38; 1960~2000년 기간은 IISS, *The Military Balance*, 각 년호; 2010년은 국방부, 『2010 국방백서』 (2010), p. 271 참고.

1970년대 들어 남북한은 다시 대칭적 군비경쟁에 매진했다. 북한이 군수산업을 전담하는 기관인 제2경제위원회를 신설한 1970년대 초반 남한도 자주국방정책을 주창하며 군수산업을 적극적으로 육성하기 시작했다. 그 결과 1980년을 전후해 남북한의 군사력은 균형을 이루는 상태가 됐다. 1980년대를 지나며 남북한의 군비경쟁은 1960년대와는 다른 측면에서 비대칭성을 보였다. 이 시기 양측의 군사력 균형은 병력이나 장비의 수를 기준으로 하면 북한의 약간 우세 또는 균형처럼 보인다.[18] 그러나 남한이 급속한 경제발전의 성과를 발판으로 추진한 제2차, 제3차 율곡사업은 실질적인 경제성장이 멈춰버린 북한에 대해 남한의 군사적 우위를 더욱 확고히 하는 결과를 가져왔다.[19]

미국은 1990년대 초반 한반도에 배치했던 핵무기를 모두 철수했지만, 같은 시기부터 현재까지 북한은 핵 · 미사일 능력을 강화하고 있다. 반면 남한

---

18) 1980년대 남북한의 군비경쟁에 관한 내용은 김흥규, "1980년대 한반도 군비경쟁과 남북한," 하영선 편, 『한반도 군비경쟁의 재인식: 전쟁에서 평화로』 (부천: 인간사랑, 1988), pp. 162~188 참조.
19) 함택영, 『국가안보의 정치경제학』, pp. 185~191 참조.

은 핵무기 개발을 추진하지 않는 대신 첨단 장비를 도입 · 개발하는 등 재래식 전력을 강화하는 한편 재래식 탄두를 장착할 수 있는 지대지 미사일 개발을 2000년대 중반부터 본격적으로 추진하면서 군사력을 증강하고 있다. 즉, 1990년대 이후에는 북한의 구형 재래식 전력 및 핵 · 미사일 전력과 남한의 첨단 재래식 전력이 맞서는 '비대칭적 군비경쟁(asymmetric arms race)'이 진행되는 것이다.[20]

이 같은 남북한 군비경쟁의 역동성은 앞서 살펴본 군비경쟁 관련 이론 및 개념을 현실에 그대로 적용하기 어렵다는 주장을 가능하게 한다. 남북한의 군비경쟁 양상이 보여주는 것처럼, 적성국 관계에 있는 두 국가 가운데 어느 일방이 군비를 강화하더라도 상대방은 군비를 증강할 수도 증강하지 않을 수도 있다. 또한 일방이 군사력을 증강한 수단을 상대방이 반드시 동일하거나 유사하게 따라하는 것도 아니다. 물론 남북한의 군비경쟁은 동시적 또는 매우 짧은 시차를 두고 발생하는 경우도 있었지만 그렇지 않은 경우도 있었다. 따라서 리처드슨이 제시한 작용-반작용 군비경쟁 모델을 남북한의 군비경쟁을 분석하는 데 그대로 적용하기는 어렵다. 그렇다고 남북한의 군비경쟁이 장기적 관점에서 작용-반작용 모델에서 크게 벗어난다고 단정하기도 어렵다. 이는 남북한의 지대지 미사일 경쟁을 고찰함에 있어서 군비경쟁의 일반적 특징과 남북한이 처한 한반도적 특수성을 모두 감안해야 한다는 점을 시사하는 것이다.

---

20) 함택영, "북한 군사력 및 군사위협 평가 재론," pp. 57~58.

제2절 지대지 미사일 경쟁

1. 지대지 미사일의 기능

가. 재래식 군사적 기능

지대지 미사일은 WMD 탄두 탑재 여부에 상관없이 강력한 공격용 무기체계로 평가된다. 왜냐하면 다른 무기체계와 달리 지대지 미사일로는 원거리 타격이 가능하기 때문이다. 지대지 미사일의 원형은 2차 대전 말기에 독일이 개발했다. 당시 독일은 연합군에 비해 열세인 항공력을 만회하기 위해 로켓과 무인기 개발을 추진했다. 독일이 1942년 개발에 성공한 A-4 로켓이 탄도 미사일의 효시라고 할 수 있으며, 1944년 개발에 성공한 무인비행기 Fi-103이 순항 미사일의 원형으로 알려졌다.[21] 독일은 패망하기 직전까지 영국과 벨기에, 네덜란드 등을 향해 알코올을 연료로 사용하는 A-4 로켓에 화학 탄두 등을 탑재한 V-2를 약 3,200기 발사해 막대한 피해를 입혔다. V-2는 80~90km의 고도까지 상승해 최대 320km를 비행할 수 있었다. 또한 독일의 히틀러는 900kg 정도의 폭약을 적재한 Fi-103을 V-1이라고 명명했는데, 이 무인비행기는 시속 645km 정도의 속도로 280km를 비행할 수 있었다. 독일은 1945년 4월까지 약 32,000기의 V-1을 발사했지만 속도가 당시 전투기와 비슷한 수준이어서 비행 도중 격추되는 것이 많았다. 그럼에도 2,000기 이상의 V-1이 영국 등에 떨어져 많은 사상자를 발생시켰다.

2차 대전 이후 연합군에 참여한 국가들은 독일이 개발한 지대지 미사일, 특히 V-2와 관련 기술을 입수하고자 노력했다. V-2는 막대한 양의 폭약을 장착할 수 있어 다른 무기에 비해 파괴력이 월등했을 뿐 아니라 음속의 2배를 넘는 빠른 속도로 비행해 격추가 어려웠기 때문이다. 소련은 V-2 개발 장소인 페네뮌데(Peenemünde) 실험장을 수중에 넣었고, 미국

---

21) 국방부, 『대량살상무기에 대한 이해』, pp. 166~167 등 참고.

은 V-2를 개발한 기술진 상당수의 망명으로 관련 기술을 획득할 수 있었다. 독일의 로켓 공격으로 많은 피해를 입었던 영국도 V-2를 입수해 사거리 480km의 '블랙 나이트(Black Knight)' 지대지 미사일을 개발했다. 영국에 앞서 V-2를 입수한 프랑스는 1949년부터 '베로니크(Veronique)' 미사일 개발을 추진했다.[22]

이처럼 강대국이 앞다퉈 V-2를 입수하고 지대지 탄도 미사일을 개발한 이유는 2차 대전을 통해 확인된 미사일의 원거리 타격 능력 때문이라고 할 수 있다. 과학기술의 발전으로 2차 대전 당시와 비교할 수 없을 정도로 전투기와 폭격기 등의 작전 영역이 넓어졌지만, 여전히 지대지 탄도 미사일은 매우 매력적인 원거리 타격 수단으로 각광받고 있다. 이는 지대지 탄도 미사일의 비행 특성에 기인한다. 일반적으로 탄도 미사일은 F-15 전투기의 4배에 가까운 초속 3km의 속도로 비행한다. 빠른 비행 속도로 ICBM은 수천km 이상을 비행하더라도 발사부터 타격까지 1시간이 걸리지 않는다. 또한 지대지 탄도 미사일은 비행 중 최고 100~300km 높이까지 올라가고 큰 각도로 떨어지기 때문에 지상에 탄착하기 이전에 요격하기가 쉽지 않다.[23]

또한 지대지 탄도 미사일은 크기가 작고 고정식 발사뿐 아니라 차량 등을 이용한 이동식 발사도 가능해 은폐하기가 쉽다. 긴 활주로와 각종 시설이 필요한 항공기에 비해 저장 및 운용이 편리하다는 것도 장점이다. 특히, 지대지 탄도 미사일은 군사적 기능과 역할 등에서 경합관계에 있는 폭격기보다 개발하기가 쉬울 뿐 아니라 개발 비용도 적게 든다.[24] 2차 대전 당시 영국과 프랑스 등의 국민들이 독일의 V-2에 대해 공포심을 갖고 있었던 것에서 알 수 있는 것처럼, 지대지 탄도 미사일은 상대방에 미치는 심리적 충격이 다른 무기체계에 비

---

22) 채연석, "로켓의 역사와 미래," 한국물리학회, 『물리학과 첨단기술』, 7-5 (1998), pp. 2~6 등 참고.
23) 홍용표, 『북한의 미사일 개발전략』(서울: 통일연구원, 1999), pp. 6~7.
24) John R. Harvey, "Regional Ballistic Missiles and Advanced Strike Aircraft: Comparing Military Effectiveness," International Security, 17-2 (1992), p. 77.

해 월등히 크다.[25] 이 같은 특징을 감안해 일반적으로 지대지 탄도 미사일은 전통적인 재래식 무기와는 구별되는 비재래식 무기로 평가된다. 2014년 7월 현재 지대지 탄도 미사일을 보유한 국가는 총 31개국이며,[26] 지대지 탄도 미사일을 독자 개발·보유한 국가는 미국과 러시아, 중국, 프랑스, 영국, 인도, 파키스탄, 이스라엘, 이란, 이라크, 리비아, 대만, 남북한 등 14개국이다.

미국과 러시아 등 군사기술 선진국들은 지대지 탄도 미사일뿐 아니라 지대지 순항 미사일도 중요한 원거리 타격 수단으로 활용하고 있다. 통상 순항 미사일은 적의 레이더망을 돌파하기 위해 지표면의 기복을 따라 음속 이하의 속도로 지상 30~200m의 높이에서 장시간 비행한다. 순항 미사일은 탄도 미사일에 비해 비행시간이 길기 때문에 로켓 엔진 대신 항공기 엔진과 유사한 터보팬 또는 터보제트 엔진을 사용한다. 또한 순항 미사일은 탄도 미사일에서 이용하는 관성항법과 위성위치추적시스템(GPS: Global Positioning System)을 이용할뿐 아니라 발사 이전에 입력된 자료와 실제 지형 등을 영상으로 대조하면서 비행해 정밀한 타격이 가능하다. 이로 인해 순항 미사일은 주로 핵심 표적을 선별해 타격하는 용도로 이용되는데,[27] 미국과 러시아뿐 아니라 인도, 파키스탄, 남아프리카공화국, 대만, 이란, 남한 등이 지대지 순항 미사일을 보유한 것으로 알려졌다.[28]

나. 억지 기능

지대지 미사일은 전략폭격기 및 잠수함과 함께 중요한 WMD, 특히 핵탄두의 가장 효율적인 운반수단으로 평가된다. 6·25전쟁 시기까지 미국은 핵무

25) Steve Fetter, "Ballistic Missile and Weapons of Mass Destruction: What is the Threat? What Should be Done?," *International Security*, 16-1 (1991), p. 12.
26) Arms Control Association 웹사이트(http://www.armscontrol.org/factsheets/missiles) 참고(검색일: 2015년 9월 25일).
27) 국방부, 『대량살상무기에 대한 이해』, pp. 182, 185.
28) NASIC(National Air and Space Intelligence Center), *Ballistic & Cruise Missile Threat* (2013), p. 29.

기 투하수단으로 미사일보다 전략폭격기를 더 선호했다.[29] 그러나 소련의 스푸트니크(Sputnik) 1호 발사 성공은 미국과 소련이 지대지 탄도 미사일의 전략적 가치를 새롭게 인식하는 계기가 됐다. 소련이 미국을 직접 타격할 수 있는 지대지 미사일 개발에 성공하자 미국도 소련을 직접 공격할 수 있는 장거리 지대지 미사일의 개발을 가속화했다. 이에 대응해 소련은 대탄도탄 요격미사일(ABM: Anti-Ballistic Missile) 체계를 구축했고, 미국은 소련의 ABM을 무력화하기 위해 다탄두 미사일(MIRV: Independently targetable Reentry Vehicle)을 개발했다. 물론 미국의 MIRV에 대처하기 위해 소련도 같은 수단을 마련했다. 이러한 미사일 개발 경쟁을 거치며 미국과 소련은 상대방으로부터 1차 핵공격을 받고도 생존할 수 있는 2차 핵공격 능력을 확보하게 됐으며, 이는 결국 상대방의 선제 핵공격을 억지하는 역할을 했다.

이러한 점을 감안해 핵무기를 개발하려는 국가는 대부분 지대지 미사일을 함께 개발하려는 경향을 나타낸다.[30] 박정희 정부는 1970년대 '자주국방' 정책을 추진하며 핵무기와 지대지 미사일 개발을 함께 추진했다. 박정희 정부가 자주국방 정책 추진 초기부터 '핵미사일' 보유를 목적으로 했다고 단언하기는 어렵지만, 이러한 방향성을 띠었던 것만큼은 분명하다. 브라질과 아르헨티나는 핵 · 미사일 개발을 병행 추진하다가 박정희 정부와 유사하게 핵개발을 포기하고 지대지 미사일 개발만 추진해 성과를 거뒀다.[31] 현재 국제사회로부터 핵무기 개발 의도를 갖고 있다고 의심받는 이란도 핵프로그램과 지대지 미사일 개발을 함께 추진하고 있다.[32] 핵무기를 보유했다가 자체적으

29) 유진석, "핵억지 형성기 최초의 전쟁으로서 6 · 25전쟁과 미국의 핵전략," 『한국과 국제정치』, 27-2 (2011), p. 95.
30) Aaron Karp, "The Spread of Ballistic Missiles and the Transformation of Global Security," *The Nonproliferation Review*, 7-3 (2000), p. 109.
31) 이상환, "인도-파키스탄과 브라질-아르헨티나의 핵정책 비교연구: 핵무장 강행 및 포기 사례의 분석," 한국외대 남아시아연구소, 『남아시아연구』, 10-2 (2005), pp. 143~144; 길정일 · 이충묵, "미국의 미사일 통제정책과 MTCR: 미-북 미사일 협상의 전망," 『동서연구』, 11-1 (1999), pp. 129~131 등 참고.
32) 김재두 외 지음, 한국국방연구원 기획, 『이란을 읽으면 북한이 보인다』 (서울: 한국경제신문, 2007); 공현

로 포기 · 폐기한 남아프리카공화국도 1980년대 중반부터 핵무기 개발과 미사일 개발을 병행했다.[33]

북한이 1990년대 이후부터 현재까지 핵과 미사일 개발을 병행 추진하는 것도 이 같은 지대지 미사일의 전략적 가치를 감안한 것으로 이해할 수 있다. 북한이 지대지 탄도 미사일에 탑재할 수 있을 정도로 핵탄두를 소형화했는지에 관한 논란은 차치하더라도, 북한이 지대지 미사일에 핵탄두를 탑재하기 위해 꾸준히 노력한 것은 사실이다. 북한은 핵탄두를 투발할 수 있는 수단 가운데 지대지 탄도 미사일을 제외한 나머지를 보유하지 못하고 있거나 신뢰하지 않기 때문에 핵무기와 지대지 미사일 개발을 병행하는 것으로 보인다. 미국과 러시아(구소련)가 지대지 미사일과 함께 WMD 운반 수단으로 삼았던 전략폭격기와 잠수함 발사 탄도 미사일(SLBM: Submarine Launched Ballistic Missile)은 북한 입장에서 핵탄두의 생존성을 보장하기에 충분한 수단이 아니기 때문이다.

북한은 작전반경이 1,100~2,400km에 달하며 3t 이상의 폭탄을 운반할 수 있는 Il-28 폭격기를 30대 가량 보유한 것으로 추정된다. 그러나 1940년대 후반 구소련이 개발한 구형 기종인 북한의 Il-28 폭격기가 남한과 일본의 방공망을 뚫고 대형 핵탄두 투발에 성공할 것이라고 상상하기는 쉽지 않다.[34] 또한 북한이 ICBM과 같은 대형 미사일에 핵탄두를 탑재했을 개연성이 논란인 상황임을 감안하면, ICBM보다 작은 SLBM에 핵탄두를 탑재했을 가능성

철 · 오범석 · 홍일희, "이란의 우주개발과 미사일기술통제체제(MTCR) 규제," 한국항공우주연구원, 『항공우주산업기술동향』, 5-2 (2007), p. 99 등.

33) 남아공은 총 7기의 핵장치를 만들었지만 이를 투발 수단에 탑재할 수 없는 상태로 보관했다. 남아공의 핵무기 개발 및 포기 · 폐기 과정과 지대지 미사일 개발 등에 관한 내용은 서상현, "핵무기 폐기의 이론적 접근: 남아공 사례를 중심으로," 『한국아프리카학회지』, 26 (2007), pp. 69~90; 한인택, "핵폐기 사례연구: 남아프리카공화국 사례의 함의와 한계," 『한국과 국제정치』, 27-1 (2011); United Nations, *South Africa's Nuclear-Tipped Ballistic Missile Capability* (1991), pp. 18~35; Hannes Steyn, Richard Van Der Walt and Jan Van Loggerrenberg, *Nuclear Armament and Disarmament: South Africa's Nuclear Experience* (Lincoln, NE: iUniverse, 2007) 등 참고.

34) 미국과학자연맹(FAS: Federation of American Scientists) 웹사이트(http://www.fas.org/nuke/guide/russia/bomber/il-28.htm) 참고(검색일: 2014년 2월 11일); 한국국방안보포럼 편, 『북한 무기체계 양적 · 질적 평가』 (2010), p. 23.

은 크지 않다. 만약 북한이 핵탄두 탑재 SLBM을 개발했다고 하더라도 이를 발사할 정도의 잠수함은 매우 제한적으로 보유하고 있을 것으로 추정된다.

핵탄두를 탑재하지 않은 지대지 미사일도 핵미사일과 같은 보복위협에 의한 억지를 어느 정도는 달성할 수 있다. 재래식 탄두를 장착한 지대지 미사일은 핵탄두만큼은 아니더라도 다른 재래식 무기보다 강력한 파괴력과 살상력을 갖고 있기 때문이다. 특히, 첨단기술이 고도로 발전한 현재 상황에서 1994년 미국이 북한의 핵시설을 타격하기 위해 계획했던 '외과수술식 폭격(surgical strike)'과 같은 정밀타격이 전략적·군사적 측면에서 공격 수단으로 더 효과적일 수 있다.[35] 북한이 미국의 토마호크 순항 미사일을 두려워하는 이유도 정밀타격이 가능하기 때문이다. 순항 미사일에 비해 정확성이 낮은 지대지 탄도 미사일을 인구 밀집 지역 등을 향해 다량 발사하는 것도 응징보복을 위협하는 수단으로 활용할 수 있다.[36]

남한에서 이뤄지는 '적극적 방어(active defense)'와 '공격적 방어(offensive defense)' 관련 논의도 재래식 탄두를 탑재한 지대지 미사일을 대북 억지에 이용하려는 것이라고 할 수 있다. 남한이 구축하겠다고 밝힌 이른바 '킬 체인(kill chain)'은 북한이 남한에 대한 핵·미사일 공격을 감행하려는 확실한 징후가 탐지되면 북한이 공격하기 전에 관련 시설 또는 기지 등을 선제공격해 무력화한다는 것이 주요 내용이다. 이는 남한이 2000년대 중반부터 본격적으로 구축하기 시작한 지대지 탄도 및 순항 미사일 전력에 기반한 것으로서,[37] 북한에 대한 공격보다는 북한의 선제공격을 예방하기 위한 목적이 더 크다고 할 수 있다.

---

35) 한용섭, "미국의 맞춤형 억제전략과 북한의 핵위협 해소 방안," 『국방연구』, 50-2 (2007), p. 11.
36) 박휘락, "북한 핵에 대한 대응방안 모색: 선제행동(preemptive actions) 검토의 필요성을 중심으로," 『국방정책연구』, 27-2 (2011), p. 107.
37) 고봉준, "군사력 증강의 정치학: 북한 탄도미사일에 대한 한일 양국 대응의 공격현실주의적 해석," 『한국정치학회보』, 42-3 (2008), pp. 399~402.

다. 비군사적 기능

지대지 미사일이 SLV 및 UAV와 기술적으로 크게 다르지 않다는 점에서 지대지 미사일의 비군사적 이용을 생각해 볼 수 있다. 지대지 미사일 개발은 로켓 엔진 및 발사체 개발, 위성항법시스템과 같은 항공우주산업을 근간으로 한다. 이로 인해 다른 국가, 특히 군사적으로 대결하는 국가의 로켓 개발을 지대지 미사일 개발로 단정하는 경우를 심심치 않게 발견할 수 있다. 남한을 비롯한 국제사회가 북한의 장거리 로켓을 장거리 지대지 탄도 미사일로 평가하는 것이 대표적이다. 이처럼 ICBM과 SLV는 기술적 측면에서 거의 동일하다. ICBM과 SLV는 형상이나 기술적 측면 뿐 아니라 운용 측면에서도 매우 밀접한 관계를 갖고 있다. 지대지 탄도 미사일은 정밀한 타격을 위해 위성항법시스템을 이용해야 하는데, 위성항법시스템의 기본을 이루는 것은 SLV가 궤도에 올려놓는 인공위성이다. 현재 남한은 미국이 24개의 인공위성을 통해 제공하는 GPS를 지대지 탄도 미사일의 정확한 운용을 위해 이용하고 있다.[38]

세계에서 자력으로 SLV를 개발 · 생산 · 발사할 능력을 갖춘 미국과 러시아, 프랑스, 우크라이나, 일본, 중국, 인도, 이스라엘 등은 ICBM의 독자적인 개발 · 생산 · 발사 능력도 갖춘 것으로 평가된다.[39] 특히, 핵무기 보유국이 아닌 일본의 SLV 능력은 다른 비핵보유국에 비해 뛰어난 것으로 알려졌다. 일본은 SLV인 J-1 로켓을 보유하고 있으며, 일본이 독자 개발한 고체 연료 SLV인 M 시리즈 로켓 가운데 M-V는 미국의 ICBM에 버금가는 능력을 가진 것으로 평가된다.[40] 일본은 이외에도 IRBM으로 쉽게 개조할 수 있는 M-3C/H/SⅡ 등의 고체 연료 SLV를 보유하고 있다.[41]

---

38) 주명건, "항공우주산업 발전전략," 세종대 항공산업연구소, 『항공산업연구』, 77 (2013), p. 4 참고.
39) 박정주, "우주발사체 기술개발 동향," 박찬석 의원실, 『우주발사체 기술개발 동향과 북한 미사일 발사 능력에 대한 기술적 분석』(2006.9.5), p. 7.
40) 글로벌 시큐리티 웹사이트(http://www.globalsecurity.com) 참고(검색일: 2014년 6월 1일).
41) 정규수는 액체 연료를 사용하는 H-Ⅱ 로켓 등은 연료 주입에 많은 시간이 소요되는 등과 같은 운용상의 어려움 때문에 지대지 탄도 미사일로 전환하기 쉽지 않다고 지적한다. 정규수, 『ICBM 그리고 한반도: 북

한편 순항 미사일과 유사한 기술적 특성을 지니는 UAV는 군사적 용도뿐 아니라 비군사적 용도로 광범위하게 이용된다. UAV는 조종사가 직접 탑승하지 않고 원거리에서 무선으로 원격조종하거나 사전에 입력된 프로그램에 따른 자율비행이 가능하다. 또한 UAV는 유인항공기에 비해 제작비가 저렴하고 항공기와 인공위성의 중간고도에서 장기간 체공할 수 있다는 장점이 있다.[42] 이를 활용해 UAV는 농업, 기상관측, 무선통신, 환경 · 국경 · 어로 · 법규 위반 감시, 실종자 수색, 방송 등 비군사적 목적에서 많이 활용되고 있다.[43]

2. 지대지 미사일 경쟁 사례

가. 미국과 소련의 지대지 미사일 경쟁

미국과 소련의 군비경쟁은 핵 · 미사일 경쟁이라고 해도 과언이 아니다. 2차 대전이 종전으로 치닫던 1940년대 초반 미국과 소련 등은 핵무기 개발에 열중했다. 미국은 1945년 8월 핵무기인 '리틀보이(Little Boy)'와 '팻맨(Fat Man)'을 대형 전략폭격기에 실어 일본에 투하했다. 이처럼 핵무기는 2차 대전 당시 생겨난 전략폭격 개념의 연장선상에서 개발된 무기였다. 미국은 2차 대전 이후 소련이 R-7(NATO명: SS-6 Sapwood) 개발을 시작한 1954년까지 지대지 미사일보다 전략폭격기를 더욱 유용한 핵투발 수단으로 인식했다.[44] 미국은 서유럽 지역에 있는 동맹국들의 공군기지에서 B-29 전략폭격기를 발진시켜 1~2시간 안에 모스크바 등 소련의 주요 거점을 공격할 수 있었다. 그러나 소련이 전략폭격기로 미국 본토를 공격하기 위해서는 10시간

한과 한반도 주변 열강의 탄도탄』(서울: 지성사, 2012), pp. 108, 111~112.

42) 박원기 · 정재화, "무인항공기 개발동향," 국방기술품질원, 『국방과학기술정보』, 23 (2010), p. 132.

43) 김중욱 · 송복섭, "무인항공기(UAV) 산업에서의 IT 융합," 한국정보과학회, 『정보과학회지』, 31-1 (2013), pp. 68~69.

44) 국방부, 『대량살상무기에 대한 이해』, p. 167; John L. Gaddis, *The Long Peace: Inquiries into the History of the Cold War* (Oxford: Oxford University Press, 1987), p. 116.

이상을 비행해야 했다.[45] 소련은 이 같은 전략폭격기 전력의 열세 때문에 지대지 미사일 개발을 적극적으로 추진했다.

소련은 2차 대전 이후 V-2를 개발한 독일의 페네뮌데 실험장과 200명이 넘는 독일 과학자를 손에 넣고, 미국을 공격할 수 있는 사거리의 미사일을 개발하는 데 매진했다.[46] 니키타 흐루시초프(Nikita Sergeyevich Khrushchov)는 재래식 전력을 감축하고 핵전력을 증강하는 정책을 추진했다.[47] 소련은 1953년 수소폭탄 실험과 1954년 세계 최초로 액체 연료를 사용하는 사거리 1,000마일(약 1,600km)의 중거리 탄도 미사일 T-2의 시험 발사에 성공했지만,[48] 1955년까지 전략 작전 능력이 없는 소규모의 핵탄두만을 보유하고 있었다.[49] 소련은 1954년 5월 20일 액체 연료 ICBM인 사거리 5,000마일(약 8,000km)의 R-7 개발 계획을 승인하고, 1957년 5월 15일부터 시험 비행을 시작했다.[50] 1957년 8월 21일 R-7 시험 발사에 성공한 뒤 같은 해 10월 4일에는 R-7을 이용해 인류 최초의 인공위성인 스푸트니크 1호를 궤도에 진입시켰다.

미국은 이를 소련이 ICBM 능력을 확보한 것으로 평가했다.[51] 특히, 미국은

---

45) 미국은 '핀처(Pincher)' 계획을 수립한 1946년 6월부터 킬리안(Killian) 보고서가 소련의 탄도 미사일 전력이 1960년부터 우위를 차지할 수 있다고 지적한 1955년 2월까지 전략폭격기 전력의 우위를 십분 활용하는 대소 핵전략을 채택·운영했다. 정성화, "미국의 대소 핵정책: 트루만, 아이젠하워 시대," 한국미국사학회, 『미국사연구』, 9 (1999), pp. 194~211 참고. 반면 소련이 1953년 보유한 Tu-4 폭격기는 서유럽 지역의 타격만 가능했고, 소련이 1954년과 1955년 각각 선보인 6,000마일과 8,000마일의 항속거리를 갖는 신형 폭격기는 미·소 핵전력 균형에 거의 아무런 영향을 미치지 못했다. 관련 내용은 Charles R. Morris, *Iron Destinies, Lost Opportunities: the Arms Race Between the U.S.A. and the U.S.S.R., 1945-1987* (New York: Harper & Row, 1992), pp. 140~149 참고.
46) 브라이언 하베이 지음, 김지훈·김유 옮김, 『러시아 우주개척사』 (서울: 북스힐, 2012), p. 3; 정규수, 『ICBM, 악마의 유혹: 미국과 소련의 ICBM 치킨게임』 (서울: 지성사, 2012), pp. 16~17.
47) Robert P. Berman and John C. Baker, *Soviet Strategic Forces: Requirements and Responses* (Washington, D.C.: The Brookings Institution, 1982), p. 50.
48) Matthew Evangelista, *Innovation and the Arms Race: How the United States and the Soviet Union Develop New Military Technologies* (London: Cornell University Press, 1988), Chap. 5 참고.
49) 고봉준, "공세적 방어: 냉전기 미국 미사일방어체제와 핵전략," 『한국정치연구』, 16-2 (2007), p. 201.
50) 정규수, 『ICBM, 악마의 유혹』, pp. 127~128.
51) Micheal J. Legge, *Theater Nuclear Weapons and the NATO Strategy of Flexible Response* (Santa Monica, CA: RAND Corporation, 1983), pp. 5~6.

스푸트니크 1호의 무게가 84kg에 달한다는 사실에 놀랐는데, 이는 소련의 미사일 능력이 미국보다 뛰어나다는 사실을 증명하는 것이기 때문이다.[52] 그러나 아이젠하워 행정부는 스파이와 U-2 정찰기, 터키에 설치한 레이더 등을 통해 소련의 R-7이 액체 연료를 사용해 발사 준비에 많은 시간이 필요하고 거대한 크기 때문에 쉽게 노출될 수 있다는 점을 잘 알고 있었다.[53] 특히, 소련은 1958년 5월 스푸트니크 3호 발사 이후 R-7을 발사하지 않았는데, 미국은 이를 근거로 소련이 R-7 개발에 어려움을 겪고 있다고 판단했다. 이에 따라 미국은 탄도 미사일 조기경보체제를 신속히 수립하고, 전략폭격기를 분산 배치하며, 폴라리스(Polaris) 핵잠수함을 개발·배치하는 것이 급선무라고 인식했다.[54]

소련은 R-7에서 분리된 RV가 미사일 본체와 충돌하는 등의 문제가 발생해 1958년 R-7 개발을 중단했으며, 1960년 1월 미국의 뉴욕과 시카고, 로스앤젤레스를 각각 겨냥해 R-7을 4기씩 배치했다. 그러나 소련은 R-7을 개량해 R-7A라는 ICBM을 개발하기로 결정했다. 연료량을 크게 증가시킨 R-7A의 사거리는 R-7의 1.5배에 달하는 1만2,000km로 연장됐고, 부정확한 정확성을 감안해 5Mt의 폭발력을 가진 강력한 핵탄두를 탑재했다.[55] 소련은 1956년 폭격기에 핵탄두를 장착할 수 있었고, 1958년 6기의 SLBM을 배치했으며, 1959년에는 전략로켓군을 창설했지만,[56] 1960년대 중반까지 소련의 핵전력은 미사일의 사거리 제한으로 미국이 아닌 서유럽 국가들을 주된 공격 대상으로 삼았다.[57]

---

52) 정성화, "미국의 대소 핵정책," p. 211; 정규수, 『ICBM, 악마의 유혹』, p. 129.
53) 정성화, "미국의 핵전략과 군수산업 및 군사과학의 발전," 명지사학회, 『명지사론』, 10 (1999), p. 168.
54) 정성화, "미국의 대소 핵정책," pp. 216~219.
55) 정규수, 『ICBM, 악마의 유혹』, pp. 131~132.
56) 고봉준, "공세적 방어," p. 202; 문수언, "러시아의 새로운 억지정책과 핵전략," 한국슬라브학회, 『슬라브학보』, 15-1 (2000), p. 284.
57) 1960년대 소련 핵전력의 핵심은 서유럽을 향해 배치된 R-12/14(NATO명: SS-4/5) 중거리 지대지 탄도 미사일로, 이 미사일은 1966년까지 약 700기가 배치됐다. 그러나 이 중거리 미사일들은 너무 크고 부정확

반면 미국은 1956년 1월 20일 토르(Thor) 중거리 탄도 미사일을 개발·생산·배치했다고 선언했고, 1958년 7월 무게 1.6kg인 인공위성 뱅가드를 쏘아 올렸다. 미국이 1950년대 후반 개발을 시작한 아틀라스(Atlas) 시리즈 등 신형 전술 핵미사일은 1960년대 초반 개발이 완료돼 실전에 배치됐다. 미국은 1960년 IRBM인 토르, 주피터(Jupiter) 등과 1세대 ICBM이라고 할 수 있는 아틀라스, 타이탄(Titan) Ⅰ을 개발했고, 1962년에는 2세대 ICBM인 미니트맨(Minuteman)과 폴라리스 핵잠수함 및 이 잠수함에 탑재할 수 있는 폴라리스 SLBM을 개발했다.[58]

〈표 2-1〉 1960년대 초 미국과 소련의 핵전력

구 분		1961	1962	1963	1964
미국	아틀라스	57	129	129	99
	타이탄	0	54	108	108
	미니트맨	0	20	360	700
	SLBM	80	144	160	320
	폭격기	1,526	1,595	1,335	1,111
소련	R-7A(SS-6)	4	4	4	4
	R-16(SS-7)	6	32	90	170
	R-9A(SS-8)	0	0	5	17
	SLBM	57	72	72	72
	폭격기	133	138	150	173

출처: http://www.nrdc.org/nuclear/nudb/datainx.asp(검색일: 2014년 1월 17일).

미국의 케네디 행정부는 취임 직후부터 소련의 선제공격 이후에도 반격할 수 있는 이른바 '제2격(Second Strike)' 능력을 확대하기 위해 핵전력을 증강

해서 재래식 공격에 대한 보충적 무기로 사용하기에는 부적합했다. Charles R. Morris, *Iron Destinies, Lost Opportunities*, p. 204.
58) 한창식, "냉전시 미·러의 핵전략," 『국가전략』, 16-2 (2010), p. 226.

했다. 미국은 1963년 2월 사거리가 7,000~8,000km에 달하는 미니트맨 I 50기를 실전에 배치했다.[59] 1965년에는 41척의 폴라리스 핵잠수함, 54기의 타이탄-2, 1,000기의 미니트맨, 600여대 이상의 B-52 장거리 폭격기를 보유할 수 있었다.[60] 미국은 핵전력의 운반수단뿐 아니라 핵탄두의 수에서 소련에 절대적인 우세를 보였다. 1966년을 기준으로 미국이 ICBM, SLBM, 폭격기에 탑재한 핵탄두는 각각 1,004개, 1,264개, 3,476개로 소련의 416개, 75개, 546개에 비해 월등히 많았다.[61]

소련은 미국의 급속한 핵전력 증강에 맞서 1965년부터 미국의 핵미사일을 방어하기 위해 모스크바 주변에 ABM 체계인 이른바 '갈로쉬(GALOSH)'를 구축하는 한편 경량형 ICBM인 UR-100(NATO명 SS-11)과 대형 ICBM인 R-36(NATO명 SS-9)의 개발에 박차를 가했다. 그 결과 소련은 작전 가능한 ICBM을 1966~1967년 570기로 늘릴 수 있었고, 1971년에는 미국보다 500기 이상 많은 1,500기의 ICBM을 배치했다. 1970년대 ICBM을 한창 많이 생산하던 시기에 소련은 매주 6기의 ICBM을 생산했는데, 특히 1974년 이후 R-36의 개량형과 UR-100을 대체할 이동형 미사일 RT-21(NATO명 SS-16), UR-100N(NATO명 SS-19)의 생산량이 급속히 증가했다.[62]

미국도 소련의 ICBM 공격에 대처하기 위해 ABM을 개발하고 소련의 ABM을 기만하기 위해 MIRV 개발을 적극적으로 추진했다. 미국은 1970년 세계 최초의 MIRV 핵미사일인 미니트맨 III를 개발해 배치했다.[63] 소련이 MIRV인 SS-19를 실전 배치할 때까지 미국이 보유한 ICBM 수는 적었지만 미니트맨

---

59) 정규수, 『ICBM, 악마의 유혹』, pp. 165~166.
60) 정성화, "미국의 핵전략과 군수산업 및 군사과학의 발전," pp. 177, 179.
61) 고봉준, "공세적 방어," p. 202.
62) 정성화, "미국의 핵전략과 군수산업 및 군사과학의 발전," p. 193.
63) 정성화, "미국의 핵전략과 군수산업 및 군사과학의 발전," pp. 182~184, 187; 고봉준, "공세적 방어," p. 204.

Ⅲ 등을 통해 핵탄두 수는 소련과 비슷한 수준을 유지했다.[64] 1980년대 소련
은 핵탄두를 각각 3개씩 탑재하고 서유럽을 위협할 수 있는 RT-21M(NATO
명 SS-20) 중거리 지대지 미사일을 6일마다 1기씩 생산·배치했다.[65] 이
에 대응해 미국은 퍼싱(Pershing) Ⅱ 미사일과 MIRV 지상발사 순항미사일
(GLCM: Ground Launched Cruise Missile)을 서유럽에 배치했다.[66]

〈표 2-2〉 냉전기 미국과 소련의 ICBM 개발 현황

배치년도	미 국	소 련
1959	Atlas D(1964)*	
1960		SS-6** Sapwood(1968)
1961	Atlas E(1965)	SS-7 Saddler(1978)
1962	Atlas F(1965)	
	Titan Ⅰ(1965)	
	Minuteman Ⅰ(1975)	
1963	Titan Ⅱ(1987)	SS-8 Sasin(1978)
1965		SS-11 Sego(1991)
1966	Minuteman Ⅱ(1991)	SS-9 Scarp(1980)
1969		SS-13 Savage(1991)
1970	Minuteman Ⅲ(현재)	
1975		SS-17 Spanker(1991)
		SS-18 Satan(현재)
		SS-19 Stiletto(현재)
1985		SS-25 Sickle(현재)
1986	MX(2005)	
1987		SS-24 Scalpel(2001)

* 괄호 안의 숫자는 각 미사일이 실전 배치에서 제외된 연도를 의미함.
** 소련 미사일 명칭은 미국 정보기관이 편의상 부여한 것임.
출처: 고봉준, "공세적 방어," p. 203.

미국은 1960년대 중반부터 1980년대 후반 냉전이 끝날 때까지 대체로
1,000여기의 ICBM을 유지했고, 소련 역시 1969년부터 미국보다 더 많은

---

64) 고봉준, "공세적 방어," p. 205.
65) 소련의 SS-20 미사일과 관련한 내용은 Jonathan Haslam, *The Soviet Union and the Politics of Nuclear Weapons in Europe, 1969~1987: The Problem of the SS-20* (London: McMillan Press, 1989) 참고.
66) 제임스 E. 도거티·로버트 L. 팔츠그라프 지음, 이수형 옮김, 『미국외교정책사: 루스벨트에서 레이건까지』 (서울: 한울, 1997), pp. 508~510.

ICBM을 지속한 상태를 냉전 종료 시까지 이어갔다. 1989년 냉전이 종료될 당시 미국이 보유한 ICBM은 1,000기, 핵탄두는 2,440개였으며, 소련은 1,379기의 발사대에 총 6,671개의 핵탄두를 배치하고 있었다. 양국은 이른바 '공포의 균형(Balance of Terror)' 하에서 공포의 수준을 낮추기 위해 핵무기 감축을 논의하기 위한 협상들을 벌였다.

나. 인도와 파키스탄의 지대지 미사일 경쟁

인도와 파키스탄은 1947년 8월 영국의 식민지에서 독립할 당시부터 발생한 종교적 · 영토적 분쟁과 갈등으로 현재까지 불편한 관계를 지속하고 있다. 양국은 1947년 10월과 1965년 6월, 1971년 12월 등 3차례 전쟁을 치렀으며, 1990년대 중 · 후반부터는 본격적으로 핵무기 및 지대지 탄도 미사일 개발 경쟁을 벌이고 있다. 인도는 첫 핵실험을 단행하기 6년 전인 1968년 장거리 로켓 개발에 착수했으며, 핵실험 6년 뒤인 1980년에는 첫 SLV를 쏘아 올렸다.[67] 인도는 1983년부터 미사일 개프로그램(IGMDP: Integrated Guided Missile Development Program)을 본격적으로 추진하기 시작했는데, 초기 10년 동안 2조 6,000억 달러를 미사일 개발에 쏟아 부었다. 인도는 1989년 5월 사거리 2,500km의 중거리 지대지 탄도 미사일인 아그니(Agni) I의 첫 시험 발사에 성공했다. 2단 미사일인 아그니 I의 상단에는 단거리 지대지 탄도 미사일인 프리트비(Prithvi)가 실렸다. 인도는 미국의 압력으로 1990년대 중반까지 미사일 개발을 중단했지만, 파키스탄이 1997년 사거리 600km의 하트프(Hatf) III 미사일을 시험하자 미사일 개발을 재개했다.[68]

---

67) 인도우주항공청(ISRO)은 2013년 11월 5일 화성 탐사를 위한 무인 소형 위성 발사에 성공하기도 했다. 주 인도대사관, 『인도 개황』 (2013), p. 84.

68) Harsh V. Pant and Gopalasawamy Bharath, "India's Emerging Missile Capability: The Science and Politics of Agni–II," *Comparative Strategy*, 27–4 (2008), p. 377.

파키스탄은 1980년대 중반 중국의 도움을 받아 단거리 지대지 탄도 미사일 개발을 본격화했다. 이를 통해 파키스탄은 사거리 80km의 하트프 I 과 사거리 300km의 하트프 II 를 개발할 수 있었다.[69] 파키스탄은 중국이 지원한 단거리 지대지 탄도 미사일 M-11을 활용해 하트프 시리즈를 개발한 것으로 전해졌다.[70] 인도가 1997년 7월 프리트비 미사일을 배치하려 하자 파키스탄은 핵탄두를 탑재할 수 있는 하트프 III 미사일을 시험 발사했는데, 이 미사일은 사거리 600km, 탄두 중량 500kg의 성능을 갖고 있다. 인도가 1998년 5월 일련의 핵실험을 단행하기 한 달 전 파키스탄은 가우리(Ghauri) I 미사일을 시험 발사했다. 사거리 1,300~1,500km, 탄두 중량 700kg의 성능을 갖는 가우리 I 은 북한의 노동 미사일을 원형으로 한 것으로 알려졌다.[71]

인도는 1999년 4월 사거리 2,500km의 중거리 지대지 탄도 미사일인 아그니 II 를 시험 발사했다. 핵탄두를 탑재할 수 있는 이 미사일은 고체 연료를 사용하는 2단 미사일로, 아그니 I 을 개량해 발사 준비 시간을 반나절에서 15분 정도로 크게 단축한 것으로 전해진다.[72] 인도가 보유한 아그니 I / II 미사일은 파키스탄 전역을 타격할 수 있는 성능을 보유하고 있다. 나아가 인도는 2011년 9월 사거리 3,500km의 아그니 III 시험 발사에 성공한 뒤 2012년 4월과 9월에는 사거리가 5,500km에 달해 ICBM급으로 평가되는 아그니 V와 아그니 IV를 각각 시험 발사했다. 현재는 사거리가 6,000km 이상인 아그니 VI 개발을 추진하는 것으로 알려졌다. 이와 함께 1980년대 말 이

69) 관성 및 통제 체계에 문제가 생겨 파키스탄이 Hatf II 개발 프로그램을 취소했다는 주장도 있다. http://www.globalsecurity.org 참고(검색일: 2014년 1월 20일).
70) Department of Defense, *Proliferation: Threat and Response* (2001), p. 30; 주파키스탄대사관, 『파키스탄 개황』 (2010), p. 47; Shirley A. Kan, *China and Proliferation of Weapons of Mass Destruction and Missiles: Policy Issue* (CRS Report for Congress, 2007), p. 6. 중국의 M-11은 액체 연료를 사용하는 2단 미사일로 탄두 중량 500kg, 사거리 300km의 성능을 갖는 것으로 알려졌다. John Wilson Lewis and Hua Di, "China's Ballistic Missile Programs: Technologies, Strategies, Goals," *International Security*, 17-2 (1992), p. 11.
71) 정영태, 『파키스탄-인도-북한의 핵정책』 (서울: 통일연구원, 2002), p. 31.
72) http://www.fas.org 참고(검색일: 2014년 1월 20일).

후 사거리가 350km인 프리트비 Ⅱ/Ⅲ 단거리 지대지 탄도 미사일도 전력화
했다.[73]

〈표 2-3〉 인도와 파키스탄의 지대지 미사일 비교

인 도			구 분	파키스탄		
미사일 명 칭	상태	사거리 (km)		사거리 (km)	상태	미사일 명 칭
Prithvi	배치 (1995)	150~ 250	단거리 (~500km)	60~100	시험	Hatf I
Sagarika SLBM	–	250~ 300		280	취소	Hatf II
Dhanush SLBM	–	300~ 350		300	배치 (1995 ?)	Shaheen (Hatf III)
Agni	배치 (2000 이후)	2,500	중거리 (~5,500km)	800	–	Shaheen I (Hatf IV)
				1,350~ 1,500	배치 (1998 ?)	Ghauri (Hatf V)
				2,000	시험 성공 (2004)	Shaheen II (Hatf VI)
				2,500	엔진 시험 (1999)	Ghauri III (Abdali)
				4,000	–	Tipu
Surya		12,000	장거리 (5,500km~)	–	–	–

* 미사일 명칭 가운데 괄호 안의 것은 별칭임.
출처: FAS 웹사이트(http://www.fas.org) 참고(검색일: 2014년 1월 20일).

파키스탄은 1999년 4월 사거리가 750km 정도로 추정되는 샤힌(Shaheen)
Ⅰ 지대지 탄도 미사일의 시험 발사에 성공했다. 이 미사일은 중국의

---

73) 주인도대사관, 『인도 개황』, p. 121.

M-9(사거리 600km, 탄두 중량 500kg)를 모델로 한 것으로 알려졌다. 가우리 및 샤힌 시리즈를 통해 파키스탄은 인도의 수도인 뉴델리뿐 아니라 인도에서 가장 큰 상업도시인 뭄바이(Mumbai, Bombay)까지 공격할 수 있는 능력을 갖게 됐다.[74] 파키스탄이 보유한 미사일 가운데 핵탄두 탑재가 가능한 것은 가우리 미사일뿐이라는 견해도 있지만, 이 미사일은 액체 연료를 사용한다는 점에서 고체 연료를 사용하는 샤힌 시리즈보다 운용이 어려운 것으로 전해졌다. 파키스탄이 2009년 배치한 사거리 2,000km의 샤힌 II 미사일도 핵탄두 탑재가 가능한 것으로 알려졌다.[75] 파키스탄은 1999년부터 북한과 협력해 사거리가 4,000km에 달하는 중거리 지대지 탄도 미사일 티푸(Tipu)를 개발하고 있다는 주장도 있다.[76]

다. 남북한 지대지 미사일 개발에 대한 시사점

미국과 소련, 인도와 파키스탄 사이에 벌어진 지대지 미사일 경쟁은 리처드슨이 제시한 작용-반작용 모델에 비교적 충실한 것처럼 보인다. 미국과 소련, 인도와 파키스탄은 상대방의 지대지 미사일 개발에 대한 반작용으로 유사하거나 더 뛰어난 성능의 지대지 미사일 개발에 나섰기 때문이다. 소련의 ICBM 개발은 미국의 ICBM 개발을 촉진했고, 이는 소련의 ABM 체계 개발을 이끌었다. 이어서 미국은 ABM 체계를 구축하는 동시에 소련의 ABM 체계를 무력화하기 위해 MIRV 개발에 나섰고, 소련 역시 MIRV ICBM을 개발하는 방식으로 대응했다. 즉, 미국과 소련의 핵무기 경쟁은 핵무기 수의 경쟁에 그치지 않고 핵탄두를 탑재한 지대지 미사일의 개발을 위한 치열한 기술경쟁

---

74) 정영태, 『파키스탄-인도-북한의 핵정책』, p. 32.
75) Vernie Liebl, "India and Pakistan: Competing Nuclear Strategies and Doctrins," *Comparative Strategy*, 28-2 (2009), p. 159; Paul K. Kerr and Mary B. Nikitin, *Pakistan's Nuclear Weapons: Proliferation and Security Issues* (CRS Report for Congress, 2011), p. 11; http://www.globalsecurity.com 참고(검색일: 2014년 1월 20일).
76) http://www.fas.org 참고(검색일: 2014년 1월 20일).

으로 변화했던 것이다.[77] 인도와 파키스탄도 상대방의 영토와 주요 거점을 타격할 수 있는 지대지 탄도 미사일 개발 경쟁을 지속하고 있다. 이러한 맥락에서 남북한의 지대지 미사일 경쟁을 고찰하는 데 있어 작용-반작용 모델이 시사하는 바가 크다고 할 수 있다.

그러나 미국과 소련의 지대지 미사일 경쟁에서는 작용-반작용 모델에 반하는 양상도 찾을 수 있다. 리처드슨은 전략 및 자원배분을 고려하지 않는 것을 전제로 군비경쟁이 결국 안보딜레마를 강화할 수 있다고 주장했다. 그러나 미국과 소련은 일정한 수준 이상으로 지대지 미사일 경쟁을 확대하지 않고 상호 억지력을 구축한 뒤에는 비교적 안정적인 상태를 유지했다. 양측 모두 상대방의 핵미사일 공격에도 생존해 반격할 수 있는 제2격 능력을 충분히 확보해 이른바 '상호확증파괴(MAD: Mutual Assured Destruction)'가 가능할 정도로 균형을 이룬 이후에는 더 이상의 핵미사일 경쟁이 무의미하다는 사실을 깨달았기 때문이다.[78] 이는 남북한의 지대지 미사일 경쟁이 반드시 작용-반작용 모델에 따르지 않을 수도 있다는 점과 남북한의 지대지 미사일 경쟁을 고찰함에 있어서 리처드슨이 고려하지 않았던 전략 및 자원배분 등 다른 요인도 고려해야 한다는 점을 시사한다. 즉, 작용-반작용 모델은 남북한의 지대지 미사일 경쟁을 고찰함에 있어서 반드시 참고해야 하는 것이지만, 이것만으로 남북한의 지대지 미사일 경쟁을 제대로 분석하기는 어려운 것이다.

한편 미국과 소련이 핵전력 증강을 지속하는 가운데에서도 핵전력 감축을 위한 일련의 협상을 진행했다는 사실은 남북한의 지대지 미사일 경쟁이 갖는 딜레마를 해결하는 데 있어 반드시 참고해야 하는 것이다. 미국과 소련 (러시아)은 핵전력에 있어 균형을 이룬 1960년대 말부터 핵미사일 감축을 위

---

77) 김성철, "냉전기 핵통제 인식공동체의 형성," 한국평화연구학회, 『평화학연구』, 14-1 (2013), pp. 40~41.
78) 박건영, "핵무기와 국제정치: 역사, 이론, 정책, 그리고 미래," 『한국과 국제정치』, 27-1 (2011), pp. 11~12.

한 협상을 본격적으로 진행했다. 양국은 1970년대 전략무기제한협상(SALT: Strategic Arms Limitation Talks),[79] 1980년대 중거리핵무기(INF: Intermediate Nuclear Forces) 협상,[80] 1980~90년대 전략무기감축협상(START: Strategic Arms Reduction Talks),[81] 2000년대 전략공격무기감축 및 제한협상(Strategic Offensive Arms Reduction and Limitation Talks) 등을 진행해 SALT(SALT: Strategic Arms Limitation Treaty) Ⅰ·Ⅱ, INF 협정, START(START: Strategic Arms Reduction Treaty) Ⅰ·Ⅱ, SORT(Strategic Offensive Reduction Treaty),[82] New START 등의 협정을 맺었다(〈표 2-4〉 참조).[83]

〈표 2-4〉 미·소(러시아) 간 체결한 핵미사일 관련 협정의 주요 내용

구 분	핵탄두 수	발사수단	서 명	발 효	만 료
SALT Ⅰ	―	1,710(미국) 2,347(소련)	1972. 5	1972. 10	1977. 10
SALT Ⅱ	―	2,250	1979. 6	―	―
INF 협정	0	0	1987. 12	1988. 6	1991. 6
START Ⅰ	6,000	1,600	1991. 7	1994. 12	2009. 12
START Ⅱ	3,000 ~3,500	―	1993. 1	―	―
SORT	1,700 ~2,200	―	2002. 5	2003. 6	2012. 12
New START	1,550	700	2010. 4	2011. 2	2021. 2

출처: Arms Control Association 웹사이트(http://www.armscontrol.org/factsheets/USRussiaNuclearAgreementsMarch2010) 참고(검색일: 2014년 7월 1일).

---

79) SALT 관련 내용은 이수형, "미국과 러시아의 군비통제와 군축: 전략무기감축조약(START)을 중심으로," 『외교안보연구』, 5 (2009), pp. 75~76 등 참조.
80) INF 관련 내용은 이수형, 『북대서양조약기구(NATO)와 유럽 안보』(파주: 한울, 2004) pp. 144~166; 김광진, "미·소 군비감축 성공 사례 분석: INF 협상을 중심으로," 『국방정책연구』, 58 (2002); 곽태환·주승호, "중거리핵무기협정(INF Treaty) 협상과정에 관한 연구: 소련의 정책결정과정을 중심으로," 현대사회연구소, 『현대사회』, 39 (1991) 등 참조.
81) START 관련 내용은 이수형, "미국과 러시아의 군비통제와 군축," pp. 77~82 등 참조.
82) SORT 관련 내용은 이수형, "미국과 러시아의 군비통제와 군축," pp. 83~85 등 참조.
83) 이용호, "INF 조약의 의의와 그 이행 상의 문제점," 영남대 법학연구소, 『영남법학』, 4-1·2 (1998), pp. 229~230.

미국과 소련이 맺은 일련의 핵미사일 관련 협정 가운데 1991년 5월 이행을 완료한 INF 협정과 2001년 12월 마무리된 START Ⅰ을 제외한 대부분의 협정은 양국의 핵전력 감축에 실질적인 기여를 별로 하지 못한 것으로 평가된다. 그러나 미ㆍ소는 핵미사일 경쟁의 결과인 '핵무기는 사용할 수 없는 무기'라는 사실을 인식한 이후 핵전력 증강을 지속하면서도 자신을 위협하는 상대방의 핵전력을 약화시키기 위해 지속적으로 대화했다. 이 과정에서 상대방으로부터의 핵위협을 줄이기 위해서는 상대방의 핵전력에 대칭되는 자국의 핵전력을 감축ㆍ제한할 수밖에 없었다. 양국의 지도자들은 이 같은 상황을 잘 알고 있으면서도 이를 약속하는 데 주저하지 않았다. 지대지 미사일을 비롯한 군비경쟁을 지속하며 안보딜레마를 심화시키는 남북한은 미ㆍ소의 이 같은 실용적 태도에서 교훈을 찾을 필요가 있다.[84]

제3절 남북한 지대지 미사일 경쟁의 결정요인

국가가 핵무기를 개발 및 보유하려는 이유는 안보모델, 위신모델, 국내정치 모델, 기술모델, 경제모델 등으로 설명할 수 있다.[85] 남북한의 지대지 미사일 경쟁에 영향을 미친 요인을 탐색하는 과정에서도 이 모델들을 유용하게 활용할 수 있다. 핵무기만큼은 아니지만 지대지 미사일 역시 재래식 전력과는 뚜렷하게 구분되는 파괴력과 살상력을 지니고 있어 전략무기로 인식되기 때문이다. 앞서 언급한 5가지 모델과 리처드슨의 작용-반작용 모델의 장단점 등을 감안해, 이 책에서는 남북한 지대지 미사일 경쟁의 결정요인을 크

---

84) 한 연구자는 "한반도 군비통제가 군사력을 약화시키는 것이 아니고 남북한 간 국가이익 효과를 공히 기대할 수 있는 '윈-윈 패러다임'이 될 것"이라고 주장하기도 했다. 신문식, "유럽군축협상 경험과 한반도 군비통제: 국제군비통제 협력 시각을 중심으로" (한양대 국제학대학원 국제학 박사학위논문, 2008), p. 1.

85) Scott D. Sagan, "Why Do States Build Nuclaer Weapons?: Three Models in Search of a Bomb," *International Security*, 21-3 (1996/97), pp. 54~86; Joseph Cirincione, *Bomb Scare: The History and Future of Nuclear Weapons* (New York: Columbia University Press, 2007), pp. 47~49; 홍용표, 『북한의 미사일 개발전략』, pp 8~14 등 참고.

게 안보적 요인과 비안보적 요인으로 구분하고자 한다. 남북한이 처해있는 현실을 고려해 안보적 요인을 군비경쟁 및 동맹관계로, 비안보적 요인을 국내정치적 요인, 경제·기술적 여건, 기타 요인 등으로 세분할 수 있다.

1. 안보적 요인

가. 군비경쟁

작용-반작용 모델에 따르면, 적대관계에 있는 두 국가 또는 국가군 가운데 어느 일방의 군사력 증강은 상대방이 군사력을 증강하게 하는 주요 요인이다. 특히, 일국의 핵·미사일 개발은 상대방의 핵·미사일 개발을 야기하는 등 대칭적 양상을 띠는 경우가 많다. 왜냐하면 핵무기뿐 아니라 지대지 미사일 역시 파괴력과 살상력이 재래식 무기에 비해 강력하고 원거리 타격이 가능하다는 점에서 다른 형태의 대응 수단을 마련하기가 쉽지 않기 때문이다. 즉, 적대관계에 있는 두 국가 가운데 어느 일방의 지대지 미사일 개발은 자국의 안보를 위한 것이지만 상대방에게는 큰 군사적 위협으로 작용한다. 그리고 이 같은 위협을 인식한 국가는 지대지 미사일이 갖는 억지 기능을 감안해 유사한 수준의 위협을 상대방에 가함으로써 안정적 상황을 유지하려 한다. 이를 위해 적대국으로부터 지대지 미사일 위협을 받는 국가는 지대지 미사일 개발을 적극적으로 추진할 수 있다. 이러한 맥락에서 냉전기 미국과 소련, 1990년대 이후 인도와 파키스탄 사이에 벌어진 핵미사일 경쟁이 남북한 사이에서는 지대지 미사일 경쟁으로 재연될 개연성이 크다고 할 수 있다.

만약 지대지 미사일 경쟁이 발생한다면 리처드슨이 감안하지 않은 사항, 즉 작용이 반작용으로 이어지는 데까지 걸리는 시간을 감안할 필요가 있다. 실제로 지대지 미사일 개발은 일정한 성과를 거두기 전까지 비밀로 진행되는 경우가 많다. 따라서 적대국의 지대지 미사일 개발 여부를 파악하기까지는 시간이 걸릴 수밖에 없다. 물론, 적대국의 지대지 미사일 개발 여부를 인지하자마자 지대지 미사일 개발 착수로 대응하더라도 개발을 현실화하기 위한 물적 기반을 마련하고 미사일 개발에 성공하기까지는 상당한 시간이 필요하다. 대부분의 민주주의 국가가 예산 제약을 받는다는 점도 비밀리에 착수·추진해야 하는 지대지 미사일 개발에 시간이 더 필요한 이유로 작용할 수 있다.[86)]

한편, 일방의 지대지 미사일 개발이 반드시 상대방의 지대지 미사일 개발로 이어지지 않을 수도 있다. 왜냐하면 지대지 미사일에 지대지 미사일로만 대응해야 하는 것은 아니기 때문이다. 지대지 미사일의 장점 가운데 하나가 원거리 타격이라는 점에서 작전반경이 넓은 폭격기나 적에게 들키지 않고 가까이 접근할 수 있는 핵잠수함에 탑재된 SLBM 등이 지대지 미사일과 유사한 역할을 할 수 있다. 실제로 미국과 소련은 ICBM과 함께 전략폭격기와 SLBM을 핵심적인 핵무기 투발수단으로 간주하고 있다.[87)] 적대국이 개발하는 지대지 미사일을 방어하기 위한 수단을 마련하거나 강력한 동맹국 또는 우방국의 지원을 받는 것도 가능하다. 이처럼 적대국의 지대지 미사일 개발에 대응하고 이를 방어하기 위해 비대칭적 수단을 이용할 개연성을 배제할 수 없는 것이다.

이는 지대지 미사일 개발에 영향을 미친 요인이 적대국의 지대지 미사일 개발이 아닌 다른 군사적 위협일 수도 있다는 논리와 연결된다. 앞서 언급한 것처럼, 냉전기 소련은 장거리 전략폭격기 부문의 대미 열세를 만회하기 위해 지대지 탄도 미사일 개발에 매진했다. 뒤에서 자세히 살펴보겠지만, 1968

---

86) 김주홍, "리처드슨의 군비경쟁이론에 대한 비판적 고찰," pp. 104~107.

87) 미국과 러시아는 2010년 4월 체결한 New START 협정에서 주요 핵무기 운반수단을 이른바 '핵전략의 3개축(nuclear triad)'인 ICBM, SLBM, 전략폭격기로 보고 있다. Amy F. Woolf, *The New START Treaty: Central Limits and Key Provisions* (CRS Report for Congress, 2012), pp. 2~3; 김현욱, "오바마 정부의 핵정책: 2010년 핵태세검토보고서(NPR)를 중심으로," 『주요국제문제분석』, 2010-09 (2010), p. 6 등 참고.

년 1월 발생한 청와대 기습 침투 사건은 당시 북한에 비해 우세한 군사력을 보유한 것으로 평가되던 박정희 정부에 큰 충격을 안겨줬다. 이 사건은 몇 해 뒤 박정희 정부가 자주국방정책과 백곰 단거리 지대지 탄도 미사일 개발을 추진하는 방아쇠(trigger)가 됐다. 이처럼 지대지 미사일 경쟁과 같은 군비경쟁은 대칭적으로 진행될 수도 있지만, 비대칭적 양상을 나타내거나 시간을 두고 벌어지는 시소게임 양상을 나타낼 수 있다.[88]

남북관계가 양측의 지대지 미사일 경쟁에 영향을 미칠 수도 있다. 왜냐하면 군비경쟁은 적대관계에 있는 두 국가 또는 집단 사이에서 나타나는 현상이기 때문이다. 이러한 맥락에서 관계 개선을 통해 남북한이 갖고 있는 상대방에 대한 적대감이 줄어들면 양측 사이에 벌어지는 군비경쟁 양상이 변화할 수 있는 것이다. 이를 감안하면 대북포용정책을 추진해 일정한 성과를 거둔 김대중·노무현 정부 시기의 남북관계 변화가 양측의 군비경쟁 변화에 어떤 영향을 미쳤는지를 주의 깊게 살펴볼 필요가 있다. 2000년 첫 남북정상회담을 전후한 시기부터 두 번째 남북정상회담이 이뤄진 2007년 말까지의 남북관계는 그 전후 시기와 달리 양측이 화해와 공존을 지향했기 때문이다.[89]

물론, 남북한의 지대지 미사일 경쟁이 남북관계에 영향을 미친다는 주장도 가능할 수 있다. 지대지 미사일의 기능 등을 감안한다면 남북한의 지대지 미사일 경쟁이 남북관계를 어렵게 만들 수 있기 때문이다. 남한은 북한이 간헐적으로 단행하는 미사일 시험 발사뿐 아니라 우주개발을 명분으로 진행하는 장거리 로켓 발사를 안보적 위협으로 인식한다. 북한도 남한의 지대지 미사일 시험 발사 및 SLV 발사에 예민하게 반응한다.[90] 남북관계가 비교적 원

---

88) 함택영, 『국가안보의 정치경제학』, pp. 247~250.

89) 최완규, "남북한 관계의 전망과 과제," 경남대 북한대학원 엮음, 『남북한 관계론』, (파주: 한울, 2005), p. 353; 김근식, "남북한 관계의 특성: 과도기의 이중성," 경남대 북한대학원 엮음, 『남북한 관계론』, (파주: 한울, 2005), p. 123 등 참고.

90) 북한의 외무성 대변인은 남한이 나로호를 발사한 지 사흘 만인 2013년 2월 2일 "광명성 3호 2호기 발사를 부당하게 문제시하는 유엔 안전보장리사회 결의 채택을 주도한 미국이 남조선의 나로호 발사는 비호두둔

활했던 김대중 · 노무현 정부 시절에도 북한의 미사일 및 장거리 로켓 발사는 한반도 정세를 긴장하게 하는 주요 요인이었다.[91] 이는 남북한의 지대지 미사일 경쟁이 남북관계에 부정적 영향을 미칠 수 있음을 시사한다.

그러나 남북관계와 남북한의 지대지 미사일 경쟁 역사를 종합적으로 살펴보면, 남북한의 지대지 미사일 경쟁이 남북관계에 영향을 미치는 독립변수로 기능했다고 보기는 어려운 것이 사실이다. 김대중 · 노무현 정부 시기 북한이 미사일과 장거리 로켓을 발사해 한반도 정세가 단기적으로 얼어붙기는 했지만, 이것이 화해 · 협력을 향해 치닫던 당시 남북관계를 근본적으로 변화시키지는 못했다. 따라서 남북한의 지대지 미사일 경쟁과 남북관계가 서로 영향을 주고받았다는 가설보다는 남북관계의 변화가 양측의 지대지 미사일 경쟁에 영향을 미쳤을 것이라는 가정이 더 타당하다.

여기에서 중요한 것은 남북관계의 변화 수준에 대한 평가일 수 있다. 일부에서 이른바 '잃어버린 10년'이라고 주장하는 기간 동안 남북한 사이에 경제 및 사회 · 문화 부문을 중심으로 교류 · 협력이 활발하게 이뤄졌던 것이 사실이다. 그러나 이것이 군사안보적 측면에서 양측의 적대 · 대결 관계 완화로까지는 이어지지 못한 것도 사실이다.[92] 즉, 대북포용정책이 남북관계를 개선시킨 것은 사실이지만, 이것이 양측 간 군사적 대결관계의 완화 및 해소로까지 이어졌는지에 대한 냉철한 평가가 필요한 것이다. 만약 김대중 · 노무현 정부 시기 남북한 사이의 적대관계가 변화했다면 양측의 지대지 미사일 경쟁에 일정한 변화가 발생했을 개연성이 크다. 그러나 이 시기 원활한 남북관계가 군사적 적대감의 해소 및 완화로까지 이어지지 못했다면 남북관계가

하는 추태를 부렸다"고 비난했다. 〈로동신문〉, 2013년 2월 3일자.

91) 북한이 2006년 7월 5일 미사일 시험 발사를 단행하자 노무현 정부는 유엔 안보리가 북한의 미사일 발사 10일 후 채택한 결의 1695호를 충실히 이행하기로 하는 한편 대북 인도적 지원을 보류하는 조치를 취했다. 외교통상부, 『2007년 외교백서』 (2007), p. 32 참고.

92) 고상두, "이명박 정부의 대북정책 분석: 비판적 검토와 개선방안," 『21세기정치학회보』, 19-1 (2009), p. 222.

지대지 미사일 경쟁에 별다른 영향을 미치지 못했을 것이라는 추론이 가능하다.

나. 동맹관계

미사일의 자력 개발이 불가능한 국가들은 지대지 미사일을 개발하는 데 외부의 영향을 받을 수밖에 없다. 지대지 미사일 개발에 필수적인 기술과 물품을 독자적으로 개발하기가 쉽지 않고, 이를 국제시장에서 구입하기도 어렵기 때문이다. 이는 지대지 미사일 개발에 있어 미사일 개발 선진국의 지원과 협력이 필요하다는 사실을 의미한다. 남북한은 미사일 기술이 뛰어난 미국과 구소련(러시아), 중국 등과 동맹 또는 우호 관계를 유지하고 있다. 이러한 맥락에서 미국과 소련·중국이 남북한의 지대지 미사일 개발을 지원했을 것이라는 가정이 가능하다. 한편 강대국들은 남북한의 군사력 강화가 한반도를 불안하게 할 수 있다는 점을 우려한다. 강대국들은 원치 않는 한반도 상황 변화에 '연루'될 개연성을 우려해 남북한의 지대지 미사일 개발을 통제하려 할 수도 있다.[93]

먼저, 남북한의 지대지 미사일 개발에 관한 강대국의 지원은 직접적 지원과 간접적 지원으로 구분할 수 있다. 직접적 지원은 강대국이 지대지 미사일 개발에 필요한 기술과 노하우, 물품 등을 남북한 각각에 이전하는 형태로 이뤄진다. 대표적으로 미국의 카터 행정부가 백곰 미사일 개발에 나선 박정희 정부에 추진제 설비를 판매하고, 남한이 백곰 미사일 개발에 성공하자 미사일 관련 합동연구 등에 협력한 사실을 언급할 수 있다.[94] 중국이 1970년대 중반 북한과 공동으로 지대지 탄도 미사일 개발을 추진한 것 역시 직접적 지원

---

93) 동맹국 간 연루 및 포기 관련 논의는 이수형, "동맹의 안보 딜레마와 포기-연루의 순환: 북핵 문제를 둘러싼 한-미 갈등 관계를 중심으로," 『국제정치논총』, 39-1 (1999); 이수형, "미국-서유럽 국가들간의 증거리핵무기(INF) 논쟁과 NATO의 이중결정: 포기-연루 모델을 중심으로" (한국외대 대학원 정치학 박사학위논문, 1998) 등 참고.

94) 엄정식, "카터 행정부 시기 대한무기이전 정책의 변용: 백곰 미사일의 개발과 F-5E/F 공동생산의 합의" (서울대 대학원 외교학 박사학위논문, 2012), pp. 137~142, 156~158.

사례라고 할 수 있다. 간접적 지원은 남북한이 개발하고자 하는 지대지 미사일에 상응하는 군사력을 제공하는 형태로 이뤄지는 것이 일반적이다. 예를 들어, 남한은 1990년대 북한의 단거리 지대지 탄도 미사일 위협을 인식했음에도 지대지 미사일을 개발하지 않았다. 당시 남한은 독자적 미사일 개발이 탈냉전 이후 미국이 강력하게 추진하는 국제적인 WMD 비확산 정책에 반하는 것이라는 점에서 미국의 대한방위공약에 의지하려 했던 것으로 보인다.

여기에서 문제는 직접적 지원과 간접적 지원 모두 사실상 통제의 성격을 가질 수 있다는 것이다. 이는 미국이 인도와 파키스탄의 지대지 미사일 경쟁에 어떻게 개입했는지를 살펴보는 과정에서 확인할 수 있다. 파키스탄은 1950년대부터 동맹관계를 유지하던 미국으로부터 1964년까지는 군사적 · 경제적 지원을 받을 수 있었다. 그렇지만 1965년 인도와 전쟁을 치르는 동안 미국이 파키스탄에 대한 통상 금지를 단행하고 군사원조를 제공하지 않아 전쟁에서 패했다. 당시 미국은 파키스탄과 맺은 상호방위조약에 명시된 '공산주의로부터의 침략'이 있을 때 군사원조를 할 수 있다는 내용을 근거로 파키스탄을 지원할 수 없다는 입장을 고수했다.[95] 게다가 미국은 1971년과 1979년에도 파키스탄에 대한 무기수출 금지 조치를 단행해 파키스탄의 국방정책에 적지 않은 부담을 줬다.[96]

독립 이후 탈식민주의, 중립주의 외교 노선을 견지하던 인도는 탈냉전 이전까지 친소 노선을 유지했지만,[97] 소련이 붕괴하자 실용주의적 외교 성향을

95) 나윤도, "인도와 파키스탄의 분쟁 연구: 미국의 개입과 영향력을 중심으로" (인하대 대학원 정치학 박사학위논문, 1998), p. 104.

96) Stephanie G. Neuman ed., *Defense Planning in Less-Industrialized States: The Middle East and South Asia* (Lexington: Lexington Books, 1984), p. 216; Sumit Ganguly and Devin Hagerty, *Fearful Symmetry: India-Pakistan Crisis in the Shadow of Nuclear Weapons* (Seattle, WA: University of Washington Press, 2005), p. 35.

97) 이재현, "인도의 대동아시아 외교정책의 현황과 전망," 『주요국제문제분석』, 2012-12 (서울: 국립외교원 외교안보연구소, 2012), pp. 3~4; 김한권, "미국의 현실주의적 대중국 전략하의 중국 · 인도관계," 2012-23 (서울: 국립외교원 외교안보연구소, 2012), pp. 8~10.

나타냈다. 이를 계기로 미국은 인도 및 파키스탄에 대한 균형외교를 기조로 인도와 경제 · 과학기술분야 협력을 확대했다. 이와 함께 미국은 외교적인 압력을 가해 1990년대 중반까지 인도가 중거리 지대지 미사일을 개발하지 못하게 했다.[98] 이처럼 미국은 지원과 협력, 이의 중단 등 다양한 방법을 통해 인도와 파키스탄의 지대지 미사일 개발을 사실상 통제해왔다. 이러한 맥락에서 미국이 동맹국인 남한의 지대지 미사일 개발에도 적지 않은 영향을 미쳤을 것이라고 추정할 수 있다.

미국의 이 같은 통제는 이른바 동맹국인 남한과 관련한 '연루-이탈' 가능성을 의식한 것으로 보인다. 미국은 미군정 초기부터 남한과의 관계에 있어서 '연루-이탈' 가능성을 우려해왔다. 여기에서 '연루'란 동맹관계 때문에 미국이 원하지 않는 상황에서 군사적으로 개입해야만 하는 것이고, '이탈'이란 미국이 원하지 않는 방향으로 남한이 행동하는 것이다.[99] 미국은 남한의 군사력 증강이 북한에 대한 남한 단독의 공격으로 이어져 남한이 한미동맹에서 이탈할 수 있고, 이러한 상황에 미국이 어쩔 수 없이 개입할 수밖에 없는 연루의 상황을 우려하는 것이다. 이로 인해 미국은 남한의 군사력 증강을 미국이 관리할 수 있는 수준으로 사실상 통제하려고 했던 것이 사실이다. 이러한 맥락에서 북한의 지대지 미사일 개발에 대한 소련과 중국의 입장 역시 크게 다르지 않을 것이라고 추론할 수 있다.

2. 비안보적 요인

가. 국내정치적 요인

지대지 미사일을 개발 · 도입한 국가의 최고지도자는 대부분 미사일의 개

---

98) 김명진, "최근 미 · 인도 협력관계 구축 동향," 『주요국제문제분석』 (서울: 외교안보연구원, 2006), pp. 3~4; 정영태, 『파키스탄-인도-북한의 핵정책』, p. 51.

99) 전호원, "미국의 대한(對韓) 핵우산 공약에 대한 역사적 조명," 『국방정책연구』, 24-2 (2008), p. 32.

발·도입을 정당화하기 위해 외부의 군사적 위협을 강조한다. 그러나 일부 국가의 지도자들은 자신의 권력을 유지하기 위해 외부의 위협을 확대·과장하면서 군사력을 강화하는 경향이 있다. 이럴 경우, 외부의 위협 강조는 최고지도자 개인의 권력 유지와 같은 지엽적인 정치적 이익을 실현하기 위한 '기회의 창' 역할을 할 뿐이다.[100] 이는 정당하지 못한 방법으로 권력을 획득하거나 권력의 독점을 오랫동안 유지하려 한 국가의 최고지도자에게서 쉽게 찾을 수 있다.[101] 남한에서 집권했던 박정희·전두환 등 권위주의 정부와 북한의 세습 지도부는 국내정치의 안정을 안보위협 평가에 있어 중요한 요소로 간주했다.[102]

아울러 이러한 국가의 지도자들은 핵무기 및 지대지 미사일과 같은 강력한 무기의 개발을 통해 자신의 리더십을 과시할 수 있으며, 군대의 충성심을 유도할 수 있다고 생각한다.[103] 이 같은 현상은 북한에서 어렵지 않게 찾을 수 있다. 김일성 주석 사후 총체적 위기 상황을 맞은 김정일 국방위원장은 이른바 '강성대국' 달성을 강조하며 '선군정치'를 내세웠다. 김정일 시대에 군대는 전통적 부문인 안보뿐 아니라 최고지도자의 고유한 영역이라고 할 수 있는 대남 및 대외정책에까지 영향력을 행사하며 국정 전반에 관여했다.[104] 특히, 김정일 체제는 핵·미사일을 매개로 미국과의 대화에 성공해 적지 않은 보상을 획득했으며, 김정일 사후 들어선 김정은 체제는 핵·미사일 개발을 김정일 위원장의 업적 가운데 하나로 선전하고 있다.

한편 최고지도자의 의지를 정책으로 구현하고 집행하는 관료들의 역할 역

---

100) Scott D. Sagan, "Why Do States Build Nuclaer Weapons?," p. 65.
101) 홍용표, 『북한의 미사일 개발전략』, p. 12.
102) 함택영, 『국가안보의 정치경제학』, p. 368.
103) John R. Harvey, "Regional Ballistic Missiles and Advanced Strike Aircraft," p. 78.
104) 서훈, "북한의 선군외교 연구: 약소국의 대미 강압외교 관점에서" (동국대 대학원 정치학 박사학위논문, 2008); 정성임, "조선인민군: 위상·편제·역할," 세종연구소 북한연구센터 엮음, 『북한의 당·국가기구·군대』 (서울: 한울, 2007) 등 참고.

시 지대지 미사일 개발에서 무시할 수 없는 국내정치적 요인이라고 할 수 있다. 이런 맥락에서 그레이엄 앨리슨(Graham Allison)이 강조한 '관료정치' 모델을 살펴볼 필요가 있다. 이는 정부 내 각 부처들이 자신들의 이익에 따라 행동하며 정책 결정에 영향을 미친다는 것이 주요 내용이다.[105] 실제로 1940년대 후반 미국 내에서는 핵전력과 재래식 전력의 증강을 둘러싸고 육군과 해군, 공군 사이의 갈등이 심각했다. 전략폭격의 중요성을 강조한 공군에 맞서 육군과 해군은 재래식 전력의 증강을 통해 소련의 위협에 대응해야 한다고 주장했다.[106] 1950년대 중반 미 육군과 해군은 공군이 내세운 전략 핵전력 중심의 대량보복전략에 대한 대안으로 재래식 전력과 전술 핵전력을 강조하는 유연반응전략을 제시하며 아이젠하워 행정부 내에서 국방정책의 주도권을 잡았다.[107] 인도에서도 2000년대 초반 핵탄두 탑재가 가능한 프리트비 지대지 탄도 미사일의 운영을 놓고 공군과 육군, 해군 사이의 갈등이 있었다.[108]

남한의 지대지 미사일 개발 과정에서도 유사한 사례를 찾을 수 있다. 1970년대 백곰 미사일 개발을 주도하던 ADD는 국방부 산하 기관임에도 불구하고 청와대의 직접 지시를 받았고, 대통령의 신임을 바탕으로 무기 개발에 대한 일종의 '신념'을 갖고 있었다. 특히, 심문택 ADD 소장은 기술적인 어려움이 있더라도 독자적 무기 개발은 계속되어야 하며, ADD가 각종 무기체계의 연구개발에 있어서 주도적 역할을 맡아야 한다고 주장했다.[109] 그러나 정부 내에는 이 같은 ADD의 목표를 반대하는 입장도 존재했다. 국방부와 합참 등

---

105) 그레엄 앨리슨·필립 젤리코 저, 김태현 역, 『결정의 엣센스: 쿠바 미사일 사태와 세계 핵전쟁의 위기』 (서울: 모음북스, 2005) 참고.

106) 관련 내용은 David Alan Rosenberg, "American Atomic Strategy and the Hydrogen Bomb Decision," *The Journal of American History*, 66–1 (1979) 등 참고.

107) Matthew Evangelista, *Innovation and the Arms Race*, p. 128.

108) 정영태, 『파키스탄–인도–북한의 핵정책』, pp. 50~51.

109) 엄정식, "미국의 무기이전 억제정책에 대한 박정희 정부의 미사일 개발전략," 162.

은 ADD가 주도했던 독자적 무기 개발 및 생산보다는 첨단 무기 도입 및 공동 생산을 선호했다. 군은 모든 무기를 국산화하려는 목표가 경제성뿐 아니라 기술적으로도 바람직하지 않다고 주장했다. 이러한 갈등으로 결국 ADD가 주도했던 무기결정권이 청와대와 경제기획원, 국방부가 공유하는 방식으로 바뀌었다.[110] 1980년대 집권한 전두환 정부는 청와대 제2경제비서설 등 관련 조직을 해체하고, 대통령이 아닌 국방부와 상공부가 군수산업 정책을 주도하게 했다.[111]

이외에 국내외의 경제적 이익집단이 정책 결정에 영향을 미쳐 군비경쟁이 발생한다는 주장도 있다. 냉전 기간 벌어진 동 · 서 양 진영의 치열한 군비경쟁은 군수산업 성장의 중요한 기반으로 작용했고, 군수산업 발전은 다시 군비강화의 원동력이 된 것이 사실이다.[112] 이 과정에서 태동하고 번성한 군산복합체는 수많은 전쟁의 발발과 전개에 직 · 간접적으로 관여하고, 저개발국에 무기를 수출하거나 관련 기술을 판매하며 이익을 추구했다.[113] 이러한 맥락에서 군산복합체가 지대지 미사일 개발에 영향을 미쳤을 수 있다는 주장이 가능하다. 그러나 남한 경제에서 군산복합체가 차지하는 비중이 크지 않고, 해외 군산복합체가 남한의 독자적 무기 개발에 영향을 미쳤다고 단정하기는 어렵다. 또한 북한에 군산복합체라고 부를 수 있는 세력 또는 집단이 존재하는지 명확하게 규명할 수 없다는 점을 감안해 이 책에서는 군산복합체의 영향력을 간과하고자 한다.

---

110) 엄정식, "카터 행정부 시기 대한무기이전 정책의 변용," pp. 144~145.

111) 김진균 · 홍성태, 『군신과 현대사회』, p. 300.

112) 관련 논의는 노엄 촘스키 외 지음, 정연복 옮김, 『냉전과 대학: 냉전의 서막과 미국의 지식인들』 (서울: 당대, 2001); 브루스 커밍스 외 지음, 한영옥 옮김, 『대학과 제국: 학문과 돈, 권력의 은밀한 거래』 (서울: 당대, 2004) 등 참고.

113) 김진균 · 홍성태 지음, 『군신과 현대사회』, pp. 55~65. 군산복합체란 조직적인 체계를 갖춘 어떠한 사회적 실체라기보다는 군비의 확장을 둘러싸고 공통의 이해를 공유하는 집단 또는 세력들 사이의 비공식적 네트워크를 의미한다. 이 네트워크의 중심은 군부와 군수산업계, 그리고 군사정책과 관련된 정치인 및 관료 등 이른바 'Iron Triangle'이 존재한다. 이정호, "미국 군산복합체: 탈냉전적 변화와 냉전적 관성의 유지," 『대한정치학회보』, 9-2 (2001), pp. 311~312.

나. 경제 · 기술적 여건

지대지 미사일을 포함한 무기체계 개발과 같은 군수산업은 국가적 차원에서 상당한 정도의 인적 · 물적 자원을 소모하게 한다. 이는 군수산업의 비생산적 성격을 감안했을 때, 전시를 제외한 평시의 국방비는 국가 경제와 '부(-)'의 상관관계를 갖는다는 논리와 같은 맥락이다. 그러나 국가 경제가 고도로 성장하는 동안에는 이 같은 피로계수가 매우 낮아지거나 음이 된다는 주장도 있다.[114] 이러한 군비 지출은 국가 경제에 긍정적 효과와 부정적 효과를 모두 미친다는 의견이 팽팽히 맞서고 있다. 긍정적 효과로는 유효 수요 창출, 기술 도입 및 전파, 공공재 공급, 안보환경 개선 등을 꼽을 수 있다. 부정적 효과로는 민간투자 위축, 민간부문 연구개발 활동 위축, 가용자원 축소, 비효율적 관료제 비중 확대 등을 지적할 수 있다. 이로 인해 군사비가 경제에 미치는 순효과가 양(+)인지 음(-)인지 단언하는 것은 쉽지 않다.[115]

그렇지만 분명한 것은 세계에서 지대지 탄도 미사일을 보유한 국가가 30여개에 불과하며, 독자적으로 지대지 미사일을 개발 · 보유한 국가가 20개도 되지 않는다는 사실이다.[116] 지대지 미사일을 자체적으로 개발 · 보유한 국가 가운데 약소국은 거의 없다.[117] 이는 지대지 미사일 등을 자체적으로 개발하려면 상당한 수준의 경제력이 필요하다는 사실을 시사하는 것이라고 할 수 있다.[118] 특히, 지대지 미사일의 개발을 완료하고 실전 배치를 위한 양산에 돌입할 경우에는 천문학적인 비용이 소모된다. 그러므로 막대한 비용을

---

114) 관련 내용은 선종률, "남북한 군비경쟁 양상 변화에 관한 연구," pp. 23~24 참고.

115) 김석진, "북한경제의 성장과 위기: 실적과 전망" (서울대 대학원 경제학 박사학위논문, 2002), p. 187.

116) 외교부, 『군축 · 비확산 편람 2013』 (2013), pp. 256~259.

117) 2013년 40개 요소(핵전력 제외)를 기준으로 68개국을 평가한 국력 및 군사력 종합 순위에서 지대지 미사일을 독자 개발 · 보유한 국가 가운데 약소국으로 평가되는 북한은 29위, 리비아는 59위에 각각 올랐다. 1~10위는 미국, 러시아, 중국, 인도, 영국, 프랑스, 독일, 남한, 이탈리아, 브라질이 각각 차지했다. http://www.globalfirepower.com(검색일: 2014년 6월 30일) 참고.

118) 홍관희, "한국에 있어서의 국가안보와 경제성장," 경남대 극동문제연구소 엮음, 『남북한 군비경쟁과 군축』 (서울: 경남대출판부, 1992), p. 44.

투자해도 국가 경제에 부정적 영향을 미치지 않을 정도로 상당한 수준의 경제력을 갖춘 국가나 국내의 인적·물적 자원을 강제로 추출해 동원할 수 있는 시스템을 갖춘 국가에서나 지대지 미사일의 독자 개발이 가능한 것이다.

한편 지대지 미사일을 개발하기 위해서는 일정한 수준 이상의 과학기술이 필요하다. 미사일은 일반적으로 기체, 추진기관, 유도·조종 장치, 탄두로 이뤄져있는데,[119] 이 가운데 미사일의 정상적 비행과 정밀한 타격을 위해 필수적인 유도·조종 장치를 개발하기 위해서는 상당한 기술력이 필요하다. 남한은 1970년대 말 개발한 지대지 탄도 미사일의 관성유도장치를 1990년대 중·후반에 가서야 완전히 국산화했다.[120] 이와 관련해 핵무기와 더불어 미사일 개발이 여타 산업과의 기술연관 효과를 결여한다는 지적이 있는 것도 사실이다.[121] 그러나 탄도 미사일과 순항 미사일이 각각 SLV 및 UAV와 동일한 기술적 기반을 갖는다는 점에서 이러한 지적은 제한적으로만 설득력을 갖는 것으로 보인다.

최근에는 군수산업과 민수산업 사이의 기술 교류·협력을 통해 무기 체계 개발에 필요한 경제·기술적 여건이 나아지고 있다. 1990년대 이후 일부 국가들은 군사 부문에 대한 수요가 줄어드는 가운데서도 군수산업의 경쟁력을 강화하기 위해 군사혁신(RMA: Revolution in Military Affairs), 국제적인 공동 개발 확대, 민·군 겸용기술 활용, 해외 수출 확대 등을 적극적으로 추진하고 있다. 특히, 장거리 정밀 타격전, 네트워크 중심전 등으로 전쟁 양상이 변화함에 따라 첨단무기 개발을 위한 기술적 난이도가 높아지는 추세이다. 또한 급격한 과학기술 발전으로 군수산업의 성과가 민수산업으로 옮겨가는 'Spin-off' 현상뿐 아니라 민수산업의 기술적 성과가 군수산업으로 이전되는

---

119) 국방부, 『대량살상무기에 대한 이해』, pp. 169~170.
120) 국방과학연구소, 『국방의 초석 40년: 1970~2010』 (2010), p. 289.
121) 김진균·홍성태, 『군신과 현대사회』, p. 300.

'Spin-on' 현상, 민·군 겸용 기술 개발 등이 활발하게 이뤄지고 있다.[122]

이러한 맥락에서 전반적인 과학기술 수준이 높고 총체적 산업 기반이 공고한 남한이 북한보다 뛰어난 군수산업의 기술적 기반을 갖고 있을 것이라고 짐작할 수 있다. 이와 관련해 일부에서는 탈냉전에 따른 안보 인식 변화 및 경제 우선주의로 인해 남한의 정부 재정 대비 국방비 및 국방비 대비 방위력개선비(전력투자비) 비율이 감소하는 경향을 나타내는 것을 우려하는 목소리를 내기도 한다. 그러나 방위력개선비가 점차 늘고 있고(〈그림 2-2〉 참조), 2013년 국민총소득(GNI: Gross National Income)을 기준으로 남한의 경제규모가 북한에 비해 약 43배 정도라는 점에서 남한의 산업기반이 북한보다 우세한 것이 사실이다.[123] 이는 군수산업 분야에서도 남한이 북한보다 우위에 있을 것이라는 추정을 가능하게 한다.

〈그림 2-2〉 남한의 연도별 국방비 및 방위력개선비: 1981~2011

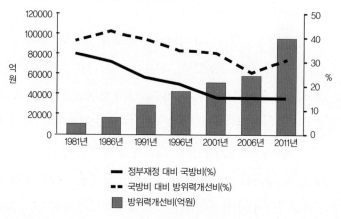

출처: 국방부, 『2012 국방백서』, p. 323; 이필중·안병성, "국방예산 10년 평가와 중기 운용정책," 『국방정책연구』, 29-1 (2013), pp. 15, 23 등 참고.

---

122) 이창희·정범승·안영수·강창모, 『최근 국방획득정책의 주요 성과와 발전과제』 (서울: 산업연구원, 2013), pp. 37~39; 이춘근·송위진, "민군기술협력 촉진과 민군겸용기술사업 활성화 방안," 기술경영경제학회, 『기술혁신연구』, 14-3 (2006) 등 참고.
123) 한국은행 웹사이트(http://www.bok.or.kr/broadcast.action?menuNaviId=2236) 참고(검색일: 2014년 6월 27일).

다. 기타 요인

(1) 국제적 WMD 비확산 체제

지대지 미사일 개발을 위해서는 외부의 지원이 필요하지만, 국제적인 WMD 비확산 체제는 미사일 개발을 위한 외부와의 협력을 어렵게 만드는 요인이다. 대표적으로 미사일 관련 국제 비확산 체제인 MTCR와 유엔 안보리의 제재가 남북한의 지대지 미사일 경쟁에 영향을 미치는 대표적 요인이다. MTCR는 미국이 주도해 1987년 4월 설립한 국제적인 미사일 관련 기술 및 물품 수출 통제체제이다. 미국은 1970년대 말 소련이 중동 및 동유럽 국가들에게 미사일 수출하고 남한을 비롯한 일군의 국가가 핵·미사일 개발을 추진하자 이를 방지하려고 했다. 미국은 1982년 서방 진영 가운데 미사일 기술 보유국인 영국, 프랑스, 서독, 이탈리아 등과 접촉해 공급자 중심의 미사일 기술 통제기구 창설을 논의하기 시작했다. 여기에 일본과 캐나다가 합류하면서 1985년 MTCR의 대강에 합의하고, 1987년 4월 MTCR 출범을 공식 선언했다.[124]

미국은 WMD의 주요 운반수단으로 활용되는 미사일과 관련한 물자 및 기술의 이전을 통제함으로써 WMD 확산을 방지한다는 목적에서 MTCR를 출범시켰다. 출범 당시 MTCR는 핵무기 운반 미사일만을 통제 대상으로 했지만, 1993년에는 모든 WMD 운반 미사일로 통제 대상을 확대했다.[125] 미국은 냉전이 끝나갈 무렵 NATO 회원국의 가입을 적극 추진해 MTCR 가입국을 23개국으로 늘렸으며, 탈냉전 이후에는 양자 협상을 통해 공격용 탄도 미사일 개발 포기에 상응해 인공위성 개발을 지원한다고 약속하고 아르헨티나와 남아프리카공화국, 브라질, 러시아, 우크라이나, 남한 등을 가입시켰다. 현재

---

124) 길정일·이충묵, "미국의 미사일 통제정책과 MTCR: 미·북 미사일 협상의 전망," 『동서연구』, 11-1 (1999), pp. 120~121.
125) 외교부, 『군축·비확산 편람 2013』, p. 144.

MTCR 회원국은 34개국이다.[126]

MTCR가 강제력을 갖지 못하는 '자발적 결사체'의 성격이 강하다는 비판은 논외로 하더라도,[127] MTCR가 수출통제체제에 불과해 모든 국가의 독자적 미사일 개발을 원천적으로 방지하지 못한다는 한계를 지적할 필요가 있다. 이는 MTCR가 미사일 개발을 시작하려는 국가에는 큰 어려움으로 작용할 수 있지만, 남북한과 같이 독자적인 미사일 개발 능력을 상당한 정도로 갖춘 경우에는 별다른 장애가 되지 않는다는 것을 의미한다. 특히, 남한은 2001년 MTCR에 가입한 뒤 독자적인 미사일 개발을 가속화한 경향이 강하며, 북한은 중국·이란·파키스탄과 같은 MTCR 비가입국들과 협력해 미사일 개발을 진척시키고 있다.

한편 유엔 안보리의 제재도 미사일 개발에 영향을 미치는 대외적 요인이라고 할 수 있다. 2001년 미국에서 9.11 테러가 발생한 뒤 테러 조직이 WMD를 이용할 가능성에 대한 국제적 우려가 증대했다. 그 결과 2004년 4월 28일 유엔 안보리는 비국가 행위자의 WMD 제조·획득·보유·운송·사용 등에 대한 지원을 금지하는 것을 주요 내용으로 하는 결의 1540호를 채택했다. 이어 유엔 안보리는 2006년 7월 북한이 대포동-2호로 추정되는 탄도 미사일을 발사하자 북한의 이 같은 행위를 규탄하고 탄도 미사일 프로그램 중단과 미사일 발사 모라토리엄 준수를 요구하는 것을 주요 내용으로 하는 결의 1695호를 채택했다.

특히, 2006년 10월 북한의 제1차 핵실험 이후 유엔 안보리가 채택한 모든 대북제재 결의는 북한의 탄도 미사일에 관한 내용이 포함돼 있다. 안보리는 북한의 첫 핵실험 닷새 뒤에 채택한 결의 1718호에서 북한의 '탄도 미사일

---

126) MTCR 웹사이트(http://www.mtcr.info/english/index.html) 참고(검색일: 2014년 1월 22일); 길정일·이충묵, "미국의 미사일 통제정책과 MTCR," pp. 124~134.

127) 이용호, "미사일기술통제체제(MTCR)에 관한 연구,"『국제법학회논총』, 45-2 (2000), pp. 252~253.

발사 금지'를 요구했으며, 북한의 2차 핵실험 18일 뒤에 채택한 결의 1874호에서는 '탄도 미사일 기술을 사용한 어떠한 종류의 발사도 금지'하도록 제재 내용을 강화했다. 북한이 외기권의 평화적 이용을 주장하며 인공위성을 발사하더라도 이는 탄도 미사일과 동일한 기술을 사용한 것이라는 점에서 유엔 안보리 결의 위반이 된다.[128] 이에 따라 유엔 안보리는 북한이 2012년 12월 은하-3호 장거리 로켓을 재발사한 지 41일 만에 채택한 결의 2087호에서 북한의 장거리 로켓 발사가 유엔 안보리 결의 1874호의 위반임을 지적하면서 제재 대상을 추가했다.

일반적으로 유엔 안보리 결의는 법적인 구속력을 갖는 것으로 해석된다. 유엔 안보리는 경제제재와 관련해 제재위원회를 구성하거나 각국의 제재 이행 상황을 제출하도록 하는 등의 방법으로 강제력을 발휘하기 때문이다. 유엔 안보리는 북한의 1차 핵실험에 대응해 채택한 결의 1718호를 통해 대북제재위원회를 설치했고, 국가별 대북제재 이행보고서를 제출받고 있으며, 전문가 패널을 통해 국제사회의 대북제재 이행실태를 파악하고 있다.[129] 안보리는 2009년 4월 북한의 은하-2호 장거리 로켓 발사 이후 2013년 말까지 북한에서 인공위성 개발 및 발사를 담당하는 조선우주공간기술위원회를 비롯한 19개 기관과 평양 인근에 있는 위성통제센터 책임자인 백창호 등 12명의 개인을 제재 대상으로 지정하기도 했다.

그러나 유엔 안보리 제재가 실효성이 있는지에 대해서는 논란이 존재하는 것이 사실이다. 2006년 말 유엔 안보리 결의 1718호 이후 시행된 유엔의 대북 경제제재 조치가 경제적 측면에서 일부 효과를 거두기는 했지만, 제재 조치의 목적인 북한의 핵 프로그램 포기와 핵무기 폐기를 달성하는 데 성공하

---

128) 임갑수 · 문덕호, 『유엔 안보리 제재의 국제정치학』 (파주: 한울, 2013), pp. 197~198.
129) 유재승, "유엔 대북제재위원회: 국가별 이행 보고 현황," 『KDI 북한경제리뷰』, 15-2 (2013), p. 92.

지 못했기 때문이다.[130] 북한이 유엔 안보리와 미국, 일본 등으로부터 제재를 받고 있음에도 불구하고 계속해서 핵·미사일을 개발하고 있다는 사실을 통해서도 경제제재의 실효성이 크지 않다는 점을 짐작할 수 있다.

(2) 대외 위상 제고

일부 국가의 최고지도자는 핵무기와 같은 무기 획득은 국가의 정체성을 형성하고 반영하기 때문에 중요한 상징적 가치를 지닌다고 여긴다. 이들은 국가의 안보 이익이나 관료적 이익을 냉철하게 타산하지 않고 국제관계에서 정당하고 적절하다고 통용되는 '규범'을 중시한다. 이들이 생각하는 국제관계에서의 규범이란 현대적인 산업 능력을 어느 정도 갖추고 있는 국가들 사이에서만 독립과 자주적 관계를 형성할 수 있다는 것이다. 이들에게 있어서 핵무기뿐 아니라 지대지 미사일 개발 및 보유는 강력한 국제적 지위의 상징으로 간주된다. 이들은 자신들이 개발한 지대지 미사일이 제대로 된 군사적 능력을 보여줄 수 없다고 할지라도 지대지 미사일 개발 자체만으로 국제사회에서 자부심을 갖고 행동할 수 있으며 자국의 이익을 지키거나 획득할 수 있을 것이라고 생각한다.

이러한 인식을 갖고 있는 지도자들은 지대지 미사일 개발 등을 통해 국민의 자부심을 고취하고, 지역에서 자국의 위상과 지위를 상승시킬 수 있다고 믿기도 한다.[131] 브라질과 인도, 인도네시아 등은 무기 생산을 통해 지역 내에서 지배적이거나 헤게모니적인 위치를 차지할 수 있다고 생각했다. 이란역시 1970년대 미국이나 이스라엘과의 관계가 양호했기 때문에 외부로부터의 위협을 느낄 이유가 없었지만, 국제적 위상 강화라는 정치적 동기에 따라핵개발을 시작한 것이라는 분석이 있다.[132] 일부는 강대국에 대한 군사적 의

---

130) 임강택, 『대북경제제재에 대한 북한의 반응과 대북정책에의 함의』 (서울: 통일연구원, 2013), pp. 8~9.
131) 홍용표, 『북한의 미사일 개발전략』, p. 13.
132) 김태우, "이란 핵문제와 국제정치," 김재두 외 지음, 한국국방연구원 기획, 『이란을 읽으면 북한이 보인

존을 줄이려는 동기에서 독자적 무기 생산 능력을 과시하려 하고, 이를 통해 지역 내에서 자국의 리더십을 강화하려 하기도 한다.[133]

또한 지도자들은 종종 미사일 등 강력한 무기체계를 국기, 국적기, 국가대표팀과 같이 국가의 정통성을 나타내는 것으로 간주하기도 한다. 이들은 핵·미사일과 같은 강력한 무기체계는 현대적인 국가가 반드시 갖고 있어야만 하는 상징적인 것 가운데 하나라고 여긴다.[134] 특히, 지대지 미사일을 군사적으로 사용할 수 있을 경우에는 직접 사용하거나 사용하겠다고 위협하는 방식으로 주변국과의 관계에서 자주권을 유지하고, 강대국의 영향력에서 벗어나 독립적으로 행동할 수 있으며, 국제기구에서 영향력을 행사할 수 있다고 생각한다.[135] 핵무기나 지대지 미사일 등 강력한 무기체계를 독자 개발·보유함으로써 자신의 이해관계에 대한 보다 많은 관심을 강대국들로부터 끌어내려는 국가도 있다.[136]

이처럼 독자적인 무기 개발을 통해 대외적인 위상을 끌어올리려는 대표적인 국가가 남북한이라고 할 수 있다. 1978년 9월 26일 박정희 대통령이 참석한 가운데 이뤄진 백곰 지대지 탄도 미사일 시험 발사 성공을 남한의 모든 매체가 이튿날 대서특필했다. 한 신문은 "국산유도탄 시험발사 성공"이라는 제목의 기사에 "중·장거리 지대지 우리 기술로 개발 … 세계 7번째"라는 부제를 달았다.[137] 이처럼 박정희 정부는 '남한이 세계에서 7번째로 지대지 미사일을 개발한 국가'라는 사실을 강조함으로써 백곰 미사일 시험 발사 성공

　　　다』(서울: 한국경제신문, 2007), p. 30.
133) Hyun-Kun Yoon, "Arms Production in the Third World Countries: Motives, Strategies, and Constraints," *KNDU Review*, 1 (1996), pp. 288~289.
134) Scott D. Sagan, "Why Do States Build Nuclaer Weapons?," pp. 73~75.
135) 손영환, "탄도미사일 확산과 각국의 미사일 방어 구상," 『국방논집』, 39 (1997), pp. 188~189.
136) Martin Navias, *Ballistic Missile Proliferation in the Third World - Adelphi Paper No. 252* (London: IISS, 1990), pp. 10~11.
137) 〈동아일보〉, 1978년 9월 27일자. 박준복, 『한국 미사일 40년의 신화: 자주국방 그리고 꿈을 이룬 사람들』(서울: 일조각, 2011), p. 61 재인용.

을 국위 선양의 계기로 활용하고자 했다. 또한 박정희 대통령은 자주국방정책과 핵·미사일 개발을 통해 미국의 남한에 대한 관심을 제고하려 했고, 일정하게 성과를 거뒀다. 한편, 남한은 나로호 및 나로과학위성 발사를 통해 이른바 '스페이스 클럽'에 10번째로 가입한 국가라고 내세우려 했지만, 나로호 발사에 1개월여 앞서 북한이 은하-3호 및 광명성-3호 2호기 발사에 성공해 그렇게 하지 못했다.

북한 역시 핵무기 및 지대지 미사일 개발을 통해 미국의 관심을 끌고자 한다. 이를 위해 북한이 핵·미사일을 개발하는 것은 아니지만 북한은 3차례의 핵실험과 지속적인 미사일 및 장거리 로켓 발사를 통해 미국뿐 아니라 전 세계의 주목을 받았던 것이 사실이다. 북한은 1974년 북미평화협정 체결을 제의하고 10년 뒤에는 3자회담을 제의했다가 미국에 거절당했고, 미국이 1979년 제의한 3자회담은 북한이 거부했다.[138] 냉전기에는 이 같은 제의와 각종 사건·사고를 수습하기 위한 협상을 제외하고는 북한과 미국이 접촉할 계기를 쉽게 찾지 못했다. 탈냉전 이후에는 미국이 새로운 국제질서의 안착을 주도하느라 북한에 별 관심을 두지 않았다. 그러나 북한의 핵·미사일 개발 진전은 미국이 주도하는 국제적 WMD 비확산 체제에 장애로 작용했고, 결국 미국을 협상 테이블로 끌어내는 유용한 수단이 됐다.[139]

---

138) 관련 내용은 신욱희, "북미관계와 한반도 평화체제: 역사적 고찰," 『한국정치외교사논총』, 33-2 (2012), pp. 37~45.

139) 함택영, "김정일시대 북한의 체제특성과 국가역량," 함택영 외, 『김정일체제의 역량과 생존전략』 (서울: 경남대 극동문제연구소, 2000), p. 64.

제3장

남한의 지대지 미사일 개발과정

남한의 지대지 미사일 개발과정

여기에서는 남한의 지대지 미사일 개발 과정을 냉전기와 탈냉전 초기, 2000년대 이후로 대별해 살펴보고자 한다. 냉전기 남한의 지대지 미사일 개발은 박정희 정부 시기와 전두환 정부 시기, 노태우 정부 시기로 구분해 살펴볼 수 있다. 탈냉전 이후 남한의 지대지 미사일 개발은 남한의 지대지 미사일 개발이 본격적으로 다시 추진되기 시작한 2000년대를 기준으로 삼아 전후로 나눠 논의하고자 한다. 탈냉전 초기에는 김영삼 · 김대중 정부 시기가, 2000년대 이후에는 김대중 · 노무현 · 이명박 정부 시기가 해당한다. 박근혜 정부 시기 이뤄진 지대지 미사일 개발에 대한 평가는 현재 진행형이라는 점을 감안해, 이 책에서는 가급적 언급을 자제하도록 하겠다.

제1절 냉전기 남한의 지대지 미사일 개발

1. 박정희 정부의 백곰 미사일 개발

가. 박정희 정부의 자주국방정책

1948년 남한 정부가 수립된 직후 국방부는 무기 생산과 연구를 위해 병기창과 병기국을 설치했다. 6·25전쟁이 일단락 된 이후 국방부는 주로 일본 제99식 소총 탄환을 생산하던 병기창이 불필요하다고 판단해 1954년 4월 이를 폐쇄했다. 이로 인해 1950년대 병기국 산하에 설립한 과학기술연구소가 병기창의 업무와 인력을 흡수했다. 그러나 1961년 군사 쿠데타로 권력을 장악한 박정희 정부는 군 재편을 내세우며 과학기술연구소를 폐쇄했다. 군사 과학기술 개발의 중단을 의미하는 과학기술연구소 폐쇄는 다분히 미국을 의식한 조치였다. 미국은 남한이 과학기술연구소를 통해 독자적인 방어능력을 추구하고 있는 것으로 의심했다.[1]

그러나 박정희 대통령은 리처드 닉슨(Richard Milhous Nixon) 행정부의 대한 방위 공약이 변화의 조짐을 보이던 1970년 연두기자회견에서 "북괴가 단독으로 무력침공을 해왔을 때에는 우리 대한민국 국군이 단독의 힘으로 충분히 이것을 억제하고 분쇄할 수 있는 정도의 힘을 빨리 갖추어야 되겠다"고 강조하고, 이것이 바로 자주국방이라고 설명했다. 박 대통령이 1968년까지 자주국방에 대한 명확한 개념을 제시하지 않았다는 점에서 이 같은 언급은 주한미군 철수에 따른 안보 공백 대응 논리로 받아들여졌다.[2] 남한은 후속조치의 일환으로 같은 해 8월 6일 무기 개발과 연구를 전담하는 ADD를 설립했

---

1) 구상회, 『한국의 방위산업: 전망과 대책』 (서울: 세종연구소, 1998), pp. 24~25; 김기석, "우리나라 조병기술발전사(2)," 『국방과 기술』, 133, (1990), p. 24; 서재정 지음, 이종삼 옮김, 『한미동맹은 영구화하는가: 군사동맹에서의 군사력, 이해관계 그리고 정체성』 (서울: 한울, 2009), p. 111에서 재인용.

2) 김지형, "1960~1970년대 박정희 통치이념의 변용과 지속: 민주주의와 반공주의 및 상호관계를 중심으로," 전남대 5·18연구소, 『민주주의와 인권』, 13-2 (2013), p. 188.

다.[3] 이날 대통령령 제5267호로 공표된 '국방과학연구소 직제'에 따르면, 연구소는 총 6개의 연구부를 두고 1970년 국방비를 조정해 총포와 탄환, 군사용 차량, 각종 기재, 함정·항공기·유도탄 등 대형 무기 체계, 기타 군수품 등을 연구·개발하는 임무를 부여받았다.[4]

ADD의 임무에서도 알 수 있는 것처럼, 박정희 대통령은 '독자적 무기 개발'을 자주국방정책의 주요 목표로 설정했다. 이는 1960년대 중반까지 소규모의 군수용 소모품 생산을 제외하고는 군수산업이 사실상 존재하지 않았던 남한의 현실을 타개하기 위한 것이었다.[5] 자주국방정책을 추진하기 위해 국방부는 군수산업 육성을 추진하는 전담 조직으로 방위산업국을 신설했다. 이후 국방부는 군수품 생산의 국내 잠재력을 판단하기 위해 수백개의 제조업체에 대한 조사를 벌였다. 이를 토대로 박정희 정부는 1971년 4월 일부 '민간 제조업체가 정부의 지원 아래 특정한 종류의 군사장비 시험생산에 착수할 것'이라고 발표했다.[6]

박정희 정부가 '미국으로부터 버림받을지 모른다'는 우려를 갖고 자주국방정책을 추진했던 것은 사실이지만, 이것이 미국의 대한(對韓) 정책과 부딪히거나 모순되는 것은 아니었다. 닉슨 행정부는 미 7사단 철수로 인한 공백을 국군 현대화 지원으로, 미 2사단 재배치에 따른 공백을 한·미 1군단 창설로 대체하고자 했다. 그러면서 1960년대 경제적 성공을 거둔 남한이 군사력 강화에 필요한 비용을 분담하기를 원했다. 이에 따라 미국은 기존의 무상군사원조 외에 군사차관을 지원 방식에 추가했다. 주로 현물로 지원된 미국의 군사차관은 남한이 자주국방정책을 추진하는 데 필요한 물질적·기술

3) 박준복, 『한국 미사일 40년의 신화: 자주국방 그리고 꿈을 이룬 사람들』 (서울: 일조각, 2011), p. 24.
4) 국가기록원 웹사이트(http://www.archives.go.kr/next/main.do) 참고(검색일: 2013년 10월 30일).
5) 국방부 전사편찬위원회, 『한국전쟁사』, 제1권 (1968), pp. 394~396. 하영선, 『한반도의 전쟁과 평화: 군사적 긴장의 구조』 (서울: 청계연구소, 1989), p. 53에서 재인용.
6) 하영선, 『한반도의 전쟁과 평화: 군사적 긴장의 구조』 (서울: 청계연구소, 1989), p. 55.

적 밑바탕이 됐다.[7]

이 같은 현상은 박정희 정부가 1974년부터 본격적으로 추진한 전력 증강 사업인 '제1차 율곡사업'에 잘 나타난다. 남한은 1974년부터 1981년까지 전체 국방비의 31.2%에 달하는 총 3조 1,402억원을 들여 다량의 미국 무기를 수입했다. 〈표 3-1〉에서 확인할 수 있는 것처럼, 이 시기를 거치며 육군은 M-60 전차, 105㎜ 및 175㎜ 야포, M-110 자주포, 81㎜ 박격포 등과 호크, 나이키-허큘리스, 어네스트존 등을 보유하게 됐다. 해군 역시 구축함 증강에 진력하는 한편 초계함과 유도탄함 등을 확보했고, 공군은 F-86F 전투폭격기(전폭기)를 퇴역시키는 대신 F-4D/E 전폭기 60대를 도입했으며, F-5 전투기 120대를 추가로 보유하게 됐다.[8] 미국이 남한에 제공한 군사차관은 제1차 율곡사업이 진행되던 1980년 상환액이 도입액을 넘어서게 되면서 사실상 차관으로서의 의미를 상실했다.[9]

박정희 정부는 1980년 말까지 전투기와 고도 전자무기를 제외한 모든 무기의 국산화 및 양산을 자주국방정책의 목표로 내세웠다. 이를 위해 박정희 대통령은 청와대에서 '방위산업진흥 확대회의'를 정기적으로 개최하고 직접 주재하는 등 많은 관심을 나타냈다.[10] 박정희 정부는 1973년 「군수조달에 관한 특별조치법」을 제정했고, 군수산업 육성을 위해 방위산업체에 장기 저리의 대출, 관세 및 기타 제반 세금의 감면, 선불 계약, 병역 면제, 방위산업 제품에 대한 적정 이윤 보장 등의 혜택을 줬다.[11] 박정희 정부는 또 기술적인 측면에서 군수산업과 직결되는 철강업, 비철금속공업, 기계공업, 전자공업

---

7) 김진균·홍성태, 『군신과 현대사회: 현대 군사화의 논리와 군수산업에 관한 연구』 (서울: 문화과학사, 1996), pp. 294~296.
8) 한용섭, "한국 국방정책의 변천과정," 차영구·황병무 편저, 『국방정책의 이론과 실제』 (서울: 오름, 2002), pp. 85~88.
9) 김진균·홍성태, 『군신과 현대사회』, pp. 297~298.
10) 김정렴, 『아 박정희』 (서울: 중앙M&B, 1997), p. 105.
11) 김진균·홍성태, 『군신과 현대사회』, p. 297.

등 중화학공업을 전략산업으로 선정하고 집중 육성했다.[12] 1973년 12월부터는 국민들에게 '방위성금'을 거둬 군수산업 육성 초기에 필요한 재원의 일부로 사용하기도 했다.[13]

박정희 대통령이 자주국방정책 추진을 천명한 지 2년이 채 되지 않은 1971년 11월 남한은 60mm 및 80mm 박격포와 포탄, 3.5인치 로켓 발사기를 개발하고 양산체제를 갖춰 나갔다.[14] 이처럼 군수산업 육성 정책이 성과를 보이기 시작하자 박 대통령은 1971년 11월 10일 군수산업을 담당하는 오원철 청와대 제2경제 수석에게 핵무기 개발을 검토하라고 지시했고, 같은 해 12월 26일에는 '지대지 유도탄(탄도 미사일)'을 개발할 것을 지시했다.[15] 당시 박정희 대통령은 "많은 병력보다는 압록강까지는 못가도 평양까지 도달할 수 있는 미사일을 개발하자"고 강조했다고 한다. 만약 주한미군이 모두 철수하거나 핵무기를 한반도에서 철수할 경우 독자 개발한 핵무기와 지대지 탄도 미사일을 대북 억지력으로 사용하려는 생각에서 개발을 지시한 것으로 보인다.[16]

---

12) 서울사회과학연구소 경제분과, 『한국에서 자본주의의 발전: 시론적 분석』 (서울: 새길, 1991), p. 201.
13) 방위성금은 1975년까지 거뒀으며, 1975년부터는 방위세를 징수했다. 박영준, "한국의 안전보장제도와 정책: 지속과 변화," 함택영 · 박영준 편, 『안전보장의 국제정치학』 (서울: 사회평론, 2010), pp. 534~535.
14) 고경은, "1970년대 한반도 군비경쟁과 남북한," 하영선 편, 『한반도 군비경쟁의 재인식: 전쟁에서 평화로』 (부천: 인간사랑, 1988), pp. 157~158.
15) 엄정식, "카터 행정부 시기 대한무기이전 정책의 변용: 백곰 미사일의 개발과 F-5E/F 공동생산의 합의" (서울대 대학원 외교학 박사학위논문, 2012), p. 134.
16) 한용섭, "동맹 속에서의 자주국방: 이론과 실제의 딜레마," 한용섭 편, 『자주냐 동맹이냐: 21세기 한국 안보외교의 진로』 (서울: 오름, 2004), p. 33.

〈표 3-1〉 제1차 율곡사업 전후 남한 군사력 비교

단위: 대/문/척

구 분		1972년	1980년
지상 무기 체계	전 차	M-4/48/24	M-60(60), M-47/48(800)
	장갑차	M-8, M-113	M-113/577(500), Fiat 6614 APC(70)
	야 포	175mm	105mm, 155mm, 203mm(총 2,000문)
	자주포	-	M-109(76), M-107(12), M-110(16)
	박격포	-	81mm, 107mm(총 5,300문)
	대전차무기	M-10, M-36	M-18(80), M-36(100)
	방공포	-	20mm(60), 40mm(40)
	미사일	지대지, 지대공	호크(80), 나이키-허큘리스(45), 어네스트존(수량 미상)
	관측기/헬기	-	O-2A(14), UH-1B(20), OH-6A(44), KH-4(5)
해상 무기 체계	구축함	6(호위함 3대 포함)	10
	프리깃함	4	7
	코르벳함	-	6
	초계함	-	10
	소해함	10	8
	상륙함	20	21
	경비정	12	28
	유도탄함	-	8
	CPIC	-	5
	헬기	-	8
공중 무기 체계	F-4D/E 전폭기	18	60
	F-86F 전폭기	110	50
	F-5 전폭기	77	220
	수송기	35	34
	다목적 헬기	6	74(구조헬기 13대 포함)
	정찰기	RF-86F(10)	RF-5(12)
	S-2 해상초계기	-	20
	훈련기		103

출처: 한용섭, "한국 국방정책의 변천과정," 차영구 · 황병무 공저, 『국방정책의 이론과 실제』
(2002), p. 87.

나. 핵무기 개발 노력

박정희 정부는 경제발전에 필수적인 전력문제를 원자력 발전소 건설로 해결하려고 했다. 남한의 원자력 발전 계획은 원자력발전계획 심의위원회가 1966년 4월 발표한 '장기 에너지 수급과 원자력 발전 계획(NNP-5)'에서 처음으로 구체화됐다. 당시 심의위는 시설용량 600㎿e급 원자력 발전소 건설을 1970년부터 5개년 계획으로 추진하되, 3개 부지에 대한 정밀조사를 벌여 최적지를 선정한다고 발표했다. 남한은 1968년 4월 9일 부총리 겸 경제기획원 장관을 위원장으로 하는 원자력 발전 추진위원회를 개최하고, 한국전력(한전)이 원자력 발전소의 건설과 운영을 맡는다고 결정했다. 한전은 1969년 1월부터 6월까지 미국 웨스팅하우스(Westinghouse)사가 제출한 제안서를 평가해, 1970년 6월 이 회사와 '고리 1호기' 건설 계약을 체결했다.[17]

남한은 제4차 경제개발 5개년 계획(1977~1981) 기간 중에 핵연료 주기와 관련한 핵연료 가공 및 재처리 사업을 외국과의 협력 사업으로 추진하기로 했다. 이에 따라 한국원자력연구소는 1971년 1월 재처리 사업 계획서를 작성해 상급 기관인 원자력청에 제출했다. 이 계획은 하루 1t(연간 300t)의 생산 규모를 갖춘 상업용 사용후 핵연료 재처리 공장을 1974~1980년 경상남도 온산공업단지 부근에 건설한다는 것이 주요 내용이었다. 이 계획은 1972년 7월 미국의 Skelly Oil Co.(또는 NFS: Nuclear Fuel Service), 일본의 미쓰비시 석유와 합작으로 초기(1978~1989)에는 하루 3t(연간 처리 능력 900t) 규모, 1990년 이후에는 하루 5t(연간 1,500t) 규모로 생산을 증가시키되, 고리 원자력 발전소 인접지에 공장을 짓는 것으로 수정됐다.[18]

상업용 사용후 핵연료 재처리 공장 건설 계획은 장기적으로 국내 수요뿐

---

17) 김성회, "한국·북한·일본의 핵정책 비교 분석" (경남대 대학원 정치학 박사학위논문, 2006), pp. 50~51.
18) 하영선, 『한반도의 핵무기와 세계 질서』(서울: 나남, 1991), pp. 103~104.

아니라 일본을 포함한 동아시아 지역의 수요까지 감안한 것이었다. 남한은 당시 대두되기 시작한 핵 비확산 등 국제정세 변화에 대비해 기득권을 확보해야 한다는 점을 고려했다. 그러나 남한의 재처리 공장 건설 계획은 합작사인 미국의 NFS가 미국 정부의 승인을 얻지 못해 중단됐다. 한국원자력연구소가 핵연료 주기 기술 확립을 위해 재처리 공장 건설과 함께 추진하던 핵연료 가공 및 재처리 연구 시설 도입을 위한 대미 교섭 역시 성과를 거두지 못했다. NFS는 연구용 시설에는 관심이 없다며 거절했고, 미국의 국립아르곤연구소(ANL: Argonne National Lab.)는 한국원자력연구소의 재처리 기술 훈련 협조 요청을 거부했다.

이로 인해 남한은 유럽으로 눈을 돌렸다. 1972년 6월 최형섭 과학기술처 장관은 영국과 프랑스를 방문해 연구용 재처리 시설 도입을 타진했다. 이 과정에서 공공 차관 교섭에 긍정적이던 프랑스로 창구를 단일화하고 본격적인 교섭을 진행했다. 원자력연구소는 프랑스 생고방(SGN)사를 도입선으로 결정하고 1973년 3월 개념설계 용역 계약, 1975년 4월 시설 건설을 위한 기술 용역 및 공급계약을 총 4,600만 달러에 체결했다. 남한은 1975년 1월에는 프랑스 세르카(CERCA)사와 핵연료 성형 가공 시험 시설(제1핵연료가공시설) 공급 계약을 260만 달러에 체결했다. 남한은 또 벨기에의 BN(BelgoNuclear)사와 혼합 핵연료 가공 시험 시설(제2핵연료가공시설) 도입을 위한 교섭을 벌여, 1975년 11월 개념 설계 용역 계약을 체결하고, 시설 공급 계약을 위한 구체적인 교섭을 벌였다.

이와 함께 남한은 독자적 핵연료 주기 확보를 내세우며 천연 우라늄을 핵연료로 사용하는 CANDU(CANadian Deuterium-Uranium reactor)형 원자로를 도입하기 위해 1974년부터 청와대 비서관들을 직접 캐나다에 파견했다. 남한은 1975년 1월 캐나다 원자력공사(AECL: Atomic Energy Canada Ltd.)

와 CANDU형 원자로인 '월성 1호기'(670㎿e급) 건설 계약을 체결했다.[19] 이 시기 남한은 '석유 파동'을 겪으며 원자력 발전소의 국산화를 현실적인 문제로 인식해 새로운 연구용 원자로의 도입을 모색하고 있었다. 이는 미국에서 도입한 연구용 원자로(TRIGA Mark Ⅱ/Ⅲ)가 작아 제대로 된 연구를 수행할 수 없었기 때문이다. 박정희 정부는 CANDU형 원자로와 함께 중수를 감속재로, 천연 우라늄을 핵연료로 사용하는 캐나다의 NRX 원자로에 주목하고 있었다. 대만이 NRX 원자로를 통해 핵무기용 플루토늄을 생산하고 있었지만, 이 원자로가 CANDU형 원자로와 동일한 감속재와 핵연료를 사용한다는 점에서 미국의 간섭을 피할 수 있을 것이라고 생각했다.[20]

그러나 미국은 남한이 프랑스와 사용후 핵연료 재처리 시설을, 벨기에와 핵연료 성형 시설 도입을 교섭하고, 캐나다로부터 CANDU형 및 NRX 원자로를 도입하려 하자 남한의 핵무기 개발 의혹을 제기하며 남한에 압력을 행사하기 시작했다. 미국 의회도 가세해 1974년 계약한 '고리 2호기'의 차관 승인을 보류했다.[21] 미국은 또 1975년 11월 4일 영국 런던에서 열린 대한(對韓) 차관국 회의에서 프랑스의 재처리 시설 수출에 무조건 반대한다는 입장을 밝히는 등 프랑스와 벨기에, 캐나다에 압력을 가했다.[22] 결국 남한은 1976년 1월 재처리 시설을, 1977년 11월 핵연료 가공 시설을 각각 도입하지 않기로 결정했고 캐나다에서 도입하려던 NRX 원자로도 포기했다.[23]

1977년 3월 지미 카터(James Earl Carter Jr.) 행정부가 주한미군 철수를

---

19) 조철호, "박정희 핵외교와 한미관계 변화" (고려대 대학원 정치학 박사학위논문, 2000), pp. 45~49.
20) 한국원자력연구소, 『20년사』 (1980), p. 172.
21) 이흥환, 『미국 비밀문서로 본 한국 현대사 35장면』 (서울: 삼인, 2002), p. 77.
22) 〈중앙일보〉, 1998년 9월 28일자.
23) 하영선, 『한반도의 핵무기와 세계 질서』, pp. 122~123; 이호재, 『핵의 세계와 한국 핵정책』 (서울: 법문사, 1981), p. 220; 조철호, "박정희 핵외교와 한미관계 변화," pp. 53~54; 한국원자력연구원 웹사이트 (http://www.keari.re.kr) 참고(검색일: 2013년 11월 4일). 남한의 재처리 기술 도입에 대한 미국의 압력과 남한의 재처리 기술 도입 포기에 대해서는 조철호, "박정희 핵외교와 한미관계 변화"; 김기정·박한규, "국제레짐의 강제집행력과 개별국가들과의 관계: 1970년대 국제핵비확산레짐과 한국과 일본의 핵재처리 정책 비교연구," 『한국과 국제정치』, 18-4 (2002) 참고.

1982년까지 완료하겠다고 발표한 것은 적극적인 핵무장 노력을 중단한 남한이 다시 한 번 독자적인 핵무기 개발 의지를 표명하게 하는 중요 요인으로 작용했다.[24] 1977년 중반 이후 남한의 핵정책은 크게 두 가지 특징을 가지고 있었는데, 첫째는 공식적으로 독자적 핵무기 개발의 가능성을 부정하고 원자력 산업과 같은 핵에너지의 평화적 이용이라는 명분 하에서 가능한 모든 핵무기 관련 기술 및 능력을 확보하기 위해 최대한 노력한다는 것이다. 둘째는 비공식적으로 주한미군 철수와 미국의 전술핵 철거와 관련해 핵무기 개발의 의지와 가능성을 실질적으로 완전히 배제하지 않는다는 것이다.[25] 그러나 박정희 대통령이 피살된 이듬해인 1980년 핵연료개발공단이 한국원자력연구소로 통·폐합됨으로써 남한의 핵개발 추진은 사실상 종지부를 찍었다.[26]

다. 백곰 지대지 탄도 미사일 개발

박정희 대통령이 1971년 11월 핵무기 개발 검토를 지시한 데 이어 같은 해 12월 26일 지대지 탄도 미사일 개발을 지시함에 따라 ADD 내에는 '유도탄 개발계획단'이 편성됐다.[27] 1972년 4월 '항공사업'이라는 명칭으로 지대지 탄도 미사일을 개발하라는 지시가 ADD에 내려졌고, 동년 5월 14일 ADD가 보고한 '항공공업 시행계획서'를 박 대통령이 승인하면서 남한의 독자적인 지대지 탄도 미사일 개발이 본격화됐다. 당시 기본지침의 핵심적인 내용은 1978년까지 사거리 500km의 지대지 탄도 미사일을 개발하라는 것이었다. 이에 따라 ADD는 항공사업 담당 부소장 산하에 추진기관, 기체, 유도조

---

24) 이호령, "핵확산과 미국의 이중적 대응," 『국방연구』 44-2 (2001), p. 161.
25) 조철호, "이중적 핵력개발정책과 한미 핵갈등," 『아세아연구』 45-4 (2002), p. 287.
26) 김기정·박한규, "국제레짐의 강제집행력과 개별국가들과의 관계," p. 18.
27) 김정렴, 『아 박정희』 p. 297; 오원철, 『(불굴의 도전 한국의 기적)박정희는 어떻게 경제강국을 만들었나』 (서울: 동서문화사, 2006), pp. 360~362.

종, 시험평가 등 6개 부서로 구성된 항공사업부를 설치했다.[28] 항공사업부는 1974년 지대지 탄도 미사일 시제기 사업인 XGM(X Guided Missile) 사업에 착수했으며, 이것이 훗날 백곰 사업과 현무 사업으로 이어졌다.[29]

남한은 1974년 9월 '대전기계창'으로 위장한 지대지 탄도 미사일 개발 기구를 설치하기 시작했고, 각종 설비를 도입해 1976년 대전기계창을 완공했다. ADD는 지대지 탄도 미사일 개발 사업을 3단계로 나눠 추진하기로 했다. 제1단계는 기존의 무기체계를 모방해 지대지 탄도 미사일의 체계 설계 및 제작 능력을 개발하는 것이 목표였다. 제2단계에서는 1단계에서 개발한 미사일 성능을 개량해 무기체계화하고, 제3단계에서 사거리 500km의 한국형 지대지 탄도 미사일을 독자 개발하는 것이었다.[30]

여기에서 1단계 사업에 모방용으로 선정된 미사일이 당시 국군이 보유하고 있던 나이키-허큘리스(Nike-Hercules) 미사일이다. 나이키-허큘리스 미사일은 최대 사거리가 140km 이상인 지대공 미사일로, 미국에서 1958년 개발이 완료돼 운용되기 시작했다. 이 미사일은 2단 고체 추진기관으로 비행하는데, 1단 추진기관은 4개의 추진기관이 묶여 있는 클러스터 형태이다.[31] ADD는 우선 1978년 말까지 사거리 200km의 지대지 탄도 미사일을 시험 개발하는 것을 목표로 설정했다. 이렇게 나이키-허큘리스 미사일을 기반으로 탄생한 것이 백곰 미사일이다. 즉, 백곰 미사일은 500km급 지대지 탄도 미사일 개발을 위한 시험단계였던 것이다.

박 대통령은 1975년 4월 30일 스나이더 주한 미국대사를 만나 백곰 미사일 개발이 북한의 우세한 공군력을 상쇄하기 위한 억지용이라고 강조했다. 동시에 재정적 부담이 있더라도 주한미군 철수에 대비해 미사일 개발을 계

---

28) 엄정식, "카터 행정부 시기 대한무기이전 정책의 변용," p. 134.
29) 박준복, 『한국 미사일 40년의 신화』, pp. 26~28.
30) 국방과학연구소, 『국방과학연구소 약사』, 제1권 (1989), p. 146.
31) 박준복, 『한국 미사일 40년의 신화』, p. 55.

속할 것이라고 밝혔다. 박 대통령은 또 미국이 지원하지 않는다면 '제3국의 도움'이라도 받겠다며 남한 정부가 요청한 미사일 추진제 원료와 설비의 반출을 미국 정부가 승인해야 한다고 압박했다.[32) 결국, 남한의 ADD는 1975년 12월 미국 록히드(Lockheed)에 200만 달러를 주고 추진제 설비와 관련 기술 자료를 구입하기로 계약했다.[33) ADD는 박정희 대통령의 전폭적인 지원을 받으며 백곰 개발에 매진했고, 1977년 각 부(副)체계의 단계별 시험을 마쳤다.[34) 이 같은 과정을 거치며 ADD는 1977년 말 이전에 백곰 미사일의 원형을 완성하지는 못했지만, 추진제 설비를 확보하는 등 기술적으로 중요한 장애를 넘어선 상태에 도달했다.[35)

ADD는 나이키-허큘리스를 모방하는 방법으로 백곰 미사일을 개발했지만 지상 통제와 유압식 체계 부문을 제외한 로켓모터, 기체, 통제체제 유도 장치 등은 나이키-허큘리스 미사일의 성능을 대폭 향상하거나 완전히 재설계했다. ADD는 자체적으로 소규모 로켓모터를 개발했고, 프랑스 국영기업인 SEP(Societe European Propulsion)와 SNPE(Societe Nationale Poudre et Explosif)를 접촉해 추진제 원료와 생산 기술을 확보했다. 이 과정에서 ADD는 당시 프랑스가 생산하던 최신예 엑소세(Exocet) 미사일에 관한 자료도 확보할 수 있었다. 이는 백곰 미사일뿐 아니라 현무 등 후속 미사일 개발에 크게 기여한 것으로 알려졌다.[36) ADD가 프랑스와 협력해 백곰 미사일 시험 발사에 성공한 것은 남한에 대한 미국의 무기이전 억제 정책이 부분적으로 변화하도록 영향을 미쳤다.[37)

---

32) 박정희 대통령 인터넷 기념관(http://www.parkch.com) 참고(검색일: 2013년 11월 5일).
33) 엄정식, "카터 행정부 시기 대한무기이전 정책의 변용," p. 142.
34) 박준복, 『한국 미사일 40년의 신화』, pp. 56~57.
35) 김기형 외, 『(과학대통령)박정희와 리더십』 (서울: 엠에스미디어, 2010), pp. 495~497.
36) 엄정식, "카터 행정부 시기 대한무기이전 정책의 변용," pp. 153, 162.
37) 엄정식, "미국의 무기이전 억제정책에 대한 박정희 정부의 미사일 개발전략," 『국제정치논총』, 53-1 (2013), p. 177.

남한은 1978년 4월부터 각 부체계를 종합해 백곰 미사일을 완성하고 시험발사에 들어갔다. 동년 9월 26일 충청남도 안흥시험장에서 박정희 대통령 등이 참석한 가운데 평양-원산 지역까지 타격할 수 있는 사거리 180km의 백곰 미사일의 시험발사를 공개적으로 진행해 성공했다.[38] 백곰 단거리 지대지 탄도 미사일 시험발사 성공은 군사기술 축적과 실전 배치의 속도를 높이고, 북한에 대한 군사적 우위를 강조하는 것이었다. 동시에 대내외적으로 가시적인 성과를 홍보하고, 향후 발전방향을 국내외에 정치적으로 활용하는 무대이기도 했다.[39] 백곰 미사일은 관성유도장치가 없고, 사거리도 제한적이었으며, 목표물을 유도하는 레이더가 쉽게 파괴될 수 있어 군사용으로는 취약했다. 이로 인해 ADD는 후속 미사일의 사거리와 정확도를 향상하기 위해 관성유도장치를 개발할 계획이었다. ADD는 관성유도장치 기술을 확보하기 위해 영국과 비밀리에 계약을 체결했다.[40]

남한은 1979년부터 1984년까지 약 140기의 백곰 미사일을 고정 발사대에 배치할 계획이었다. 남한은 또 핵탄두 탑재를 고려하지 않았지만, 백곰 미사일에 탑재할 다양한 재래식 탄두를 개발할 계획이었다. 남한은 지대지 미사일의 사거리를 200~250km까지 연장해 북한의 60여개 군사 및 민간 목표뿐 아니라 평양을 공격할 수 있는 능력을 갖추고자 했다.[41] 즉, 박정희 대통령은 당시 북한을 타격할 수 있는 공격 능력을 확보하는 동시에 공격용 무기를 개발·보유했다는 메시지를 대내외에 부각함으로써 북한의 도발 가능성을 억지하고자 했다. 이와 함께 국민들에게 안보적 자신감을 심어주고, 주한미군 철수 등에 따른 불안감을 해소하려는 등 다양한 의도를 갖고 있었다.[42]

38) 박준복, 『한국 미사일 40년의 신화』, p. 58.
39) 엄정식, "미국의 무기이전 억제정책에 대한 박정희 정부의 미사일 개발전략," p. 170.
40) 엄정식, "카터 행정부 시기 대한무기이전 정책의 변용," pp. 153, 156, 159; 박준복, 『한국 미사일 40년의 신화』, p. 35.
41) 엄정식, "카터 행정부 시기 대한무기이전 정책의 변용," p. 159.
42) 신욱희, "데탕트와 박정희의 전략적 대응: 박정희는 공격적 현실주의자인가," 『세계정치』, 31-2 (서울: 논

라. 미국의 사거리 제한

한편 박정희 대통령 피살 직전인 1979년 여름 남한과 미국은 남한의 미사일 사거리를 180km로 제한한다는 데 합의했다. 존 위컴(John Wickham) 당시 주한미군 사령관은 1979년 여름 노재현 당시 국방장관 앞으로 보낸 편지에서 '한국이 개발하는 미사일은 사거리 180km 이내, 탄두 중량 500kg 이내로 제한돼야 한다'고 요구했다. 같은 해 9월 노재현 장관은 위컴 사령관에게 답장을 보내며 '한국이 개발하는 미사일은 결코 사거리가 180km를 초과하지 않을 것'이라고 약속했다.[43] 즉, 미국의 미사일 사거리 제한 요구를 남한이 수용한 것이다. 노재현 장관이 위컴 사령관에게 보낸 편지가 훗날 '한 · 미 미사일 양해각서'라고 불리게 되는 것이다.

노재현 장관은 미국의 요구가 남한의 자주권을 침해하는 것이고, 백곰 미사일 개발 이후 후속 미사일 개발을 지시한 박정희 대통령의 의지에 반한다는 사실을 모르지 않았을 것이다. 이런 맥락에서 위컴 사령관과 노재현 장관이 편지를 주고받던 시기에 미국이 왜 이 같은 요구를 했는지에 대해 세밀하게 살펴볼 필요가 있다. 박정희 정부는 백곰 미사일 시험발사 성공 이후 미국의 지원을 공개적으로 요구하기 시작했다. 카터 행정부는 남한의 미사일 개발을 억제하려던 정책을 변화해야만 했는데, 박정희 정부가 거의 독자적 능력으로 미사일 개발에 성공했기 때문이다. 이로 인해 카터 행정부는 사거리 180km인 남한의 백곰 미사일 개발을 현실로 인정하고, 남한의 미사일 개발에 '제한적으로 협조'하기로 정책을 변화했다.

그러나 카터 행정부의 '제한적 협조'는 사실상 미국이 남한의 미사일 개발을 직접 통제하겠다는 것이었다. 미국은 백곰 미사일 개발 이전까지 남한이

형, 2010), pp. 66~67.

43) 〈조선일보〉, 2012년 7월 16일자; 김민석, "미사일 기술통제제도(MTCR)와 한국의 입장," 『한반도 군비통제』, 14 (1994), p. 117.

제안한 무기 연구 및 개발을 위한 한·미 합동연구에 대해 이렇다 할 반응을 내놓지 않았다. 그렇지만 남한이 백곰 미사일 개발에 성공하자 미국은 태도를 바꿔 1978년 11월 합동연구에 합의했다. 다만, 미국은 핵탄두를 탑재할 수 있는 랜스(Lance) 미사일과 사거리 180km 이상의 미사일은 한·미 합동연구 대상에서 제외하자고 요구했다. 또한 미국은 남한이 백곰 미사일의 후속 미사일 개발을 위해 필요로 하던 관성유도장치 확보를 과거보다 더욱 적극적으로 억제하고자 했다.[44] ADD가 관성유도장치 기술 확보를 위해 영국과 계약을 체결하자 카터 행정부는 영국 정부에 압력을 행사했다. 카터 행정부는 또 1979년 주한미대사 등을 ADD에 보내 '사실상의 사찰'을 하기도 했고,[45] 비행금지구역인 ADD 상공에 미군 항공기를 투입해 저공비행하며 감시를 강화했다.[46]

2. 전두환 정부의 미사일 개발 계획 폐기 및 재개

전두환 정부는 박정희 대통령이 야심차게 추진한 지대지 탄도 미사일 개발을 완전히 중단했을 뿐 아니라 심지어 미사일 개발 계획 자체를 폐기했다.[47] 또한 전두환 정부는 ADD를 이끌던 주요 인사를 강제 퇴직시켰다. 뿐만 아니라 지역에 3개 창 조직을 갖고 있던 ADD를 1980년 9월 무기체계 임무 분야별로 구분해 지상, 해상, 항공기 및 유도무기, 통신전자, 화공기계 등의 5개 사업단과 시험평가단으로 바꾸고, 1983년에는 기술사업단과 연구개발단만 존치하는 방법으로 ADD를 대폭 축소했다. 이로 인해 ADD가 추진하던 지대지 미사일 개발 등 주요 사업이 1982년 말까지 대부분 중단됐다. ADD 전체 3,000여명의 연구 인력 가운데 30%에 달하는 900여명이 강제로 감축됐

---

44) 엄정식, "미국의 무기이전 억제정책에 대한 박정희 정부의 미사일 개발전략," pp. 171~175.
45) 박준복, 『한국 미사일 40년의 신화』, p. 62.
46) 노재현, 『청와대비서실 2』(서울: 중앙일보사, 1993), p. 63.
47) 공석하, 『이휘소』(서울: 뿌리, 1989), pp. 113~121.

는데, 가장 큰 피해를 본 부문이 지대지 탄도 미사일 개발 관련 인력이었다고 한다.[48] ADD도 스스로 1980년대 상반기를 '시련기'라고 평가한다.[49]

그러나 전두환 대통령은 1983년 10월 9일 북한이 벌인 이른바 '아웅산 테러' 사건을 계기로 자신이 취소했던 지대지 탄도 미사일 개발 사업을 부활해 '현무 유도탄 사업'을 추진하도록 ADD에 지시했다.[50] 이에 따라 ADD는 전두환 정부가 들어서면서 중단했던 백곰 미사일 개량형 개발 계획에 기반해 현무 미사일을 개발하기로 결정했다.[51] 1983년 11월 29일 국방부는 현무 미사일 개발 사업 계획을 승인하면서 정상적인 전력증강 사업 집행 절차를 생략하고 선행개발, 실용개발 및 생산에 대한 예산을 한꺼번에 승인했다. 1982년 말 지대지 탄도 미사일 개발 인력이 대거 해고된 ADD는 60명의 인력 충원을 요청했고, 국방부는 ADD의 인력 충원 요청을 받아들였다.[52] 이러한 과정을 거치며 ADD는 1984년 현무 지대지 탄도 미사일 개발 사업을 본격적으로 시작할 수 있었다.[53]

ADD는 1984년 9월 22일 현무 지대지 탄도 미사일의 시제품인 DT-Ⅰ을 시험 발사해 성공했고, 이듬해 5월 25일 2차 비행시험도 성공했다. 이 같은 사실을 1985년 6월 27일 청와대에 보고하자, 같은 해 9월 21일 전두환 대통령과 윤성민 국방장관, 정진권 합참의장 등이 참석한 가운데 안흥시험장에서 현무 미사일 시험발사를 진행했다. 전 대통령의 참관 이후 육군은 현무 미

---

48) 국방과학연구소, 『국방의 초석 40년: 1970~2010』 (2010), p. 214; 당시 ADD에서 지대지 탄도 미사일 개발 사업에 참여했던 한 연구자는 "1980년 정권이 바뀌면서 ADD의 유도탄 개발 책임자들은 모두 불명예스럽게 물러나야만 했다"며 "1978년 9월 26일 백곰 미사일 발사 성공 이후, 미사일 개량을 추진하던 유도탄 개발 조직은 이때 완전히 해체되어 버렸다"고 전했다. 박준복, 『한국 미사일 40년의 신화』, pp. 64~66.
49) 국방과학연구소, 『국방의 초석 40년』, p. 214.
50) 박준복, 『한국 미사일 40년의 신화』, p. 67.
51) ADD는 백곰 미사일의 시험 비행에 성공하기 1년여 전인 1977년 9월부터 백곰Ⅱ 미사일의 시스템 개념을 정립하였으며, 1979년부터 연차적으로 개발하면서 각종 비행 시험을 수행하고 1981년 선행 개발을 완료했지만 전두환 정부가 1982년 말 사업을 중단시켰다. 국방과학연구소, 『국방의 초석 40년』, p. 287.
52) 『신동아』, 4월호 (1999) 참고.
53) 국방과학연구소, 『국방의 초석 40년』, p. 288.

사일 개발 사업에 더욱 많은 관심을 나타냈다. 1986년 5월에 진행한 5차 시험 발사와 다음달 진행한 시험 발사에 육군 참모총장과 이기백 신임 국방장관이 각각 참석할 정도였다. ADD는 현무 미사일 개발 사업을 추진하면서 1982년 조직이 대폭 축소되기 이전의 모습으로 돌아갔다. ADD는 1989년 5월 기존에 있던 2개의 연구개발단을 기술 분야에 따라 5개 연구개발본부로 확대 편성했다.[54]

ADD는 1986년부터 1987년까지 현무 종합체계에 대한 실용 평가를 성공적으로 수행하여 1차분을 생산해 실전배치했다. 이에 따라 현무 미사일 부대가 창설됐다.[55] 현무 미사일의 2차 전력화는 1987년 현무 지대지 탄도 미사일이 일선 부대에 배치되면서 종합군수지원 계획을 수립하고, 각종 기술 자료를 제작해 배포하는 동시에 장비운용 및 야전 정비교육을 실시하면서 이뤄졌다. 1993년 10월부터 1999년 12월까지 진행된 3차 생산 사업을 통해서는 현무 미사일 및 미사일 정비 유지에 필요한 발사대 및 사통장비가 생산됐다. 현무 미사일을 보유한 대대급 부대에 탄약반을 새로 설치하여 신규 장비를 배치하는 사업이 주요 내용이었다. ADD는 3차 생산 기간 동안 현무 미사일의 핵심품목이자 미국의 수출허가 품목인 짐발(Gimbal)형 관성유도장치를 완전히 국산화했다.[56]

현무 미사일 체계는 백곰 미사일 체계와는 완전히 달랐다. 백곰 미사일이 고정 발사대를 이용했던 반면, 현무는 이동형 발사대에 실렸다. 또 현무 미사일은 백곰 미사일과 달리 관성유도방식의 '사격 후 망각'형 전천후 미사일 체계였다. 현무 미사일도 백곰 미사일과 같이 2단으로 구성되었지만, 백곰 미사일이 4개의 추진기관을 묶어 1단 부스터를 형성했던 것과 달리 현무 미사

---

54) 『신동아』, 4월호 (1999) 참고.
55) 박준복, 『한국 미사일 40년의 신화』, p. 68. 당시 창설된 현무 미사일 부대는 남한이 현재 운용하는 유도탄 사령부의 전신으로 평가된다.
56) 국방과학연구소, 『국방의 초석 40년』, pp. 288~289.

일은 하나의 대형 추진기관이 1단 부스터에 자리하는 것으로 개량되었다. 그러나 미사일의 외형은 여전히 백곰 미사일과 동일했다. 이런 점에서 현무 미사일의 영문 명칭은 백곰 미사일의 NHK-Ⅰ을 이어받아 NHK-Ⅱ로 결정됐다.[57]

제2절 탈냉전 초기 남한의 지대지 미사일 개발

1. 사거리 제한과 MTCR 가입 문제

가. 남한의 미사일 사거리 제한 재확인

1987년 4월 MTCR 설립을 주도한 미국은 1989년 말 MTCR 지침을 내세우며 남한에 대한 현무 미사일의 일부 핵심 부품과 원료 수출을 지연하다가 결국 거부했다.[58] 미국의 미사일 부품 및 원료 수출 거부는 결국 1990년 10월 남한 외무부가 주한 미국대사에게 남한 미사일의 사거리를 180km로 제한한다는 내용의 서신을 다시 보내게 했다.[59] 이 서신은 1979년 노재현 국방장관이 위컴 주한미군사령관에게 보낸 서한과 같은 내용이었다. 동시에 남한은 미국이 요구한 현무 관련 사찰에 동의했다.[60] 이에 따라 미국 정부 관계자들이 관련 사찰을 진행했으며, 현무 미사일의 사거리가 180km로 제한되어 있지만 성능 개량을 통해 사거리를 250km까지 증가할 수 있다는 사실을 알게 됐다고 한다.[61] 이로 인해 남한은 1991년 또 다시 1979년, 1990년과 같은 내용의 외교서한을 작성해 미국에 전달했다.[62]

미국이 남한의 미사일 개발을 규제하고자 했던 이유는 1970년대 말부터

---

57) 박준복, 『한국 미사일 40년의 신화』, pp. 68~69.
58) 박준복, 『한국 미사일 40년의 신화』, p. 133.
59) 전성훈, "MTCR과 한국의 안보," 『전략연구』, 10 (1997), p. 146.
60) 박준복, 『한국 미사일 40년의 신화』, p. 133.
61) 허출, "한국의 미사일 개발과 MTCR," 공군사관학교, 『논문집』, 47 (2001), p. 46.
62) 김태우, 『미사일 안보와 미사일 주권』 (성남: 세종연구소, 1999), p. 50.

본격적으로 추진된 미국의 미사일 비확산 정책에서 찾을 수 있다. 당시 미국은 중동 및 동유럽 국가들에 대한 소련의 미사일 공급뿐 아니라 핵무장 의혹을 받던 일군의 국가들을 주시하고 있었다.[63] 미국은 특히 핵무기를 이미 개발했거나 개발을 추진하는 것으로 추정되는 남한, 대만, 이스라엘, 인도, 리비아 등 5개국이 우주항공 산업을 추진하고 있다는 점에 주목했다. 1974년 '평화적 목적'을 내세우며 핵실험을 단행한 인도가 1980년 7월 소형 실험용 인공위성 발사에 성공하자 미국은 핵무기 운반 수단으로서의 미사일에 대한 현실적 우려를 갖게 됐다. 이로 인해 레이건 행정부는 1982년 '핵탄두 탑재 가능 미사일 기술 이전 정책'이라는 제목의 '국가안보결정 지시서 제70호(NSDD-70)'를 작성했다. 이 지시서는 제3세계 국가들의 미사일 개발 유형을 직접적인 미사일 개발과 인공위성 개발을 통한 간접 개발로 구분하고 있다.[64]

레이건 행정부에 이어서 들어선 조지 H. W. 부시(George Herbert Walker Bush) 대통령은 이전 정부의 정책을 계승해 MTCR 회원국을 선별적으로 확장하는 정책을 취했다. 1987~1988년 서유럽 국가인 스웨덴과 스위스가 아르헨티나의 사거리 800~1,000km인 Condor-Ⅱ 미사일 개발을 기술적으로 지원하는 일이 발생했다. 이에 대해 부시 행정부는 1989년 12월 영국 런던에서 열린 MTCR 제2차 총회에서 당시 유럽공동체(EC: European Community)에 소속돼 있던 12개 서유럽 국가를 MTCR에 가입시켰다.[65] 부시 행정부가 EC 회원국을 MTCR에 가입시킨 이유는 이들 국가의 상당수가 NATO 회원국으로 미국과 안보정책을 조율한 경험이 있고, EC 역내 자유무역 거래 항목에

---

63) Wyn Q. Bowen, "U.S. Policy on Ballistic Missile Proliferation: The MTCR's First Decade(1987~1997)," *The Nonproliferation Review*, 5-1 (1997), pp. 22~23.
64) 길정일·이충묵, "미국의 미사일 통제정책과 MTCR: 미·북 미사일 협상의 전망," 『동서연구』, 11-1 (1999), pp. 120~121.
65) Wyn Q. Bowen, "U.S. Policy on Ballistic Missile Proliferation," pp. 24~25; 외교통상부, 『MTCR 의장 활동 자료집(2004.10~2005.9)』 (2005), p. 243.

서 미사일 관련 기술을 제외해 MTCR의 통제 하에 두고자 했기 때문이다.[66]

이러한 맥락에서 미국이 1990년대 초반 남한의 미사일 개발을 통제하고자 했던 것을 이해할 수 있다. 미국은 1991년 3월 일본 도쿄에서 열린 제4차 MTCR 총회에서 기존에 핵무기 운반수단에 대한 규제로만 규정돼 있던 MTCR의 목적에 생화학 무기 운반수단을 추가했고, 장비와 기술에 관한 MTCR 부속서 규제 대상을 확대했다. 미국은 4차 총회 8개월 뒤 워싱턴에서 열린 제5차 MTCR 총회에서 모든 종류의 WMD 운반을 위한 미사일 장비 및 기술도 통제 대상에 포함시켰다. 1993년 3월 호주 캔버라에서 열린 제7차 MTCR 총회에서 회원국들은 'WMD 운송에 이용할 의도가 있다고 판단되는 어떠한 종류의 미사일이나 부속서 상의 어떠한 품목의 이전에 대해서도 자제'하기로 결의했다.[67] 남한의 현무 미사일 개발은 이처럼 미국이 MTCR를 주도하며 미사일 기술 및 장비와 관련한 국제적인 통제 체제를 강화하는 상황에서 진행됐다. 따라서 과거에 핵무기와 지대지 미사일 개발을 동시에 추진했던 남한이 현무 미사일을 1987년 개발 완료하고 실전 배치한 것은 미국이 새로운 우려를 갖게 하기에 충분했을 것이다. 남한도 미국의 이러한 우려를 인지하고, 1990년과 1991년 잇달아 외교 서한을 통해 지대지 탄도 미사일의 사거리 제한을 재확인했던 것으로 보인다.

나. 한 · 미 미사일 협상과 남한의 MTCR 가입

1993년 미국에서 민주당의 빌 클린턴(Bill Clinton) 후보가 대통령에 당선된 이후 공화당 출신의 레이건 · 부시 행정부가 추진한 미사일 비확산 정책은 변화했다. 클린턴 행정부는 부시 행정부가 MTCR의 외연을 확대했지만 러시아, 헝가리, 체코, 우크라이나 등 구 공산권 국가와 브라질, 아르헨티

---

66) 길정일 · 이충묵, "미국의 미사일 통제정책과 MTCR," p. 124.
67) 외교통상부, 『MTCR 의장 활동 자료집』, p. 244.

나 등 중남미 국가, 남아프리카공화국, 남북한 등 주요 미사일 기술 확산국을 MTCR 체제 밖에 남겨둔 것이 문제라고 인식했다. 이에 따라 클린턴 행정부는 쌍무적 관계, 즉 협상과 강압으로 문제를 해결하려고 했다.[68] 클린턴 행정부는 유인과 보상을 통해 MTCR에 가입하지 않은 주요 미사일 기술 보유 및 수출국을 MTCR로 편입시켰다. 동시에 MTCR를 기술 습득의 수단으로 활용하려는 이른바 '무임승차국'에 대해서는 엄격한 MTCR 가입 조건을 적용해 가입을 어렵게 하려는 전략을 취했다.[69] 이러한 전략 하에서 클린턴 행정부는 주요 미사일 기술 보유국 가운데 하나인 남한을 MTCR에 가입시키고자 했다.

남한의 MTCR 가입을 둘러싼 한·미 간 협상은 쉽게 진척되지 않았다. 남한은 인공위성 발사의 필요성을 강조하면서 제한된 미사일 사거리를 연장하고자 했다. 남한의 이 같은 주장은 국방부가 1994년 발간한 책자에 실린 한 민간인의 글과 한 국회의원이 내놓은 보고서를 통해서도 어렵지 않게 확인할 수 있다.[70] 그러나 미국은 이 같은 남한의 주장이 남북한의 군사적 대치 상황을 고려했을 때 적절치 않을 뿐 아니라 미국이 주도하는 국제적인 WMD 비확산 정책에 반하는 조치일 수 있다는 점을 내세우며 반대했다. 이러한 가운데 남한은 1987년 미국과 체결한 「전략물자 및 기술자료 보호에 관한 양해각서」에 따라 1993년 10월부터 '대공산권 전략물자기술 통제체제위원회(COCOM: Coordinating Committee for Multilateral Export Controls)' 규제 품목에 관한 국내적인 수출입통제 제도를 마련해 시행했다. 남한은 1995

---

68) 길정일 · 이충묵, "미국의 미사일 통제정책과 MTCR," pp. 125~126.
69) 클린턴 대통령은 1993년 9월 27일 UN 연설을 통해 "현재 23개 회원국만의 합의로 운영되는 MTCR 규정을 바꿔 보다 많은 국가가 참여할 수 있도록 개혁해야 한다"고 밝혔다. 같은 날 백악관 공보비서실은 국제 비확산 기준을 준수하고, 국내 수출통제법을 효과적으로 집행하며, MTCR이 규정하는 사거리 300km 이상의 공격용 탄도 미사일 개발 프로그램의 포기를 요구하는 등을 MTCR 신규 가입 조건으로 제시하는 문서를 발표했다. 길정일 · 이충묵, "미국의 미사일 통제정책과 MTCR," pp. 126~127 참조.
70) 김민석, "미사일 기술통제제도(MTCR)와 한국의 입장," 『한반도 군비통제』, 14 (1994); 하경근, 『미사일 주권과 MTCR 가입』(서울: 국회 국방위원회, 1996) 참조.

년 10월 MTCR에 가입하기로 방침을 정하면서 전략물자수출입공고를 통해 MTCR 지침을 준수하기 시작했다.

남한의 MTCR 가입 및 미사일 사거리 제한 연장 등에 관한 한·미 간 협상은 양측 외교 당국이 참여하는 '비확산 정책 협의회'를 통해 진행됐다. 양국은 1995년 11월 워싱턴에서 처음 열린 비확산 정책 협의회에서 남한의 미사일 사거리를 제한한 이른바 '한·미 미사일 양해각서'의 개정 문제에 관한 협의를 시작했다. 1996년 6월 10~11일 서울에서 열린 두 번째 협의회에서 양국은 한·미 미사일 양해각서의 일부 내용을 변경하고, 가급적 빠른 시일 내에 남한이 MTCR에 가입하기로 합의했다.[71] 6개월 뒤 워싱턴에서 열린 제3차 비확산 정책 협의회에서 남한은 MTCR 가입의 전제 조건으로 한·미 미사일 양해각서의 개정을 미국에 강력히 요구했지만, 미국이 부정적 입장을 보인 것으로 알려졌다.[72] 이 같은 과정을 거쳐 한·미는 1997년 남한 미사일의 사거리를 180km에서 300km로 연장하는 데 비공식적으로 합의하고 남한의 MTCR 가입 문제를 논의했다고 한다. 이와 관련해 미사일 개발 과정의 투명성 보장 문제 등 실무적인 사안을 합의하지 못해 당시에 공식 발표가 보류됐었다는 주장도 있다.[73]

그러나 한·미는 북한이 '백두산-1호' 장거리 로켓을 발사한 지 4개월여 만인 1999년 1월 남한의 미사일 사거리 연장에 사실상 합의했다. 1999년 1월 15일 서울에서 열린 제30차 한미 연례안보협의회(SCM: Security Consultative Meeting)에서 양국은 남한의 미사일 사거리를 300km로 연장하는 데 합의했다고 한다. 그러나 공동성명에는 "양 장관은 한국의 현행 미사일 자율규제의 재조정 문제에 관하여 토의하였으며, 미사일 비확산 관련

---

71) 〈연합뉴스〉, 1996년 6월 11일자.
72) 정태용, "남북한, 미국 그리고 미사일," 한세정책연구원, 『한세정책』, 37 (1997), p. 99.
73) 김태우, 『미사일 안보와 미사일 주권』, p. 51.

상호 관심사에 대하여 협의하였다"고 돼 있어 최종적인 합의가 이뤄진 것이 아니라는 주장도 제기된다.[74] 일부에서는 이를 두고 천용택 국방장관과 윌리엄 코헨(William Cohen) 미 국방장관이 '1997년 남한 미사일의 사거리를 300km로 연장하는 문제에 대해 합의한 것'을 재확인한 것이라는 견해를 내놓는다.[75] 이와 관련해 김대중 대통령이 1999년 7월 초 미국을 방문해 클린턴 대통령과 가진 정상회담에서 언급한 내용을 살펴볼 필요가 있다. 당시 김대중 대통령은 "미사일 사거리가 500km까지 연장돼야 한다는 게 한국 정부의 입장 … 현재 사거리가 300km까지 양해됐으나 앞으로 500km까지는 연구하고 실험발사 정도는 해야 한다는 우리 뜻을 설명했다"며 "미국 쪽은 잘못하면 미사일 확산으로 연결되는 것이 아니냐고 우려해 결국 실무자들끼리 이 문제를 논의하기로 했다"고 말했다.[76] 이를 감안하면 제30차 SCM에서 남한의 미사일 사거리 연장에 합의했다는 주장은 사실인 것으로 판단된다.

김대중 대통령은 1999년 7월 말 방한한 코헨 국방장관을 접견한 자리에서 '사거리가 500km까지 확대된 미사일의 자체 개발 필요성을 강조'한 것으로 알려졌다. 코헨 장관은 남한이 미사일 사거리를 연장할 경우 중국, 일본 등 주변국과 군비경쟁이 발생할 수도 있다는 우려를 전달했다고 한다. 그렇지만 김 대통령은 북한의 미사일 개발과 대북 억지력, 남북한 간 미사일 개발 능력 차이에 따른 국민과 군의 사기 저하 등을 이유로 제시하며 미사일 사거리 연장을 강조한 것으로 전해졌다.[77] 이후 2000년 10월 16일 미국 국무부에서 진행된 회담에서 한·미는 "MTCR의 정신을 존중하며 남한의 안보 수요에 적정한 수준만큼의 미사일 개발"에 원칙적으로 합의했다. 이로써 남한은 사거리 300km, 탄두 중량 500kg까지의 미사일 개발과 생산 및 배치가 가능

---

74) 국방부, 『국방백서 1999』(1999), p. 239.
75) 김태우, 『미사일 안보와 미사일 주권』, p. 51.
76) 〈한겨레〉, 1999년 7월 5일자.
77) 〈연합뉴스〉, 1999년 7월 29일자.

해졌고, 순수한 연구·개발 차원에서는 사거리 300~500km의 미사일도 개발할 수 있게 됐다. 그러나 당시 남한의 '자율규제' 통보 방식 등 일부 사항에서 견해가 엇갈려 최종 합의에는 이르지 못했다.[78]

〈표 3-2〉 2001년 한·미 미사일 협상 타결 전후 비교

구 분	타결 전	타결 후
군사용 미사일	사거리 180km, 탄두 중량 500kg 이내 미사일 개발·생산·배치	사거리 300km, 탄두 중량 500kg 이내 미사일 개발·생산·배치
민간용 로켓	군사용 미사일과 같은 수준에서 개발·생산	사거리 제한 없이 개발·시험 발사·생산
미사일 연구 범위	180km 이내 수준 연구만 허용	사거리 제한 없이 연구 가능. 단 시제품 제작 및 시험발사 규제
투명성 보장	미국이 매년 미사일 개발 생산 배치 현장 사찰	군용 미사일은 개발 사실만 통보, 민간 로켓은 시험발사 사전고지 및 미측 참관 허용
MTCR 가입	미국, 남한 가입 원치 않음.	미국, 남한 가입 지원
미사일 기술 이전	미국, 남한에 기술이전 금지	미국, MTCR 범위 내에서 남한에 기술 이전

출처: 김대현, "미사일기술통제체제(MTCR)와 정책방향," 국방부, 『국방저널』, 338 (2002), p. 124.

1995년 11월부터 2001년 1월까지 5년여에 걸쳐 20차례의 공식·비공식 협상을 벌인 끝에 한·미는 남한이 개발·보유할 수 있는 지대지 탄도 미사일의 사거리를 180km에서 300km로 연장하면서 기존의 '한·미 미사일 양해각서'를 '한·미 미사일 지침'으로 개정하는 데 합의했다.[79] 양국은 2001년 1월 17일 발효된 지침에서 남한이 민간용 로켓을 개발하는 데 있어서 사거리 제한 없이 자유롭게 개발·시험 발사·생산하고, 지대지 탄도 미사일도

78) 허출, "한국의 미사일 개발과 MTCR," p. 52.
79) Tae-Hyung Kim, "North Korea's Missile Development and its Impact on South Korea's Missile Development and the ROK–U.S. Alliance," *Korea Observer*, 39-4 (2008), p. 591; 대통령실, 『한미 미사일 지침 개정 주요 내용 및 의미, 기대효과(청와대 정책소식 vol.135)』 (2012), p. 9.

사거리 제한 없이 연구가 가능하다는 내용에도 합의했다.[80] 이를 포함해 한·미 미사일 협상에서 변경된 내용을 정리하면 〈표 3-2〉와 같다. 한·미 미사일 협상이 타결된 지 2개월 뒤인 2001년 3월 26일, 프랑스 파리에서 열린 MTCR 특별회의에서 미국의 강력한 지원 및 지지로 남한의 가입이 확정되어 33번째 회원국이 됐다.[81] 미국이 1993년 11월 스위스 인터라켄에서 열린 제8차 MTCR 총회에서 남한의 가입 문제를 처음으로 거론한 지 약 8년 만에 남한의 가입이 이뤄진 것이다.[82]

2. 전술 미사일 개발 취소 및 ATACMS 도입

남한 군 당국은 1980년대 말 미국이 개발하던 ATACMS(Army Tactical Missile System)와 유사한 성능의 지대지 탄도 미사일의 필요성을 제기했다. ATACMS는 1980년대 말 개발된 사거리 150km의 미사일로 1발의 탄두에 수 백 개의 자탄이 들어있어 축구장 4개 넓이의 면적을 한꺼번에 초토화할 수 있는 능력을 갖고 있다.[83] ATACMS는 발사대 및 사격통제장치를 MLRS와 함께 사용할 수 있는 전술 지대지 탄도 미사일이다. 미국은 1990년 사거리 165km의 ATACMS 기본형 개발을 완료하고, 이듬해 걸프전에서 이라크군을 상대로 실전 위력 평가를 했다.

반면 ADD에서 생산한 현무는 2단으로 구성된 대형 지대지 미사일로 ATACMS에 비해 산악 지형이 많은 한반도에서 운용이 어려웠다. 이로 인해 육군은 ATACMS와 유사하게 1단으로 된 작은 크기의 전술 지대지 탄도 미사일 체계 개발을 ADD에 요구했다. ADD는 전술 지대지 탄도 미사일 체계를 국내에서 개발하기 위한 기초 연구에 착수하고, 1991년부터 2년 동안의

---

80) 김대현, "미사일기술통제체제(MTCR)와 정책방향," 국방부, 『국방저널』, 338 (2002), p. 124.
81) 김대현, "미사일기술통제체제(MTCR)와 정책방향," p. 123.
82) 하경근, 『미사일 주권과 MTCR 가입』, p. 22.
83) 〈매일경제〉, 1997년 8월 13일자.

탐색개발 계획을 확정해놓고 있었다. 그러나 ADD의 상부 기관인 국방부는 ADD가 사업에 착수한 지 7개월 만에 일방적으로 보낸 공문을 통해 전술 지대지 탄도 미사일 체계를 해외에서 구매하는 방안을 계획하고 있다며 국내 연구 개발을 중단하라고 지시했다.[84]

미국은 개량된 ATACMS/MLRS 체계를 주한미군에 서둘러 배치하고, 적극적으로 남한에 대한 수출 홍보 활동을 전개했다.[85] 남한의 합동참모본부는 1995년 9월 14일 미국의 ATACMS를 도입하기로 결정했다고 밝혔다. 군이 지대지 탄도 미사일을 외국에서 도입한 것은 이때가 처음이다. 당시 합참은 1999년까지 ATACMS와 MLRS를 포함해 총 6천여억원 어치를 도입할 예정이라고 밝혔다.[86] 1997년 외환 위기가 발생하자 남한은 MLRS/ATACMS 체계의 1차 분량만 도입했는데, ATACMS를 최대한 확보하기 위해 MLRS 도입은 최소화했다.[87] 남한이 당시 미국에서 ATACMS 110기, MLRS 279발 및 발사대 29대를 들여오면서 지급한 금액은 3억 3,600만 달러인 것으로 알려졌다.[88]

남한은 2001년 ATACMS/MLRS 체계의 2차 도입에서 최대 사거리가 300km로 ATACMS 개량형인 'ATACMS 블록(Block)-1A형'을 들여오기로 결정했다. 이로 인해 남한 보유 미사일의 사거리를 제한한 한·미 미사일 지침 개정의 필요성이 제기됐다.[89] 남한은 2001년 12월 미국 록히드마틴사와 ATACMS 블록-1A형 111기 및 발사대 29문을 총 4,000억원에 구입하는 계약을 체결하고 2004년까지 전력화하기로 했다. 미국이 ATACMS 블록-1A형을 해외에 판매한 것은 이때가 처음이다.[90] 남한은 도입한 ATACMS 블록-1A형

---

84) 박준복, 『한국 미사일 40년의 신화』, pp. 123~125.
85) 박준복, 『한국 미사일 40년의 신화』, p. 127.
86) 〈연합뉴스〉, 1995년 9월 14일자.
87) 박준복, 『한국 미사일 40년의 신화』, p. 129.
88) 〈연합뉴스〉, 1997년 7월 30일자.
89) 박준복, 『한국 미사일 40년의 신화』, p. 134.
90) 〈한국경제(인터넷)〉, 2002년 1월 4일자.

을 2003년 말부터 동부 전선에 실전 배치한 것으로 알려졌다.[91]

3. 방어 전력 도입 검토

가. 미국의 TMD 참여 요청과 찬반론

미국은 이른바 '별들의 전쟁'(Star Wars)으로 불리는 전략방위구상(SDI: Strategic Defense Initiaive)을 추진하면서 1980년대 중반 이후 지속적으로 남한의 동참을 요청했다. 1985년 4월 캐스퍼 와인버거(Caspar Weinberger) 미 국방장관이 남한의 SDI 프로그램 참여를 주문하자 약 2년 뒤인 1987년 3월 남한은 정부와 연구기관 전문가를 중심으로 1차 조사단을 꾸려 미국에 파견했다. 남한은 같은 해 11월 대학과 업체 대표들도 참가한 제2차 조사단을 미국에 파견했다. 조사단은 과학기술 발전을 위해 미국의 SDI 프로그램에 참여하는 것이 바람직하며 과학기술처가 주관 부처가 돼야 한다고 정부에 건의했다.[92] 그러나 남한은 SDI 참여 의사를 공식적으로 밝히지는 않았다.

미국은 1990년대 들어서도 남한의 참여를 지속적으로 요청했다. 미국은 1991년 1월 SDI 프로그램의 축소판인 '제한 공격에 대한 지구 방어'(GPALS: Global Protection Against Limited Strikes) 계획을 공식화한 뒤 남한의 참여를 요청했다. 북한이 노동 미사일을 시험 발사하기 직전인 1993년 5월 13일 클린턴 행정부의 레스 아스핀(Les Aspin) 국방장관은 별들의 전쟁 시대를 공식적으로 마감한다고 발표했다. 이에 따라 미국의 미사일 방어 구상은 레이건 시대의 SDI에서 조지 H. W. 부시 행정부의 GPALS를 거쳐 클린턴 행정부의 탄도미사일방어구상(BMDI: Ballistic Missile Defense Initiative)으로 점차 축소됐다. 이에 따라 미국 정부는 SDI의 실행기구였던 전략방어구상기구(SDIO: SDI Organization)를 1993년 4월 탄도미사일방어기구(BMDO: BMD

---

91) 〈매일경제(인터넷)〉, 2003년 11월 5일자.
92) 손영환 · 김종국, 『이스라엘 · 일본의 미사일 방어구상 연구』(서울: 한국국방연구원, 1998), p. 88.

Organization)로 전환했다.

같은 해 9월 방한한 존 도이치(John Deutsch) 국방차관은 미국이 추진하는 탄도미사일방어(BMD: Ballistic Missile Defense)의 한 구성 요소인 전역미사일방어(TMD: Theater Missile Defense) 계획에 남한의 참여를 주문하면서 공동연구팀 구성을 제안했다.[93] 1996년 6월에는 주한미군사령관으로 내정된 존 틸러리(John H. Tilelli, Jr.) 미 육군 대장이 상원 군사위원회 인준청문회에 출석해 한반도에 TMD가 필요하다고 주장했다.[94] 미키 캔터(Mickey Kantor) 미 상무장관도 남한이 미국의 TMD 체계를 구매해 줄 것을 요구했다. 1997년 4월 코헨 국방장관은 남한을 방문해 패트리어트 미사일의 구매를 요청하기도 했다.[95]

클린턴 행정부가 이처럼 남한을 비롯한 동맹국·우방국들의 BMD 참여를 독려한 것은 BMD에 막대한 비용이 필요했기 때문이다. 레이건 행정부는 SDI에 530억 달러의 예산이 투입될 것으로 예상했지만, 조지 H. W. 부시 행정부는 너무 많은 비용이 투입된다는 비판을 고려해 SDI를 GPALS로 축소하면서 관련 예산을 320억 달러로 줄였다. 클린턴 행정부 역시 GPALS 계획을 BMD로 축소했지만 예산을 170억 달러 밖에 확보하지 못했다.[96] 그러나 날아오는 탄도 미사일을 요격 미사일로 맞춰 떨어뜨리기 위해서는 여전히 많은 돈이 필요했다. 따라서 미국의 입장에서 자신들의 부담을 줄이면서도 미사일 요격 구상을 차질 없이 진행할 수 있는 효과적인 방법은 외국과 협력하는 것이었다.

---

93) 클린턴 행정부가 추진한 BMDI는 제한적 미사일 공격시 주요 지역에 대한 방어를 위한 계층별 차단 수단을 강구하는 구상으로서 전구미사일방어(TMD: Theater Missile Defense), 국가 미사일 방어(NMD: National MD), 신기술 프로그램(ATP: Advanced Technology Program)으로 구성됐다. 손영환, "탄도미사일 확산과 각국의 미사일 방어 구상," 『국방논집』, 39 (1997), p. 197.
94) 〈연합뉴스〉, 1996년 6월 12일자.
95) 손영환, "탄도미사일 확산과 각국의 미사일 방어 구상," p. 230.
96) 전성훈, 『미·일의 TMD 구상과 한국의 전략적 선택』(서울: 통일연구원, 2000), pp. 35~37.

미국의 이 같은 구상에 대해 동북아에서는 일본이 가장 적극적으로 협력했다. 일본은 1987년 미국과 SDI 연구협력에 관한 합의각서를 교환했다. 1988년에는 일본의 8개 업체가 미국의 록히드마틴(Lockheedmartin) 등 6개 업체와 공동으로 '서태평양 전역미사일 방어' 연구에 참여했다.[97] 북한이 1993년 5월 노동 미사일을 발사하자 일본 방위청은 탄도미사일 방위연구실을 신설했고, 아스핀 미 국방장관은 일본을 방문해 TMD 공동 개발을 일본에 제의했다. 일본은 1996년 미국과 공동으로 탄도미사일 대처 모의실험을 진행하면서 3년간 5억 5천만 엔을 지출했다.[98] 일본은 1998년 6월 미사일 방어와 관련한 미국과의 공동 연구에 참여하기로 방침을 굳혔지만, 중국의 반발을 우려해 발표를 미루다가 북한이 같은 해 8월 대포동 미사일을 발사하자 공동 연구 참여를 공식 발표했다.[99]

그러나 남한은 미국의 TMD 참여 요청에 적극적으로 호응하지 않았다. 미 국방부는 1999년 4월 말 미 의회에 제출한 보고서에서 남한 전역을 방어하기 위해서는 전역 고고도 요격 미사일인 사드(THAAD) 4기, 서울 방어를 위해서는 저층 요격 미사일 3기와 PAC-3 25기를 배치하거나 해상 발사 저고도 요격 미사일 11기가 필요하다며 60억 달러 상당의 무기를 남한이 구매해야 한다고 주장했다.[100] 이 보고서가 제출되기 1개월여 전에 천용택 국방장관은 "TMD 구상이 북한 미사일에 대한 효과적인 대응수단이 아니라고 본다"며 TMD 구상과 관련해 남한 당국의 부정적인 견해와 개발참여 반대의 뜻을 처

---

97) 윤덕민, "일본의 TMD 구상," 『외교』, 50 (1999), pp. 30~31.

98) 홍현익, 『미국의 미사일방어체제와 한국의 대응』(성남: 세종연구소, 2004), p. 58; 전황수, "미·일 전역 미사일방어체제(TMD)와 동북아 안보," 명지대학교 부설 일본문제연구센터, 『일본연구』, 8 (2000), pp. 118~119.

99) Evan S. Medeiros, *Ballistic Missile Defense and Northeast Asian Security: Views from Washington, Beijing, and Tokyo* (The Stanley Foundation and Center for Nonproliferation Studies, Monterey Institute of International Studies, 2001), p. 17.

100) 정세진, "미국의 미사일방어망(MD) 추진과 한국 정부의 대응," 『북한연구학회보』, 5-1 (2001), p. 202.

음으로 공식 표명했다.[101] 미국이 추진하는 TMD 구상에 남한이 참여할 경우, 연구 개발 단계부터 실전 배치를 완료하는 데 최소한 10조원 이상이 필요할 것으로 예상된다는 주장도 제기됐다.[102] 다만, 남한은 당시 북한의 미사일 위협에 대응하는 최소한의 수단을 마련하기 위해 요격 미사일 도입을 계획하고 있었다.

나. 요격 미사일 도입 검토

남한은 1990년대 초반부터 북한의 스커드 계열 미사일을 요격하기 위한 미사일 도입을 검토했다. 남한이 요격 미사일 도입을 검토하게 된 직접적인 계기는 걸프전이라고 할 수 있다. 이라크가 쿠웨이트를 향해 발사한 스커드 미사일을 미국은 패트리어트를 이용해 요격했다. CNN 등을 통해 패트리어트가 스커드를 요격하는 모습 등이 세계에 생중계되면서 패트리어트는 '미사일 잡는 미사일'로 유명세를 탔다.[103] 걸프전 당시에는 PAC-1의 요격 성공률이 90% 이상인 것으로 알려졌지만, 전쟁이 끝난 뒤 정밀 분석 결과 요격률이 50~60%에 그치는 것으로 평가되기도 했다.[104]

남한이 걸프전 직후인 1991년 중반 패트리어트 제조사인 미국의 레이시온에 1993년부터 5년간 패트리어트 체계 4세트를 도입하기로 결정했다는 보도가 있었지만,[105] 사실이 아닌 것으로 확인됐다. 패트리어트 미사일 1개 포대는 8기의 패트리어트 미사일과 레이더, 통제소, 동력기, 안테나, 발사대 등으로 이뤄진다. 총 24기의 패트리어트를 장비한 1개 대대 구입에 필요한 비용은 1990년대 초반 당시 1억 달러 가량으로 추산됐다.[106] 대신 남한은

---

101) 〈한겨레〉, 1999년 3월 6일자.
102) 이재욱, "북한의 미사일 위협과 아국의 대응방향," 『국방정책연구』, 50 (2000), p. 221.
103) 김학영, "중·고고도 지대공 미사일 PATRIOT 소개," 『전략연구』, 1 (1994), p. 168.
104) 〈연합뉴스〉, 1994년 1월 27일자.
105) 〈조선일보〉, 1991년 10월 8일자.
106) 김학영, "중·고고도 지대공 미사일 PATRIOT 소개," pp. 176~185; 〈연합뉴스〉, 1991년 10월 9일자.

1992년 초 프랑스의 마트라 데팡스-에스파스와 1억 8,500만 달러(약 1,400억 원) 상당의 휴대용 지대공 미사일인 미스트랄(Mistral) 950기 구입 계약을 체결했다.[107] 미스트랄은 개인이 휴대·발사할 수 있는 요격 미사일로 마하 2.5의 속도로 유효 사거리 6km 내에 있는 공중 물체의 90% 이상을 격추하는 것으로 알려졌다.[108]

남한은 이 시기 소련에 제공한 차관의 대가로 SA-12(NATO명. 소련명 S-300) 지대공 미사일 체계를 도입하는 문제도 검토했다.[109] 1992년 11월 옐친 대통령 방한 당시 러시아는 남한과 「군사협력의정서」를 체결하고, 러시아제 요격 미사일인 SA-12 등을 판매할 의사가 있다고 밝혔다.[110] SA-12는 미국제 패트리어트보다 성능이 뛰어나지만 가격이 5분의 1 이상 저렴한 것으로 알려졌다. 알렉산드르 쇼힌 러시아 부총리는 1993년 8월 말 'SA-12 등을 남한에 제공하면 러시아의 부채 상환 문제를 해결할 수 있을 것'이라고 밝히기도 했다.[111] 러시아 국가방산위원회의 겐나디 얀폴스키 부위원장도 1994년 8월 SA-12 미사일 등을 남한에 제공할 수 있다고 언급했다.[112] 남한과 러시아는 1996년 말부터 1997년 초까지 SA-12의 수출입과 관련한 협의를 진행한 것으로 알려졌다.[113]

미국은 남한이 러시아에서 SA-12를 도입하지 말아야 한다고 주장했다. 코헨 국장방관은 1997년 4월 방한을 앞두고 '남한이 러시아에서 SA-12을 도입

---

107) 〈한겨레〉, 1992년 8월 30일자.
108) 글로벌 시큐리티 웹사이트(http://www.globalsecurity.com) 참조(검색일: 2014년 6월 6일).
109) Kenneth W. Allen et al., *Theater Missile Defenses in the Asia-Pacific Region – A Hery L. Stimson Center Working Group Report* (Washington D.C.: Henry L. Stimson Center, 2000), p. 34.
110) 이와 관련해 삼성그룹은 1992년 11월 말 SA-12 제작사이며 러시아 최대 군수업체인 ALMAZ와 SA-12 도입 및 합작생산에 관한 의향서를 작성한 것으로 알려졌다. 의향서의 주요 내용은 삼성이 SA-12 완제품 1세트를 도입하고 남한 또는 러시아에 합작회사를 설립해 한반도 실정에 맞는 요격 미사일 시스템을 개발해 공동 생산한다는 것이다. 〈한겨레〉, 1992년 12월 25일자.
111) 〈한겨레〉, 1993년 8월 26일자; 〈연합뉴스〉, 1993년 8월 28일자.
112) 〈연합뉴스〉, 1994년 8월 31일자.
113) 〈연합뉴스〉, 1997년 4월 6일자.

할 경우 미 의회에서 문제가 제기될 것'이라며 "러시아 측이 좋은 조건을 제시할 것이 분명하지만 좋은 조건 보다 더 중요한 문제가 있으며, 한국은 한미관계를 고려해 미국 장비를 구입해야 할 것"이라고 주장했다.[114] 남한도 미국에서 패트리어트를 들어오는 문제를 지속적으로 검토하고 있었다. 권영해 국방장관은 1993년 7월 8일 국회 국방위원회에 출석해 북한의 노동 미사일 개발 대책과 관련해 "정부는 북한의 '노동-1호'에 대한 대응 무기 체계를 확보할 것이냐에 대해서도 대비하고 있다"고 말해 패트리어트 도입을 검토하고 있음을 시사했다.[115] 이와 동시에 남한은 요격 미사일 도입 및 실전 배치에 적지 않은 시간이 걸리는 만큼 미국이 한반도에 패트리어트 미사일을 배치하는 문제를 협의했다.[116] 미국은 주한미군 공군기지의 대공 방어를 위해 1994년부터 패트리어트의 일종인 'PAC-3'를 수원과 오산, 군산 비행장 주변에 배치한 것으로 알려졌다.[117]

남한은 1990년대 중반부터 지대지 탄도 미사일을 요격하기 위한 미사일 도입을 본격적으로 검토하기 시작했다. 남한은 1995년 12월 발표한 '국방중기계획'에서 1997년부터 2001년까지 약 23조 4천억원을 투입해 증강하는 전력에 차기 지대공 미사일, 이른바 'SAM-X' 도입을 포함시켰다.[118] 이 계획은 1999년 2월 2조원을 투입해 2000년부터 10년간 SAM-X를 도입하는 것으로 구체화됐다.[119] 그렇지만 이때까지 남한은 미국제 패트리어트와 러시아제 SA-12 가운데 무엇을 도입할 것인지는 최종 결정하지 않았다. 남한은

---

114) 〈연합뉴스〉, 1997년 4월 6일자.
115) 〈매일경제〉, 1993년 7월 9일자.
116) 조근해 공군참모총장은 1993년 10월 14일 국회에서 진행된 공군본부 감사에서 "북한이 스커드 미사일 공격을 해올 경우 유사시에만 지원되는 미군 패트리어트 부대밖에 없기 때문에 평시에도 패트리어트 전력을 전개토록 미국측과 협의중"이라며 "보다 능동적인 전역 미사일 방어 체제가 필요하며 한국의 참여 범위를 적극 검토하겠다"고 밝혔다. 〈매일경제〉, 1993년 10월 15일자.
117) 박휘락, "한국 미사일 방어에 관한 주요 쟁점 분석," 「국가전략」, 14-1 (2008), p. 72.
118) 〈동아일보〉, 1995년 12월 23일자.
119) 〈매일경제〉, 1999년 2월 13일자.

1990년대 후반 'IMF 위기'를 맞아 SAM-X 사업을 전격 보류했지만, 1998년 4월 발생한 나이키 대공 미사일 오발 사고로 요격 미사일 도입 사업을 다시 추진했다. 남한이 1999년 말 공고한 SAM-X 도입 사업에 미국의 패트리어트 제조사인 레이시온, 러시아의 국영무기수출회사인 로스브로제니아, 프랑스와 이탈리아 군수업체의 컨소시엄인 유로샘 등이 참여했다. 당시 국방부는 2000년 말 사업자를 선정할 계획이었지만 그렇게 하지 않았다. 남한이 패트리어트의 일종인 PAC-2 도입을 시작한 시점은 요격 미사일 도입 논의가 시작된 지 약 20년 가까이 지난 2008년 무렵이었다.[120]

4. 과학관측로켓 개발

앞서 언급했던 것처럼, 지대지 탄도 미사일과 우주발사체 사이에는 기술적인 차이점이 크지 않다. 이러한 측면에서 남한의 우주발사체 및 로켓 개발을 살펴볼 필요가 있다. 남한은 1989년 한국항공우주연구소를 설립하면서 우주발사체 연구 · 개발을 위한 토대를 마련했다. 남한은 항공우주연구소 설립 4년 만인 1993년 6월 4일 오전 9시 58분, 서해안에 위치한 안흥시험장에서 한국과학관측로켓(KSR: Korea Sounding Rocket)- I 발사에 성공했다. KSR- I 은 1987년 천문우주과학연구소의 제안으로 개발이 시작돼 1990년 7월부터 본격적인 개발이 추진됐다. 이날 180초 동안 최대 고도 37.5km에서 77km의 거리를 비행한 KSR- I 은 길이 6.7m, 직경 42cm의 1단 고체 연료 로켓이다. KSR- I 의 임무는 한반도 상공의 오존량 측정 등이었다. KSR- I 을 발사한 지 약 3개월 뒤인 1993년 9월 1일 발사된 KSR- I -2호기는 3분 33초 동안 최고 고도 49km, 거리 101km를 비행했다.[121]

120) 〈연합뉴스〉, 1999년 12월 21일자; 2008년 10월 1일자; 2011년 4월 15일자; 2012년 10월 28일자.
121) 채연석, "한국항공우주연구원의 과학로켓개발," 한국항공우주학회, 「KSAS 매거진」, 3-2 (2009), pp. 8~10.

항공우주연구소는 1993년 2월부터 KSR-Ⅱ 개발에 본격 착수했다. KSR-Ⅱ 로켓은 150kg의 탑재물을 싣고, 고도 150km에 도달하는 것이 목표였다. 2단 고체 로켓인 KSR-Ⅱ의 하단 추진 기관은 KSR-Ⅰ의 로켓 모터를 그대로 사용하고, 상단 추진 기관은 ADD가 개발한 백곰 엔진을 대신해 한화가 자체 개발한 추진제로 바꾸어 사용했다. 과학기술부가 총 사업비 52억원을 투자해 1993년 11월부터 1998년 6월까지 4년 8개월 동안 KSR-Ⅱ 개발 사업이 진행됐다. KSR-Ⅱ-1호기는 1997년 7월 9일 서해안 시험장에서 발사하는 데 성공했지만, 발사 후 20.8초부터 통신이 두절되는 문제가 발생했다. 문제를 해결한 항공우주연구소는 1998년 6월 11일 오전 10시 KSR-Ⅱ-2호기 발사에 성공했다. KSR-Ⅱ-2호기 로켓은 362초 동안 비행하면서 최대 고도 138km까지 상승하며 약 127km 떨어진 서해 해상에 낙하했다. KSR-Ⅱ의 길이는 11.10m, 총 중량 2t, 직경 42cm이다.[122]

남한은 KSR-Ⅱ 개발을 진행하던 1996년 '국가우주개발계획'을 수립하고, 인공위성 발사에 필요한 발사체 개발 계획을 마련했다. 당시 남한은 2010년 이후 소형 저궤도 위성을 국내에서 자력으로 발사한다는 목표를 세웠다. 이를 위해 향후 20년 간 2단 및 3단형 고체 과학관측 로켓, 액체 과학관측 로켓 및 위성 발사체 개발을 추진한다는 계획을 수립했다. 남한은 1단계로 2000년까지 고체 로켓 시스템 기술 개발을 추진하고, 2001~2010년 2단계로 유도 조종 기술 확보, 단 분리 및 추력 방향 제어 기술 개발 등 로켓의 중요 시스템 기술을 개발하며, 로켓 개발을 통해 2011~2015년 위성발사체를 지원한다는 계획을 마련했다.[123]

---

122) 채연석, "한국항공우주연구원의 과학로켓개발," pp. 11~12.
123) 국가우주개발계획에 대한 자세한 내용은 권장혁, "국가 우주개발 기본 계획," 세종대 항공산업연구소, 『항공산업연구』, 40 (1996) 등 참고.

남한은 국가우주개발계획에 따라 KSR-Ⅲ를 당초에는 3단 고체 로켓으로 개발하려는 계획을 갖고 있었다. 그러나 3단 고체 로켓은 당시 한·미 미사일 양해각서로 연구·개발이 제한된 상황이었다. 이러한 문제 등에 따라 항공우주연구소 등이 액체 로켓 개발의 필요성을 설명하는 등 노력한 결과, KSR-Ⅲ는 하단의 경우 액체 추진 엔진을 사용하고 상단에만 고체 추진 엔진을 사용하는 것으로 변경됐다. 그러나 이 계획도 결국에는 3단 전체를 액체 로켓으로 개발하는 것으로 변경돼 최종 결정됐다. 북한이 1998년 8월 백두산-1호 장거리 로켓에 광명성-1호 인공위성을 실어 발사하자 남한은 당초 2010년을 목표로 한 우주로켓개발 계획을 2005년으로 앞당기고,[124] 사업 예산도 780억원으로 증액했다.

남한은 1999년 초부터 본격적으로 액체 로켓 개발 연구를 시작했다. 남한 기술진은 2000년 6월 23일 러시아에서 로켓 엔진의 첫 연소 시험을 0.2초 동안 진행했다. 연소 시험은 2002년 5월 중순까지 총 10차례 이뤄졌는데, 최종적으로 60초 연소 시험을 마친 항공우주연구소는 동년 11월 28일 오후 3시께 KSR-Ⅲ 발사에 성공했다.[125] 길이 14m, 직경 1m, 엔진 추력 12.5t의 KSR-Ⅲ 로켓은 231.8초 동안 79.5km를 비행했다. 남한은 1990년대 말 한·미 미사일 양해각서를 한·미 미사일 지침으로 개정하기 위해 미국과 협상하면서 미사일과 우주개발용 로켓을 분리할 것을 주장했다. 이는 인공위성 발사에 필요한 대형 로켓을 개발하기 위해서였다.[126]

---

124) 이성만, "우주개발과 한·미협력: 현황과 과제," 『한국동북아논총』, 49 (2008), p. 192; 이상목, "국가우주개발 중장기계획 수립," KDI 경제정보센터, 『나라경제』, 109 (1999) 참고.

125) 강선일·권오성·이정호·김영한·하성업·조광래, "KSR-Ⅲ 로켓 추진기관 연소시험," 한국군사과학기술학회, 『한국군사과학기술학회지』, 7-2 (2004); 최환석·설우석·이수용, "KSR-Ⅲ 액체추진제 로켓 엔진 개발," 『한국추진공학회지』, 8-3 (2004) 등 참고.

126) 채연석, "한국항공우주연구원의 과학로켓개발," pp. 15~20.

제3절 2000년대 이후 남한의 지대지 미사일 개발

1. 단 · 중거리 지대지 순항 미사일 개발

가. 순항 미사일 관련 국내외 규제

남한은 2001년 한 · 미 미사일 양해각서를 한 · 미 미사일 지침으로 개정하면서 남한이 개발 · 보유할 수 있는 순항 미사일의 사거리 제한을 철폐했다. 2001년 이전까지 탄도 미사일 또는 순항 미사일 여부와 상관없이 남한은 개발 · 보유할 수 있는 미사일의 탄두 중량을 500kg, 사거리를 180km로 '스스로' 제한해왔다. 그러나 남한은 2001년 한 · 미 미사일 양해각서를 지침으로 개정하면서 사거리 300km 이하의 순항 미사일은 탄두 중량을 제한하지 않았으며, 탄두 중량 500kg 이하의 순항 미사일은 사거리를 제한하지 않는다고 변경했다. 순항 미사일과 관련한 이 같은 규정은 2012년 10월 개정된 한 · 미 미사일 지침에서도 유지되고 있다.[127]

남한이 한 · 미 미사일 양해각서를 지침으로 개정한 직후 가입한 MTCR도 'WMD를 운반할 수 있는 탄두 중량 500kg, 사거리 300km의 탄도 미사일 등 로켓 시스템과 순항 미사일 등 UAV의 완제품과 그 부품, 이를 생산할 수 있는 설비 등의 국가 간 이전을 제한'하고 있지만, 순항 미사일에 대한 규제는 상대적으로 강하지 않은 편이다. 이는 순항 미사일이 갖는 기술적 특성에 따른 것이다.[128] 남한이 현무Ⅱ-A를 토대로 현무Ⅱ-B를 개발하고, 북한이 스커드-B 모방형을 토대로 스커드-C 유사형을 개발하는 과정에서 탄두 중량을 줄여 사거리를 연장한 것처럼, 탄도 미사일의 탄두 중량과 사거리는 반비례 관계를 갖지만 순항 미사일은 탄두 중량과 사거리 사이에 거의 아무런 관계가 없다. 최대 탄두 중량 500kg, 최대 사거리 1,500km로 설계 · 제작된 순

---

127) 대통령실, 『한미 미사일 지침 개정 주요 내용 및 의미, 기대효과』, p. 6.
128) 이용호, "미사일기술통제체제(MTCR)의 한계," 『성균관법학』, 21-3 (2009), pp. 1054~1058.

항 미사일은 탄두 중량을 450kg으로 줄여도 최대 사거리는 1,500km로 동일하게 유지된다.[129] 이로 인해 MTCR에서 제시하는 탄두 중량 500kg, 사거리 300km 조건은 순항 미사일에 적용하기가 매우 어렵다.

나. 현무Ⅲ 시리즈 개발 및 실전 배치

남한은 MTCR에 가입한 이후 순항 미사일 개발에 본격적으로 착수한 것으로 보인다. 남한은 2000년대 초반 지대지 순항 미사일 개발을 시작해 2006년 9월 개발을 완료한 것으로 알려졌다.[130] 이에 앞서 윤광웅 국방장관은 같은 해 7월 초 "지난 3년 간 우리도 (크루즈) 미사일 시험 발사를 한 횟수가 십수 회가 넘을 것"이라며 "크루즈 미사일을 연구 개발할 생각을 갖고 있으며, 미측도 이를 알고 있다"고 언급했다.[131] 2006년 10월 남한 언론은 '천룡'이라는 이름의 사거리 500km급 순항 미사일을 개발했으며, 사거리 1,000km급 순항 미사일을 개발 중이라고 보도했다.[132] 남한은 2006년 3월과 5월 사거리 1,000km급 순항 미사일의 2차 및 3차 시험 비행을 각각 실시했으며,[133] 2007년 10월 이전에 이 미사일 개발을 완료한 것으로 알려졌다.[134]

남한은 2008년부터 사거리가 1,500km에 이르는 순항 미사일의 탐색 개발을 시작해 2009년 말 무렵 개발을 마친 것으로 전해졌다.[135] 사거리 500km, 1,000km, 1,500km급의 순항 미사일은 개발 초기 천룡, 독수리, 현무Ⅲ 등과 같이 다양하게 불렸지만, 남한은 2012년 이 순항 미사일의 명칭을 현무Ⅲ로

---

129) 이는 서울에서 베이징까지 비행하는 여객기가 탑승자의 많고 적음에 상관없이 정해진 구간을 비행하는 것과 같은 이치이다.

130) 한국전략문제연구소, 『동북아 전략균형 2007』 (서울: 한국양서원, 2007), p. 296; 〈연합뉴스〉, 2006년 9월 21일자.

131) 〈SBS〉, 2006년 7월 7일자; 〈연합뉴스〉, 2006년 7월 7일자; 〈한국경제(인터넷)〉, 2006년 7월 8일자.

132) 〈경향신문(인터넷)〉, 2006년 10월 24일자.

133) 위키리크스(http://www.wikileaks-kr.org/dokuwiki/06seoul640; http://wikileaks.org/cable/2006/05/06SEOUL1509.html) 참고(검색일: 2013년 12월 31일).

134) 한국전략문제연구소, 『동북아 전략균형 2007』, p. 296; 〈연합뉴스〉, 2007년 10월 23일자.

135) 〈SBS〉, 2010년 7월 17일자.

정리했다.[136] 2012년 4월 중순 신원식 국방부 정책기획관은 "군은 현재 북한 전역의 어느 곳이나 즉각 타격할 수 있는 세계 최고 수준의 정밀도와 타격 능력을 갖춘 순항 미사일을 독자 개발 배치했다"고 말해, 현무Ⅲ 순항 미사일의 실전 배치를 처음으로 공식 확인하며 관련 동영상을 공개했다.[137] 남한은 2013년 10월 1일 현무Ⅲ 미사일 실물을 전격 공개하기도 했다. 현무Ⅱ 미사일에 이어 시가행진에 등장한 현무Ⅲ 미사일은 4축 8륜 TEL 1대에 2기씩 탑재됐다. 현무Ⅲ를 실은 TEL에 중부 전선 최전방을 관할하는 5군단 마크가 선명한 것으로 봐서, 이 부대가 현무Ⅲ를 운용하는 것으로 보인다.[138]

현무Ⅲ-A는 남한이 독자 개발한 함대함 순항 미사일 해성 시리즈와 함께 개발된 것으로 전해졌다.[139] ADD는 1996년부터 1998년까지 해성 미사일에 대한 탐색 개발을 진행하고, 1998년 말 해성의 개발을 본격적으로 시작해 2003년 완료했다. 해성 미사일은 로켓 부스터로 발사된 뒤 소형 터보 제트 엔진을 이용해 저고도로 비행하는 순항 미사일이다.[140] 남한은 2004~2007년 760억원을 투입해 사거리 150km인 해성 Ⅰ 미사일 30기를 생산했으며, 2006~2010년 2,700억원을 들여 같은 미사일 100기를 추가로 확보했다.[141] 2012년 11월 남한은 사거리 500km 이상의 순항 미사일을 KDX-Ⅱ 구축함(배수량 4,200t)과 이지스함(배수량 7,650t) 등에 탑재하기 시작한 것으로 알려졌다.[142] 남한은 해성 Ⅰ 미사일을 개량해 함대지 미사일과 잠대지 미사일인 해성Ⅱ와 해성Ⅲ를 개발하면서 현무Ⅲ-A/B와 유사하게 사거리를 500~1,000km로 연장해 실전 배

---

136) 언론 등은 이 순항 미사일에 대해 2011년까지 '천룡(현무Ⅲ)', '독수리' 등으로 표기했지만, 2012년부터 현무Ⅲ로 통칭하면서 마지막에 A(사거리 500km)/B(1,000km)/C(1,500km)를 붙이는 방식으로 사거리를 구분하고 있다.
137) 〈동아일보(인터넷)〉, 2012년 4월 19일자.
138) 〈연합뉴스〉, 2013년 10월 1일자.
139) 〈신동아-별책부록: 이제는 우주다〉, 9월호 (2012), pp. 98~109 참고.
140) 윤석구·윤현로, "하늘엔 '신궁' 바다엔 '해성'이 우리 영토 지킨다: 유도 무기 기술," 한국과학기술단체총연합회, 『과학과 기술』, 495 (2010), p. 42.
141) 국방과학연구소, 『국방의 초석 40년』, p. 292; 〈한국경제(인터넷)〉, 2006년 10월 1일자.
142) 〈경향신문(인터넷)〉, 2012년 11월 23일자.

치했다고 한다.[143] 2015~2016년까지 KDX-Ⅱ급 이상 함정에 해성Ⅱ/Ⅲ 미사일을 배치하고, 2020년부터 9척을 확보할 예정인 3,000t급 차기 잠수함에 순항미사일 발사를 위한 수직 발사대를 장착하는 방안을 연구 중인 것으로 전해졌다.[144] 남한은 2007년 9월 해성Ⅱ 미사일을 처음으로 시험 발사한 뒤, 2009년 3월까지 총 6차례에 걸쳐 시험비행을 실시하고, 2010년부터 양산할 계획이라는 사실을 미국에 통보하기도 했다.[145]

2. 단거리 지대지 탄도 미사일 개발

가. 현무Ⅱ 시리즈 개발 및 실전 배치

남한은 1999년 4월 10일 서해안에서 현무 미사일을 시험 발사했다. 국방부의 고위관계자는 "ADD가 서해안에서 현무 미사일을 시험 발사했다"며 "이 미사일의 고도는 38km, 사거리는 40km였다"고 말하면서도 최대 사거리는 '국가기밀'임을 내세우며 밝히지 않았다. 그러나 이 관계자는 "미국이 이번에 발사한 미사일의 사거리를 296km로 판단, 한미연합사를 통해 문의해 왔다"고 덧붙였다.[146] 이와 관련해 한 신문은 '1999년 4월의 시험 발사는 연료를 충분히 채우지 않아 50km 미만의 단거리에 그쳤지만 미 관리들이 최대 사거리가 480km에 달할 수 있는 것으로 보고 있다'고 전하기도 했다.[147]

남한은 미국과 미사일 사거리 연장을 협상하던 기간인 1990년대 중·후반에서 2000년대 초반까지 러시아에서 미사일과 관련된 기술 정보를 획득해 현무Ⅱ-A 개발에 활용한 것으로 알려졌다. 러시아 미사일에 관한 정보 획득에 참여했다고 주장한 한 사업가는 국가정보원과 협력해 1998년 11월과

---

143) 〈동아일보(인터넷)〉, 2013년 2월 13일자.
144) 〈연합뉴스〉, 2013년 2월 7일자.
145) 위키리크스 웹사이트(http://www.wikileaks-kr.org/dokuwiki/09seoul392) 참고(검색일: 2013년 12월 31일).
146) 〈연합뉴스〉, 1999년 4월 19일자.
147) 〈한겨레〉, 1999년 11월 15일자.

2000년 12월, 2001년 11월 등 3차례에 걸쳐 배편을 이용해 러시아의 미사일 부품을 남한으로 들여왔다고 주장했다.[148] 이러한 맥락에서 일부에서는 북한이 KN-02 미사일의 모델로 삼았던 러시아제 토치카(Tochka. NATO명 SS-21) 미사일을 남한도 모델로 삼아 현무Ⅱ-A를 개발했다는 주장을 내놓기도 한다.[149] 그러나 이 같은 주장은 신빙성이 높지 않은 것으로 보인다. 토치카의 길이(6.4m)는 알려진 현무Ⅱ-A의 길이(6m)와 비슷하지만 직경(65cm)이 현무Ⅱ-A(80cm)보다 훨씬 작기 때문이다.[150] 게다가 토치카의 꼬리 날개는 미사일 하단에서 일정하게 떨어져 있는 반면 국방부가 공개한 동영상 속 현무Ⅱ-A의 꼬리 날개는 미사일 하단에 거의 붙어 있는 등 외형이 많이 다르다.

남한이 러시아의 단거리 지대지 탄도 미사일인 이스칸데르(Iskandar, NATO명 SS-26)를 개량하거나 이를 모델로 현무Ⅱ-A를 개발했을 것이라는 주장도 제기된다.[151] 러시아는 미국과 구소련이 체결한 「INF 협정」에 따라 폐기된 Oka(NATO명 SS-23)를 대체하기 위해 1990년대 이스칸데르를 개발했다. 러시아는 1996년 이스칸데르의 첫 시험 발사를 TV를 통해 공개했으며, 1999년부터 실전 배치한 것으로 알려졌다.[152] 러시아가 400km 이상을 비행할 수 있는 사거리 연장형 이스칸데르-M을 배치하고 있지만, 수출용으로 최대 사거리 280km, CEP 30~70m 수준의 이스칸데르-E를 생산하고 있고, 이스칸데르의 크기(길이 7.3m, 직경 92cm)가 현무Ⅱ-A보다 큰 것으로 봐서 남한이 이스칸데르를 모델로 현무Ⅱ-A를 개발했을 개연성도 크지 않은 것으

---

148) 〈조선일보〉, 2011년 6월 25일자.
149) 〈신동아·별책부록: 이제는 우주다〉, 9월호 (2012), pp. 98~109 참고.
150) http://missilethreat.com/missiles/otr-21a-21b-ss-21/?country=russia#russia 참고(검색일: 2013년 12월 26일).
151) 홍성표, "남북한 미사일 능력," 북한연구회, 『북한연구논평』, 6 (2012), p. 29.
152) http://www.fas.org 참고(검색일: 2013년 12월 26일).

로 보인다.[153]

한편 남한 외교통상부 관계자가 2009년 3월 12일 주한 미국대사관에 생산을 통보한 'NHK-Ⅱ PIP Block-A' 미사일이 현무Ⅱ-A라는 견해도 제기된다.[154] 주한 미국대사관은 본국에 보낸 외교전문을 통해 "NHK-Ⅱ PIP Block-A 미사일의 배치를 위한 최초 생산에 대해 2005년 6월 기술 자문 통지를 완료했다"며 "NHK-Ⅱ PIP Block-B 미사일은 아직 개발 중이지만, Block-B 미사일의 생산이 시작되면 생산 일정을 미 정부로 알리겠다"고 보고했다. 주한 미국대사관은 또 남한이 NHK-Ⅱ PIP Block-A 미사일을 회계연도 기준으로 2009년 15기, 2010년 17기, 2011년 19기를 '추가' 생산하겠다고 통보했다고 전했다. 2010년과 2011년 생산분에는 연례적인 사격 연습을 위한 미사일이 각각 2기와 4기 포함됐다.[155]

남한이 1980년대 후반 개발 완료한 사거리 180km의 현무 미사일을 NHK-Ⅱ라고 불렀다는 점에서 상기 외교전문에 언급된 NHK-Ⅱ가 현무 미사일이라는 추정이 가능하다. 그러나 2009년 3월 19일 남한이 NHK-Ⅱ 미사일 관련 부품을 미국에서 수입하면서 이를 다른 용도로 사용하지 않겠다고 약속한 보증서를 보면, NHK-Ⅱ의 최대 사거리가 300km로 돼 있다.[156] 이로 인해 2009년 3월 12일자 외교전문에 나타난 NHK-Ⅱ PIP Block-A 미사일은 사거리 300km의 현무 미사일, 즉 현무Ⅱ-A라고 보는 게 타당하다. 이러한 연장에서 12일자 전문에 등장한 NHK-Ⅱ PIP Block-B 미사일은 사거리 500km의 현무Ⅱ-B를 지칭하는 것으로 판단할 수 있다.

남한이 기존에 미국제 나이키-허큘리스를 모델로 개발한 백곰과 이를 개

---

153) http://www.army-technology.com/projects/iksander-system/ 참고(검색일: 2013년 12월 26일).
154) 〈신동아·별책부록: 이제는 우주다〉, 9월호 (2012), pp. 98~109 참고.
155) 위키리크스 웹사이트(http://www.wikileaks-kr.org/dokuwiki/09seoul391?do=edit&rev=1367215897) 참고(검색일: 2013년 12월 26일).
156) 위키리크스 웹사이트(http://www.wikileaks-kr.org/dokuwiki/09seoul523) 참고(검색일: 2013년 12월 31일).

량한 현무 체계와는 완전히 다른 새로운 지대지 탄도 미사일인 현무Ⅱ-A 개발을 언제 시작해서 언제 완료했는지, 어떤 미사일을 모델로 현무Ⅱ-A를 개발했는지에 대해서는 확인할 수 있는 것이 거의 없다. 다만 남한이 러시아제 미사일의 기술 정보를 획득했을 가능성을 배제할 수는 없고, 만약 이것이 사실이라면 획득한 정보를 현무Ⅱ-A 개발에 참고했을 개연성이 크다. 그렇다고 이러한 추정을 근거로 남한이 러시아제 미사일을 모델로 삼아 현무Ⅱ-A를 개발했다고 단정하기는 어렵다. 여기에서 한 가지 눈에 띄는 것은 국방부가 공개한 동영상 속 현무Ⅱ-A의 꼬리 날개 위치 등 외관이 ADD가 1990년대 초반 개발에 나섰다가 중단한 전술 지대지 탄도 미사일과 매우 유사해 보인다는 점이다. 당시 ADD는 1단 전술 탄도 미사일에 적합한 경량의 추진 기관을 설계 제작했던 것으로 알려졌다.[157] 종합하면, 남한이 1990년대 초반 중단한 전술 미사일 개발을 재개해 현무Ⅱ-A를 개발하는 과정에서 러시아의 미사일 관련 기술을 활용했을 것이라는 추정이 가능하다.

남한 국방부는 2012년 4월 19일 현무Ⅱ-A로 보이는 지대지 탄도 미사일의 시험발사 동영상을 공개했다. 동영상에는 고체 연료를 사용하는 1단 미사일인 현무Ⅱ-A가 크지 않은 TEL에서 수직으로 발사된 뒤 공중에서 수십개의 자탄으로 분리돼 광범위한 지역의 지상 목표물들을 파괴하는 장면 등이 담겼다.[158] 이 동영상을 본 한 기자는 현무Ⅱ-A 미사일에 대해 "전체적으로 보면 SS-21(러시아제 미사일의 NATO명)과 SS-23 중간형"이라고 주장했다. 그는 또 "현무Ⅱ는 사거리 300km, 발사 중량 3t 내외로 개발 초기에는 원형 공산오차가 100m급이었지만 유도 장치의 성능 개량을 통해 30m급으로 낮췄다"고 덧붙였다.[159]

---

157) http://www.youtube.com/watch?v=E8g2U4cLaBY 참고(검색일: 2013년 12월 26일); 박준복, 『한국 미사일 40년의 신화』, p. 125 참고.
158) 〈한국일보〉, 2012년 4월 20일자.
159) 〈신동아·별책부록: 이제는 우주다〉, 9월호 (2012), pp. 98~109 참고.

남한은 2007년 무렵 현무Ⅱ-A의 사거리를 연장하는 방법을 모색하기 시작한 것으로 보인다. ADD가 밝힌 '유도무기 연구개발 연대표'에 따르면, 2007년부터 "보병용 중거리 유도무기" 개발을 시작한 것으로 돼있다.[160] 북한이 2009년 5월 25일 2차 핵실험을 단행하자 남한은 사거리를 연장할 수 있는 가장 빠른 방법, 즉 현무Ⅱ-A의 탄두 중량을 줄여서 사거리를 연장하는 방법을 채택해 현무Ⅱ-B 미사일을 개발한 것으로 추정된다. 북한이 1980년대 후반 스커드-B 모방형의 탄두 중량을 줄여 사거리 500km의 스커드-C 유사형을 개발한 것과 동일한 방법을 남한도 이용한 것이다. 남한은 현무Ⅱ-B의 시제품이 완성되자 일정한 시험 평가를 진행한 직후 2009년 말 동부 전선과 중부 전선에 일단 실전 배치한 것으로 전해졌다.[161] 현무Ⅱ-B는 현무Ⅱ-A에 장착된 500kg짜리 탄두를 300kg으로 줄여 사거리를 300km에서 500km로 연장한 것으로, 2009년부터 2011년까지 총 51기가 만들어졌으며,[162] 1기의 가격은 40억원 정도인 것으로 알려졌다.[163] 북한 매체는 남한이 사거리 500km에 이르는 탄도 미사일을 2014년 3월 시험 발사했다고 주장하기도 했다.[164]

방위사업청은 2012년 9월 '국방중기계획 13~17'에 들어가는 방위력 개선비, 즉 전력 확충비를 기존 예산보다 2조 7,000억원 많이 책정했다. 이의 대부분은 현무Ⅱ 시리즈 확보에 쓰이는 것으로 알려졌다.[165] 남한은 건국 65주년을 맞아 2013년 10월 1일 진행한 국군의날 기념식 및 시가행진에서 현무Ⅲ 미사일 실물과 함께 현무Ⅱ 미사일 실물을 처음으로 일반에 공개했다. 현무Ⅱ는 경기도 포천과 강원도 철원 등 중부 전선 최전방 지역을 담당하는 5

---

160) 국방과학연구소, 『국방의 초석 40년』, p. 285.
161) 〈월간조선〉, 3월호 (2011), p. 65.
162) http://www.nti.org/country-profiles/south-korea/delivery-systems/ 참고(검색일: 2013년 12월 26일).
163) 〈신동아-별책부록: 이제는 우주다〉, 9월호 (2012), pp. 98~109 참고.
164) 〈로동신문〉, 2014년 7월 6일자.
165) 〈연합뉴스〉, 2012년 9월 11일자.

군단 표식이 선명한 4축 8륜 TEL에 1기씩 실린 상태로 행진에 참여했다.[166]

한편 남한은 2012년 10월 한·미 미사일 지침을 다시 개정하면서 독자 개발·생산·보유할 수 있는 지대지 탄도 미사일의 사거리를 기존의 300km에서 800km로 연장했다. 한·미 미사일 지침을 재개정한 지 2년 8개월여만인 2015년 6월 3일, 남한은 박근혜 대통령 등이 참석한 가운데 충남 태안의 안흥시험장에서 사거리 500km 이상, 탄두 중량 1t에 달하는 지대지 탄도 미사일의 첫 시험 발사를 진행해 성공했다. 이와 관련해 국방부의 한 관계자는 "사거리는 800km 이하로 북한 전역을 타격권에 두는 탄도 미사일을 오늘 처음 발사했다"고 설명했다.[167] 이는 남한이 사실상 최대 사거리 800km의 지대지 탄도 미사일을 처음으로 시험 발사한 것으로 해석하는 것이 타당하며, 개발 완료를 목전에 둔 것으로 보인다. 남한은 2017년까지 사거리 800km의 지대지 탄도 미사일을 실전 배치한다는 계획을 갖고 있는 것으로 알려졌다.[168]

나. 한·미 미사일 지침 개정

앞서 살펴본 것처럼, 남한은 1999년부터 미국과 협상을 벌여 2001년 이른바 한·미 미사일 양해각서를 한·미 미사일 지침으로 개정했다. 이로부터 약 8년이 지난 뒤인 2009년 4월 북한이 은하-2호 장거리 로켓을 발사하자 남한 내에서는 다시 한·미 미사일 지침을 개정해야 한다는 의견이 제기됐다. 한승수 국무총리는 동년 4월 6일 국회에서 "이 시점에서 (미사일 사거리를) 제약받는 게 옳은 것인지 재검토할 필요가 있다"며 "(한·미) 국방장관 회담에서 심각하게 생각할 시점이 됐다"고 말했다.[169] 이에 대해 미국은 동

---

166) 〈연합뉴스〉, 2013년 10월 1일자.
167) 〈연합뉴스〉, 2015년 6월 3일자.
168) 〈동아일보〉, 2015년 10월 2일자.
169) 〈내일신문〉, 2009년 4월 7일자.

년 7월 초 주한미군을 통해 '한국이 미사일 지침 개정 문제를 제안하면 SCM 등에서 논의할 수 있다'는 입장을 밝혔다.[170] 변무근 방위사업청장은 2009년 10월 '사거리가 연장된 미사일을 연구하고 있다'는 취지의 발언을 하기도 했다.[171] 이후 남한이 밝힌 바에 따르면, 한·미는 미사일 지침 개정 문제를 2010년 9월부터 협의하기 시작했다고 한다.

한·미는 미사일 지침 개정을 위한 협의 초기, 양측 외교 당국 간 논의 과정에서 비확산 차원에서의 협의만으로는 북한의 미사일 위협에 대처할 수 없다고 판단한 것으로 전해졌다.[172] 이 시기 남한은 '사거리 800~1,000km, 탄두 중량 1,000kg'을 확보해야 한다는 입장이었지만, 미국은 중국 등 주변국의 우려를 내세우며 '사거리 550km 이상은 안 된다'는 입장이었던 것으로 알려졌다.[173] 협의가 진전되지 않자 양국은 2011년 8월부터 '군사·전략적인 관점'에서 해결책을 마련하기로 의견을 모았다. 2개월 뒤 이명박 대통령의 미국 방문과 제43차 SCM에서 '미사일 대응능력위원회' 구성에 합의한 뒤 양국은 군사 당국 간 협의 채널을 가동해 본격적인 협의를 진행했다. 이를 통해 한·미는 양국 간 대응 능력의 차이를 보완하는 방안을 중심으로 한·미 미사일 지침 개정 문제를 논의했다고 한다.

이 같은 과정을 거치며 한·미는 남한의 탄도 미사일 사거리 연장을 통한 대북 타격 능력 및 미사일 방어 능력을 보완해야 한다는 데 공감대를 형성했다. 양국은 북한이 은하-3호 장거리 로켓을 처음 발사한 2012년 4월부터 제1차 한·미 통합 국방협의체(KIDD: Korea-U.S. Integrated Defense Dialogue) 등을 통해 한·미 미사일 지침 개정을 위한 직접적인 협의에 착수했다. 한·미는 같은 해 9월 말 기본적인 내용에 합의하고, 주변국에 합의 내

---

170) 〈동아일보〉, 2009년 7월 7일자.
171) 〈YTN〉, 2009년 10월 8일자.
172) 대통령실, 『한미 미사일 지침 개정 주요 내용 및 의미, 기대효과』, pp. 8~9.
173) 〈연합뉴스〉, 2012년 10월 7일자.

제3장 남한의 지대지 미사일 개발과정 133

용을 설명했으며, 조정을 거쳐 10월 초 남한의 탄도 미사일 사거리를 기존의 300km에서 800km로 연장하는 데 합의했다고 발표했다.[174] 한·미 국방장관은 동년 10월 24일 발표한 제44차 SCM 공동성명에서 "대한민국의 미사일 및 공중무인기 능력 향상을 보장하는 '개정된 미사일지침(RMG)'이 동맹의 미사일 위협 대응전략을 위한 포괄적 접근의 핵심 요소라는 점에 공감하였다"고 평가했다.[175]

남한은 지침 개정을 통해 탄두 중량 500kg, 최대 사거리 800km의 탄도 미사일을 개발·보유할 수 있게 된 동시에 이른바 '트레이드 오프(Trade-off)' 원칙을 적용해 사거리를 줄이는 대신 탄두 중량을 증가하거나 탄두 중량을 줄이는 대신 사거리를 연장할 수 있게 됐다.[176] 남한은 또 항속 거리 300km 이하의 UAV에는 탑재 중량의 제한을 받지 않게 됐고, 항속 거리 300km 이상의 UAV 탑재 중량 제한을 기존의 500kg에서 2,500kg까지 확대하는 동시에 탑재 중량 2,500kg 이하인 UAV의 항속 거리 제한을 없앴다. 이와 같은 한·미 미사일 지침 개정을 토대로 남한은 북한 전역에 산재한 핵시설 및 미사일 등을 타격할 수 있는 전력을 우선적으로 확충하고 있다.[177] 그러나 남한은 한·미 미사일 지침을 개정하면서 장거리 탄도 미사일 개발에 필수적인 고체 연료 사용 SLV의 독자 개발 제한 문제는 미국과 합의하지 못했다.[178]

---

174) 홍성표, "한·미 미사일 지침 변경의 의미," 『북한연구논평』, 7 (2012), p. 34; 〈연합뉴스〉, 2012년 9월 23일자; 국방부, 『2012 국방백서』 (2012), p. 63.
175) 국방부, 『2012 국방백서』, p. 315.
176) 대통령실은 "구체적인 것은 밝힐 수 없으나 사거리가 줄어들면 그에 반비례(반으로 줄면 2배 증가, 3분의 1로 줄어들면 3배 증가)하여 탄두 중량을 늘릴 수 있다고 이해하면" 된다고 설명했다. 대통령실, 『한미 미사일 지침 개정 주요 내용 및 의미, 기대효과』, p. 17.
177) 국방부, 『2012 국방백서』, p. 129.
178) 대통령실, 『한미 미사일 지침 개정 주요 내용 및 의미, 기대효과』, pp. 5~6.

3. 방어 및 대응 전력 강화

가. KAMD 체계와 요격 미사일 도입 · 개발

남한은 2000년대 후반부터 미국의 미사일방어(MD: Missile Defense) 체계에 편입하지 않고 독자적인 미사일 방어 체계, 이른바 '한국형 미사일방어(KAMD)' 체계를 구축하고 있다. KAMD는 산악 지형이 많은 한반도에서 북한의 스커드 계열 및 노동 미사일 등을 조기에 탐지하는 것이 어렵다는 점을 고려한 것이다. 또한 한반도의 종심이 짧아 북한이 미사일을 발사한 지 4~6분 뒤에 남한 상공에 도달한다는 점 등을 고려해 미사일이 지상에 떨어지기 직전에 낮은 고도에서 요격하는 것이 KAMD의 주요 내용이다.[179] 미 국방부도 1999년 작성한 보고서를 통해 한반도의 지형 등을 감안했을 때 남한은 하층 방어 중심의 미사일 방어 체제를 구축해야 한다고 강조했다.[180] 탐지거리 100km의 능력을 갖는 레이더로 재진입하는 탄도 미사일을 탐지한다고 가정할 때, 사거리 300km 미사일의 경우 70.7km 고도에서 탐지돼 39.9km의 고도에 도달할 때 요격하는 것으로 나타났으며, 사거리 500km 미사일의 경우에는 탐지고도와 요격고도가 각각 92.7km와 33.1km, 사거리 1,000km 미사일은 98.9km, 20.9km로 나타났다.[181]

남한은 2008년부터 2012년까지 1조원을 들여 독일에서 사거리 30km의 중고 PAC-2 48기를 도입해 공군에 실전 배치했다. 그러나 한국국방연구원(KIDA)과 미 국방부 미사일방어국(MDA: Missile Defense Agency)이 2010년 9월부터 2012년 10월께까지 공동으로 진행한 연구 결과에 따르면, PAC-2의 요격 능력이 40% 이하로 나타났다고 한다. 이에 따라 남한은 2012

---

179) 〈연합뉴스〉, 2011년 4월 15일자.
180) Department of Defense, *Report to Congress on Theater Missile Defense Architecture Options for the Asia-Pacific Region* (1999), pp. 10~12.
181) 권용수 · 김정희 · 이경행, "성공적 하층 미사일방어 수행을 위한 시스템 요구능력 도출," 『한국국방경영분석학회지』, 37-2 (2011), p. 22.

년 10월 말 미국에서 열린 제44차 SCM에서 KAMD 구축의 일환으로 PAC-2 보다 요격 성공률이 높고 사거리가 30~40km로 긴 PAC-3 도입을 공식화했다.[182] PAC-2는 700개의 파편으로 분리돼 날아오는 미사일 탄두를 맞춰 떨어뜨리는 체계인 반면, PAC-3는 날아오는 미사일 탄두를 공중에서 '직접 요격(hit-to-kill)'해 격추하는 체계이다.[183] 남한은 2016년까지 PAC-3를 수백기 도입하고, PAC-2 수백기도 추가 구매해 배치할 것으로 알려졌다.[184] 그러나 미국이 1999년부터 2013년까지 16차례에 걸쳐 PAC-2/3와 같은 지상 발사 요격 미사일(GBI: Ground Launched Cruise Missile)을 이용한 요격 실험을 실시해 절반인 8차례만 성공한 것으로 알려져 KAMD 구축에 영향을 미칠 것으로 보인다.[185]

제44차 SCM에 앞서 2012년 6월 워싱턴에서 열린 한·미 '외교·국방장관 (2+2) 회담'에서 양국은 북한의 핵무기와 미사일 위협에 관해 논의했다. 이 자리에서 미국은 MD와 KAMD를 연계해야 할 필요가 있다고 주장했지만, 남한은 중국의 반발 등을 의식해 KAMD가 북한의 미사일에 대응한 하층 방어 요격 체계라며 MD와는 별도의 개념이라고 강조했다.[186] 남한은 기존의 전시 작전통제권 전환 시기인 2015년을 목표로 KAMD를 구축하면서 2012년 8월 이스라엘제 '그린파인' 레이더를 도입했으며,[187] 이듬해 7월 KAMD의 '두뇌'에 해당하는 '탄도탄 작전통제소'(AMD-Cell) 구축을 완료했다.[188] 남한은 2013년 7월 국회에 보고한 '2014~2018 국방중기계획'에서 '킬 체인(Kill

182) 〈뉴시스〉, 2012년 10월 29일자.
183) 김학영, "중·고고도 지대공 미사일 PATRIOT 소개," pp. 173~176.
184) 〈세계일보〉, 2013년 10월 17일자.
185) Tom Z. Collina, "Fix Missile Defense, Don't Expand It," Arms Control Association, *Issue Briefs*, 5-8 (June 5, 2014).
186) 정철호, 『미국의 동북아 MD 정책과 한국의 KAMD 전략 발전 방향』(성남: 세종연구소, 2013), p. 6; 〈연합뉴스〉, 2012년 6월 15일자.
187) 〈한겨레〉, 2012년 4월 15일자; 〈문화일보〉, 2012년 12월 5일자.
188) 〈한국일보〉, 2013년 4월 11일자.

Chain)'과 KAMD를 2022년까지 구축하기 위해 11년 동안 총 15조 2,000억원을 투입할 예정이라고 밝혔다.[189]

남한은 2007년 5월 진수한 세종대왕함과 율곡이이함(2008년 11월 진수), 서애유성룡함(2011년 3월 진수) 등 이지스함이 탑재한 탐지거리 1,000km의 SPY-1D(Ⅴ) 레이더도 KAMD에 활용한다는 계획이다. 세종대왕함 등은 실제로 2012년 4월과 같은 해 12월 북한이 은하-3호 및 은하-3호 2호기 장거리 로켓을 발사한 지 50여초 만에 지상 13km 지점에서 탐지한 바 있다.[190] 남한은 총 4조원을 들여 2023~2027년까지 이지스함을 3척 더 확보하기로 했다.[191] 남한은 또 북한의 탄도 미사일을 해상에서 요격하기 위해 2013년 말 현재 세종대왕함과 율곡이이함에 80기씩 탑재하고 있는 사거리 150km의 SM-2 함대공 미사일보다 사거리가 긴 사거리 320~400km의 SM-6 함대공 미사일을 2016년부터 도입할 예정이다.[192]

한편 ADD는 고도 10~15km를 비행하는 항공기 요격용 중고도 지대공 미사일 천궁(프로젝트명 철매-Ⅱ)의 개발을 시작한 지 5년 3개월여 만인 2011년 12월 개발을 완료하고, 이를 다시 2018년까지 고도 15km 이상에서 날아오는 탄도 미사일 요격용 지대공 미사일로 개량하기로 했다.[193] 남한은 또 KAMD 체계 구축 일환으로 2022년과 2020년까지 장거리 지대공 미사일(L-SAM)과 중거리 지대공 미사일(M-SAM)을 각각 독자 개발하기로 했다. 이 가운데 L-SAM의 사거리는 50~60km로 PAC-3의 2배에 달하고, M-SAM은 고도 30km의 탄도 미사일 요격용으로 개발될 예정이다. 이처럼 남한은

---

189) 킬 체인은 북한이 탄도 미사일을 발사하기 전에 탐지, 타격하는 시스템으로 북한의 후방지역까지 들여다 볼 수 있는 감시·정찰 위성을 갖춰야 한다. 킬 체인에 대한 보다 정확한 설명은 김호식, "Cruse Missile Defense(순항미사일 방어)," 국방기술품질원, 『국방과학기술정보』, 40 (2013), pp. 180~184 등 참조.
190) 〈SBS〉, 2012년 12월 12일자.
191) 〈경향신문〉, 2013년 12월 11일자.
192) 〈한국일보〉, 2013년 6월 13일자.
193) 〈세계일보〉, 2011년 12월 16일자.

고도 40km 이하의 하층에 다중 미사일방어 체계를 구성한다는 계획이다.[194]

나. 장거리 공대지 미사일 도입

남한은 북한이 2006년 7월 대포동-2호 미사일 1기 등 총 7기의 미사일을 발사하고, 3개월 뒤 제1차 핵실험을 단행하자 북한의 핵·미사일에 대응하기 위한 전력 마련의 일환으로 장거리 공대지 미사일을 도입하는 방안을 본격적으로 검토하기 시작했다. 당시 남한은 F-15K에 장착할 수 있는 사거리 370km의 미국제 합동 원거리 공격탄(JASSM: Joint Air to Surface Standoff Missile) 도입을 염두하고 있었다.[195] 이에 따라 남한은 2009년부터 2012년까지 177기의 JASSM을 도입할 계획이었지만, 미 공군이 2009년 9월 'JASSM의 신뢰성을 보장할 수 없다'며 '다른 무기체계를 고려할 것을 권장'하는 내용의 서신을 남한 방위사업청에 보내 도입 시기를 연기했다.[196] 게다가 JASSM은 남한의 최신예 전폭기인 F-15K의 두 날개 모두에 장착할 수 없는 구조적 문제가 있다는 사실이 뒤늦게 알려지기도 했다.[197]

이처럼 JASSM의 도입이 어렵게 되자 남한은 2013년 6월 수의 계약을 통해 사거리 500km의 독일제 타우러스(TAURUS) 공대지 미사일을 도입하기로 결정했다. 터보 제트 엔진을 장착해 순항 미사일의 일종으로 분류되는 타우러스 미사일은 F-15K 전투기 등에 장착해 발사할 수 있다. 타우러스 1기의 가격은 20억원으로, 남한은 170여기를 도입할 계획이다. 타우러스의 탄두는 480kg으로 최대 6m의 강화 콘크리트를 관통해 폭발하는 것으로 알려졌다.[198] 공군본부는 2015년 9월 22일 국정감사 업무보고 자료를 통해 2016

---

194) 〈한겨레〉, 2013년 10월 17일자.
195) 〈연합뉴스〉, 2006년 10월 12일자.
196) 〈세계일보〉, 2009년 10월 9일자.
197) 〈문화일보〉, 2012년 11월 5일자.
198) 〈경향신문〉, 2013년 6월 20일자.

년부터 타우러스의 실사격 훈련을 진행한다고 밝히기도 했다.[199]

4. SLV 개발

남한은 2000년 12월 우주개발기본계획을 두 번째로 수정하면서 단계별 SLV 개발 및 우주센터 건설 등의 내용을 구체화했다. 이를 위해 2005년에는 「우주개발진흥법」을 제정해 우주개발과 우주물체의 이용 및 관리 등을 추진하기 위한 법적 근거를 마련했다. 남한은 우주개발을 위해 러시아, EU, 우크라이나 등과 협력을 확대했다. 특히, 러시아와 2004년 9월 「우주기술협력협정」 및 2006년 10월 「우주기술보호협정」을 체결하고 SLV 개발을 중심으로 협력했다. 남한은 2007년 확정한 제1차 우주개발진흥기본계획에서 독자적 우주개발능력 확보를 통한 우주강국 실현 등 4대 목표와 이를 달성하기 위한 6대 전략으로 우주개발사업의 진흥 시책 강화 등을 제시했다.[200]

남한은 KSR-Ⅲ 사업에 이어 2002년부터 2013년 4월까지 5,205억원을 들여 한국형발사체(KSLV: Korea Space Launch Vehicle)-Ⅰ 개발 사업을 추진했다.[201] 이 사업은 2단 로켓을 이용해 100kg의 소형위성을 300km 고도의 지구 저궤도에 진입시키는 것을 목표로 했다. KSLV-Ⅰ에는 국민 공모를 통해 선정된 '나로호'라는 명칭을 붙였다. 나로호는 우주개발기본계획의 최종 목표를 달성하기 위해 중간 단계에서 개발된 발사체라고 할 수 있다. 기본계획의 목표는 2010년까지 국내 기술로 다목적 실용위성과 발사체를 개발하고 이들을 국내 우주센터에서 발사하는 것이었다. 즉, 나로호는 다목적 실용위성을 쏘아 올리기 위한 KSLV-Ⅱ의 개발 이전 단계에서 만들어진 시제품

199) 〈연합뉴스〉, 2015년 9월 22일자.
200) 이성만, "우주개발과 한·미협력: 현황과 과제," pp. 191~193.
201) 조광래, "나로호 성공과 비행결과 분석," 김세연의원실·이상민의원실·민병주의원실·국회입법조사처·한국항공우주연구원, 『2013 나로호 성공 이후, 우주강국 도약을 위한 전략 심포지엄(공동 개최 정책 세미나 자료집)』(2013), p. 20.

성격의 발사체인 것이다.[202]

남한은 나로호 발사를 위해 선진국과의 기술협력이 필요하다고 판단하고 2000년대 초부터 공동연구를 수행할 국가를 물색했다. 그렇지만 미국과 일본 등은 기술 제공을 꺼려하고 기술 이전 대가로 지나치게 많은 돈을 요구했다. 이러한 가운데 소련 붕괴 후 재정난을 겪던 러시아로부터 협력을 수락한다는 답변을 받았다.[203] 이로 인해 나로호의 1단 로켓은 러시아에서 차세대 우주로켓으로 개발한 것을, 2단 로켓과 자세제어시스템, 인공위성, 페어링(인공위성 보호덮개)은 남한이 자체 개발한 것을 사용하게 됐다. 러시아가 제공한 1단 로켓은 길이 25.8m, 직경 2.9m, 연소 시간 236초인 170t급 추력의 액체 추진제 로켓이다. 남한이 독자 개발한 2단 로켓은 길이 2.4m, 직경 0.96m, 연소 시간 67초, 7t급 추력의 고체 추진제 로켓으로, 상부에 유도제어 시스템과 인공위성을 탑재했다. 남한은 또 나로호 사업의 일환으로 장기적 관점에서 액체 추진제 로켓 엔진의 독자 개발 기술 확보를 위해 추력 30t급 엔진의 부분품을 개발하는 사업을 연계해 진행했다.[204]

남한은 3차례의 시도 끝에 2013년 1월 30일 나로호 발사 및 나로과학위성의 궤도 진입에 성공했다.[205] 2009년 8월 25일 이뤄진 첫 발사에서는 이륙 216초 후 두 개의 페어링 가운데 한 개가 분리되지 않아 비행 궤도에서 이탈하며 인공위성이 궤도에 진입하지 못했다. 2010년 6월 17일 진행된 두 번째 발사에서는 발사 후 137.19초가 지난 고도 67km, 지상 거리 40km 지점까지는 정상적으로 비행했지만 이후에 발사체와 지상 사이의 통신이 두절되

202) 김훈기, "과학커뮤니케이션 전략과 사회 여론의 형성: 나로호 1·2차 발사 사례를 중심으로," 『한국과학사학회지』, 34-1 (2012), pp. 141~142.
203) 홍창선, "과학과 정치, 그리고 우주항공 기술개발," 한국항공우주학회, 『KSAS 매거진』, 4-2 (2010), p. 11.
204) 채연석, "한국 로켓 기술," 한국기술사회, 『기술사』, 45-4 (2012), pp. 26~27.
205) 세계적으로 처녀 발사 성공률은 30%를 넘지 못할 정도로 로켓 발사 성공은 쉽지 않은 것으로 알려졌다. 김경민, "일본의 우주개발전략 연구: 우주의 평화이용원칙을 중심으로," 현대일본학회, 『일본연구논총』, 31 (2010), p. 47.

는 문제가 발생했다. 2013년 1월 30일 이뤄진 세 번째 시도에서 나로호는 이륙 540초 후 나로과학위성을 고도 298~1,505km에 안착시키며 발사에 성공했다.[206] 항공우주연구원이 수립한 '2040 우주비전'에 따르면, 남한은 1단계로 독자 개발 중인 75t급 액체 로켓 엔진을 사용한 2단 로켓을 개발해 이르면 2016년 100kg 위성을 지구 저궤도에 올리고 총 1조 5천여억원을 들여 75t급 엔진 4기를 집속한 것을 1단으로, 같은 엔진 1기를 2단으로, 나로호 2단에 사용한 7t급 엔진을 3단으로 하는 3단형 한국형 발사체를 개발해, 이르면 2019년에 발사할 계획을 갖고 있다.[207]

206) 조광래, "나로호 성공과 비행결과 분석," pp. 35~44.
207) 김승조, "우주강국 도약을 위한 KARI Vision," 김세연의원실 · 이상민의원실 · 민병주의원실 · 국회입법조사처 · 한국항공우주연구원, 『2013 나로호 성공 이후, 우주강국 도약을 위한 전략 심포지엄(공동 개최정책 세미나 자료집)』 (2013), p. 63; 최준민 · 임종빈 · 박정호, "세계 상업용 우주발사체 개발 동향과 우리나라 우주발사체 세계시장 진출 전략," 세종대 항공산업연구소, 『항공산업연구』, 77 (2013), p. 54; 교육과학기술부 · 기획재정부 · 외교통상부 · 국방부 · 행정안전부 · 지식경제부 · 국토해양부 · 국가정보원, 『제2차 우주개발진흥기본계획('12~'16) 2012년도 우주개발 시행계획』 (2012) 등 참고.

제4장

북한의 지대지 미사일 개발과정

북한의 지대지 미사일 개발과정

여기에서는 남북한 비교를 위해 북한의 지대지 미사일 개발 과정을 냉전기와 탈냉전 초기, 2000년대 이후로 대별해 논의하고자 한다. 냉전기 북한의 지대지 미사일 개발은 김일성 주석 시기, 탈냉전 초기는 김정일 국방위원장 시기, 2000년대 이후는 김정일 위원장 및 김정은 제1위원장 시기라고 할 수 있다. 북한의 지대지 미사일 개발 과정에서도 2000년대 이후는 냉전기 및 탈냉전 초기와 구분된다고 할 수 있는데, 2000년대 이후 우주개발을 내세우며 중·장거리 미사일 개발에 매진했기 때문이다.

제1절 냉전기 북한의 지대지 미사일 개발

1. 북·중 중거리 지대지 미사일 공동 개발 시도

북한은 독자적 군사력 증강 정책을 채택하던 1960년대 초반부터 미사일과 로켓에 관심을 보이기 시작했다. 북한은 1962년 말에서 1963년 초 사이에 소련에서 지대공 미사일인 SA-2(NATO명. 소련명 S-75 Dvina) 1개 대대를 도입해 평양 부근에 배치했다. 북한은 SA-2 도입을 위해 소련과 맺은 협정을 토대로 소련이 SA-2 미사일의 조립, 운용, 관리 및 시험과 관련된 북한의 능력을 향상해주기를 원했지만 별다른 소득을 얻지는 못했다. 김일성 주석은 1965년 군수산업에 종사할 기술자 양성 전문기관인 함흥군사대학을 설립하면서 "일본을 타격할 수 있는 로켓을 생산할 수 있는 능력을 갖춰야 한다"고 강조했다고 한다.[1] 북한은 1968년 소련에서 사거리 15~55km인 지대지 FROG-5 로켓 27~63기와 TEL 9대 등을 들여갔지만, 이를 독자적으로 운영·유지·보수할 능력은 갖고 있지 못했다.

북한은 1970년대 전차·자주포·장갑차 등 주요 지상무기 체계와 잠수정·고속정 등의 전투함정을 건조하는 등 독자적인 군수산업 능력을 성장시켜 상당한 수준에 올라섰다. 그러나 북한은 당시 항공기와 지대지 탄도 미사일을 자체 개발할 기술력을 보유하고 있지는 못했다.[2] 이 시기 북한은 관계가 소원해진 소련을 대신해 1964년 첫 핵실험을 실시한 뒤 지대지 탄도 미사일 개발에 의욕을 보이던 중국에 접근했다. 중국은 1970년 북한에 지대함 미사일, 지대공 미사일과 함께 기술적 지원을 제공한 것으로 알려졌다.[3]

1971년 9월 북한은 중국과 탄도 미사일 등을 획득·개발·생산하는 내용의 협정을 체결한 것으로 알려졌지만, 양측의 실질적인 협력은 지대지 탄도 미사일 공동 개발에 합의한 1975년 이후에 본격 시작된 것으로 보인다.[4] 1975년 4월 김일성 주석은 마오쩌뚱(毛澤東) 중국 국가주석의 초청으로 중국을 방문했다. 이 때 김 주석을 수행한 오진우 인민무력부장이 중국에 단거

---

1) Joseph S. Bermudez Jr., *A History of Ballistic Missile Development in the DPRK* (Monterey: Monterey Institute of International Studies, 1999), pp. 2~5.
2) 임강택, 『북한의 군수산업 정책이 경제에 미치는 효과 분석』 (서울: 통일연구원, 2000), pp. 59~60.
3) Joseph S. Bermudez Jr., "The North Korean 'Scud B' Program," *Jane's Soviet Intelligence Review* (May 1989), pp. 203~207; Christopher F. Foss ed., *Jane's Armour and Artillery 1991~92* (Coulsdon, Surrey: Jane's Information Group, 1991), p. 749; Gordon Jacobs and Tim McCarthy, "China's Missile Sales—Few Changes for the Future," *Jane's Intelligence Review* (December 1992), p. 560.
4) Hua Di, "One Superpower Worse that Two," *Asia-Pacific Defense Reporter* (September 1991), pp. 14~15.

리 지대지 탄도 미사일 기술 지원을 요청했다고 한다.[5] 당시 북한은 지대지 탄도 미사일을 자체적으로 개발할만한 기술력을 확보하지 못한 상태였으므로 중국의 기술을 도입해 미사일을 개발하려고 한 것이다.[6]

당시 중국도 사거리 1,000km 미만의 실전용 단거리 지대지 탄도 미사일을 개발할 필요가 있었다.[7] 중국은 1956년 10월 소련과 「신무기, 군수물자 생산 그리고 중국의 핵산업 개발에 대한 상호협력 협정」을 체결했다. 그러나 1950년대 후반부터 본격화된 중·소 관계 악화로 소련은 1959년 6월 이 협정을 파기하고 기술 지원을 일방적으로 중단했다.[8] 게다가 소련은 1960년대 중반 몽골 외곽 지역에 군대와 미사일을 배치해 중국을 고립시키려 했다.[9] 소련은 중국과 국경분쟁이 발생한 직후인 1969년 5월부터 극동지역에 핵무기 탑재가 가능한 50여대의 장거리 폭격기와 400여대의 중형 폭격기를 배치했다.[10] 이 같은 소련의 위협은 중국이 북한과 DF-61 공동 개발에 합의한 배경 가운데 하나인 것으로 보인다. 이를 통해 중국은 북한의 지대지 탄도 미사일 개발을 직접 지원한 것이다.[11]

중국은 북한과의 DF-61 미사일 공동 개발 책임자로 1976년 당시 중앙 군사위원회 위원이자 베이징(北京)군구 사령원(사령관)이던 첸실란(陳錫聯) 장군을 임명하는 등 의욕을 보였다.[12] 양국은 DF-61을 2가지 형태로 개

---

5) Dinshaw Mistry, *Containing Missile Proliferation: Strategic Technology, Security Regimes, and International Cooperation in Arms Control* (Washington D.C.: The University of Washington Press, 2003), pp. 129~130.

6) 홍용표, 『북한의 미사일 개발전략』 (서울: 통일연구원, 1999), p. 15.

7) John Wilson Lewis and Hua Di, "China's Ballistic Missile Programs: Technologies, Strategies, Goals," *International Security*, 17-2 (1992), pp. 32~33.

8) Teng Jianqun, "중국의 핵보유 정책," 배정호·구재회 편, 『NPT 체제와 핵안보』 (서울: 통일연구원, 2010), p. 238.

9) 윤해수, 『북한곡예외교론』 (서울: 한울, 2000), p. 87.

10) 서상문, 『중국의 국경전쟁(1949~1979)』 (서울: 국방부 군사편찬연구소, 2013), pp. 571~572; Anne Gordon, "중소 국경분쟁 조정에 관한 고찰," 『중소연구』, 19-3 (1995) 등 참조.

11) Leonard S. Spector, Mark G. McDonough and Evan S. Medeiros, *Tracking Nuclear Proliferation: A Guide in Maps and Charts, 1995* (Washinton, D.C.: Brookings Institute Press, 1995), p. 49.

12) 정규수, 『ICBM, 그리고 한반도: 북한과 한반도 주변 열강의 탄도탄』 (서울: 지성사, 2012), p. 80; 문성묵,

발했는데, 하나는 사거리 1,000km에 탄두 중량 500kg, 폭발력 20*kt* 정도의 핵탄두를 탑재하는 중국용이었다. 다른 하나는 사거리 600km에 탄두 중량 1,000kg, 1t의 고폭약(HE: High Explosive) 등 재래식 탄두를 탑재하는 북한 용이었다. 중국은 DF-61을 직경 1m, 길이 9m로 비교적 두꺼운 강철 케이스로 제작해 미사일 운용에 서투른 북한을 배려하려 했다.[13] DF-61 미사일은 액체 연료를 사용하는 1단 전술 미사일로 설계됐다.[14]

그러나 북한과 중국의 DF-61 공동 개발은 중국에서 발생한 국내 정치적 변화로 착수 1년여 만에 취소됐다.[15] 당시 공동 개발의 책임을 맡았던 첸실란 장군은 '4인방'과 가까웠던 '소4인방' 중 한 사람이었다. 중국에서 문화대혁명을 추종했던 마오 주석의 부인 장칭(江靑), 공산당 정치국 위원 야오원위안(姚文元), 부주석 왕홍원(王洪文), 국무원 부총리 장춘차오(張春橋) 등 4인방은 마오 주석이 사망한 지 1개월도 지나지 않은 1976년 10월 6일 모두 체포됐다. 그리고 첸 장군을 비롯한 우더(鳴德) 베이징 시장, 지덩쿠이(紀登奎) 부총리, 왕둥싱(汪東興) 제8341부대(중앙경호부대) 부대장 등 소4인방도 실각했다. 이후 덩샤오핑(鄧小平)이 1977년 7월 중국 공산당 제10기 중앙위원회 제3차 전체회의(3중전회)를 통해 당 부주석, 부총리, 당 군사위원회 부주석으로 선출되면서 복권됐다.[16] 즉, DF-61 개발 책임자가 숙청됨으로써 북·중의 미사일 공동 개발이 취소된 것이다.[17]

『군사대국중국: 그 힘의 근원과 실체』(서울: 팔복원, 1993), p. 301.

13) 정규수, 『ICBM, 그리고 한반도』, p. 80

14) 미국과학자연맹(FAS: Federation of American Scientists) 웹사이트(http://www.fas.org) 참고(검색일: 2013년 11월 7일); You Ji, *The Armed Forces of China* (New York: I.B.Tauis & Co. Ltd., 1999), p. 90.

15) 중국은 1970년 7월 이른바 '714공정'이라는 유인우주선 개발 계획을 수립해 추진하기 시작했지만 중국 내에서 투입 대비 효과가 떨어진다는 비판이 제기되고 재정 투입 능력이 한계에 직면하면서 이 계획은 1975년 잠정 중단되었다. 김경민, 『중국 우주항공 분야 정책의 변천과정과 실태』(서울: 경제·인문사회연구회, 2011), p. 16.

16) 니시무라 시게오·고쿠분 료세이 지음, 이용빈 옮김, 『중국의 당과 국가: 정치체제의 궤적』(파주: 한울, 2012), pp. 211~222; 정규수, 『ICBM, 그리고 한반도』, p. 81;

17) 홍용표, 『북한의 미사일 개발전략』, p. 15.

소수의 북한 기술자가 DF-61 개발에 참여한 것으로 알려졌지만,[18] 이 사업의 취소가 북한의 지대지 탄도 미사일 개발 계획에 차질을 가져온 것은 분명해 보인다. 중국은 당시 북한이 원하는 사거리를 가진 미사일을 보유하고 있지 못했고, 정치적으로 불편한 관계에 있는 소련에는 북한이 미사일을 요구하기 어려웠다. 결국 북한이 지대지 탄도 미사일을 확보할 수 있는 방법은 독자적으로 개발하는 것뿐이었다. 그러나 당시 북한은 지대지 탄도 미사일을 자력으로 개발할 만한 기술적 역량이 매우 부족한 상태였다. 이로 인해 북한은 소련과 중국이 아닌 다른 국가에서 지대지 탄도 미사일을 도입하는 방법을 모색했다.[19]

2. 스커드 계열 단거리 지대지 탄도 미사일 개발

남한의 지대지 탄도 미사일 개발이 주춤거리던 1980년대 초반 북한은 이집트에서 소련제 스커드-B(NATO명. 소련명 R-17E) 미사일과 TEL 차량(MAZ-543) 등을 도입했다. 북한은 이를 역설계(reverse-engineering)하는 방식으로 독자적인 지대지 미사일 개발을 위한 능력을 축적했다. 이를 발판으로 북한은 1984년 4월과 9월, 자체 생산한 스커드-A 개량형 미사일을 총 6차례 시험 발사했지만 절반만 성공한 것으로 알려졌다.[20] 북한이 독자 개발한 스커드-A 개량형 지대지 탄도 미사일은 1t의 탄두 무게에 약 300km의 사거리를 갖고 있었지만, 실전에 배치하지 않은 것으로 전해졌다.[21]

북한은 이듬해인 1985년 스커드-A 개량형 미사일보다 사거리가 약간 긴 사거리 320~340km, 탄두 무게 1t의 스커드-B 모방형 지대지 탄도 미사일을

18) Joseph S. Bermudez Jr., *A History of Ballistic Missile Development in the DPRK*, p. 8.
19) 정규수, 「ICBM, 그리고 한반도」, p. 81.
20) Joseph S. Bermudez Jr., *A History of Ballistic Missile Development in the DPRK*, pp. 10~11.
21) David Wright and Timur Kadyshev, "The North Korean Missile Program: How Advanced Is It?" *Arms Control Today*, 24-3 (1994), p. 9.

독자 개발하는 데 성공한 것으로 알려졌다. 미사일 동체의 무게를 감소시키고 연소실의 압력과 온도를 높여 엔진 추력을 증가하는 외적 변형의 결과로 스커드-A 개량형 미사일의 사거리를 증가시켜 스커드-B 모방형 미사일을 개발한 것으로 보인다. 북한은 같은 해 이란과 「탄도 미사일 개발 협정」을 체결한 것으로 전해졌다. 이를 통해 북한은 이란의 자금을 지원받으며, 1986년부터 스커드-B 모방형 미사일 양산을 시작한 것으로 보인다.[22]

이와 관련해 '김정일이 스커드 미사일의 모방 설계를 지시했다'는 한 탈북자의 주장을 살펴볼 필요가 있다. 이 탈북자는 "김정일이 1980년대 초 로켓 개발을 위한 첫 과업으로 소련제 스커드 미사일을 모방 설계할 과업을 주었고, 북한에서 무기 개발을 담당하는 제2자연과학원 공학연구소를 중심으로 모방을 진행했다"고 주장했다. 그는 "김정일이 당시 '중국과 소련도 우리(북한)가 자체로 국방력을 강화하는 것을 달가워하지 않는다'고 말하며 미사일 독자 개발을 다그쳤다"고 덧붙였다. 이어서 "스커드 미사일의 모방 설계가 3차례의 실패 끝에 성공했고, 모방 설계 성공 이후 거의 3년이 지난 후에야 양산에 들어갔다"고 설명했다.[23]

이 같은 설명을 선행연구의 내용과 비교하면 다음과 같은 추론이 가능하다. 첫째, 북한이 소련제 스커드 미사일을 모방 설계를 시작으로 미사일 개발을 본격화했다는 내용은 탈북자의 주장과 선행연구가 일치하는 것으로 사실로 받아들일 수 있다. 다만, 미사일 개발을 직접 지시한 사람이 김일성 주석의 후계자인 김정일 당시 북한 노동당 정치국 상무위원이라는 탈북자의 주장은 추가적으로 분석할 필요가 있다. 둘째, 탈북자가 설명한 '3차례의 실패'는 1984년에 이뤄진 총 6차례의 스커드-A 개량형 미사일 시험 발사 가운데 절반만 성공했다는 기존 연구의 내용과 일치한다. '모방 설계 완료 이후 약 3

22) 홍용표, 『북한의 미사일 개발전략』, pp. 16~17.
23) 김길선, "북한의 국방과학연구기지: 제2자연과학원," 『북한조사연구』, 3-1 (1999), p. 37.

년 뒤에야 양산에 들어갔다'는 탈북자의 주장은 1984년 스커드-A 개량형 완성 이후 1986년 스커드-B 모방형 양산까지 2년 여의 시간이 걸렸다는 기존 연구 내용과 대체로 일치하는 것으로 판단할 수 있다.

종합하면, 북한은 이집트에서 들여간 스커드-B 미사일을 역설계하면서 자체적인 기술력을 축적했다. 이를 발판으로 북한은 소련제 스커드-B를 모방한 미사일을 독자적으로 생산하려고 노력해, 스커드-B 모방형 미사일을 1985년께 개발하고 이듬해부터 양산하기 시작했다. 북한이 스커드-B 모방형을 독자 생산하는 과정에서 시제품으로 만들었던 이른바 스커드-A 개량형도 탄두 무게와 사거리 등에서 스커드-B를 모방한 미사일과 거의 차이가 없는 것으로 보인다. 이러한 점에서 스커드-A 개량형과 스커드-B 모방형을 동일한 것으로 볼 수도 있다.[24]

여기에서 북한이 보유한 미사일의 명칭 문제를 짚어볼 필요가 있다. 북한의 미사일 개발 과정을 자세히 설명한 한 탈북자는 "김정일의 지시로 1984년 11월 독자 개발에 착수한 중거리 미사일을 북한에서는 '화성-5'호라고 불렀다"며 "한국을 비롯한 유관들에서는 이 미사일을 '노동-1'호라고 부른다"고 주장했다.[25] 이 주장을 대부분의 연구자가 받아들여 북한이 소련제 스커드-B를 모방해 생산한 미사일의 북한 명칭이 '화성-5'호라고 주장하지만, 이는 신빙성이 높지 않아 보인다.[26] 탈북자의 주장에 따르면, 남한 등에서 노동-1호라고 부르는 미사일은 스커드-B 모방형 미사일이며, 이것을 북한에서는 화성-5호라고 부른다는 것이다. 그러나 이러한 주장은 스커드-B 모방형 미사일의 북한 명칭이 화성-5호라는 선행연구 내용과 배치된다. 따라서

---

24) Bermudez는 스커드-A 개량형을 스커드-B 모방형의 시제품(prototype)으로 취급한다. Joseph S. Bermudez Jr., A History of Ballistic Missile Development in the DPRK, pp. 10~11.

25) 김길선, "북한의 국방과학연구기지," p. 37.

26) IISS, North Korean Security Challenges: A Net Assessment (London: IISS, 2011), p. 130; Joseph S. Bermudez Jr., A History of Ballistic Missile Development in the DPRK, p. 11.

북한 명칭이 화성-5호인 미사일이 스커드-B 모방형 미사일인지 노동-1호 미사일인지 불분명한 상황이다. 다만, 북한에서 화성-5호라고 불리는 미사일이 존재한다는 정도를 사실로 받아들일 수 있다. 이를 감안해 이 책에서는 남한 등에서 사용하는 '스커드-B'라는 명칭을 활용하는 동시에 이것이 구소련제 스커드-B 미사일과 다를 수 있다는 점에서 '스커드-B 모방형 미사일'이라고 지칭하고자 한다.

북한은 사거리 300km 수준인 스커드-B 모방형 미사일만으로는 남한 전역을 타격할 수 없다는 사실을 잘 알고 있었을 것이다. 그리고 이는 북한이 지대지 탄도 미사일로 타격할 수 없는 지역인 한반도 남부 지방을 타격할 수 있는 사거리의 미사일 개발에 대한 필요성으로 이어졌을 것으로 보인다. 북한은 1987년에서 1988년 사이에 남한 전역을 타격할 수 있는 지대지 탄도 미사일 개발을 시작해, 1989년께 스커드-B 모방형과 거의 동일한 동체를 이용하지만 탄두 중량을 700kg으로 줄여 사거리를 500km로 연장한 '스커드-C 유사형' 미사일을 개발한 것으로 알려졌다.[27] 북한은 소련에서 수입한 특수한 스테인리스 강철로 동체를 만들어 미사일의 무게를 줄였으며, 연료 탱크의 부피를 증가시키고 엔진을 개조해 스커드-B 모방형 미사일보다 더 오랫동안 비행할 수 있는 스커드-C 유사형 미사일을 개발했다.[28] 북한은 정확성을 높이기 위해 관성유도시스템도 개량한 것으로 알려졌다.[29] 북한은 1991년 스커드-C 유사형 미사일의 대량 생산과 실전 배치를 시작한 것으로 전해졌다.[30]

일부 연구는 북한이 스커드-C 유사형 미사일을 '화성-6'호라고 부른다

---

27) 홍용표, 『북한의 미사일 개발전략』, p. 17.
28) 정규수, 『ICBM, 그리고 한반도』, p. 87.
29) 국방부, 『국방백서 1997~1998』 (1997), p. 56.
30) 홍용표, 『북한의 미사일 개발전략』, p. 17; 정규수, 『ICBM, 그리고 한반도』, p. 87.

고 주장한다.[31] 한 재미학자는 '북이 1980년대 중반에 제작해 1988년 시험 발사한 화성-6을 미국 군부는 '스커드-C'라고 제멋대로 부른다'며 "탄두중 량 800kg, 탄길이 12m, 탄지름 1m, 사거리 1,000km, 투발오차 50m"라고 주 장한다.[32] 그러나 한 탈북자는 "'화성-6'호 미사일의 경우 본인이 1997년 8 월 북한을 탈출할 때까지도 개발되지 못했다"고 주장했다. 이 탈북자는 "화 성-6호는 1998년 8월 인공위성 '광명성-1'호라는 이름으로 둔갑하여 시험 발사됐다"며 "화성-6호를 한국이나 유관국들에서는 '대포동-1'호라고 부르 고 있다"고 설명했다.[33] 이처럼 2가지 주장이 배치되는 사실을 감안해 이 책 에서는 북한이 스커드-B 모방형 미사일을 개량해 만든 이 미사일이 소련이 1976년 개발한 스커드-C 미사일과 비슷하다는 점을 감안해 '스커드-C 유사 형'으로 부르고자 한다.[34]

그러나 앞서 북한의 미사일에 관해 언급한 탈북자는 "스커드 미사일 모 방 설계 이후 김정일은 1984년 10월 제2자연과학원에 '이제는 창작 설계를 할 때가 되었다. 지금 우리 국방과학자들의 수준은 인민학교 수준이나 같은 데 중거리 미사일을 창작 설계하는 과정을 통해서 중등 수준에 올라서야 한 다'고 지시했다"고 전했다. 그는 또한 "북한에서는 처음으로 창작 설계하는 중거리 미사일을 '화성-5호'라고 부르고, 1984년 11월부터 개발에 착수해 1989년 10월에야 시험 발사용 미사일을 완성했다"며 "한국을 비롯한 유관 국들에서는 이 미사일을 '노동-1'호라고 부르고, 시험 발사는 1993년 5월 진 행됐다"고 덧붙였다.[35] 즉, 이 탈북자는 스커드-C 유사형의 개발을 언급하지 않으면서 노동 미사일 개발이 1980년대 중반 시작됐다고 주장하는 것이다.

---

31) IISS, *North Korean Security Challenges*, p. 131; 정규수, 『ICBM, 그리고 한반도』, p. 87; Joseph S. Bermudez Jr., *A History of Ballistic Missile Development in the DPRK*, pp. 14~15.
32) 〈자주민보〉, 2013년 7월 22일자.
33) 김길선, "북한의 국방과학연구기지," pp. 37~38.
34) 정규수, 『ICBM, 그리고 한반도』, p. 87.
35) 김길선, "북한의 국방과학연구기지," p. 37.

스커드-C 유사형 개발이 남한 전역을 타격할 수 있어 북한의 탄도 미사일 개발에서 이정표가 될 수 있다는 점을 감안하면,[36] 탈북자의 이 같은 주장은 스커드-C 유사형과 노동 미사일 개발이 거의 동시에 시작됐다는 점을 시사하는 것일 수 있다. 이는 북한이 1988년부터 미사일의 사거리 연장을 위한 프로그램을 추진했으며, 이 프로그램은 스커드-C 유사형 개발과 사거리를 더욱 증가시킨 노동 미사일 개발로 발전했다고 설명하는 일부 연구와 거의 같은 맥락이다.[37] 노동 미사일이 스커드-B 미사일의 엔진 등 모든 부분을 확대해 사거리를 증가한 것이라는 점에서,[38] 북한의 사거리 연장 프로그램은 탄두 및 동체 중량 감소를 통한 사거리 연장(스커드-C 유사형)과 더 긴 사거리를 갖는 새로운 미사일 개발(노동) 등 2가지 방향에서 진행됐을 것으로 추정된다.

3. 이집트 · 이란과의 협력

가. 북한과 이집트의 지대지 미사일 협력

북한이 이집트에서 소련제 스커드-B 지대지 탄도 미사일을 들여간 시기와 관련해 다양한 견해가 존재하는 것이 사실이다. ADD 출신인 박준복은 "북한은 이집트의 협조로 스커드 미사일을 획득, 1976년부터 역설계 · 개발에 착수"했다고 주장하고,[39] 역시 ADD에서 근무했던 정규수는 "이집트는 … 소량의 스커드-B와 이동식 발사대를 1979년에서 1981년 사이에 북한에 넘겨주었다고 보는 것이 일반적 견해"라고 설명한다.[40] 그러나 미국의 북한군사 전문가 버뮤데즈(Joseph S. Bermudez Jr.)는 1979년 또는 1980년이라고

36) Joseph S. Bermudez Jr., *A History of Ballistic Missile Development in the DPRK*, p. 15.
37) 홍용표, 『북한의 미사일 개발전략』, p. 17.
38) 정규수, 『ICBM, 그리고 한반도』, pp. 87~91.
39) 박준복, 『미사일 이야기』 (파주: 살림, 2013), p. 12.
40) 정규수, 『ICBM, 그리고 한반도』, p. 83.

주장하고,[41] IISS는 1976년부터 1981년 사이,[42] 홍용표는 1980년이라고 주장하는 등 혼란스러운 상황이다.[43] 본 연구는 북한이 이집트에서 스커드-B 미사일 등을 들여간 시기를 1980년 1월로 특정하고자 한다. 이 같은 특정이 가능한 이유는 다음과 같다.

북한과 이집트는 1963년 8월 수교한 뒤 1969년 5월 「군사협력협정」을 체결하는 등 긴밀한 관계를 유지했다. 특히, 양국의 군사·정부대표단이 상호 방문한 사실이 눈에 띈다. 1973년 10월 6일부터 22일까지 치러진 제4차 중동전쟁, 이른바 '욤키푸르(Yom Kippur) 전쟁'이 발생하기 6개월 전인 1973년 4월에는 이집트 군사대표단이 방북했다. 전쟁 발발 직전인 9월 16~21일에는 후세인 샤페이(Hussein El Shafei) 부통령이 이끄는 이집트 정부 대표단이 방북했다.[44] 이 같은 이집트 대표단의 방북은 북한이 제4차 중동전쟁에 2개 편대 규모의 공군을 파견해 이집트를 지원한 것과 연관된 것으로 보인다.[45] 이러한 맥락을 감안해 1980년부터 1990년까지 호스니 무바라크(Muhammad Hosni El Sayed Mubarak) 대통령이 부통령과 대통령 자격에서 4차례나 방북한 사실을 살펴볼 필요가 있다.[46]

무바라크의 첫 방북은 무바라크의 전임자인 안와르 사다트(Mohamed Anwar Al Sadat) 대통령 재임 시절인 1980년 1월 10일부터 13일까지 부통령 자격에서 이뤄졌다. 북한은 무바라크가 부통령임에도 불구하고, 그의 방북 이틀 전에 "애급아랍공화국(이집트) 부대통령 무함마드 후쓰니 무바라크가 곧 우리나라(북한)를 공식 친선방문하게 된다"고 예고했다.[47] 북한은 무바라

41) Joseph S. Bermudez Jr., *A History of Ballistic Missile Development in the DPRK*, p. 10.
42) IISS, *North Korean Security Challenges*, p. 130.
43) 홍용표, 『북한의 미사일 개발전략』, p. 16.
44) 조선중앙통신사, 『조선중앙년감 1974』(1974), pp. 453, 365.
45) 김일성, "애급신문 '알마싸' 책임주필이 제기한 질문에 대한 대답(1986년 10월 16일),"『김일성 저작집』, 제40권 (평양: 조선로동당출판사, 1994), p. 195.
46) 외교통상부, 『이집트 개황』(2013), pp. 121~124.
47) 〈로동신문〉, 1980년 1월 8일자.

크의 방북 당일에는 그의 약력을 대대적으로 소개했으며,[48] 무바라크가 13일 평양을 떠나며 남긴 짧은 메시지를 이틀 뒤 〈로동신문〉에 게재하기도 했다.[49] 당시 북한은 비동맹 외교 차원에서 방북하는 아프리카와 중동지역 국가 지도자의 약력을 종종 소개했다. 그러나 이집트의 대통령이 아닌 부통령인 무바라크의 약력과 그가 남긴 메시지를 소개한 것은 매우 이례적인 것이라고 할 수 있다.

무바라크의 첫 방북에서 특히 주목해야 하는 내용은 그가 '특별기'를 타고 평양에 들어갔다는 사실이다. 국가 정상이 외국을 방문할 때 특별기를 이용하는 것이 특이한 현상은 아니지만, 1980년 1월 방북할 당시 무바라크는 이집트의 대통령이 아닌 부통령이었다. 이집트 부통령이 특별기를 이용해 외국을 방문한 것은 쉽게 찾아보기 어려운 사례이다. 이로 인해 무바라크의 특별기 방북은 이집트가 외부 세계의 눈을 피해 무엇인가를 북한에 전달하는 통로였을 것이라고 추정할 수 있다. 이와 관련해 북한이 제4차 중동전쟁 참전 대가로 이집트에 스커드-B 미사일 공급을 요청했고, 이집트가 이를 수락했다는 주장이 있다.[50]

종합하면, 국제적으로 감시가 심한 미사일 이전을 위해 이집트와 북한이 선택한 방법이 부통령인 무바라크의 특별기 방북이라고 추정할 수 있다. 이러한 추정에 따라 이집트가 북한에 스커드-B 미사일을 제공한 시기를 1980년 1월 상순으로 특정할 수 있는 것이다. 무바라크는 평양에 도착한 다음날

---

48) 〈로동신문〉, 1980년 1월 10일자.
49) 〈로동신문〉, 1980년 1월 15일자.
50) KBS World Radio 웹사이트(http://world.kbs.co.kr/korean/event/nkorea_nuclear/news_04b.htm) 참조(검색일: 2013년 11월 25일). 한편 조명록이 북한 공군을 이끌고 제4차 중동전쟁에 참전해 당시 이집트 공군사령관이었던 무바라크와 쌓은 친분 등을 활용해 북한이 이집트에서 스커드-B 미사일을 들여가는 데 공을 세웠다는 주장이 있다. 〈자주민보〉, 2012년 12월 10일자. 한 전문가는 조명록이 지상군 위주의 북한군에서 공군 출신임에도 불구하고 군 내 최고 권력기관인 총정치국장에 오른 것은 스커드-B 도입의 주역이기 때문이라는 얘기를 북한 사람으로부터 들은 적이 있다고 말했다. 전문가 인터뷰, 2013년 11월 25일.

인 11일 박성철 부주석과 회담하고, 12일에는 김일성 주석을 접견했다.[51] 무바라크와 박성철의 회담에서 양국은 미사일 인수 · 인계와 관련한 외교적 조치를 취했고, 그 결과를 김일성이 이튿날 보고받았을 것이다. 물론 북한 문헌에서 무바라크 부통령의 1980년 1월 방북과 관련한 내용 가운데 미사일 이전을 추론할 수 있는 내용은 전혀 없다. 그러나 이는 북한과 이집트가 미사일 이전에 대한 국제적 감시를 피하는 한편 이집트가 소련에서 받은 미사일을 제공국의 동의 없이 반출한 것이기 때문에 비밀에 부쳤을 가능성이 크다는 맥락에서 이해할 수 있는 부분이다.

나. 북한과 이란의 지대지 미사일 협력

북한은 이집트뿐 아니라 이란과도 각별한 관계를 유지했다. 1963년 이란과 수교한 북한은 1980년부터 1988년까지 미국의 지원을 받는 이라크와 이란이 전쟁을 벌이자 총 26억 달러 상당의 무기를 이란에 수출하며 지원했다.[52] 북한은 이집트에서 도입한 소련제 스커드-B 미사일에 대한 모방을 끝낸 뒤 1985년 이란과 탄도 미사일 기술을 상호 지원하는 내용의 「탄도 미사일 개발 협정」을 체결한 것으로 알려졌다. 이 협정의 주요 내용은 이란이 북한의 미사일 개발에 자금을 지원하고, 북한이 생산한 스커드-B 모방형 미사일 구매에 이란이 우선권을 갖는다는 것이다.[53] 이 협정에 따라 북한은 이란에 스커드-B 모방형 미사일의 조립 및 생산 공장을 건설해주고 유지 · 보수 등을 위한 기술을 지원했으며, 1987년부터 1988년까지 스커드-B 모방형 미사일 100기를 수출한 것으로 보인다.[54]

이란-이라크 전쟁이 끝난 뒤에도 북한과 이란은 정치 · 군사적으로 긴밀

---

51) 〈로동신문〉, 1980년 1월 12일자, 1월 13일자.
52) 외교통상부, 『이란 개황』(2003), p. 137.
53) 홍용표, 『북한의 미사일 개발전략』, p. 16.
54) SIPRI, *SIPRI Yearbook 1989* (1989), p. 253.

한 관계를 유지했다. 전쟁 이듬해인 1989년 양국 간 교류가 가장 활발하게 이뤄졌다. 양국은 그해 1월 5일 「경제 및 과학기술 협조를 위한 공동위원회 창설에 관한 합의서」와 「경제기술협조에 관한 합의서」를 체결한 뒤 각 부문의 대표단을 활발하게 상호 파견했다. 이란에서는 혁명근위대 참관단(4월), 정부 경제대표단(5월), 외무성 제1부상(8월), 행정실무 일꾼 대표단(10월), 국회 대표단(11월), 군사대표단(12월)이 방북했다. 같은 해 북한은 친선대표단(2월), 정부 무역대표단(4월), 최고인민회의 대표단(7월), 외교부 대표단(12월)을 이란에 파견했다.

특히, 1989년 5월 14~17일 세예드 알리 하메네이(Seyyed Ali Khamenei) 당시 대통령(현 이란 최고지도자)이 무바라크 이집트 부통령처럼 특별기를 타고 방북한 사실이 눈에 띈다. 하메네이 대통령은 방북 기간 김일성 주석과 여러 차례 회담하고, 「조선민주주의인민공화국과 이란회교공화국 사이의 공동콤뮤니케」를 채택·발표했다.[55] 양국은 이 때 「외교부 사이의 협조에 관한 합의서」와 '경제 및 과학기술협조를 위한 공동위원회 제1차 회의 회담록'을 채택했다.[56]

같은 해 12월 3~8일에는 이란의 군사대표단이 북한을 방문해 양국이 군사 분야 뿐 아니라 군수산업 분야에서도 협력해야 한다고 강조했다. 방북 기간 김 주석을 2차례나 접견한 이란 군사대표단 단장인 회교혁명근위대 총사령관은 방북 당일인 3일 열린 연회에서 "우리(이란과 북한)는 이번에 자립적 군수공업 건설, 정치 및 문화 분야에서 이룩한 경험 등을 나누게 될 것"이라며 "우리(이란)는 귀국(북한)과 모든 분야에 걸쳐 협조와 단결을 강화해나갈 의향"이라고 밝혔다.[57] 그는 또 7일 열린 군중집회에 참석해 "(양국은) 방

---

55) 조선중앙통신사, 『조선중앙년감 1990』(1990), pp. 290, 418~419.
56) 〈로동신문〉, 1989년 5월 18일자.
57) 〈로동신문〉, 1989년 12월 4일자.

위분야에서 협조를 강화해야 한다"며 "우리가 힘을 강화하지 않는다면 제국주의자들이 팽창주의 야망을 버리지 않을 것이기 때문에 자주적인 나라 정부들은 방위분야에서 굳은 단결을 이룩해야 한다"고 강조했다.[58] 이 때 북한과 이란은 「상호 방위 협력 협정」을 체결한 것으로 보인다.[59]

이란 군사대표단의 방북에 대한 북한 군사대표단의 답방은 이듬해인 1990년 11월 하순에 이뤄졌다. 북한 군사대표단의 단장을 맡은 오진우 인민무력부장 겸 노동당 중앙위원회 정치국 상무위원은 약 1년 전에 방북했던 이란 회교혁명근위대 총사령관을 11월 24일과 25일 각각 만나 단독 회담을 진행했다. 26일 북한 군사대표단은 이란의 군수공장과 공장 구내에 있는 '국방공업전람관'을 참관했다. 오진우 부장은 이 참관을 통해 이란의 군수산업 책임자인 '국방 및 무력병참상', 국방 및 무력병참성 군수공업기구 위원장 등을 만났다. 북한 군사대표단은 이날 이란의 회교혁명근위대와 정규군 해군이 연합으로 펼친 훈련을 참관했다.[60] 오 부장은 27일 악바르 하세미 라프산자니(Akbar Hashemi Rafsanjani) 이란 대통령을 예방하고 김일성 주석의 친서를 전달했다.[61] 북한 군사대표단의 이란 방문을 통해 양국은 「군사협력 의정서」를 체결한 것으로 추정된다.[62]

북한은 1990년 가을 이란과 스커드-C 유사형 미사일 수출입과 관련한 협정을 체결한 것으로 알려졌다.[63] 협정의 주요 내용은 북한이 이란에 스커드-C 유사형 미사일의 생산을 위한 설비를 공급하고, 스커드-C 유사형 미사

58) 〈로동신문〉, 1989년 12월 8일자.
59) 외교통상부, 『이란 개황』, p. 140.
60) 〈로동신문〉, 1990년 11월 28일자, 29일자; 조선중앙통신사, 『조선중앙년감 1991』(1991), p. 220.
61) 이란의 국방 조직은 최고지도자 직속으로 정규군(40만명), 혁명군(20만명)이 각각 육 · 해 · 공군을 보유한 이원 형태로 돼 있으며, 대통령 및 국방장관은 군 지휘 계통 상에 있지 않고 국방장관이 군수물자 조달을 책임지는 한편 군 지휘 계통은 혁명군(회교혁명근위대 총사령관)에게 있다. 외교통상부, 『이란 개황』, p. 62.
62) 외교통상부, 『이란 개황』, p. 140.
63) 홍용표, 『북한의 미사일 개발전략』, p. 17.

일을 200기 이상 수출한다는 것이다. 이에 따라 북한은 이란에 1992년 스커드-C 유사형 미사일 100기와 스커드-C 유사형 미사일을 위한 이동식 발사 시스템 5대를 수출했다고 한다.[64] 북한은 1993년 스커드-C 유사형 미사일 170기, 1993~1995년 이동식 지대지 탄도 미사일 시스템 10대를 수출하기도 했다.[65] 이 같은 북한의 대이란 미사일 수출은 중동의 석유 산유국들에 미사일을 판매하는 대가로 석유의 안정적 공급을 확보하고자 한 것으로 이해할 수 있다. 북한은 미사일과 석유를 서로 맞바꾸는 형식의 수출입도 진행했으며, 1986년 12월 석유 수입으로 이란에 진 부채를 상환하는 일정을 재조정하기도 했다.[66]

제2절 탈냉전 초기 북한의 지대지 미사일 개발

1. '노동' 중거리 지대지 탄도 미사일 개발

북한은 1980년대 중반 사거리 300km의 소련제 스커드-B 지대지 탄도 미사일을 모방한 미사일을 생산한 뒤 스커드-C 유사형과 같이 탄두 무게를 줄이거나 스커드-B 모방형 미사일을 확대해 새로운 미사일을 개발하는 방법으로 지대지 탄도 미사일의 사거리를 연장했다. 이 가운데 북한이 스커드-B의 엔진, 동체 등을 1.5배 가량 확대하는 방법으로 독자 개발한 중거리 지대지 탄도 미사일이 '노동' 미사일이다. 북한에서는 이 미사일을 '화성-5'호라고 부른다는 주장이 있지만,[67] 여러 기존 연구는 북한의 스커드-B 모방형 미사일을 화성-5호라고 지칭한다. 이러한 점을 감안해 이 책에서는 혼란을 피

---

64) SIPRI, *SIPRI Yearbook 1993* (1993), p. 505.
65) SIPRI, *SIPRI Yearbook 1994* (1994), p. 526; SIPRI, *SIPRI Yearbook 1996* (1996), p. 503.
66) Peter Hayes, "International Missile Trade and the Two Koreas," *Korean Journal of Defense Analysis*, 5-1 (1993), p. 216.
67) 김길선, "북한의 국방과학연구기지: 제2자연과학원," 『북한조사연구』, 3-1 (1999), p. 37.

하기 위해 남한과 미국 등 서방 국가에서 명명한 노동 미사일이라는 명칭을 사용하고자 한다.[68]

일부 선행연구는 북한이 스커드-B 모방형 미사일 엔진 4개를 묶어 노동 미사일의 엔진으로 사용해 사거리를 증가했다고 주장하지만,[69] 이는 잘못된 주장으로 보인다.[70] 소련제 스커드-B 미사일의 직경이 0.8m인데, 여기에 사용하는 엔진 4개를 묶었다면 산술적인 계산만으로도 노동 미사일의 직경이 2m에 가까워야 한다는 결론이 나온다. 그러나 노동 미사일의 직경은 1.3m에 불과하다. 노동 미사일의 복제판인 이란의 샤하브(Shahab)-Ⅲ 엔진과 소련제 스커드-B의 엔진을 비교하면,[71] 터보펌프와 각종 파이프 배관, 터보펌프의 연소 가스 배기관 등의 모양과 배치가 거의 같으며, 직경과 길이 등 크기가 1.5배 가량 크다는 사실을 확인할 수 있다.[72] 노동 미사일의 직경과 길이(약 16m)도 스커드-B(길이: 11m)의 약 1.5배이다.[73] 종합하면, 북한은 스커드-B 모방형 미사일의 외형 뿐 아니라 주요 기관 및 부품 등을 확대해 새로운 미사일을 개발하는 방식으로 노동 미사일을 개발한 것으로 추정된다.

이와 관련해 FAS가 소련의 초기 잠수함 발사 탄도 미사일(SLBM: Submarine Launched Ballistic Missile)인 R-13/21(소련명. NATO명 SS-N-4/5)를 모델로 북한이 노동 미사일을 개발했다고 분석한 내용이 눈에 띈다. FAS는 소련의 SLBM 초기 모델은 스커드 미사일 기술을 단계적으로 발전시

---

68) 미국 정보기관은 1990년 5월 북한의 함경북도 화대군 무수단리 발사장 부근에서 노동 미사일을 처음으로 식별하면서 인근 지역인 함경북도 화성군 로동리의 명칭을 차용해 발견한 미사일을 '노동' 미사일이라고 부른 것으로 알려졌다.

69) 홍용표, 『북한의 미사일 개발전략』, p. 32; David Wright and Timur Kadyshev, "An Analysis of the North Korean Nodong Missile," Science & Global Security, 4 (1994), p. 132.

70) 정규수, 『ICBM, 그리고 한반도』, pp. 285~289.

71) 사거리가 1,300km이며 액체 연료를 사용하는 1단 미사일인 이란의 샤하브-Ⅲ 지대지 탄도 미사일은 북한의 노동 미사일에 기초해 만들어진 것으로 알려졌다. http://www.fas.org 참고(검색일: 2013년 12월 2일).

72) 정규수, 『ICBM, 그리고 한반도』, pp. 89~90.

73) http://www.fas.org 참고(검색일: 2013년 12월 2일).

킨 모델이라며 노동 미사일과 R-13/21의 직경이 비슷하다고 지적했다.[74] 이에 따라 북한이 독자적으로 발전시켜 온 스커드 미사일 기술과 소련의 초기 SLBM 기술을 결합해 노동 미사일을 개발한 것이라고 FAS는 주장한다.[75] 1990년대 말 이란에서 일했던 러시아 기술자도 노동 미사일과 이란 샤하브-Ⅲ 미사일의 엔진이 러시아에서 기원한 것이라고 주장했다.[76]

북한은 1990년 5월 노동 미사일을 처음으로 시험 발사했지만 실패했고, 같은 해 11월에는 시험 발사를 계획했다가 취소한 것으로 전해졌다.[77] 김일성 주석은 1991년 10월 4~13일 중국을 방문한 자리에서 노동 미사일 개발을 위한 지원을 요청했고, 중국은 이례적으로 북한의 요청을 수락한 것으로 알려졌다. 당시 중국은 미사일 개발 주무부서인 '항공우주부'와 '국가과학기술위원회' 등에서 북한의 미사일 개발 관련 기술자들이 연수를 받을 수 있게 했다고 한다. 이뿐 아니라 중국은 미사일 제작 기관인 '보리과학유한공사'와 '국방항공총공사' 등을 통해 북한에 미사일 관련 기술을 제공한 것으로 알려졌다.[78]

이와 관련해 김 주석의 방중 1개월 뒤인 11월 25일부터 12월 14일까지 오진우 인민무력부장이 무려 20일 가까이 중국에 머물렀다는 사실에 주의를 기울일 필요가 있다. 당시 북한은 오진우 부장이 휴양을 위해 중국을 방문했다고 밝혔다. 그러나 12월 14일께 오 부장이 중국에서 나이지리아를 방문하는 북한 군사대표단과 합류했다는 점에서 그가 휴양만을 위해 방중하지는 않았던 것으로 보인다.[79] 오진우 부장은 중국에 머물면서 장쩌민(江澤民) 당

---

74) http://www.fas.org 참고(검색일: 2013년 12월 17일).
75) 박건영·정욱식, 『북핵, 그리고 그 이후』(서울: 풀빛, 2007), p 193.
76) IISS, *North Korean Security Challenges*, p. 158.
77) IISS, *North Korean Security Challenges*, p. 133.
78) 장준익, 『북한 핵·미사일 전쟁』(서울: 서문당, 1999), p. 283. 이와 관련해 북한의 조선과학기술총련맹 대표단이 1992년 2월 방중하고, 중국의 정부과학기술협조대표단이 같은 해 8월 방북한 것이 눈에 띈다. 『조선중앙년감 1993』(1993), p. 462.
79) 〈로동신문〉, 1991년 12월 13일자, 15일자, 17일자.

시 중국 국가주석 등을 만났다. 오 부장의 중국 체류와 관련해 북한이 김정일의 최고사령관 추대를 사전에 중국과 협의하기 위해서였다는 추정도 가능하다. 오 부장이 귀국(12월 22일)한 지 2일 만인 12월 24일 북한은 노동당 중앙위원회 제6기 제19차 전원회의를 열어 김정일 당시 노동당 정치국 상무위원을 인민군 최고사령관으로 추대했기 때문이다. 그러나 이를 위해 20여일이나 중국에 머물렀다고 보기는 어려운 것이 사실이다.[80] 오진우 부장의 장기간 중국 체류가 이례적이고, 그가 나이지리아로 향하는 북한 군사대표단과 합류했다는 점에서 김일성 주석의 방중시 북·중이 합의한 노동 미사일 개발 지원과 관련된 후속조치가 논의됐을 개연성을 배제할 수 없다. 그러나 북한은 1992년에도 노동 미사일 시험 발사에 실패했다.

북한은 1990년대 초반 지대지 탄도 미사일 개발 경험이 있는 러시아 기술자들의 도움을 받았던 것으로 알려졌다.[81] 북한은 1993년 5월 29일과 30일 이틀에 걸쳐 총 4기의 미사일을 함경북도 화대군 무수단리 부근에서 TEL 등을 이용해 동쪽과 동남쪽 방향으로 시험 발사했다.[82] 이란 등에서 온 참관단이 지켜보는 가운데 발사된 미사일 가운데 1기는 100km 정도를, 2기는 100km 미만의 짧은 거리를 비행했고 나머지 1기는 500km 가량을 비행했는데,[83] 가장 먼 거리를 비행한 미사일이 노동 미사일로 추정된다. 미국 정보당국은 시험 발사를 관찰한 결과, 탄두 중량을 1t이라고 가정했을 때 노동 미사일의 최대 사거리가 약 1,000km에 달할 것이라고 발표했다. 일부 전문가는 탄두 중량을 350kg으로 줄이거나 동체의 무게를 감소할 경우 노동 미사일의 사거리가 1,300km로 증가할 수 있다고 분석하기도 한다.[84]

80) 〈로동신문〉, 1991년 12월 25일자.
81) 홍용표, 『북한의 미사일 개발전략』, p. 32.
82) David Wright and Timur Kadyshev, "An Analysis of the North Korean Nodong Missile," p. 137.
83) 정규수, 『ICBM, 그리고 한반도』, p. 92.
84) 홍용표, 『북한의 미사일 개발전략』, p. 33.

북한이 노동 미사일을 발사한 지 10여일 만인 1993년 6월 11일, 일본 정부는 북한이 노동 미사일 시험발사에 성공했다는 정보를 갖고 있다고 밝혔다. 일본은 북한이 3기의 미사일을 일본에 직접 도달하지 않도록 높은 각도로 동해를 향해 발사했으며, 1기의 미사일이 550km를 비행해 목표물에 명중했고 사거리 1,000km의 능력이 처음으로 확인됐다고 설명했다. 사흘 뒤 일본 정부는 추가 발표를 통해 북한의 노동 미사일이 거의 무기로서 완성 단계에 도달했으며, 가까운 시일 내에 실전 배치될 가능성이 있다고 설명했다. 또한 북한의 노동 미사일이 오사카(大阪)를 넘어 북한에서 1,300km 가량 거리에 있는 도쿄(東京)를 타격할 가능성이 있다고 강조했다. 일본은 자신들을 향해 북한이 시험 발사한 노동 미사일에 대해 '대단한 염려'와 '중대한 관심'을 나타냈다.[85]

북한은 노동 미사일을 포함한 지대지 탄도 미사일 시험발사 이전인 1993년 4월 말부터 무수단리 발사장과 청진항 등에서 미사일 시험발사에 대비한 준비에 들어갔다.[86] 북한 해군은 노동 미사일이 떨어진 지점 근방에 함정을 대기시켰으며, 노동 미사일이 시험 비행을 마친 직후 떨어진 잔해를 수거한 것으로 알려졌다. 북한은 또 시험 발사한 노동 미사일이 원격 측정 데이터를 발신하지 않게 했는데,[87] 이는 남한과 일본 등 주변국이 노동 미사일 시험 비행을 관측할 것을 의식한 조치로 보인다. 북한은 원격 데이터 발신 대신 노동 미사일에 탑재한 기록 매체에 관련 기록을 저장하게 한 것으로 추정된다. 북한은 1993년 12월 29~30일 베나지르 부토(Benazir Bhutto) 파키스탄 총리가 방북했을 당시에도 노동 미사일을 시험 발사한 것으로 알려졌다.[88]

---

85) 박홍영, "북한 미사일 문제에 대한 일본의 관점: 노동1호, 대포동1·2호, 광명성2호 발사에 대한 반응과 조치," 「국제문제연구」, 11-2 (2011), pp. 137~138.

86) Joseph S. Bermudez Jr., *A History of Ballistic Missile Development in the DPRK*, p. 21.

87) Greg J. Gerardi and James A. Plotts, "An Annotated Chronology of DPRK Missile Trade and Developments," *The Nonproliferation Review*, 2-1 (1994), p. 82.

88) Daniel A. Pinkston, *The North Korean Ballistic Misiile Program* (Washinton D.C.: U.S. Government, 2008), p. 19.

북한의 〈조선중앙TV〉가 2013년 8월 23일 김정일 위원장의 '선군혁명 영도' 53주년을 기념해 방영한 기록영화 '절세의 애국자 김정일 장군 2: 조국수호의 전초선에 계시여'를 보면, 김 위원장이 5축 10륜 TEL에 실려 있는 미사일과 8축 16륜 TEL에 탑재돼 있는 2단 미사일,[89] 북한이 1998년 8월 31일 인공위성 '광명성-1호'를 탑재해 쏘아올린 발사체 등을 둘러보는 장면을 확인할 수 있다.[90] 이 가운데 5축 10륜 TEL에 탑재된 미사일이 노동 미사일로 추정된다.[91] 이에 앞서 북한은 2010년 10월 노동당 창당 65주년 열병식에서 기존의 노동 미사일과는 탄두 부분의 모양새만 다른 미사일을 5축 10륜 TEL에 탑재한 모습을 공개한 바 있다. 이는 이란이 북한의 노동 미사일을 토대로 제작 · 생산해 2009년 9월 28일 시험 발사한 가디르(Ghadr)-1 미사일과 유사한 노동 미사일 개량형인 것으로 보인다.[92] 북한은 이란 외에도 시리아, 오만, 예멘, 이라크, 파키스탄, 리비아 등 중동 국가에 노동 미사일 등을 수출한 것으로 알려졌다.[93]

2. 러시아 기술자들의 지원

북한의 미사일 개발에 대한 러시아 기술자들의 지원은 구소련이 붕괴하기 이전인 1980년대 중반부터 이어져 온 것으로 보인다. 김일성 주석은 1984년 5월 24일과 25일 모스크바에서 콘스탄틴 체르넨코(Konstantin Ustinovich Chernenko) 소련 공산당 서기장과 정상회담을 했다. 정상회담 첫째 날인 24일에는 김 주석을 수행한 오진우 인민무력부장이 드미트리 우스치노프

---

89) 김정일 위원장을 수행하던 인물 가운데 연형묵 전 북한 정무원 총리가 있는 것으로 봐서 그가 사망한 2005년 10월 이전에 이뤄진 김 위원장의 공개활동으로 추정된다.
90) 〈조선중앙TV〉, 2013년 8월 23일 방송분.
91) http://nkleadershipwatch.wordpress.com 참조(검색일: 2013년 12월 3일).
92) IISS, *North Korean Security Challenges*, pp. 134~135; 정규수, 『ICBM, 그리고 한반도』, p. 291.
93) 김주삼, "북한의 대 중동군사외교: 전략무기체계를 중심으로," 조선대 동북아연구소, 『동북아연구』, 25-2 (2010), p. 46.

(Dmitry Fedorovich Ustinov) 소련 국방장관과 회담했다.[94] 이듬해인 1985년 양국은 소련이 북한의 군사력 현대화를 지원한다는 내용의 협정을 체결했다. 이에 따라 북한은 소련으로부터 SA-3b(NATO명. 소련명 S-125 Neva/Pechora) 및 SA-5(NATO명. 소련명 S-200 Gammon) 지대공 미사일을 도입하는 등 방공 체계를 강화했다.[95] 김일성 주석은 1986년 10월 말에도 소련을 방문해 24일 미하일 고르바초프(Mikhail Sergeevich Gorbachev) 소련 대통령과 정상회담을 했다.[96] 영국의 한 일간지는 김 주석이 고르바초프와의 정상회담에서 신무기 지원을 요청했다고 보도했다.[97]

특히, 북한은 1990년대 초반 스커드 유형의 지대지 탄도 미사일보다 긴 사거리의 미사일을 개발하는 과정에서 러시아 기술자들의 도움을 받았던 것으로 보인다. 구소련에서 SLBM과 스커드-B 지대지 탄도 미사일 개발을 담당한 마케예프 설계국(Makeyev Design Bureau) 책임자인 이고르 벨리치코(Igor Velichko)는 1992년 5월 북한을 방문해 러시아 기술자들의 방북을 주선하는 내용의 계약을 체결했다고 한다. 계약의 주요 내용은 '조선영광무역회사 등 북한 기술자의 교육을 위해 러시아 기술자를 북한에 보낸다', '북한이 개발하려는 우주발사체 개발을 돕기 위해 (러시아) 기술자를 (북한에) 파견한다'는 것으로 알려졌다. 이 계약에 따라 1992년 8월 러시아의 전략무기 전문가 10명이 방북했다.[98]

러시아 기술자들의 북한 미사일 개발 참여는 처음에 러시아 정부의 허가를 받고 진행됐다고 한다. 러시아 정부는 1991년 4월 러시아의 고체물리학자 아나톨리 루브초프(Anatoliy Rubtsov)가 추진하던 북한 미사일 개발 지

---

94) 『조선중앙년감 1985』(1985), p. 140; 〈로동신문〉, 1985년 5월 25일자, 26일자.
95) Joseph S. Bermudez Jr., *A History of Ballistic Missile Development in the DPRK*, p. 13.
96) 『조선중앙년감 1987』(1987), pp. 288~289; 〈로동신문〉, 1986년 10월 24일자, 26일자.
97) 소련은 1988년 북한에 Su-25 전투기를 지원했다. SIPRI, SIPRI Yearbook 1988 (1988), p. 235.
98) 정규수, 『ICBM, 그리고 한반도』, pp. 98~99, 278.

원을 승인했다. 루브초프는 북한에 로켓 산업의 과학적 토대를 만들기 위해 로켓 엔진 전문가인 아르카디 바흐무토프(Arkdaiy Bakhmutov), 발레릴리 스트라호프(Valerily Strakhov) 러시아 특수기계과학연구소(Scientific Research Institute of Special Machine Building) 소장, 유리 베사라보프(Yuriy Bessarabov) 미사일 설계자 등 200명의 러시아 과학자를 북한으로 보낼 계획이었다.[99] 이와 관련해 1993년 10월 러시아군 참모본부의 군전략분석센터(Center for Military Strategic Analysis at the Russian General Staff)가 '1980년대 중반 이후 러시아 기술자 160명이 북한의 핵·미사일 개발을 돕고 있다'며 '러시아 기술자들이 1980년대 말부터 북한의 핵·미사일 개발을 지원했고, 러시아 기술자들이 노동 미사일 생산에 참여했다'고 밝힌 바 있다.[100]

그러나 러시아 정부는 갑자기 입장을 바꿔 러시아 기술자들이 북한의 미사일 개발에 참여하거나 북한의 미사일 개발을 지원하는 활동을 통제했다. 1992년 10월 러시아 정부는 핵물리학자 10명의 방북을 제지했고, 같은 달 15일에는 북한의 지대지 탄도 미사일 개발 지원을 위해 북한으로 가려던 러시아 기술자 32명이 모스크바의 셰레메티예보(Sheremetyevo)-2 국제공항에서 출국을 금지당했다. 동년 11월 5일에는 또 다른 러시아의 미사일 기술자 22명이 북한으로 떠나려다 제지당했다. 이러한 사건이 잇달아 벌어지자 1993년 초 러시아 정부는 게오르기 쿠나제(Georgy Kunadze) 외무차관을 북한에 보냈다. 게오르기 차관은 북한이 러시아의 핵·미사일 기술자를 포섭하는 활동을 중지하라고 요구했고, 북한은 러시아의 요구를 수용한 것으로 알려졌다.[101]

러시아의 이 같은 태도 변화는 보리스 옐친(Boris Nikolayevich Yeltsin) 러

---

99) http://www.globalsecurity.com 참조(검색일: 2013년 12월 4일).
100) Greg J. Gerardi and James A. Plotts, "An Annotated Chronology of DPRK Missile Trade and Developments," p. 85.
101) 정규수, 『ICBM, 그리고 한반도』, pp. 278, 91.

시아 대통령이 1992년 11월 18~20일 방한해 「한·러 기본관계 조약」 및 「이중과세 회피 협약」 등을 체결하기 직전부터 이뤄진 것이라는 점에서 남한과의 관계를 감안한 것으로 보인다.[102] 러시아 정부의 제지에도 불구하고 러시아 기술자들이 북한으로 가려고 했던 이유는 '돈벌이'를 위해서인 것으로 추정된다. 한 전문가는 "구소련이 붕괴한 뒤인 1990년대 초반 러시아 정부가 과학·기술 관련 연구기관들에 '당국이 계속 지원할 수 없다'고 통보했으며, 이에 따라 러시아의 기술자·전문가들은 외국과의 협력을 통해 수입을 확보하고자 했다"고 말했다.[103] 벨리치코가 1992년 방북해 체결한 계약에는 '첫 단계 프로젝트가 완료되면 북한은 마케예프 설계국에 300만 달러를 지불하고, 설계가 완료되면 로켓은 러시아에서 생산한다'는 내용이 포함돼 있던 것으로 알려졌다.[104]

3. '백두산-1호' 로켓('대포동-1호' 미사일) 개발

북한이 노동 미사일 시험 발사에 성공한 이듬해인 1994년 2월, 미국은 첩보위성이 촬영한 영상을 통해 북한이 2단 형태의 새로운 지대지 탄도 미사일 2기를 제작 중인 사실을 탐지했다.[105] 미 정보 당국은 평양 외곽 지역에 있는 '산음동 연구개발센터'에서 처음 식별된 2종류의 미사일 가운데 상대적으로 길이가 짧고 탄두가 작은 것에는 '대포동-1호', 길이가 길고 탄두가 큰 것에는 '대포동-2호'라는 이름을 붙였다. 미국은 대포동-1호의 1단이 노동 미사일, 2단이 스커드-B 모방형 또는 스커드-C 유사형 미사일인 것으로 분석했다.[106]

---

102) 외교통상부, 『러시아 개황』(2008), pp. 79, 122.
103) 전문가 인터뷰, 2013년 12월 4일.
104) NTI(Nuclear Threat Initiative), *North Korea Missile Chronology* (2012), p. 253.
105) 홍용표, 『북한의 미사일 개발전략』, p. 34.
106) IISS, *North Korean Security Challenges*, pp. 135~136.

먼저, 북한이 1998년 8월 31일 인공위성 발사를 주장하며 쏘아올린 발사체, 즉 대포동-1호에 관해 살펴보도록 하자. 북한은 대포동-1호 미사일 발사 사흘 뒤인 1998년 9월 4일 "운반 로케트는 1998년 8월 31일 낮 12시 07분 함경북도 화대군 무수단리의 발사장에서 86도 방향으로 발사되어 4분 53초 만인 12시 11분 53초에 위성을 자기 궤도에 정확히 진입시켰다"고 전했다. 북한은 "운반 로케트는 3단으로 되어 있다"며 "1계단은 발사 후 95초 만에 분리되어 발사장으로부터 253km 떨어진 북위 40도 51분, 동경 132도 40분의 조선 동해 공해 상에 떨어졌다. 2계단은 144초 만에 머리부류 선체를 활개하고 266초 만에 분리되어 발사장으로부터 거리 1,646km인 북위 40도 13분, 동경 149도 07분의 태평양 공해 상에 떨어졌다. 3계단은 2계단이 분리된 후 27초 만에 위성을 궤도에 진입시켰다"고 설명했다.[107]

북한이 일본 열도를 넘어서는 발사체를 쏘아 올리자 일본 정부는 강하게 반발했다. 일본은 1998년 9월 2일 총리 관저에서 관계 부처 간 협의를 열고, 일본과 북한 사이의 직항노선 운항 중지, 재일본조선인총연합(조총련)계 교포의 재산 동결 및 대북 송금 정지 등 대북 제재 조치를 검토할 것이라고 밝혔다.[108] 이에 대해 북한은 같은 날 아시아·태평양평화위원회 대변인 담화를 통해 "우리는 일본이 알지도 못하면서 우리의 자주권에 속하는 문제를 가지고 복잡소동을 벌리는 데 대하여 강력히 규탄한다"고 강조했다. 이는 미사일 발사 이후 북한이 처음으로 내놓은 반응이었다.[109] 북한은 이틀 뒤인 9월 4일 외교부 대변인 담화에서 미국과 일본 등을 겨냥하며 "우리 주변의 일부에서는 자라보고 놀란 사람 솥뚜껑보고도 놀라는 격으로 인류공동의 재보에 기여하게 될 이 귀중한 과학기술 성과도 못 알아보고 탄도미싸일 발사 시

---

107) 조선중앙통신사, 『조선중앙년감 1999』 (1999), p. 492.
108) 박홍영, "북한 미사일 문제에 대한 일본의 관점," p. 140.
109) 〈조선신보〉, 1998년 9월 4일자.

험이라고 떠들면서 그 무슨 '우려'를 느낀다느니, '심각한 사태발전'이라느니 하며 혜덤비는 심한 경거망동들이 나타나고 있다"고 주장했다.[110] 하루 뒤에는 조국평화통일위원회 대변인 성명을 통해 "위성인지 탄도 미싸일인지도 분간하지 못하는 주제이면 차라리 입을 다물고 있는 편이 낫다"고 남한을 비난했다.

북한은 인공위성 발사 사실을 대내외에 공표한 지 사흘 뒤인 9월 7일 〈로동신문〉을 통해 "우리가 발사한 첫 인공지구위성은 '광명성 1호'로 자랑스럽게 불리우고 있다"고 인공위성의 명칭을 공개했지만 '운반 로켓'의 명칭은 밝히지 않았다.[111] 북한은 1999년 12월 발행한 『조선대백과사전』 12권에서 "'백두산 1'호 운반 로케트"가 "우리나라에서 첫 인공지구위성 '광명성 1'호를 발사하여 궤도에 진입시킨 운반 로케트"라고 설명했다. 『조선대백과사전』은 "'백두산 1'호 운반 로케트는 3계단으로 구성되어 있는데 1, 2계단은 각각 액체 로케트 발동기(엔진)를, 3계단은 구형 고체 로케트 발동기를 썼다"며 "다계단 운반 로케트 '백두산 1'호를 성과적으로 발사한 것은 사회주의 강성대국 건설의 첫 포성"이라고 강조했다.[112] 이처럼 북한은 인공위성 발사를 주장하면서도, 이것이 미사일 개발과 연관된 것이라는 사실을 숨기지 않았다.[113]

즉, 북한은 1998년 8월 말 쏘아 올린 발사체의 명칭은 '백두산 1'호이고, 이 발사체는 총 3단으로 이뤄져있으며, 1·2단계는 액체 연료를 사용하는 엔진을, 3단계는 과거부터 갖고 있던 고체 연료를 사용하는 엔진을 장착하고 있다고 주장하는 것이다. 이는 미국 정보 당국 등이 사전에 포착한 내용, 즉 대

110) 〈로동신문〉, 1998년 9월 5일자.
111) 〈로동신문〉, 1998년 9월 7일자.
112) 백과사전출판사, 『조선대백과사전』, 제12권 (1999), p. 402.
113) 북한은 러시아 우주협회 부총재의 말을 인용해 '북한이 러시아에 지원을 요청한 사실이 없고, 북한의 미사일 기술이 대단히 높은 수준'이라고 선전했다. 〈로동신문〉, 1998년 9월 5일자.

포동 미사일이 2단 형태라는 분석 결과와 다른 것이다. 북한이 1998년 쏘아 올린 발사체를 미국 등이 추적한 결과에 따르면, 발사 후 95초 후에 1단이 분리돼 무수단리 발사장에서 180km 떨어진 동해에 떨어졌다. 2단은 173초 후에 분리돼 일본 상공을 지나 발사장에서 1,100km 거리의 태평양에 낙하했으며, 3단이 2단에서 성공적으로 분리된 직후 제대로 비행하지 못했지만, 그 이유는 알려지지 않았다.[114]

연소 시간과 제원 등을 기준으로 판단하면, 대포동-1호 미사일의 1단은 미국이 추정했던 것과 같은 노동 미사일로 보인다. 다만, 노동 미사일 동체에 비해 길이가 긴 것은 더 많은 추진제를 넣기 위해 동체 길이를 연장한 것으로 추정된다. 미사일의 2단 동체는 미국이 추정했던 스커드 계열의 미사일이 맞지만, 엔진은 스커드 계열의 미사일 엔진이 아닌 것으로 보인다. 소련제 스커드-B 미사일의 연소 시간이 60~80초, 평균 약 70초인 반면 대포동-1호 미사일의 2단 연소 시간은 북한의 주장과 관측 결과 모두 170여초이기 때문이다.[115] 이와 관련해, 북한이 1980년대 중·후반 소련에서 도입한 SA-5 대공 미사일의 엔진을 스커드-C 유사형 동체에 장착해 저출력으로 연소하면 170여초의 연소시간을 확보할 수 있다는 분석이 눈에 띈다.[116] 가장 꼭대기에서 인공위성을 탑재했던 3단은 연소시간이 27초라는 점에서 소련제 단거리 지대지 탄도 미사일인 토치카(Tochka. NATO명 SS-21)의 북한 버전인 KN-02(한·미명)로 추정된다.[117]

---

114) IISS, *North Korean Security Challenges*, p. 136.

115) 정규수, 『ICBM, 그리고 한반도』, p. 292.

116) Theodore Postol, "Jonit Threat Assessment Appendix: A Technical Assessment of Iran's Ballistic Missile Program," EastWest Institute, *Iran's Nuclear and Missile Potential: A Joint Threat Assessment by U.S. and Russian Technical Experts* (New York: EastWest Institute, 2009), pp. 25~31.

117) IISS, *North Korean Security Challenges*, pp. 136~137.

제3절 2000년대 이후 북한의 지대지 미사일 개발

1. 단 · 중 · 장거리 지대지 탄도 미사일 개발

가. 대포동-2호 시험 발사

앞선 언급한 것처럼, 미국은 1994년 2월 첩보위성 영상 촬영을 통해 북한이 대포동-1호와 함께 대포동-2호를 개발하고 있다는 사실을 인지했다. 북한은 대포동-1호 미사일을 인공위성 발사체인 백두산-1호라고 주장하며 발사한 지 8년여 만인 2006년 7월 5일, 함경북도 화대군 무수단리 인근에서 동해를 향해 스커드 계열 및 노동 미사일 6기와 함께 대포동-2호 미사일 1기 등 총 7기의 미사일을 발사했다. 북한은 깃대령에서 스커드 계열 미사일과 노동 미사일을 각 1기씩 발사한 뒤 무수단리 인근에서 대포동-2호 미사일을 동북 방향으로 발사한 데 이어 다시 깃대령에서 스커드 계열 미사일 2기와 노동 미사일 1기 등 총 3기의 미사일을 순차적으로 발사했다.[118]

미국은 1994년 영상 분석을 통해 대포동-2호의 1단은 중국의 DF-3 지대지 탄도 미사일 또는 노동 미사일의 엔진 4개를 묶은 형태이고, 2단은 노동 미사일을 사용한 것으로 파악했다.[119] 중국 DF-3 미사일의 사거리가 약 3,000km인 점 등을 감안하면,[120] 대포동-2호 미사일은 ICBM급으로 평가된다는 것이 일반적인 관측이다. 남한 군 당국도 북한이 1998년 쏴 올린 대포동-1호 미사일의 추진연료와 항법장치 및 탄두분리 기술 등을 발전시켜 대포동-2호 미사일을 개발했으며, 대포동-2호 미사일이 미국의 알래스카와 일부 서부 지역을 사정권에 둘 수 있는 ICBM급이라고 판단하고 있다.[121]

2006년 7월 북한의 대포동-2호 발사가 실패했다는 것에는 대체로 공감대

---

118) 국방부, 『대량살상무기에 대한 이해』(2007), p. 201.

119) IISS, *North Korean Security Challenges*, pp. 135~136.

120) 이재학, "억제이론으로 본 중국의 핵억제전략," 『신아세아』, 18-2 (2011), p. 115.

121) 국방부, 『대량살상무기에 대한 이해』, p. 200.

가 이뤄졌지만, 대포동-2호 미사일이 어느 정도 비행했는지에 관한 평가는 엇갈리고 있다. 일반적으로 대포동-2호 미사일은 발사 42초 후에 기체가 부서졌고, 잔해는 발사 시점에서 약 2km 떨어진 동해상에 추락했다는 것이 정설로 받아들여졌다.[122] 북한의 대포동-2호 발사 당일 권안도 국방부 정책홍보본부장은 "발사 후 약 40초만에 동해상으로 떨어져 실패한 것으로 추정된다"고 밝혔다. 그러나 다음 날 오전 이성규 합참 정보참모본부장은 "발사 후 정상 비행하던 대포동 2호에 42초 만에 이상이 생겼으며, 이후에도 관성에 의해 비정상적으로 비행을 계속하기는 했지만 결국 발사 후 7분 만에 총 490여km를 비행한 후 추락했다"며 "42초 만에 추락했다는 것은 중간에 와전된 것으로 평가된다"고 설명했다. 다른 군 당국자도 이날 "대포동-2호 미사일이 7분 동안 비행했다"며 "탄두 부분을 포함해 총 3단계로 이뤄진 대포동-2호의 1단계 추진체가 제대로 분리도 안 된 채 추락했다"고 덧붙였다.[123] 이로 인해 남한과 미국, 일본 등 주변국은 대포동-2호의 발사에서 사거리와 탑재 중량 등을 보다 객관적으로 추정할 수 있는 자료를 거의 얻지 못했을 것으로 판단된다.[124]

대포동-2호 미사일의 사거리와 관련해서는 다양한 추정이 난무하는 상황이다. 미국 전문가들 사이에서는 대포동-2호 미사일이 1,000~1,500kg의 탄두를 4,000~8,000km 운반할 수 있다는 주장이 나오기도 하고, 700~1,000kg의 탄두를 3,750km 날려 보낼 수 있다는 주장도 나오며, 같은 중량의 탄두를 6,700km까지 보낼 수 있다는 관측도 제기된다.[125] 미국 정보기관들이 협의해 공동으로 내놓는 '국가정보평가(NIE: National Intelligence Estimate)'는

122) IISS, *North Korean Security Challenges*, p. 139.
123) 〈연합뉴스〉, 2006년 7월 6일자.
124) 정규수, 『ICBM, 그리고 한반도』, p. 306.
125) Steven A. Hildreth, *North Korean Ballistic Missile Threat to the United States* (Washington D.C.: The library of Congress, 2007), pp. 2~3.

1999년 북한의 대포동-2호가 3단계일 경우 수백kg의 탄두를 10,000km 정도 운반해 미국 전역을 타격할 수 있다고 주장했지만, 2년 뒤에는 15,000km까지 날려 보내 북미 대륙 어디든 타격할 수 있다고 다소 과장된 것처럼 보이는 평가를 내놓기도 했다.[126]

국제사회는 2006년 6월 북한이 대포동-2호로 보이는 대형 탄도 미사일을 무수단 발사장에서 조립하는 모습을 촬영하는 등 북한의 미사일 발사를 어느 정도 예상하고 있었다.[127] 북한이 대포동-2호 미사일을 발사하자 유엔은 안보리 회의를 소집해 대응책을 논의했고, 북한이 미사일을 발사한 지 10일 후인 7월 15일 안보리는 결의 1695호를 만장일치로 채택했다. 유엔 안보리가 북한의 미사일 발사에 대응해 처음으로 채택한 결의인 1695호는 북한이 1998년 대포동-1호 미사일을 발사한 지 보름 뒤에 안보리 의장 구두 언론 성명을 발표했던 것에 비해 내용과 형식적인 측면에서 압박의 수위가 높아진 것이라고 할 수 있다.[128] 안보리는 결의 1695호를 통해 북한의 미사일 발사를 규탄하고, 북한의 미사일 모라토리엄 재확인을 요구하며, 북한의 WMD 및 미사일 프로그램 관련 재원, 물자 이전 방지를 회원국들에게 요청하는 한편 북한의 조건 없는 6자회담 즉각 복귀 및 9·19 공동성명의 조속한 이행을 촉구했다.[129] 북한은 유엔이 안보리 결의 1695호를 내놓은 지 하루 만에 미사일 발사는 '정상적인 군사훈련의 일환'이었다며 안보리 결의를 배격한다는 내용의 외무성 성명을 발표했다.[130]

---

126) IISS, *North Korean Security Challenges*, p. 138.
127) 정규수, 『ICBM, 그리고 한반도』, p. 306.
128) 외교부, 『군축·비확산 편람 2013』(2013), p. 282
129) 외교통상부, 『2007년 외교백서』(2007), p. 32.
130) 성명의 주요 내용은 "미국은 얼마전 우리 군대가 자위를 위한 정상적인 군사훈련의 일환으로 진행한 미싸일 발사를 두고 '하나의 목소리로 대답해야 한다'는 구호 밑에 유엔에 끌고 가 분주탕을 피우던 끝에 7월 15일 우리의 자위적 권리 행사를 엄중시하는 유엔 안전보장리사회 '결의'라는 것을 채택하도록 하였다. … 우리 공화국은 … 유엔 안전보장리사회 '결의'를 강렬히 규탄하고 전면 배격하며 이에 추호도 구애되지 않을 것이다. …" 〈로동신문〉, 2006년 7월 17일자.

나. 단거리 지대지 탄도 미사일: KN-02

북한은 2005년 4월과 5월 초 스커드-B 모방형 미사일보다 사거리가 짧은 단거리 지대지 탄도 미사일을 동해로 시험 발사했다. 이와 관련해 김성일 합참 정보본부장은 동년 5월 4일 국방위에서 열린 미사일 관련 비공개 회의에서 "북한이 지난(5월) 1일 함북 청진시 인근에서 동해를 향해 사거리 100~120km로 추정되는 미사일을 발사했다"며 "소련제 SS-21 미사일을 개량한 'KN-02'로 파악됐다"고 말한 것으로 알려졌다.[131] 북한은 이 미사일을 2007년 6월 말에도 시험 발사했으며, 이 미사일에는 관성항법장치(INS: Inertial Navigation System)가 달려있는 것으로 전해졌다.[132] 북한이 2007년 4월 열병식에서 처음 공개한 이 미사일은 TEL에서 짧은 시간 내에 발사할 수 있는 고체 연료 미사일로, 탄두 중량이 500kg 정도라고 한다.[133]

북한은 2009년 10월 12일 동해안에서 KN-02 5기를 발사했지만, 2기는 발사 직후 곧장 바다에 떨어졌고, 2기는 표적에서 빗나갔으며, 1기는 불발된 것으로 알려졌다.[134] 미 국방부는 2010년 2월 초 내놓은 보고서를 통해 북한이 '발전된 고체 연료 단거리 탄도 미사일을 개발했다'고 평가했다.[135] 북한은 2011년 5월 말과 12월 중순, 2013년 3월 중순과 하순, 동년 5월 중순에도 KN-02로 추정되는 단거리 미사일을 시험 발사한 것으로 알려졌는데,[136] 북한이 KN-02를 지속적으로 시험 발사하는 것은 KN-02의 성능 점검·개량 및 새 미사일 개발을 위한 것으로 추정된다. 남한 국방부는 북한이 KN-02를 개량해 KN-06라는 지대공 미사일을 개발한 것으로 추정하고 있다.[137]

131) 〈경향신문〉, 2005년 5월 5일자.
132) 〈연합뉴스〉, 2007년 7월 2일자.
133) 〈연합뉴스〉, 2008년 2월 11일자.
134) 〈경향신문〉, 2009년 10월 13일자; 〈연합뉴스〉, 2009년 10월 29일자.
135) Department of Defense, *Ballistic Missile Defense Reveiw Report* (2010), p. 5.
136) IISS, *North Korean Security Challenges*, p. 144; 〈연합뉴스〉, 2011년 12월 19일자, 2013년 3월 15일자, 5월 18일자.
137) KN-06 지대공 미사일은 2010년 10월 북한의 열병식에서 처음 등장한 것으로 알려졌다. 국방부, 『2010

한편 북한은 2014년 6월 27일 '전술유도탄'의 시험발사를 진행했다고 공식적으로 밝혔다. 〈로동신문〉은 이날 김정은 제1위원장이 "최첨단 수준에서 새로 개발한 초정밀화된 전술유도탄 시험발사를 지도"했다고 보도했다. 신문은 김 제1위원장이 "중앙감시소에서 새로 개발한 전술유도탄의 전술기술적 제원을 료해하시고 시험발사 명령을 주시였다"며 "시험발사를 통하여 전술유도무기의 과학기술적 성능이 단 한치의 편차도 없다는 것이 실증되었다"고 전했다. 이어 "초정밀화된 전술유도무기는 무장장비의 정밀화, 경량화, 무인화, 지능화를 실현할 데 대한 당의 방침 관철에서 우리의 국방과학자들과 군수공업 부문 로동계급이 이룩한 또 하나의 자랑찬 성과"라고 강조했다. 또한 "이번 시험발사를 통하여 우리 인민군대는 자기 손에 틀어쥐고 있는 단거리 및 중장거리 유도무기들을 비롯한 모든 타격수단들을 세계적 수준에서 초정밀화할 수 있는 관건적인 열쇠를 가질 수 있게 되었으며 타격의 명중성과 위력을 최대로 높일 수 있는 확고한 전망을 열어놓게 되었다"고 주장했다.[138]

북한의 '전술유도탄' 시험발사는 〈로동신문〉 보도 하루 전에 이뤄진 것으로 보인다. 합동참모본부 관계자는 전날 "북한이 오늘 오후 5시께부터 원산 북쪽 지역에서 동북쪽 방향으로 3회에 걸쳐 발사체 3발을 발사했다"며 "이 발사체의 사거리는 190여km 정도로 판단된다"고 밝혔다. 이 관계자는 "발사체의 종류가 무엇인지, 발사 의도가 무엇인지 분석하고 있다"며 "우리 군이 가진 현황 및 데이터와 딱 맞는 것이 없다"고 전했다. 단거리 발사체의 속도와 고도, 궤적이 북한이 보유한 스커드 계열 미사일이나 KN-02 미사일과 차이가 있었던 것으로 알려졌다는 점에서 일부에서는 북한이 개발 중인 사거리 150~160km의 300㎜ 신형 방사포로 추정하기도 했다. 이와 관련해 합참

국방백서」 (2010), p. 26.
138) 〈로동신문〉, 2014년 6월 27일자.

관계자는 "날아가는 속도와 고도를 봤을 때 가장 유사한 것은 'KN-09'로 불리는 300㎜ 신형 방사포"라면서도 "우리가 아는 다른 발사체의 사거리를 조정해 사격한 것인지 300㎜ 방사포의 성능을 개량한 것인지 어느 한 가지로 단정할 수 없다"고 덧붙였다.[139]

다. 중거리 지대지 탄도 미사일: 무수단

북한은 2007년 4월 25일 창군 75주년 열병식에서 기존에 알려지지 않았던 새로운 지대지 탄도 미사일을 공개했다. 북한이 열병식에 미사일을 동원한 것은 1992년 창군 60주년 열병식 이후 15년 만으로, 창군 75주년 열병식에는 총 4종류의 미사일 48기가 등장했다. 이 가운데 2종류는 각각 스커드 계열과 단거리 지대지 탄도 미사일로 분석됐지만, 나머지는 기존에 알려졌던 것이 아니었다.[140] 미국의 일부 전문가는 북한이 공개한 신형 미사일이 소련제 SLBM인 R-27을 개조한 것으로 사거리가 2,500~4,000km에 달하는 중거리 탄도 미사일이라며, 북한이 2003년 이후 이 미사일을 개발했다는 분석을 내놨다.[141] 북한이 1992년 러시아 마케예프 설계국에 300만 달러를 주기로 하고 지브(Zyb) SLV를 개발하기로 한 것이 중거리 미사일 개발의 시작이라는 주장도 있다.[142] 미 정보 당국은 이 미사일이 발견된 지역 명칭을 원용해 이 미사일을 '무수단'이라고 명명했다.[143] 이와 관련해 MDA의 패트리샤 샌더스(Patricia Sanders) 부국장보는 2007년 5월 17일 "북한은 2000년대 초반부터 새 미사일 개발에 박차를 가해왔다"며 무수단 미사일의 사거리가 3,200km 이상으로 추정된다고 밝힌 바 있다.[144]

---

139) 〈한국일보〉, 2014년 6월 27일자; 〈연합뉴스〉, 2014년 6월 26일자.
140) 〈연합뉴스〉, 2007년 4월 25일자.
141) Larry A. Niksch, *North Korea's Nuclear Weapons Development and Diplomacy* (Congressional Research Service, 2006), p. 25.
142) IISS, *North Korean Security Challenges*, p. 141.
143) 〈동아일보〉, 2007년 5월 21일자.
144) 〈한국일보〉, 2007년 5월 19일자.

북한이 무수단 미사일을 다시 공개한 것은 2010년 10월 10일 노동당 창건 65주년 열병식이다. 당시 〈조선중앙TV〉가 내보낸 화면을 보면, 무수단 미사일로 추정되는 미사일 8기가 6축 12륜 TEL에 1기씩 실려 이동하는 모습을 확인할 수 있다.[145] 북한이 TEL에 실려 있는 무수단 미사일을 공개한 것은 이 미사일을 실전에 배치했음을 시사하는 것이라고 할 수 있다. 남한 국방부도 북한이 "2007년 사거리 3,000km 이상의 IRBM인 무수단을 작전배치"했다고 밝혔다.[146] 북한은 2013년 3월 초 동ㆍ서해에 항행금지구역을 설정하고, 같은 달 26일과 29일 김정은 제1위원장이 장사정 포병과 전략로켓사령부에 1호 전투근무태세 돌입 및 전략미사일 사격 대기 상태를 각각 지시해 긴장의 수위를 높였다. 북한은 4월 초 무수단 미사일 2기를 강원도 동해안에 전개한 뒤 발사 가능 상태를 유지하며 은닉과 노출을 반복하고, 발사대를 세웠다가 내리는 등 이른바 '무력시위'를 벌였다. 그렇지만 존 케리(John Forbes Kerry) 미 국무장관의 첫 방한 하루 전인 4월 11일부터는 이러한 활동을 벌이지 않았다. 북한은 이어 전략로켓군 등에 발령한 1호 전투근무태세를 4월 말 또는 5월 초께 해제하고, 동해안에 전개했던 무수단 미사일도 철수시킨 것으로 알려졌다.[147] 북한은 2013년 7월 27일 정전 60주년을 맞아 진행한 열병식에도 다른 미사일들과 함께 TEL에 실린 무수단 미사일을 등장시킨 바 있다.[148]

그러나 러시아 전문가들은 무수단 미사일의 전략적 가치를 상대적으로 낮게 평가한다. 러시아군 총참모부 대변인인 뱌체슬라프 콘드라쇼프 중장은 2011년 5월 20일 "북한의 '신형' 무수단 미사일은 충분히 검증된 실험이

---

145) 〈연합뉴스〉, 2010년 10월 10일자.
146) 국방부, 『2010 국방백서』, p. 28; 국방부, 『2012 국방백서』 (2012), p. 29.
147) 〈경향신문〉, 2013년 5월 8일자.
148) 〈연합뉴스〉, 2013년 7월 27일자.

이뤄지지 않았다"며 군사적 가치를 낮게 평가했다.[149] 러시아 전략미사일군에서 근무하다 대령으로 예편한 블라디미르 예브세예프 사회정치연구센터 소장도 "북한이 1990년대 초반 러시아 우랄 산맥 인근의 SLBM 전문 설계소 '유즈노예'가 제작한 R-27 미사일의 기술과 설계도를 확보한 것으로 알려져 있다"면서도 "이 과정에서 R-27의 일부 부품도 북한에 전달됐을 수 있지만 SLBM 미사일의 수명이 10년이기 때문에 이 부품을 로켓에 그대로 이용할 수 있는 시기는 지났고, 북한이 관련 기술을 응용해 무수단을 개발한 것으로 보인다"고 평가했다.[150] 미국의 저명한 군비통제협회(Arms Control Association)도 2012년을 기준으로 북한이 무수단 미사일을 개발 중인 것으로 평가한다.[151]

라. 장거리 지대지 탄도 미사일: KN-08

북한은 김일성 주석의 100회 생일(2012년 4월 15일)을 기념하는 열병식에서 새로운 미사일을 등장시켰다. 8축 16륜 TEL에 실려 등장한 이 2단 미사일은 중거리 미사일인 무수단보다 동체가 길어 사거리가 5,000~6,000km에 달하는 ICBM급으로 평가되지만 아직까지 시험 발사한 적이 없어 성능 및 실전 배치 여부는 불분명하다.[152] 한 · 미 정보 당국은 이 신형 미사일에 KN-08이라는 이름을 붙였다. 처음 공개된 KN-08에 대해 일부에서는 모형이라는 분석을 제기하기도 했다.[153] 북한은 2013년 2월 제3차 핵실험을 단행하기 하루 전에 평안북도 철산군 동창리 서해위성발사장에서 KN-08의 엔진 성능을 시험한 것으로 전해졌다.[154]

---

149) 〈연합뉴스〉, 2011년 5월 20일자.
150) 〈연합뉴스〉, 2012년 12월 14일자.
151) http://www.armscontrol.org/factsheets/missiles#12 참고(검색일: 2013년 12월 19일).
152) 〈연합뉴스〉, 2012년 4월 15일자.
153) 〈한겨레〉, 2013년 2월 17일자.
154) 〈SBS〉, 2013년 2월 17일자.

북한은 2013년 7월 27일 정전 60주년 열병식에서도 TEL에 실린 KN-08 미사일을 공개했는데, 외형상으로는 2012년 4월 얼룩 무늬였던 미사일이 은회색으로 칠해진 점이 달랐다.[155] KN-08의 성능 등과 관련해 새뮤얼 라클리어(Samuel J. Locklear) 미 태평양사령관은 현지시간으로 2013년 7월 11일 미 국방부 청사에서 열린 브리핑에서 "북한이 단거리 미사일과 중거리 미사일인 무수단, 장거리 이동식 미사일 KN-08 등 다양한 미사일을 보유 중이지만, 이 미사일들의 능력이 아직 완전히 확인된 것은 아니다"라고 평가했다.[156] 제임스 클래퍼(James R. Clapper, Jr.) 미 국가정보국(DNI: Director of National Intelligence) 국장도 "북한은 이동식 ICBM으로 보이는 KN-08의 초기개발 단계에 진입했다"고 언급해 KN-08이 아직 시험 발사를 거치지 않았다는 점을 지적했다.[157]

그러나 미국 북미항공우주방위사령부(NORAD: North American Aerospace Defence Command)의 찰스 자코비(Charles H. Jacoby) 사령관은 2014년 3월 미국 상원 군사위원회 청문회에 제출한 보고서에서 '북한이 2013년 7월 열병식에서 선보인 KN-08이 이동식 ICBM'이라고 밝혔다.[158] 같은 달 13일에는 청문회에 출석해 "북한과 이란의 (미사일) 야망에 대한 명확한 증거들은 미국 본토를 상대로 한 제한적인 탄도 미사일 위협이 이론적(theoretical)이었던 것에서 실질적(practical)인 고려 대상으로 올라섰음을 확실하게 보여준다"고 강조했다.[159] 북한은 노동당 창건 70주년을 맞아 2015년 10월 10일 진행한 열병식에서 탄두 모양이 둥글게 바뀐 KN-08을 공개하기도 했다.

155) 〈연합뉴스〉, 2013년 7월 27일자.
156) 〈경향신문〉, 2013년 7월 13일자.
157) 〈문화일보〉, 2013년 3월 13일자.
158) 원문은 "North Korea again showcased its new road-mobile Intercontinental Ballistic Missile(ICBM) during a military parade this past July"이다. 〈YTN〉, 2014년 3월 14일자.
159) 〈연합뉴스〉, 2014년 3월 14일자.

2. 장거리 로켓 개발

가. 은하-2호

북한은 2009년 1월 함경북도 화대군 무수단리 발사장에서 대포동-2호 미사일을 발사하기 위한 준비를 시작했다.[160] 같은 해 2월 24일에는 북한에서 우주개발을 담당하는 기관으로 추정되는 '조선우주공간기술위원회'가 "현재 시험통신위성 '광명성2호'를 운반로케트 '은하-2호'로 쏘아 올리기 위한 준비 사업이 함경북도 화대군에 있는 동해위성발사장에서 본격적으로 진행되고 있다"는 대변인 담화를 발표해 장거리 로켓 발사를 예고했다.[161] 북한은 또 3월 12일에는 "최근 우리나라는 「달과 기타 천체들을 포함한 우주탐사와 리용에서 국가들의 활동 원칙에 관한 조약(달과 기타 천체를 포함한 외기권의 탐색과 이용에 있어서의 국가 활동을 규율하는 원칙에 관한 조약. Treaty on Principles Governing the Activities of States in the Exploration and Use of Outer Space, including the Moon and Other Celestial Bodies)」과 「우주공간으로 쏘아올린 물체들의 등록과 관련한 협약(외기권에 발사된 물체의 등록에 관한 협약. Convention on Registration of Objects Launched into Outer Space)」에 가입하였다"고 밝혔다. 그러면서 "시험통신위성 '광명성2호'를 운반로케트 '은하-2호'로 발사하기 위한 준비 사업의 일환으로 해당 규정들에 따라 국제민용항공기구(국제민간항공기구. ICAO: International Civil Aviation Organization)와 국제해사기구(IMO: International Maritime Organization) 등 국제기구들에 비행기와 선박들의 항행 안전에 필요한 자료들이 통보되었다"고 전하면서도 낙하물 예상 좌표 등과 같은 구체적인 내용은 소개하지 않았다.[162]

---

160) IISS, *North Korean Security Challenges*, p. 139.
161) 〈로동신문〉, 2009년 2월 25일자.
162) 〈로동신문〉, 2009년 3월 13일자.

북한은 전날 IMO와 ICAO에 '현지 시간으로 4월 4~8일 오전 11시~오후 4시에 은하-2호 로켓을 발사'할 것이라며 잔해가 떨어질 것으로 예상되는 동해와 태평양 지역의 좌표를 통보한 것으로 알려졌다.[163] 북한이 인공위성 및 로켓 발사와 관련한 국제조약에 가입하고, 관련 기구에 잔해물의 예상 낙하지점을 통보한 것은 이때가 처음이다. 이어서 북한은 대포동-2호 미사일을 발사한 지 약 3년 만인 2009년 4월 5일 광명성2호 인공위성을 탑재한 은하-2호 로켓을 발사했다. 북한은 이날 "우리의 과학자, 기술자들은 국가우주개발 전망 계획에 따라 운반로케트 '은하-2호'로 인공지구위성 '광명성2호'를 궤도에 진입시키는 데 성공하였다"며 "'은하-2호'는 주체 98(2009)년 4월 5일 11시 20분에 함경북도 화대군에 있는 동해위성발사장에서 발사되어 9분 2초만인 11시 29분 2초에 '광명성2호'를 자기 궤도에 정확히 진입시켰다"고 전했다. 북한은 이어 "운반로케트 '은하-2호'는 3계단으로 되어 있다"고 설명했고, 김정일 국방위원장은 이날 전병호 당비서, 주규창 당 제1부부장 등을 이끌고 위성관제종합지휘소를 방문해 '광명성2호' 발사 과정을 지켜봤다.[164] 이 자리에는 2009년 초 김 위원장의 후계자로 내정된 김정은도 함께 있었던 것으로 알려졌다.[165]

북한이 광명성-2호 인공위성을 탑재한 은하-2호 장거리 로켓 발사에 성공했다고 주장한 것과 달리 버락 오바마(Barack Hussein Obama) 미국 대통령은 북한의 발사체를 '대포동-2호' 미사일이라고 규정했으며 남한과 미국, 러시아 등은 인공위성의 궤도 진입이 실패한 것으로 평가했다.[166] 오바마 대통령의 이 같은 언급으로 국제사회에서는 북한이 쏘아 올린 발사체를 '장거

163) 〈문화일보〉, 2009년 3월 12일자; 〈연합뉴스〉, 2009년 3월 13일자.
164) 〈로동신문〉, 2009년 4월 6일자.
165) 한기범, "북한의 미래와 국가정보원의 역할: 북한 내부사정 변화에 따른 대북 정보활동 방향," 북한연구회, 『북한연구논평』, 4 (2011), p. 87.
166) 〈연합뉴스〉, 2009년 4월 6일자. 남한 국방부도 은하-2호를 '개량형 대포동-2호' 장거리 미사일로 규정하고 있다. 국방부, 『2012 국방백서』, p. 292.

리 로켓'으로 부를 것인지 아니면 '미사일'로 부를 것인지를 둘러싼 논쟁이 발생했지만, 유엔 안보리가 4월 13일 채택한 의장 성명을 통해 '장거리 로켓'으로 규정함으로써 명칭을 둘러싼 논쟁은 일단락됐다.

그러나 은하-2호가 오바마 대통령의 언급처럼 북한이 2006년 7월 발사에 실패한 대포동-2호인지 여부에 대한 논란은 아직까지 지속되고 있다. 이와 관련해 미 국방부는 북한의 은하-2호 장거리 로켓과 대포동-2호 미사일을 동일한 것으로 평가하고 있다.[167] 그러나 은하-2호와 대포동-2호의 1단 추진체는 노동 미사일 엔진 4개를 묶은 형태로 동일하지만, 2단 추진체의 경우 대포동-2호가 노동 미사일인 반면 은하-2호는 소련제 SLBM인 R-27(NATO 명 SS-N-6) 또는 무수단 미사일과 유사한 것으로 보인다. 그리고 2단으로 이뤄진 대포동-2호에는 존재하지 않는 3단 추진체가 은하-2호에는 존재하는데, 이것은 이란이 2008년 2월 인공위성 '오미드(Omid)'를 발사할 때 사용했던 사피르(Safir)-2 로켓의 상단 모터를 사용한 것으로 추정된다.[168] 이러한 가정 등에 기초하면 대포동-2호 미사일은 500kg의 탄두를 9,000km, 1,000kg의 탄두를 6,000km까지 날려 보낼 수 있으며,[169] 은하-2호 로켓은 1,000kg의 탑재물을 약 12,000km까지 운반할 수 있는 것으로 평가된다.[170] 북한이 2009년 4월 발사한 은하-2호의 1단 추진체는 발사 지점에서 540km 거리에 있는 동해에 낙하했고, 2단 추진체는 일본 열도를 지나 발사 지점에서 3,846km 거리에 있는 태평양에 떨어졌지만, 3단 추진체의 낙하지점은 알

167) Department of Defense, *Ballistic Missile Defense Reveiw Report*, p. 4.
168) IISS, *North Korean Security Challenges*, p. 140. 사피르-2 로켓의 상단 로켓은 R-27의 보조 로켓 2기로 이뤄졌다. 정규수, 「ICBM, 그리고 한반도」, p. 310.
169) David Wright, "An Analysis of North Korea's Unha-2 Launch Vehicle," http://www.ucsusa.org /assets/documents/nwgs/Wright-Analysis-of-NK-launcher-3-18-09.pdf (2009, 검색일: 2013년 12월 18일), p. 5.
170) Theodore Postol, "Jonit Threat Assessment Appendix: A Technical Assessment of Iran's Ballistic Missile Program," EastWest Institute, *Iran's Nuclear and Missile Potential: A Joint Threat Assessment by U.S. and Russian Technical Experts* (New York: EastWest Institute, 2009), p. 50

려지지 않았다.[171]

유엔 안보리는 북한이 은하-2호를 쏘아올린 지 8일 만인 4월 13일 의장성명을 채택했다. 안보리는 의장성명을 통해 북한의 장거리 로켓 발사가 북한의 1차 핵실험 이후 안보리가 채택한 결의 1718호 위반이라고 지적하면서 금융제재 대상을 지정했다.[172] 북한은 안보리가 의장성명을 발표한 다음 날 "력사에 유엔 안전보장리사회가 위성발사를 문제시한 적은 없다"며 "위성발사이든 장거리 미싸일 발사이든 누가 하는가에 따라 유엔 안전보장리사회의 행동 기준이 달라진다는 데 문제의 엄중성이 있다"는 내용의 외무성 성명을 발표했다.[173]

유엔 안보리 산하 대북제재위원회는 4월 24일 북한의 군수산업에 연관된 것으로 추정되는 조선광업개발무역회사, 단천상업은행, 조선령봉종합회사 등 기관 3곳을 금융제재 대상으로 선정했다. 이에 반발해 북한은 5일 뒤 발표한 외무성 대변인 성명을 통해 "지난 수십년 간 적대 세력의 갖은 제재와 봉쇄 속에서 살아온 우리에게 이따위 제재가 절대로 통할 리 없다"며 "유엔 안전보장리사회는 조선민주주의인민공화국의 자주권을 침해한 데 대하여 당장 사죄하고 부당하게 차별적으로 채택한 모든 반공화국 '결의'와 결정들을 철회하여야 한다"고 주장했다. 북한은 또 "유엔 안전보장리사회가 즉시 사죄하지 않는 경우 우리는 첫째로, 공화국의 최고 리익을 지키기 위하여 부득불 추가적인 자위적 조치들을 취하지 않을 수 없게 될 것"이라며 "여기에는 핵시험과 대륙간 탄도 미싸일 발사 시험들이 포함되게 될 것"이라고 강조했다.[174]

---

171) http://spaceflightnow.com/news/n0904/10northkorea/ 참고(검색일: 2013년 12월 18일).
172) 외교통상부, 『2010 외교백서』 (2010), p. 24.
173) 〈로동신문〉, 2009년 4월 15일자.
174) 〈로동신문〉, 2009년 4월 30일자.

나. 은하-3호

북한은 은하-2호 로켓을 발사한 지 약 3년이 지난 2012년 3월 16일 조선우주공간기술위원회 대변인 담화를 통해 광명성-3호 인공위성 및 은하-3호 로켓 발사를 예고했다. 조선우주공간기술위원회는 "위대한 수령 김일성동지의 탄생 100돐(2012년 4월 15일)을 맞으며 우리나라에서는 자체의 힘과 기술로 제작한 실용위성을 쏘아올리게 된다"며 "이번에 쏘아올리는 '광명성-3'호는 극궤도를 따라 도는 지구관측위성으로서 운반 로케트 '은하-3'으로 평안북도 철산군 서해위성발사장에서 남쪽 방향으로 4월 12일부터 16일 사이에 발사하게 된다"고 전했다. 위원회는 이어 "위성 발사 과정에 산생되는 운반 로케트 잔해물이 주변국가들에 영향을 주지 않도록 비행궤도를 안전하게 설정하였다"고 설명했다.[175] 이날 북한은 2009년 은하-2호 로켓 발사 때처럼 ICAO와 IMO에 은하-3호 발사 후 1단 로켓이 변산반도 서쪽 140km 지점에, 2단 로켓은 필리핀 동쪽 190km에 떨어질 것이라고 통보한 것으로 알려졌다.[176]

북한은 2009년과 달리 은하-3호 발사를 앞둔 2012년 4월 초 미국과 러시아, 일본, 프랑스, 영국, 독일, 스웨덴, 스위스, 베트남, 중국 등 외국 언론사 기자들을 초청해 서해위성발사장을 참관하게 했다.[177] 러시아 이타르타스 통신은 참관 후 타전한 기사에서 발사대에 장착된 은하-3호 로켓은 3단으로 이뤄져 있으며 길이가 30m, 무게는 92t, 연료 주입은 아직 시작되지 않았다고 전했다. 중국 신화통신은 발사장 책임자 장명진이 기자들에게 "이것은 운반 로켓이지 탄도 미사일이 아니다"며 "이 로켓은 자기파괴 시스템을 갖추고 있어 다른 지역 국가에 아무런 영향을 미치지 않는다"고 설명했다고 보도

---

175) 〈로동신문〉, 2013년 3월 17일자.
176) 〈연합뉴스〉, 2012년 3월 18일자.
177) 〈로동신문〉, 2012년 4월 8일자, 9일자.

했다. 일본 교도통신은 장명진이 "장래에는 (서해위성발사장에서) 400t까지 쏘아 올리는 것이 가능하다"며 "이를 위해 발사대를 크게 했다"고 말했다고 소개했다.[178]

북한은 4월 11일께부터 로켓에 연료를 주입하기 시작했으며,[179] 예고했던 기간인 13일 오전 7시 40분께 로켓을 발사했지만 발사한 지 1~2분 만에 공중에서 폭발해 20여개 조각으로 분리되면서 군산 서방 190~200km 해상에 잔해물이 떨어졌다.[180] 북한도 발사 당일 "조선에서의 첫 실용위성 '광명성-3'호 발사가 4월 13일 오전 7시 38분 55초 평 안북도 철산군 서해위성발사장에서 진행되었다"며 "지구관측위성의 궤도 진입은 성공하지 못하였다. 과학자·기술자·전문가들이 현재 실패의 원인을 규명하고 있다"고 보도해 이례적으로 실패를 인정했다.[181] 북한의 은하-3호 발사를 미사일 시험발사로 보는 견해와 관련해 조총련 기관지 〈조선신보〉는 "군사적 성격을 띠는 미싸일 발사 시험을 일부러 공개하고 그 실패를 국영통신을 통해 보도하는 나라는 없을 것"이라고 강조했다.[182]

북한이 은하-3호 장거리 로켓을 쏘아 올리자 유엔 안보리는 긴급회의를 소집하고, 북한의 로켓 발사 3일 만인 4월 16일 의장성명을 채택했다. 의장성명의 주요 내용은 북한의 로켓 발사를 안보리 결의 1718·1874호의 심각한 위반으로 규정하고 강력히 규탄하며, 북한의 발사가 역내에 중대한 안보 우려를 초래한 것을 개탄한다는 것이다. 안보리 의장성명은 특히 위성 또는 SLV 발사로 그 성격을 규정하더라도 탄도 미사일 기술을 이용한 어떠한 발사도 기존 결의를 심각하게 위반한 것이라고 강조하면서 안보리 산하 대북제재위원회가 제

---

178) 〈연합뉴스〉, 2012년 4월 8일자.
179) 〈동아일보〉, 2012년 4월 12일자.
180) 〈경향신문〉, 2012년 4월 13일자.
181) 〈조선중앙통신〉, 2012년 4월 13일자.
182) 〈연합뉴스〉, 2012년 4월 16일자.

재 대상과 물품을 추가로 지정한다고 설명했다. 의장성명에는 북한의 로켓·미사일 추가 발사나 핵실험이 있을 경우에는 안보리가 상응하는 조치를 취한다는 내용의 이른바 '트리거(trigger)' 조항도 포함됐다.[183]

북한은 유엔 안보리 의장성명 채택 다음날 외무성 성명을 통해 "유엔 안전보장리사회 결의보다 훨씬 더 우위를 차지하는 보편적인 국제법들에 의하여 공인된 자주적인 우주 리용 권리를 계속 행사해 나갈 것"이라며 은하-3호 장거리 로켓을 다시 발사할 의사를 내비쳤다.[184] 조선우주공간기술위원회도 4월 19일 발표한 대변인 담화에서 은하-3호 발사가 실패한 원인 규명을 끝냈다며 "평화적 위성은 우주공간으로 련속 힘차게 솟구쳐 오르게 될 것"이라고 주장했다.[185]

북한은 은하-3호 장거리 로켓 발사 실패 8개월 만인 2012년 12월 1일 은하-3호를 다시 발사하겠다고 선언했다. 북한의 조선우주공간기술위원회는 이날 발표한 대변인 담화에서 "위대한 영도자 김정일 동지의 유훈을 높이 받들고 우리나라에서 자체의 힘과 기술로 제작한 실용위성을 쏘아 올리게 된다"며 "오는 10일부터 22일 사이에 평안북도 철산군 서해위성발사장에서 남쪽으로 발사하겠다"고 예고했다. 위원회는 "이번에 쏘아 올리는 '광명성-3호' 2호기 위성은 전번 위성과 같이 극궤도를 따라 도는 지구관측위성으로서 운반 로케트는 '은하-3'"이라며 "우리의 과학자, 기술자들은 지난 4월 진행한 위성발사에서 나타난 결함들을 분석하고 위성과 운반 로케트의 믿음성과 정밀도를 개선하기 위한 사업을 심화시켜 위성을 발사할 수 있는 준비를 끝냈다"고 설명했다.[186]

그러나 은하-3호는 12월 8일 낮부터 이상 징후를 보였고, 심지어 북한은

---

183) 외교부, 『2013 외교백서』(2013), p. 37.
184) 〈로동신문〉, 2012년 4월 18일자.
185) 〈로동신문〉, 2012년 4월 20일자.
186) 〈연합뉴스〉, 2012년 12월 1일자.

12월 10일 "이미 발표한 바와 같이 조선의 과학자, 기술자들은 과학기술위성 '광명성-3'호 2호기의 발사를 위한 준비사업을 마지막 단계에서 추진하고 있다"며 "그 과정에 운반 로케트의 1계단 조종 발동기 계통의 기술적 결함이 발견돼 위성발사 예정일을 12월 29일까지 연장하게 된다"고 밝히기도 했다.[187] 그렇지만 북한은 당초 예고했던 기간 가운데 하루인 2012년 12월 12일 오전 은하-3호 로켓을 전격적으로 발사하고, 위성발사 성공 사실을 대내외용 방송 및 매체를 통해 대대적으로 선전했다. 북한은 광명성-3호 2호기 발사 예고를 〈조선중앙통신〉으로만 보도했을 뿐 성공 소식을 알리기 전까지는 〈로동신문〉이나 〈조선중앙TV〉, 〈조선중앙방송〉 등 대내외용 매체를 통해 사전에 알리지 않았었다.[188] 이는 8개월 전에 있었던 은하-3호 발사 실패에 따른 부담 때문으로 보인다.

북한은 광명성-3호 2호기 위성 및 은하-3호 발사 당일인 12일 "운반 로케트 '은하-3'은 주체101(2012)년 12월 12일 9시 49분 46초에 평안북도 철산군 서해위성발사장에서 발사되어 9분 27초만인 9시 59분 13초에 '광명성-3'호 2호기를 자기 궤도에 정확히 진입시켰다"고 전했다.[189] 북한은 또 "김정은 국방위원회 제1위원장이 로켓 발사 당일 오전 8시 조선우주공간기술위원회에 인공위성 발사와 관련한 최종 명령을 하달했다"며 "김 제1위원장이 장성택 국방위 부위원장, 박도춘 당비서 등을 대동하고 당일 오전 9시 위성관제종합지휘소를 방문해 발사 전 과정을 지켜봤다"고 전했다.[190] 김정은 제1위원장은 은하-3호 발사 20일 전 서해위성발사장을 찾고, 로켓 발사 6일 전에는 평양 인근에 있는 위성관제종합지휘소를 방문해 관계자들을 격려하기도

187) 〈연합뉴스〉, 2012년 12월 10일자.
188) 〈연합뉴스〉, 2012년 12월 12일자.
189) 〈로동신문〉, 2012년 12월 13일자.
190) 〈로동신문〉, 2012년 12월 14일자.

했다.[191] 북한은 또 위성 발사 성공을 자축하기 위해 12월 14일 김일성광장에서 약 15만명이 참가한 평양시군민경축대회를 시작으로 전역에서 경축대회를 열었다.[192]

남한은 북한의 로켓 발사 당일부터 12월 28일까지 17일 동안 은하-3호 잔해를 수거했다. 그 결과 은하-3호 로켓의 산화제통과 연료통, 엔진잔해 등 1단 추진체 잔해 14점을 인양했다.[193] 국방부는 수거한 잔해를 분석한 결과, 로켓의 1단이 15m, 2단 9.3m, 3단 3.7m, 위성 탑재부 2m 등 은하-3호 로켓의 전체 길이 30m, 산화제 48t을 포함한 총중량을 91t으로 추정했으며, 1단 엔진은 27t급의 노동 미사일 엔진 4개와 3t급의 보조엔진 4개를 결합해 총 120t의 추력을 낼수 있는 것으로 평가했다. 또 북한이 일부 부품을 외국에서 수입했지만, 외부의 도움 없이 사거리 10,000km 이상의 ICBM을 자체 개발할 수 있는 기술력과 부품 조달 능력을 갖춘 것으로 평가했다.[194] 국방부는 은하-3호 장거리 로켓을 '개량형 대포동-2호' 장거리 미사일로 규정하고 있다.[195]

북한의 은하-3호 로켓 재발사에 대응해 유엔 안보리는 대북 규탄 및 제재 조치의 수위에 관해 논의한 끝에 북한의 로켓 발사 41일 만인 2013년 1월 22일 안보리 결의 2087호를 채택했다. 안보리 결의 2087호에는 대북제재 대상 확대, 북한 금융기관 관련 모든 활동에 대한 감시 강화 촉구, 공해상의 의심되는 선박에 대한 검색 강화 기준 마련 추진, 제재 회피를 위한 대량 현금 이용 수법의 환기, 전면적(catch-all) 성격의 대북 수출 통제 강화, 제재 대상 추가 지정 기준 제시 등이 담겼다. 특히, 유엔 안보리는 로켓 발사를 주도한 조선우주공간기술위원회 등 기관 6곳과 이 위원회의 백창호 위성통제센터 소

191) 〈연합뉴스〉, 2012년 12월 20일자.
192) 〈로동신문〉, 2012년 12월 15일자; 〈연합뉴스〉, 2012년 12월 14일자.
193) 〈연합뉴스〉, 2013년 1월 6일자.
194) 〈SBS〉, 2013년 1월 21일자.
195) 국방부, 『2012 국방백서』, p. 292.

장 등 개인 4명을 제재 리스트에 추가해 안보리 제재를 받는 북한의 단체와 개인은 각각 17곳과 9명으로 늘었다.[196] 유엔 안보리가 북한의 미사일 또는 로켓 발사에 대응해 결의를 채택한 것은 2006년 7월 대포동-2호 미사일 발사 이후 이때가 처음이다.

북한은 이에 반발해 1월 23일 발표한 외무성 성명에서 "우리의 평화적 위성 발사 권리를 말살하려는 유엔 안전보장리사회의 부당천만한 처사를 단호히 규탄 배격한다"며 "우주의 평화적 리용에 관한 보편적인 국제법에 따라 자주적이며 합법적인 평화적 위성 발사 권리를 계속 당당히 행사해 나갈 것"이라고 주장했다. 북한은 이어 "위성을 쏴올리자면 탄도 미싸일 기술을 리용하는 방법밖에 없다는 것을 누구보다 잘 알고 있고 그러한 위성 발사를 제일 많이 하는 나라들이 우리의 위성 발사가 '탄도 미싸일 기술을 리용한 발사'이기 때문에 문제시 된다고 우기는 것은 자기기만과 이중기준의 극치"라고 강조하며 장거리 로켓 기술을 지대지 탄도 미사일 개발에도 이용할 수 있다는 사실을 인정했다. 북한은 또 "세계의 비핵화가 실현되기 전에는 조선반도 비핵화도 불가능하다는 최종 결론을 내리였다"며 "날로 로골화되는 미국의 제재 압박 책동에 대처하여 핵억제력을 포함한 자위적인 군사력을 질량적으로 확대 강화하는 임의의 물리적 대응 조치들을 취하게 될 것"이라고 주장했다.[197]

북한은 외무성 성명을 발표한 다음날 국방위원회 성명을 통해 "미국과 그에 추종하는 불순 세력들의 대조선 적대시 책동을 짓부시고 나라와 민족의 자주권을 수호하기 위한 전면 대결전에 진입할 것"이라며 "우리가 계속 발사하게 될 여러 가지 위성과 장거리 로케트도, 우리가 진행할 높은 수준의 핵시험도 우리 인민의 철천지 원쑤인 미국을 겨냥하게 된다는 것을 숨기지 않는

---

196) 〈연합뉴스〉, 2013년 1월 23일자.
197) 〈로동신문〉, 2013년 1월 24일자.

다"고 위협했다.[198] 1월 25일에는 조국평화통일위원회 성명을 통해 "1992년
에 채택된 「조선반도의 비핵화에 관한 공동선언(한반도 비핵화 공동선언)」
의 완전 백지화, 전면 무효화를 선포한다"며 "남조선 괴뢰 역적 패당이 유엔
'제재'에 직접적으로 가담하는 경우 강력한 물리적 대응 조치가 취해지게 될
것"이라고 주장했다.[199]

〈 표 4-1 〉 유엔 대북제재위원회의 제재 대상 기관 및 개인(2013. 12. 31 현재)

□ 기관: 19개

지정일	기관 명칭*	지정근거
2009. 4. 24	조선광업개발무역회사(KOMID) 〈조선창광신용회사, 대외기술총회사〉	주요 무기 거래 기관 / 탄도 미사일 및 재래식 무기 관련 품목ㆍ장비 주요 수출 업체
	조선련봉총회사(KRGC) 〈조선연봉총회사, 룡악산무역총회사〉	군수산업을 위한 구매활동 / 군수 관련 판매 지원
	단천상업은행 《(조선)창광신용은행》	탄도 미사일 및 재래식 무기 판매를 위한 주 금융기관
2009. 7. 16	남천강무역회사 〈남천강무역, 남천강회사〉	원자력총국 산하 기관 / 핵 관련 장비 조달
	Hong Kong Eletronics 〈Hong Kong Eletronics Kish Co.〉	KOMID 및 단천상업은행을 대리해 WMD 관련 자금 운용 지원
	조선혁신무역회사 〈조선혁신수출입회사〉	KRGC의 자회사
	원자력총국	핵 프로그램 주관 기관
	조선단군무역회사	제2자연과학원 산하 / 군수산업 관련 물자ㆍ기술 조달
2012. 5. 2	압록강개발은행회사 〈압록강개발은행〉	단천상업은행 연계 기관
	청송련합회사 〈청송련합무역회사, 청송련합, 조선자 원개발투자회사, 진달래, 금해룡회사, 자원개발투자회사, 생필련합〉	무기 생산 및 수출 업체
	조선흥진무역회사 〈흥진무역회사, 조선흥진무역〉	KOMID가 무역활동을 위해 사용ㆍ 운영하는 업체

198) 〈로동신문〉, 2013년 1월 25일자.
199) 〈로동신문〉, 2013년 1월 26일자.

	조선우주공간기술위원회	은하-3호 장거리 로켓 발사 지휘
	동방은행	청송련합회사의 무기 관련 거래 지원 / 제재를 우회하는 방식의 자금 이전 담당
2013. 1. 22	조선금룡무역회사	KOMID가 조달 활동을 위해 사용하는 별칭
	토성기술무역회사	KOMID의 자회사
	조선련하기계합영회사 〈련하기계무역회사, 련하기계〉	KRGC의 자회사
	Leader (Hong Kong) International	KOMID를 대리해 수송 지원

2013. 3. 7	제2자연과학원 〈자연과학원, 제2자연과학연구원, 국방과학원, 제2자연과학연구소〉	북한의 핵 · 미사일 등 무기 관련 연구 및 개발
	조선종합설비수출입회사	KRGC의 자회사

□ 개인: 12명

지 정 일	성 명	소속 및 직책
2009. 7. 16	윤호진	남천강무역회사 간부
	리제선	원자력총국장
	황석하	원자력총국 간부
	리홍섭	전 영변원자력연구소장
	한유로	조선련봉총회사 간부
2013. 1. 22	백창호	조선우주공간기술위원회 위성통제센터 소장
	장명진	서해위성발사장 총책임자
	라경수	단천상업은행 관리
	김광일	단천상업은행 관리
2013. 3. 7	연정남	KOMID 대표
	고철재	KOMID 부대표
	문정철	단천상업은행 관리

출처: http://www.un.org/sc/committees/1718/ 참고(검색일: 2014년 1월 28일); 외교부, 『군축 · 비확산 편람 2013』 (2013), pp. 215~216.

제5장

남북한 지대지 미사일 경쟁의 특징

남북한 지대지 미사일 경쟁의 특징

이 장에서는 먼저 남북한의 지대지 미사일 전력과 대응 · 방어능력을 비교하고자 한다. 남북한의 지대지 미사일 전력 평가는 기존에 중요한 요소로 간주했던 탄도/순항 구분 및 사거리뿐 아니라 CEP 등의 논의를 추가해 보다 엄밀하게 진행할 것이다. 남북한의 대응 및 방어능력에 관한 분석은 남북한의 공군력과 공대지 · 함대지 미사일, 요격능력, 방공능력을 포함해 비교 · 분석함으로써 남북한의 지대지 미사일 전력이 어느 정도의 군사적 효용성을 갖고 있는지를 판단할 것이다. 이어서 남북한 지대지 미사일 경쟁에서 나타나는 특징을 공통점과 차이점을 중심으로 살펴보고자 한다. 공통점은 남북한뿐 아니라 다른 국가의 지대지 미사일 개발에서도 나타날 수 있는 현상이지만 차이점은 남북한의 지대지 미사일 경쟁을 통해서만 찾아낼 수 있다. 이는 남북한의 지대지 미사일 경쟁이 갖는 딜레마를 분석하는 데 유의미한 토대가 될 수 있다.

제1절 남북한의 지대지 미사일 전력 비교

1. 지대지 미사일 전력 평가 기준

지대지 미사일 전력을 분석 · 평가하는 데 있어서 가장 중요한 요소는 탄도 및 순항의 구분이라고 할 수 있다. 탄도 미사일은 레이더 반사면적이 항공기보다 작아 탐지 및 추적이 어렵다. 비행속도 역시 항공기에 비해 매우 빠르고, 비행 중 추가적인 기동 없이 일정한 경로를 따라 이동한다. 탄도 미사일은 대부분 발사 초기 고체연료를 소모해 얻는 추진력을 이용하며 대기권을 벗어났다가 다시 대기권으로 진입해 자유낙하 형식으로 떨어져 마지막 단계에서는 큰 각도로 낙하한다. 즉, 탄도 미사일을 방어하기 위한 요격 미사일은 짧은 반응시간과 정확한 파괴 능력을 구비해야 한다는 점에서 방어가 어려운 것이 사실이다. 한편 일반적으로 순항 미사일은 레이더망을 회피하기 위해 지상 30~200m의 저고도로 지표면의 기복을 따라 음속 이하의 속도로 장시간 비행한다. 이러한 차이 때문에 보통 지대지 탄도 미사일은 전략적 목적에서 사용되고, 지대지 순항 미사일은 핵심 표적을 선별해 타격하는 전술적 용도로 이용된다.[1]

사거리 역시 지대지 미사일 전력을 평가할 수 있는 중요한 기준 가운데 하나이다. 연구 및 정부기관 또는 국제조약에서는 사거리를 기준으로 지대지 미사일을 단·중·장거리로 분류하고 있다.[2] 통상 단거리 지대지 미사일은 전술적 목적에서, 중·장거리 지대지 미사일은 전략적 목적에서 사용하는 것으로 인식하는 경향이 강하다. 그러나 이는 미국과 소련이 자신들의 지리적 여건을 감안해 구분한 것으로, 종심이 1,300km 정도로 짧은 한반도의 현실에는 적합하지 않은 분류라고 할 수 있다. 즉, 남북한의 지리적 여건을 감안해 단거리 및 중거리 미사일을 더욱 세분할 필요가 있는 것이다. 또한 순항 미사일은 비행 특성 상 사거리 내의 모든 표적에 대한 타격이 가능하지만, 탄도 미사일은 정해진 사거리를 크게 조정할 수 없어 일정한 구역 내의 타격만

---

1) 국방부, 『대량살상무기에 대한 이해』(2007), pp. 173, 182, 185.
2) 국방부, 『대량살상무기에 대한 이해』, p. 174.

가능하다는 점도 전력을 평가하는 데 있어서 감안해야 한다.[3]

한편 본 연구에서 지대지 미사일 전력을 평가하는 데 중요한 요소로 다루고자 하는 CEP에 관해 구체적으로 살펴보자. CEP는 정확도 CEP와 정밀도 CEP로 구분해서 살펴볼 수 있다. 정확도 CEP는 두 발을 발사할 때 한 발이 탄착할 확률의 반경을 뜻한다. 정밀도 CEP는 두 발을 발사할 때 탄착 중심점을 기준으로 다른 한 발이 떨어진 반경을 의미한다. 정확도가 우수하다면 발사한 미사일의 탄착 중심점이 표적에 일치할 것이고, 정밀도가 우수하다면 떨어진 미사일들이 가까이 몰려 있을 것이다. 〈그림 5-1〉에서 보는 것처럼, 정밀도 CEP는 탄착 중심점을 기준으로 하는 미사일 개별 간 산포(Dispersion)를 의미하며, 정확도 CEP는 미사일이 표적에 얼마나 근접하고 있는지를 뜻한다.[4]

〈그림 5-1〉 정밀도와 정확도의 개념 차이

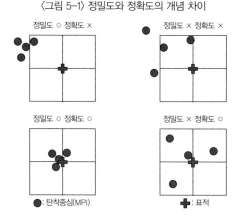

출처: 박준복, 『미사일 이야기』(파주: 살림, 2013), p. 91.

---

3) 일반적으로 탄도 미사일은 최대 사거리의 20~30% 정도 밖에 사거리를 하향 조정할 수밖에 없어 최대 사거리 1,000km의 미사일은 대개 700~1,000km를 공격범위로 한다. 전성훈, 『한반도의 미사일 문제: 현황과 대응방안』(서울: 민족통일연구원, 1997), p. 10.
4) 박준복, 『미사일 이야기』(파주: 살림, 2013), pp. 90~91.

이같이 CEP를 정밀도 CEP와 정확도 CEP로 세분해 살펴봐야 객관적으로 지대지 미사일 전력을 분석할 수 있다. 그러나 정밀도 CEP는 일반에 거의 공개되지 않는다. 따라서 통상 CEP는 정확도 CEP를 지칭한다. 지대지 미사일의 CEP는 수km에서 수m 정도로 천차만별이다. 지대지 미사일의 CEP가 km 단위를 갖는다는 것은 중요한 군사 목표물인 지휘본부나 군용 비행장 등 타격과 같은 전술적 효과를 기대하기는 어렵다는 것을 의미한다. 다만 큰 CEP를 갖는 미사일에 핵탄두 등을 탑재해 대도시나 인구밀집지역 등에 떨어뜨릴 경우 엄청난 피해와 함께 사람들을 공포감에 빠지게 할 수 있어 전략적 · 정치적 목적을 달성할 수 있다.[5] 통상 탄도 미사일은 일정한 경로를 따라 비행하는 특성으로 사거리에 비례해 CEP가 커지지만,[6] 순항 미사일은 사전에 입력된 비행경로를 확인하며 비행해 수~수십m 정도의 CEP를 갖는 것으로 알려졌다.

2. 남북한의 단 · 중거리 지대지 미사일 전력 비교

남한이 보유 · 운용 중인 단거리 지대지 미사일 가운데 탄도 미사일은 사거리 165km의 ATACMS와 사거리 180km의 현무 I , 사거리 300km의 현무 II-A 및 ATACMS 개량형, 사거리 500km의 현무 II-B 등이다. 남한이 보유한 순항 미사일은 사거리 500km의 현무 III-A, 사거리 1,000km의 현무 III-B, 사거리 1,500km의 현무 III-C 등이다. 남한은 1970년대 말 개발에 성공한 사거리 180km의 단거리 지대지 탄도 미사일인 백곰을 제외한 나머지 단 · 중거

---

5) 국방부,『대량살상무기에 대한 이해』, p. 172.
6) 북한이 보유한 지대지 탄도 미사일의 CEP는 사거리의 0.15~3.3% 정도, 북한이 보유한 스커드-B 모방형 지대지 탄도 미사일의 CEP는 사거리의 6%인 것으로 알려졌다. 서재정 지음, 이종삼 옮김,『한미동맹은 영구화하는가: 군사동맹에서의 군사력, 이해관계 그리고 정체성』(서울: 한울, 2009), p. 311. 항공기에서 투발하는 공대지 무장투하 시스템은 일반적으로 4~40MIL(사거리의 0.4~4%)의 CEP를 갖는다는 주장도 있다. 현준호 · 강성진, "항공 무장정확도 시험평가 방법에 관한 연구,"『한국국방경영분석학회지』, 33-1 (2007), p. 121.

리 지대지 미사일을 모두 실전에 배치하고 있다. 구체적으로 남한은 현무Ⅰ 과 ATACMS(ATACMS + ATACMS 개량형)를 각각 100기 이상, 현무Ⅱ-A와 현무Ⅱ-B를 각각 40~50기 이상, 순항 미사일인 현무Ⅲ 시리즈를 각각 수 십 기 배치한 것으로 알려졌다.[7]

　반면 북한이 개발·보유·운용 중인 단거리 지대지 미사일은 사거리 300km의 스커드-B 모방형 및 사거리 500km의 스커드-C 유사형을 비롯해 사거리 100~120km의 KN-02 등 모두 탄도 미사일이다. 북한이 보유한 중거리 지대지 미사일 가운데 남한을 타격할 수 있는 미사일 역시 탄도 미사일 인 사거리 1,300km의 노동 미사일이다. 북한은 1980년대 중반 시제품 형태로 개발한 사거리 300km의 스커드-A 개량형 지대지 탄도 미사일을 제외한 나머지 단·중거리 지대지 탄도 미사일을 모두 실전에 배치하고 있다. 북한은 스커드-B 모방형과 스커드-C 유사형을 합해 200~600기 이상 운영 중이고, 노동 미사일을 90~200기 정도 배치한 것으로 알려졌다. 2000년대 중반 이후 시험발사를 지속하고 있는 KN-02 역시 실전에 배치한 상태에서 개량 중인 것으로 전해졌다.[8] 그러나 2013년 미국의 국가항공우주정보센터 (NASIC)는 북한이 사거리 1,000km 이하 단·중거리 지대지 탄도 미사일을 100기 미만, 노동 중거리 지대지 탄도 미사일을 50기 미만 보유한 것으로 추정하기도 했다.[9] 이상의 내용을 정리하면 〈표 5-1〉과 같다.

---

7) 외교부, 『군축·비확산 편람』(2013), p. 258; www.globalsecurity.org; www.nit.org; 전문가 인터뷰 등을 토대로 작성.
8) 권용수, "북한 탄도미사일의 기술 분석 및 평가," 『국방연구』, 56-1 (2013); 함택영·서재정, "북한의 군사력 및 남북한 군사력 균형," 경남대학교 북한대학원 엮음, 『북한군사문제의 재조명』(서울: 한울, 2006), p. 392; 김민석·박균열, "북한 핵 문제와 해결전망," 『북한연구학회보』, 8-1 (2004), p. 145; IISS, *The Military Balance 2015*, p. 262; www.nti.org; www.globalsecurity.com; 전문가 인터뷰 등을 토대로 작성.
9) NASIC(National Air and Space Intelligence Center), *Ballistic & Cruise Missile Threat* (2013), pp. 13, 17.

〈표 5-1〉 남북한의 단·중거리 지대지 미사일 전력 비교

구 분	남 한			북 한		
	명 칭	사거리(km)	배치(기)	명 칭	사거리(km)	배치(기)
단거리	현무 I	~180	100+	KN-02	100~120	?
	ATACMS	~165/300	100+	스커드-B 모방형	~300	} 200~600+
	현무 II-A	~300	45+			
	현무 II-B	~500	51+	스커드-C 유사형	~500	
	현무 III-A*	~500	00			
중거리	현무 III-B*	~1,000	00	노 동	~1,300	90~200+
	현무 III-C*	~1,500	00			

*순항 미사일

이처럼 남북한은 서로를 타격할 수 있는 지대지 미사일을 적지 않게 보유하고 있다. 북한이 3종류의 단·중거리 지대지 탄도 미사일을 보유한 반면 남한은 사거리에 따라 여러 종류의 지대지 탄도·순항 미사일을 다양하게 운용하는 것이 다르다. 여기에서 미사일의 사거리가 갖는 의미에 대해 생각해 볼 필요가 있다. 한반도의 종심을 감안하면 사거리 500km의 지대지 미사일은 남북한 전역에서 상대방의 중요 거점 대부분을 타격할 수 있는 '전략 무기'라고 할 수 있다. 남한의 현무 III-C 순항 미사일의 사거리는 북한의 노동 미사일에 비해 약간 더 길어 한반도를 벗어나는 것처럼 보인다. 그러나 순항 미사일은 발사 지점에서 타격 대상까지의 직선거리보다 더 긴 구간을 비행한 뒤에야 타격 대상에 도달한다. 이 같은 특징을 감안한다면 현무 III-C의 사거리가 갖는 의미는 노동 미사일과 거의 같다고 할 수 있다.

특히, 사거리 200km 미만의 지대지 미사일 부문에서는 남한이 북한보다 우세한 전력을 보유하고 있다는 점을 눈여겨 볼 필요가 있다. 1970년대 백곰 미사일 개발에서도 알 수 있는 것처럼, 남한은 최전방에서 평양까지의 직선

거리인 180km를 감안해 현무 I 미사일을 개발하고 미국에서 ATACMS를 도입했다. 반면 북한은 최전방 지역에서 서울까지의 거리가 약 40km에 불과하다는 점을 감안해 사거리가 수십km에 이르는 장사정포 수백 문을 휴전선 인근에 배치·운영하고 있다.[10] 즉, 남한은 단거리 지대지 미사일로 평양을, 북한은 장사정포로 서울을 타격할 수 있는 '비대칭적 수단에 의한 균형'이 이뤄져 있는 것이다.[11] 이러한 측면에서 2000년대 중반부터 북한이 사거리 100~120km의 단거리 지대지 탄도 미사일인 KN-02를 개발·개량하는 이유가 단거리 지대지 미사일 전력의 대남 열세를 극복하기 위한 것일 수 있다는 추측이 가능하다.

다음으로 남북한이 보유한 단·중거리 지대지 미사일 전력의 신속성에 관해 논의해보자. 북한이 전력화한 단·중거리 지대지 탄도 미사일 가운데 개발·개량 중인 KN-02를 제외한 스커드-B 모방형 및 스커드-C 유사형, 노동 미사일은 모두 액체 연료를 사용하고 있다. 이는 북한의 미사일 개발이 구 소련제 스커드-B 미사일에 기반을 두고 있기 때문으로 보인다. 과거에 소련은 스커드 계열의 미사일을 개발하면서 '등유(Kerosene)'를 연료로 사용했는데, 북한도 과거 소련이 했던 것처럼 액체를 연료로 사용하는 것이다. 반면 남한이 보유·운영 중인 단거리 지대지 탄도 미사일은 모두 고체 연료를 사용하고, 순항 미사일인 현무Ⅲ 시리즈만 액체 연료를 사용한다.

액체 연료 미사일은 추력 조절 및 재연소가 가능하고 경제성이 높은 것으로 알려졌다. 그렇지만 연료를 미사일에 오랜 기간 넣어둘 경우 부식이 발생하거나 폭발할 위험이 있다. 이로 인해 액체 연료 미사일은 대부분 연료를 수

---

10) 북한이 보유한 각종 포 가운데 장사정포에 해당하는 것은 170㎜ 자행포(자주포)와 240㎜ 방사포(다련장로켓)로 알려졌다. 이와 관련한 논의는 황일도, 『김정일, 공포를 쏘아 올리다』, pp. 48~55 참고.
11) '비대칭적 수단에 의한 균형'이라는 표현은 남한의 전쟁수행 능력 우위 대 북한의 억지력 우위를 강조한 '비대칭적 군사력 균형'이라는 표현을 차용한 것이다. 함택영, 『국가안보의 정치경제학: 남북한의 경제력·국가역량·군사력』(서울: 법문사, 1998), p. 379.

송·주입하는 별도의 장비가 필요하며, 안정성 등을 이유로 발사 직전 연료를 미사일에 주입해야 하기 때문에 신속한 발사가 어렵다. 반면 고체 연료 미사일은 발사 이후 연소 중지 및 재점화가 불가능해 추력을 조절할 수 없다는 단점이 있다. 그러나 사용 및 부대시설이 간단하고 저장이 용이해 신속한 조치가 필요한 군사용으로 많이 활용된다.[12] 이러한 맥락에서 북한의 단·중거리 지대지 탄도 미사일 전력은 남한에 비해 상대적으로 신속성이 뒤처질 것이라고 추론할 수 있다.

마지막으로 남북한 단·중거리 지대지 미사일의 정확성에 대해 살펴보도록 하자. 북한이 개발·보유한 단·중거리 지대지 탄도 미사일은 소련제 스커드 미사일과 마찬가지로 정확도가 높지 않다. 북한이 개발한 스커드-A 개량형 지대지 탄도 미사일의 경우 사거리 300km에 CEP가 450~1,000m에 달할 정도로 부정확한 것으로 전해지기도 한다.[13] 지금까지 알려진 바를 종합하면, 북한의 스커드-B 모방형 미사일의 CEP는 0.5~1km, 스커드-C 유사형의 CEP는 1~2.4km, 노동 미사일의 CEP는 3km 이상이다. 비교적 최근 들어 북한이 개발·개량하고 있는 KN-02의 CEP도 1km에 가까운 950m에 달하는 것으로 알려졌다.

반면 남한의 단·중거리 지대지 탄도 미사일은 CEP가 수십m에 불과해 상대적으로 정확성이 뛰어난 것으로 알려졌다. 현무II-A의 CEP는 30m, ATACMS의 CEP는 10m이며, 현무III 시리즈는 모두 5m 이내의 CEP를 갖는 것으로 전해졌다. 남한의 단·중거리 지대지 미사일 가운데 CEP가 가장 큰 것은 1980년대 후반에 개발된 현무I이다. 현무I 미사일은 1m/km의 정확성을 보여 180km를 비행할 경우 180m의 CEP를 보이는 것으로 평가된다. 북한이 GPS 보조항법 장치를 사용하고 재진입 오차 제어 등과 같은 발전된

---

12) 로켓 추진제와 관련한 더 자세한 내용은 국방부, 『대량살상무기에 대한 이해』, pp. 177~178; 김수종, "용융성 고체 연료-기체 산소 하이브리드 로켓의 연소특성 연구" (한국항공대학교 대학원 공학 박사학위논문, 2010), pp. 1~2 등 참고.
13) 함택영·서재정, "북한의 군사력 및 남북한 군사력 균형," p. 392.

기술을 추가로 적용했을 경우 스커드 및 노동 미사일의 CEP가 25~60% 정도 향상된다는 분석도 있다.[14] 그렇지만 북한이 GPS와 같은 발전된 기술을 활용한다는 사실이 확인되지 않았을 뿐 아니라 만약 기술적으로 진일보했다고 하더라도 북한 미사일의 CEP는 수백m에 달해 정확성 측면에서 남한의 미사일과 비교하기 어렵다.

〈표 5-2〉 남한 지대지 미사일 제원

명칭	구분	연료	사거리 (km) /TEL	상태/ 기수	단수	주요 제원			
						탄두 중량 (kg)	길이 (m)	직경 (m)	CEP
백곰 (NHK-I)	탄도	고체	~180 /TEL	개발 완료	2	500	12.53	0.8	-
현무 (NHK-II)	탄도	고체	~180 /TEL	배치/ 100+	2	500	12.53	0.8	1m/ km
ATACMS	탄도	고체	~165 /TEL	배치/ 100+	1	560	3.98	0.61	10m
			~300 /TEL		1	560	3.98	0.61	
현무II-A	탄도	고체	~300 /TEL	배치/ 45+	1	500	6	0.80	30m
현무II-B	탄도	고체	~500 /TEL	배치/ 51+	1	300	6	0.80	30m 이상
현무III-A	순항	액체	~500 /TEL	배치/ 00	-	500	6.5	0.53	~5m
현무III-B	순항	액체	~1,000 /TEL	배치/ 00	-	500	6.5	0.53	~5m
현무III-C	순항	액체	~1,500 /TEL	배치/ 00	-	350	6.5	0.53	~5m

출처: 전성훈, 『한반도의 미사일 문제: 현황과 대응방안』 (서울: 민족통일연구원, 1997), p. 5; www.globalsecurity.org; www.nit.org; missiletherat.com; 외교부, 『군축 · 비확산 편람』 (2013), p. 258; 〈연합뉴스〉; 전문가 인터뷰 등 참조.

14) 권용수, "북한 탄도미사일의 기술 분석 및 평가," p. 10.

3. 남북한의 중 · 장거리 지대지 미사일 전력 비교

남한은 사거리 1,500km 이상의 중 · 장거리 지대지 미사일을 보유하고 있지 않다. 반면 북한은 대포동-1/2호 및 무수단, KN-08 등 다양한 중 · 장거리 지대지 탄도 미사일을 개발 · 보유한 것으로 알려졌다. 북한은 사거리가 각각 2,000km와 4,000km 이상으로 추정되는 대포동-1호 및 대포동-2호 미사일을 1990년대 후반부터 개발하기 시작했다. 또한 2007년 4월 25일 최대 사거리가 4,000km에 달할 것으로 추정되는 무수단 미사일을 공개했다. 2012년 4월 15일에는 대륙간탄도미사일(ICBM: Inter-Continental Ballistic Missile)급으로 평가되는 KN-08 미사일을 선보였다. 그러나 북한이 중 · 장거리 지대지 탄도 미사일의 개발을 완료하고 실전에 배치하는 등 전력화했는지에 대한 신뢰성 있는 정보는 찾기 어려운 것이 사실이다.[15] 〈표 5-3〉은 북한의 중 · 장거리 지대지 미사일 전력을 정리한 것이다.

남한 군 당국은 북한이 2007년 무수단 미사일을 작전 배치한 것으로 분석하고 있다.[16] 이와 관련해서는 북한이 2007년 이후 간헐적으로 TEL에 실려 있는 중 · 장거리 지대지 탄도 미사일을 공개하고 있지만, 아직까지 미사일 시험 발사를 진행한 적이 없다는 점을 고려해야 한다. 미사일 시험 발사는 미사일의 성능을 최종적으로 시험해보는 절차라는 점에서 전력화에 앞서 반드시 성공해야만 하는 하나의 관문이다.[17] 북한은 2013년 3월 무수단 미사일을 적재한 TEL을 동해안 지역에 전개했던 적이 있지만, 결국 발사를 단행하지는 않았다. 북한이 이란 및 파키스탄과의 협력을 통해 중 · 장거리 지대지 탄도 미사일 시험 발사를 했을 것이라는 관측도 있지만, 확인된 것은 아니다.

---

15) IISS는 북한이 KN-08을 개발 중이며 약간의 무수단 미사일 발사대를 갖춘 것으로 평가하고 있다. IISS, *The Military Balance 2015*, p. 262.
16) 국방부, 『2012 국방백서』, p. 29.
17) 전장과 같은 환경에서 시험 발사가 이뤄지는 것은 아니라는 점에서 시험 발사에 성공한 미사일이 실제 전쟁에서 어떠한 성능을 발휘할지 단정하기 어렵다.

이러한 맥락에서 북한이 중·장거리 지대지 탄도 미사일을 시험 발사도 하지 않고 전력화했다고 평가하는 것은 시기상조로 보인다.

⟨표 5-3⟩ 북한의 중·장거리 지대지 미사일 전력

단거리 구 분	지 대 지 미 사 일		
	명 칭	사거리(km)	배치(기)
중거리	대포동-1호	2,000~	?
	무수단*	~4,000	8 +(?)
장거리	대포동-2호	4,000~	— (개발중)
	KN-08	5,500~	?

* 북한 매체는 2010년 10월 10일 열병식에서 무수단 미사일로 추정되는 8기의 미사일이 각각 TEL에 실려 이동하는 모습을 방영한 바 있다.

국제사회 일부에서는 북한이 2009년과 2012년 각각 쏘아 올린 은하-2호와 은하-3호 장거리 로켓을 두고 대포동-2호 미사일이라고 주장하기도 한다. 장거리 지대지 탄도 미사일과 SLV가 기술적 측면에서 큰 차이를 보이지 않는다는 점에서 북한이 대포동-2호와 같은 장거리 지대지 탄도 미사일 개발 일환으로 은하 시리즈 SLV 개발을 진행했을 개연성이 매우 높은 것이 사실이다.[18] 그러나 대포동-2호와 은하-2호의 2단은 서로 다르다. 대포동-2호의 2단은 노동 미사일로 보이는데, 은하-2호의 2단은 소련제 단거리 탄도 미사일인 R-27(NATO명 SS-N-6) 또는 무수단 미사일로 추정된다. 또한 대포동-2호에 없는 3단이 은하-2호와 3호에 존재한다. 은하-2호의 3단은 이란이 2008년 2월 인공위성 '오미드(Omid)'를 발사할 때 사용했던 사피르(Safir)-2 로켓의 상단 모터를 사용한 것으로 추정된다.[19] 이러한 점에 비

---

18) 국방부는 "2009년 4월과 2012년 4월 (북한이) 대포동-2호를 추진체로 하는 장거리 미사일을 발사하였으나 실패하였다"고 기술하고 있다. 국방부, 『2012 국방백서』, p. 29.
19) IISS, *North Korean Security Challenges: A Net Assessment* (London: IISS, 2011), p. 140. 사피르-2 로켓의 상단 로켓은 R-27의 보조 로켓 2기로 이뤄졌다. 정규수, 『ICBM, 그리고 한반도: 북한과 한반도 주변 열강의 탄도탄』 (서울: 지성사, 2012), p. 310.

취봤을 때, 은하-2호 장거리 로켓을 대포동-2호라고 단언하기는 어렵다. 그리고 국방부가 은하-3호 장거리 로켓을 대포동-2호와 차별화하기 위해 '개량형 대포동-2호' 장거리 미사일로 규정하고 있다는 점을 감안한다면,[20] 은하-3호와 대포동-2호가 동일한 것이라고 주장하기는 어렵다.

한편 탄도 미사일의 기술적 특성을 감안한다면 북한의 중·장거리 지대지 탄도 미사일이 남한에 직접적 위협을 끼친다고 평가하기는 어렵다. 일반적으로 고체 연료를 사용하는 탄도 미사일은 최대 사거리의 20~30% 정도 밖에 사거리를 하향 조정할 수밖에 없는 것으로 알려졌다.[21] 액체 연료를 사용하는 탄도 미사일의 경우에는 사거리를 상당할 정도로 하향 조정할 수 있다고 한다. 따라서 액체 연료를 사용하는 무수단, 대포동-2호, KN-08 등 중·장거리 지대지 탄도 미사일을 이용해 북한이 남한을 타격하는 것이 이론적으로 불가능한 것은 아니다. 그러나 북한은 무수단 등의 중·장거리 탄도 미사일을 대량으로 보유하고 있지 못하다. 북한이 남한 전역을 타격할 수 있는 스커드 계열 미사일을 다량 보유하고 있다는 점에서 충분하지 않은 중·장거리 미사일을 남한 타격용으로 이용할 것이라는 전망은 현실성이 결여된 주장이라고 할 수 있다.

---

20) 국방부, 『2012 국방백서』, p. 292.
21) 전성훈, 『한반도의 미사일 문제』, p. 10.

〈표 5-4〉 북한 지대지 미사일 제원

명 칭	구분	연료	사거리 (km) /TEL	상태 /기수	단수	주 요 제 원			
						탄두 중량 (kg)	길이 (m)	직경 (m)	CEP
KN-02	탄도	고체	~120 /TEL	배치(?) 및 개량중	1	482	6.4	0.65	0.95km
스커드-A 개량형	탄도	액체	300 /-	개발 /-	1	1,000	11.25	0.88	-
스커드-B 모방형	탄도	액체	~300 /TEL	배치 /200~ 600+	1	1,000	11.25	0.88	0.5~ 1km
스커드-C 유사형	탄도	액체	~500 /TEL		1	700	12.25	0.88	1~ 2.4km
노 동	탄도	액체	1,000~ 1,300 /TEL	배치 /90~ 200+	2	500~ 1,000	15.5	1.3	3km+
대포동- 1호	탄도	액체	2,000~ /?	배치(?) /-	2~3	500~ 1,000	27(?)	1.3 (?)	?
무수단	탄도	?	~4,000 /TEL	배치(?) /8(?)	1~2	650	9.65	1.5	1.3km
대포동- 2호	탄도	액체	4,000~ /?	개발중	2~3	650~ 1,000	32.22	1.3	?
KN-08	탄도	?	5,500~(?) /TEL	배치(?) /-	2~3				

출처: 권용수, "북한 탄도미사일의 기술 분석 및 평가,"『국방연구』, 56-1 (2013); 함택영 · 서재정, "북한의 군사력 및 남북한 군사력 균형," 경남대 북한대학원 엮음,『북한군사문제의 재조명』(서울: 한울, 2006), p. 392; 김민석 · 박균열, "북한 핵 문제와 해결전망,"『북한연구학회보』, 8-1 (2004), p. 145; 전성훈,『한반도의 미사일 문제: 현황과 대응방안』(서울: 민족통일연구원, 1997), p. 8; IISS, The Military Balance 2013 (2013), p. 311; 〈연합뉴스〉; www.nti.org; www.globalsecurity.com; missilethreat.com; 전문가 인터뷰 등 참고해 작성.

4. 남북한의 미사일 지휘 · 통제체계 비교

남북한은 모두 미사일 전력을 통합해 관리하고 지휘 · 통제하는 체계를 갖추고 있다(〈그림 5-2〉 참고). 남한의 '미사일사령부'와 북한의 '전략군'이 미사일 전력을 총괄적으로 지휘 · 통제하는 조직으로 보인다. 남한은 2006년 9월 중부 지역에 각종 미사일을 전담 운용하는 '유도탄사령부'(9715부대)를 육군 예하에 창설했다.[22] 2006년 9월 22일 제정된 대통령령 제19678호 「육군 제9715부대령」에 따르면, 유도탄사령부는 "적지종심 작전지역에서의 타격작전과 예하부대의 평시 및 전시 지휘통제에 관한 사항을 관장"하는 것을 임무로 한다. 유도탄사령부의 사령관은 "육군참모총장의 명을 받아 사령부의 업무를 통할하고, 사령부에 예속 또는 배속된 부대를 지휘 · 감독"하지만 "작전지휘 · 감독에 관하여는 합동참모의장의 명을 받아 지휘 · 감독"하게 돼 있다.

〈그림 5-2〉 남한의 미사일사령부와 북한의 전략군 지휘체계 추정도 비교

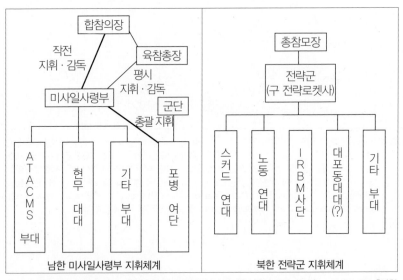

출처: 조성렬, 『뉴한반도비전: 비핵 · 평화와 통일의 길』 (서울: 백산서당, 2012), pp. 105, 112; 『연합뉴스』, 2010년 3월 9일자 등을 참고해 작성.

---

22) 국방부, 『2006 국방백서』, p. 47.

남한은 유도탄사령부를 창설하면서 북한의 장사정포 및 단거리 탄도 미사일 위협에 대응하고 유사시 화력지원 능력을 높이려는 것이 배경이라고 설명했다. 유도탄사령부는 ATACMS 및 현무대대 등 각종 미사일 부대뿐 아니라 각 군단 산하 포병여단을 총괄하며 각종 탄도 · 순항미사일뿐 아니라 무인비행체(UAV: Unmanned Aerial Vehicle), 다련장로켓(MLRS: Multiple Launch Rocket System), 자주포 등을 지휘 · 통제하는 것으로 알려졌다.[23] 남한은 2014년 4월 1일 유도탄사령부를 미사일사령부로 개칭했다.[24]

북한도 2012년 전략로켓사령부를 운영하고 있다는 사실을 공개했다. 조선중앙통신은 2012년 3월 3일 김정은 당시 당 중앙군사위 부위원장이 전략로켓사령부를 시찰했다고 전했다. 중앙통신은 김일성 주석이 1974년 8월, 김정일 위원장이 2002년 3월 각각 이 부대를 방문했다고 덧붙였다.[25] 북한의 전략로켓사령부는 기존의 미사일지도국이 확대 · 개편되면서 러시아 전략로켓군의 명칭을 차용한 것으로 보인다.[26] 남한은 북한에서 군사 지휘권을 발휘하는 총참모부 산하의 군단급 부대인 미사일지도국이 전략로켓사령부로 개칭했다고 평가하고 있다.[27]

이는 북한이 핵능력을 진전시킨 것과 무관치 않아 보인다. 핵전력에 관한 중앙 집중적인 지휘 · 통체체계를 갖추고 있을 것으로 추정되는 북한이 미사일지도국을 전략로켓사령부로 개칭한 것은 핵탄두의 미사일 탑재 가능성을

23) 이정훈, "'국방개혁 2020' 수정안과 공군의 전력증강," 김기정 · 문정인 · 최종건 편, 『한국 공군 창군 60년과 새로운 60년을 향한 항공우주력 발전 방향』 (서울: 오름, 2010), p. 306; 『연합뉴스』, 2006년 7월 16일자, 9월 27일자.
24) 『중앙일보』, 2014년 4월 5일자.
25) 『연합뉴스』, 2012년 3월 3일자.
26) 조성렬, 『뉴한반도비전』, p. 106; 한국국방연구원, 『2004-2005 동북아군사력』 (2005), pp. 152~153. 남한은 2000년부터 2004년 사이에 북한이 미사일지도국을 신설한 것으로 파악하고 있다. 국방부, 『2004 국방백서』, p. 36; 국방부, 『국방백서 2000』, p. 38.
27) 국방부, 『2012 국방백서』, p. 25; 『연합뉴스』, 2012년 12월 21일자. 북한의 군사지도 · 지휘체계에 관한 내용은 김동엽, "선군시대 북한의 군사지도 · 지휘체계: 당 · 국가 · 군 관계를 중심으로" (북한대학원대학교 북한학 박사학위논문, 2013); 오항균, "김정일 시대 북한 군사지휘체계 연구" (북한대학원대학교 북한학 박사학위논문, 2012) 등 참고.

암시하거나 시사하는 것일 수 있기 때문이다.[28] 북한이 2014년 3월과 4월 내세운 '전략군'은 전략로켓사령부가 개칭 또는 확대 개편된 것으로 추정된다. 왜냐하면 북한은 2014년 3월 전략군 대변인 담화를 통해 자신들의 미사일 발사 훈련을 자위적 조치라고 주장했기 때문이다. 전략군 대변인은 같은 해 4월 조선인민군 신문사 기자의 질문에 대답하는 형식으로 사거리 500km 지대지 탄도 미사일을 시험 발사한 남한이 북한의 미사일 발사를 비난할 체면이 없다고 지적하기도 했다.[29]

제2절 남북한 지대지 미사일의 효용성

1. 남한 지대지 미사일의 효용성

남한이 보유한 지대지 미사일의 효용성을 평가하기 위해서는 남북한의 공군력을 비교할 필요가 있다. 〈표 5-5〉에서 보는 것처럼, 2014년 말을 기준으로 남한은 전폭기 314대, 전투기 174대를 보유하고 있다. 반면 북한은 폭격기 80대, 전폭기 48대, 전투기 401대 이상을 보유하고 있다.[30] 숫자를 단순 비교하면 북한이 절대적인 우세인 것처럼 보인다. 그러나 북한 전투기 가운데 최신예 기종이라고 할 수 있는 MiG-29는 18대 이상에 불과하다. 이는 남한이 보유한 KF-16과 F-15K에 양적 · 질적 측면 모두에서 큰 차이가 난다.[31] 게다가 북한의 폭격기와 전폭기는 모두 구형 기종으로 남한의 방공망을 피하기 어렵다.

이 같은 평가는 전력지수화 개념을 도입한 분석을 통해서도 확인할 수 있

---

28) 북한의 핵전력 지휘 · 통제체계에 관한 내용은 이근욱, "북한의 핵전력 지휘-통제 체계에 대한 예측: 이론 검토와 이에 따른 시론적 분석," 『국가전략』, 11-3 (2005) 참고.
29) 『연합뉴스』, 2014년 3월 5일자; 4월 5일자.
30) IISS, *The Military Balance 2015*, pp. 263, 266.
31) 서재정, 『한미동맹은 영구화하는가』, p. 81.

다. 한국국방연구원(KIDA)이 2002년을 기준으로 '최대한 보수적으로' 평가한 남북한의 공군 전력비 산출 결과에 따르면, 남한 공군의 주요 전력이 북한의 105.6%에 달하는 것으로 나타났다.[32] 2000년을 기준으로 남한의 공군 전력이 북한의 130% 수준이라는 연구 결과도 있다.[33] 지난 10~15년 동안 북한은 최신예 공군 무기 체계를 거의 도입하지 못한 반면 남한은 KF-16 및 F-15K 등을 도입하며 공군력을 대폭 강화했다. 이로 미뤄 남한의 공군력 우세는 더욱 확대되었을 것으로 보인다. 여기에 유사시 전개될 미국의 공군력 증원을 감안한다면 남한이 전시에 한반도의 제공권을 장악할 가능성이 매우 크다는 결론을 어렵지 않게 도출할 수 있다.

〈표 5-5〉 남북한 공군의 주요 무기 체계 보유 수량 비교

남 한		구 분	북 한	
F-5E 142 F-5F 32	174	전투기 (FTR)	401+	J-5/6/7 327 MiG-23 56 MiG-29 18+
F-4E 70 F-15K 60 KF-16C 118 KF-16D 46 FA-50 20	314	전폭기 (FGA)	48	MiG-21 30 Su-7 18
—	—	폭격기 (BBR)	80	Il-28
—	—	대지 공격기 (ATK)	34	Su-25
Mk67 15 Il-103 23 KT-1 83 T-50 49 TA-50B 9 TA-50 10	189	훈련기 (TRG)	215+	CJ-6 180 FT-2 35 MiG-21U(M) 약간

출처: IISS, *The Military Balance 2015*, pp. 263, 266.

---

32) 한국국방연구원, 『2003-2004 동북아 군사력』(2004), pp. 507~508.
33) Bruce Bennett, "North Korea: A Changing Military Force: A Threat Now and in the Future," *A Conference Paper for the Council on U.S. Korean Security Studies* (October 27, 2000); 한용섭, 『국방정책론』(서울: 박영사, 2012), p. 146 재인용.

이를 통해 남한이 보유한 지대지 미사일의 효용성을 간접적으로 추론할 수 있다. 최근 남한은 북한이 미사일 발사 움직임을 보이고 미사일 발사가 확실시되면 북한이 미사일을 쏘기 전에 발사 지점을 선제 타격한다는 내용의 '킬체인(kill-chain)' 체계를 구축하고 있다. 항공기 출격에 시간이 필요한 만큼 신속한 대응을 위해 미사일로 북한의 미사일 발사를 저지하겠다는 것이다. 여기에서도 알 수 있는 것처럼, 미사일은 선제 타격 시에 군사적 효용성이 가장 큰 무기 체계이다. 그러나 만약 한반도에서 다시 전쟁이 벌어진다면 이른바 '국가 총력전'에 상응하는 수준이 될 것이며, 단기간에 끝나지 않을 것으로 예상된다. 이는 남한이 북한을 먼저 공격하지 않는 이상 남한이 보유한 지대지 미사일, 특히 발사 이후에는 통제하거나 목표물을 변경할 수 없어 운용이 제한적인 지대지 탄도 미사일의 군사적 효용성이 크게 감소한다는 평가의 근거가 되는 것이다.

주지하는 것처럼, 남한이 개발·보유한 다양한 지대지 미사일의 주된 사용 대상은 북한이다. 지대지 미사일의 군사적 효용성은 기습적인 선제공격에서만 극대화된다. 그러나 남한이 북한을 먼저 공격하는 것은 쉽게 상상하기 어렵다. 선제공격이 아닐 경우 미사일보다는 전폭기 등 항공기의 군사적 효용성이 뛰어나다. 남한 당국이 이 같은 미사일 운용의 특징을 모르지는 않을 것이다. 그렇지만 남한은 지속적으로 새로운 미사일을 개발하기 위해 노력하고 있다. 2012년 10월에는 남한이 보유할 수 있는 지대지 탄도 미사일의 사거리를 800km로 연장하기도 했다. 이런 맥락에서 군사적인 측면이 아닌 다른 측면에서 남한의 지대지 미사일 활용 전략을 검토할 필요가 있다.

남한은 2012년 10월 발간한 한·미 미사일 지침 개정 설명 자료에서 북한의 핵·미사일 위협에 효과적으로 대응하기 위해서는 대북 감시 능력, 북한의 기도 방해·좌절능력, 실시간 파괴 능력, 방어 능력을 모두 구비해야 한다고 강조했다. 즉, 남한이 보유한 지대지 미사일은 실시간 파괴 능력인 동시에 북한의 기도를 방해 · 좌절시키는 능력이라고 할 수 있는 것이다. 여기에서 실시간 파괴 능력은 방해 · 좌절시키기 위해 필요한 능력이기도 하다. 한 · 미 미사일 지침 개정 과정에서 핵심적인 역할을 한 천영우 당시 청와대 외교안보수석은 "이제 북한은 아무리 핵과 미사일 능력을 증강하더라도 더 이상 소용이 없게 될 것"이라고 강조했다.[34] 즉, 남한은 지대지 미사일의 개발 · 보유를 통해 북한에 대한 군사적 대응 능력을 강화하는 동시에 남한도 필적할 수 있는 능력을 갖췄다고 강조함으로써 북한이 핵 · 미사일을 이용한 대남 도발을 하지 못하도록 하는 억지를 추구하는 것으로 보인다.[35]

남한은 북한의 위협에 따른 불안한 국내 여론을 환기하기 위한 목적에서도 지대지 미사일 개발 · 보유를 적극적으로 내세우고 있다. 남한은 북한이 은하-3호의 첫 발사에 실패한 직후인 2012년 4월 19일 현무Ⅱ 지대지 탄도 미사일과 현무Ⅲ 지대지 순항 미사일의 시험 발사 동영상을 전격 공개했다. 이에 앞서 북한이 첫 핵실험을 실시하기 위한 움직임을 보이던 2006년 9월 말에도 사거리 500km의 현무Ⅲ-A 지대지 순항 미사일 개발 사실과 유도탄 사령부 창설 소식을 언론에 흘렸다.[36] 그러나 남한은 남북관계가 비교적 긍정적이었던 2001년 한 · 미 미사일 양해각서를 지침으로 바꾸면서 탄도 미사일의 사거리를 연장한 것과 서울올림픽을 앞둔 1986~1987년께 현무 미사일을 개발 · 배치한 사실은 널리 알려지지 않았다. 다시 말해 남한이 과거에 비해 2000년대 중반 이후 지대지 미사일 개발 및 배치 사실을 대대적으로 홍보하는 것은 안보적 목적을 달성하는 동시에 남한 국민의 불안감을 달래기 위한 목적도 감안한 것으로 보인다.

---

34) 대통령실, 『한미 미사일 지침 개정 주요 내용 및 의미, 기대효과(청와대 정책소식 vol.135)』(2012), pp. 4, 7.
35) 고봉준, "군사력 증강의 정치학: 북한 탄도미사일에 대한 한일 양국 대응의 공격현실주의적 해석," 『한국정치학회보』, 42-3 (2008), pp. 399~402; 이재욱, "북한의 미사일 위협과 아국의 대응방향," 『국방정책연구』, 50 (2000) 등 참고.
36) 『연합뉴스』, 2006년 9월 21일자 등.

2. 북한 지대지 미사일의 효용성

재래식 군사력과 핵 · 미사일 등을 모두 갖추고 있는 북한은 현재 다양한 사거리의 지대지 미사일을 대량 보유하고 있다. 북한이 보유한 지대지 미사일의 군사적 효용성을 분석하기 위해서는 미사일과 경합관계에 있는 폭격기와 전폭기 등 북한의 공군력을 평가해야 하지만, 앞서 살펴봤던 것처럼 북한의 공군력은 남한에 비해 현저한 열세라고 할 수 있다. 그렇지만 북한의 지대지 탄도 미사일은 선제공격과 기습공격에 있어서 효율적인 무기 체계라는 주장도 있어 보다 구체적으로 살펴볼 필요가 있다.

북한이 보유한 스커드 계열 및 노동 미사일은 액체를 연료로 사용하는 것으로 알려졌다. 남한이 2012년 12월 발표한 북한 은하-3호 장거리 로켓 잔해 수거 및 분석 결과에 따르면, 북한의 노동 미사일 엔진 4개를 결합해 사용한 은하-3호 로켓의 1단 추진체에 적연질산(HNO_3(94%)+N_2O_4(6%))을 산화제로 사용한 것으로 나타났다.[37] 북한은 은하-3호 1단과 2단 추진체의 연료로 소련이 1950년대 스커드 미사일에 사용하던 등유를 사용한 것으로 알려졌다.[38] 질산과 등유의 어는점이 각각 -42℃, -40℃여서 북한은 겨울에도 스커드 계열 및 노동 미사일을 발사할 수 있다. 북한이 사용하는 액체 연료의 추진 효율은 고체에 비해 15~40% 이상 좋은 것으로 알려졌다. 그러나 〈표 5-6〉에서 확인할 수 있는 것처럼, 북한은 겨울철에 미사일 운용을 가급적 피해 온 것이 사실이다. 또한 몇 차례의 장거리 로켓 발사에서도 알 수 있는 것처럼, 산화제 및 연료 주입에 시간이 필요한 만큼 고체 연료 미사일보다 운용적인 측면에서 불리하다.[39] 따라서 북한의 지대지 탄도 미사일은 기습공

---

37) 『한국경제』(온라인), 2012년 12월 23일자.

38) Markus Schiller and Robert H. Schumucker, "The Unha-3: Assessing the Successful North Korean Satellite Launch," 미국과학자연맹(FAS: Federation of American Scientists) 블로그(http://blogs.fas.org/pir/2013/02/the-unha-3-assessing-the-successful-north-korean-satellite-launch/) (검색일: 2014년 1월 9일).

39) 권용수, "북한 탄도미사일의 기술 분석 및 평가," p. 6.

격에 적합하지 않은 것으로 보인다.

〈표 5-6〉 북한의 지대지 탄도 미사일 및 SLV 발사 현황

시 기	미사일 종류	발사수	추정 사거리 (km)	결 과
1984년 4~9월	스커드-B 모방형	3	200~250	성 공
1990년 5월	노 동	1	–	실패(추정)
1990년 6월	스커드-C 유사형	1	200~250	성 공
1990년 11월	노 동	1	–	계획 취소
1991년 7월	스커드-C 유사형	1	250~350	성 공
1992년 6월	노 동	1	–	실 패
1993년 5월	스커드-B 모방형 및 스커드-C 유사형	3	100	미확인
1993년 5월	노 동	1	500	미확인
1994년 5월	노 동	1	–	계획 취소
1998년 8월	대포동-1호	1	2,000	성 공
2006년 7월	대포동-2호	1	–	실 패
2009년 4월	은하-2호	1	4,000 이상	성 공
2012년 4월	은하-3호	1	–	실 패
2012년 12월	은하-3호	1	10,000 이상	성 공
2014년 2~7월	스커드 / 노동	11 / 2	–	성 공

출처: 한국국방연구원, 『2003~2004 동북아 군사력』 (2004), p. 476; 국방부, 『2012 국방백서』 (2012), p. 292; 국방부, 『2014 국방백서』 (2014), p. 241 등을 토대로 작성.

여기에서 북한이 보유한 다양한 지대지 탄도 미사일의 정확도는 수km 수준으로 매우 부정확한 것으로 알려졌다는 사실을 상기할 필요가 있다. 남한이 결코 작은 국가가 아니며 전국에 산재해 있는 중요 산업 기반 시설과 육군 중심의 전력구조는 북한이 타격해야 할 대상이 많다는 사실을 의미한다. 이와 관련해 북한의 미사일이 알려진 것보다 2배나 정확하다는 '최악의 가정'을 하더라도 북한이 남한의 공군기지 하나를 파괴하려면 86기 이상의 미

사일을 소모해야 한다는 분석도 있다.[40] 이는 북한이 지대지 탄도 미사일을 대량으로 보유하고 있어도 남한에 있는 주요 타격 대상을 '모두' 또는 '대부분' 타격해 파괴하기는 부족하다는 현실을 반영하는 것이다.

이상의 논의를 종합하면, 북한이 개발·보유한 다양한 지대지 미사일의 주된 사용 대상은 1차적으로 남한이 분명하다. 특히 북한은 다량의 스커드-B 모방형과 스커드-C 유사형, 노동 미사일 등으로 남한 전역을 타격할 수 있다. 그러나 북한이 보유한 지대지 탄도 미사일은 정확성이 낮으며, 특히 액체 연료를 사용해 발사 준비에 시간이 필요한 것으로 알려졌다. 이러한 점에서 북한이 보유한 지대지 탄도 미사일의 효용성은 그다지 크지 않은 것으로 평가할 수 있다. 한편 정확성이 낮은 지대지 탄도 미사일을 북한이 다량 보유하고 있다는 사실은 남한 국민의 불안 심리를 자극하고 극대화하기에 충분하다. 어쩌면 북한은 이러한 점을 노리고 있는지도 모른다.

제3절 남북한의 지대지 미사일 대응·방어능력 비교

지대지 미사일 전력 평가는 상대방의 대응 및 방어능력에 대한 분석을 반드시 포함해야만 한다. 여기에서 대응능력은 상대방이 보유한 지대지 미사일뿐 아니라 지대지 미사일과 경합관계에 있다고 할 수 있는 폭격기 및 전투폭격기(전폭기), 공대지 미사일 등을 의미한다. 폭격기 및 전투폭격기는 폭탄을 장착하고 공중에서 지상에 있는 전략·전술적 표적을 타격할 수 있다는 점에서 지대지 미사일과 유사한 기능을 수행한다. 공대지 미사일 역시 항공기에서 상대방의 지상 표적을 파괴하는 임무를 수행하기 때문에 지대지 미사일의 대응전력에 포함되는 무기체계라고 할 수 있다. 이와 함께 지대지

---

40) 서재정, 『한미동맹은 영구화하는가』, pp. 82~83, 311~316.

미사일 공격을 방어하기 위해 갖추고 있는 요격 미사일 및 방공 전력도 분석할 필요가 있다.

1. 대응 능력

미사일과 폭격기·전폭기는 유사한 기능과 역할 때문에 경합관계에 있다고 할 수 있다. 이와 관련해 항공기가 재사용이 가능하고 타격 대상과 타격 수단을 다양하게 선택할 수 있으며 상대적으로 정확성이 높아 미사일보다 효용성이 더 뛰어나다는 주장이 있다. 특히 각종 전쟁 및 전투 사례를 분석한 결과에 따르면, 항공기는 정확성, 사거리, 신뢰성, 탄두 운반 능력 등에서 미사일보다 우수한 것으로 평가된다.[41] 즉, 개발비 등을 포함한 가격적인 측면에서는 항공기보다 미사일이 저렴할 수 있지만 운용적인 측면에서는 미사일보다 항공기의 효용성이 크다는 것이다.

그러나 미사일을 이용할 경우 항공기 피격 등에 따라 발생하는 아군의 인명 피해를 줄일 수 있고, 개발 비용은 차치하더라도 기당 가격에 있어서 미사일의 경우 수억~수백억원 수준이지만 항공기는 수천억원 수준으로 비교가 되지 않는다. 또 미사일은 항공기에 비해 운용이 쉽고, 미사일 개발에는 항공기처럼 높은 수준의 기술적 능력이 요구되지 않는다. 특히 탄도 미사일은 비행 속도가 매우 빨라 기습공격에 유리하고 방어가 어렵다는 장점이 있다.[42] 특히, 기습공격 가능성과 방어의 취약성 때문에 지대지 탄도 미사일은 상대국 국민의 사기를 저하시키고 공포를 불러일으켜 항공기 출격보다 훨씬 큰 정치적·심리적 압력을 상대방에 행사할 수 있다. 이는 북한의 중·장거리 지대지 탄도 미사일 개발에 대한 일본과 미국

---

41) John R. Harvey, "Regional Ballistic Missiles and Advanced Strike Aircraft," pp. 49~75.
42) Steve Fetter, "Ballistic Missile and Weapons of Mass Destruction: What is the Threat? What Should be Done?," *International Security*, 16-1 (1991), pp. 11~12; John R. Harvey, "Regional Ballistic Missiles and Advanced Strike Aircraft," p. 77; 홍용표, 「북한의 미사일 개발전략」, pp. 10~11.

의 반응에서 쉽게 알 수 있다. 남북한의 지대지 미사일 전력을 보다 객관적으로 분석하는 과정에서 이 같은 점을 감안해야 한다.

〈표 5-7〉 미사일과 항공기의 효용성 비교 평가

구분	핵탄두 투발 (전략적 임무)		화학무기 투발 (전술적 임무)		재래식 무기 투발 (전술적 임무)	
	미사일	항공기	미사일	항공기	미사일	항공기
발사 전 생존성	+	—	+	—	+	—
지휘 · 통제	+	—	+	—	+	—
표적 획득	—	—	—	++	—	++
신 뢰 성	—	++	—	++	—	++
침 투 성	+	—	++	—	++	—
투발 제한 극복	+	—	—	++		
사거리	특정 지역 상황에 의존하는 변수					
투발 중량	—	—	—	++	—	++
정 확 성	—	—	—	++	—	+++
임기응변	특정 지역 상황에 의존하는 변수					
피해 평가	—	—	—	++	—	++
비용 대비 효용성	+++	—	—	++	—	++

범례: — 기본적 효용성
　　　+ 약간 효과적
　　　++ 비교적 효과적
　　　+++ 매우 효과적
출처: John R. Harvey, "Regional Ballistic Missiles and Advanced Strike Aircraft: Comparing Military Effectiveness," *International Security*, 17-2 (1992), p. 74.

2. 방어 능력

미국과 러시아 등은 과거부터 자신들을 향해 날아오는 지대지 미사일을 요격하기 위해 미사일 방어(MD: Missile Defense) 체계를 구축해왔다. 미국은 1960년대 후반 존슨 행정부의 Sentinel에서 시작해 닉슨 행정부의 Safeguard, 레이건 행정부의 SDI, 부시 행정부의 GPALS, 클린턴 행정부의 TMD · NMD, 조지 W. 부시 행정부의 MD, 오바마 행정부의 BMD 등으로 MD 체계를 변화시켜 왔다. MD는 적이 탄도 미사일을 발사한 후 연소 종료 시까지 수 분 내에 요격하는 추진단계(Boost Phase) 방어, 연소 종료 후 미사일 탄두가 대기권 밖에서 비행하는 동안 요격하는 중간단계(Mid-course Phase) 방어, 미사일이 대기권으로 재진입해 목표물에 탄착하기 전에 일정 고도에서 요격하는 종말단계(Terminal Phase) 방어로 구분할 수 있다. 미사일 요격과 관련해 보통 1~5분 정도에 이뤄지는 추진단계 요격은 대응시간이 짧아 어려운 경우가 많고, 중간단계 방어는 대응 시간에서 비교적 여유가 있지만 탄두의 진위를 구분하기 어려우며, 종말단계 방어는 요격 이후 미사일 파편이 방어국의 영토에 떨어질 확률이 크다는 단점이 있다.[43]

한 발의 미사일이 목표물에 심각한 피해를 입힐 확률은 미사일이 성공적으로 발사될 확률, 발사된 미사일이 성공적으로 비행할 확률, 미사일 탄두가 상대방의 방어 수단을 돌파할 확률 등과 같은 다양한 요소의 영향을 받는다.[44] 즉, 지대지 미사일의 효용성을 객관적으로 판단하기 위해서는 상대방의 미사일 방어 체계에 대한 분석이 반드시 필요한 것이다. 물론 폭격기 및 전폭기에 대한 방어 능력 역시 분석 대상에서 빼놓을 수 없다. 남북한도 한반도의 지리적 특성과 동맹국 및 주변국과의 관계 등을 종합적으로 감안해 미사일 요격 및 방공 체계를 일정하게 갖추고 있다. 그러나 기존연구는 북한의 미사일 요격 능력을 제대로 평가하지 않고 있다.

3. 남한의 지대지 미사일 대응 및 방어능력

남한이 2010년대 들어 본격적으로 구축하기 시작한 킬체인 체계는 '파괴를 요하는 군사표적을 처음 탐지하는 데부터 파괴하는 데까지의 연속적이고

---

43) 김영호, "탄도미사일 방어: 현황과 한국의 선택," 『국제정치논총』, 50-5 (2010), pp. 155~157.
44) 서재정, 『한미동맹은 영구화하는가』, p. 312.

순환적인 처리 과정'을 의미한다. 남한이 실시간 탐지와 식별, 결심, 타격체계를 결합한 킬체인 체계의 표적으로 삼는 대상은 북한의 핵이나 미사일 전력이다.[45] 남한은 북한이 핵·미사일을 사용할 명확한 징후가 나타나면 발사를 제지하기 위한 선제 타격에 지대지 미사일과 공대지 미사일 등을 활용한 킬체인 체계를 가동하겠다는 의지를 드러내고 있다.[46] 즉, 남한은 보유하고 있는 다양한 지대지 탄도·순항 미사일과 함께 전투폭격기에 장착하는 각종 공대지 미사일을 북한의 미사일 전력에 대한 대응전력으로 여기는 것이다.

특히, 남한은 2013년 11월 중·하순께 F-15K 등에 장착해 발사할 경우 북한 전역을 타격할 수 있는 사거리 500km의 타우러스 공대지 미사일 수백기를 도입하는 계약을 체결했다.[47] 순항 미사일의 일종인 타우러스는 1~3m의 CEP를 갖는 것으로 알려졌다.[48] 이에 앞서 2000년대 후반에는 사거리 280km의 공대지 순항 미사일인 AGM-84H, 즉 일명 SLAM(Stand-Off Land Attack Missile)-ER를 도입해 전력화했다. 미국이 개발한 SLAM은 대함 공격 전용무기인 하푼(Harpoon. AGM-84A)에 적외선 영상장치 및 GPS 기능을 추가해 F/A-18 및 F-16, F-15 등에 장착할 수 있도록 개량한 것이다. 공대함 및 공대지 순항 미사일인 SLAM은 주·야간에 지상 및 해상 표적을 정교하게 타격할 수 있다.[49] SLAM-ER는 SLAM의 신호교란 대응 능력을 개선하고 자동표적인식 기능을 적용해 표적 정밀도를 증대했다. 또한 SLAM-ER는 원거리 표적에 대한 표적파괴효과 증대를 위해 사거리 및 탄두 효과 등을 개선했다.[50]

45) 노훈, "북한 핵개발 진전과 '시한성 긴급표적 처리 체계'의 발전," 『주간국방논단』, 1455 (2013), p. 2.
46) 〈연합뉴스〉, 2013년 10월 2일자 등 참고.
47) 〈연합뉴스〉, 2013년 11월 27일자.
48) 류선미·이승유·백철훈, "유도무기 개발 현황 및 발전 방향: 공중전 중심으로," 『항공산업연구』, 77 (2013), pp. 75~76.
49) 윤한수, "장거리 공대지 유도무기의 발전추세," 『국방과 기술』, 204 (1996), p. 72.
50) 송유하, "공중발사 유도무기 개발 동향 및 발전 추세," 『국방과 기술』, 384 (2011), p. 45.

남한은 이 같은 공대지 미사일을 F-15K 및 KF-16 등 전폭기에 장착해 북한을 타격할 수 있다. 2014년 말을 기준으로 남한이 보유한 전폭기(총 314대) 가운데 F-15K(60대)와 KF-16C/D(164대)가 차지하는 비중은 각각 19.1%와 52.2%로 총 71.3%에 달한다.[51] 특히 F-15K의 최대 작전반경은 1,500km에 달해 한반도 전역을 비행할 수 있다. KF-16의 작전반경은 500km 정도로 전방 지역에서 출격할 경우 북한 대부분 지역을 타격할 수 있다.[52] 게다가 남한은 2013년 11월 말 공중급유기 구매 계획을 확정했다. 이에 따르면, 남한은 1조원을 들여 2017~2019년 4대의 공중급유기를 도입할 예정이다.[53] 이것이 현실화되면 남한의 전투기 및 전폭기는 작전시간을 1시간 이상 향상할 수 있어 작전반경이 넓어지는 한편 연료 대신 무장을 추가로 탑재해 공격 능력을 대폭 향상할 수 있다.

남한은 북한의 지대지 미사일 전력을 방어하기 위한 능력 구비도 추진하고 있다. 남한은 1990년대 초반 도입 논의를 시작한 PAC-2를 2000년대 후반부터 2010년대 초반까지 50여기 가까이 도입했다.[54] 그러나 PAC-2는 항공기 요격에 적합한 것으로 북한의 미사일 요격용으로는 부적합하다는 평가가 나오기도 했다. 이로 인해 남한은 PAC-2의 성능을 개선하는 한편 주한미군이 1994년부터 북한의 탄도 미사일 위협에 대한 방어 수단으로 보유 · 배치하고 있는 PAC-3를 2016년까지 수백기 도입하기로 했다. 한편 남한은 대북 정보 수집과 정찰 · 감시 능력 향상을 위해 E-737 피스아이(Peace-Eye) 조기경보통제기를 도입해 2012년 10월 전력화했으며, 현재 4대를 운용하고 있다. 뿐만 아니라 고고도 무인정찰기인 글로벌호크(Global Hawk) 도입 계약

---

51) IISS, *The Military Balance 2015*, p. 266.
52) 배양일, "한국 안보전략의 변화와 한국 공군 60년," 김기정 · 문정인 · 최종건 편, 『한국 공군 창군 60년과 새로운 60년을 향한 항공우주력 발전 방향』 (서울: 오름, 2010), p. 179; 박휘락, "북한 핵무기 사용 위협 시 선제타격(Preemptive Strike) 대안 분석," 『의정논총』, 8-1 (2013), p. 275.
53) 〈한국일보〉, 2013년 11월 27일자.
54) 박휘락, "북한 핵미사일 공격 위협 시 한국의 대안과 대비방향," 『국방연구』, 56-1 (2013), p. 39.

을 2014년에 체결했다.[55] 공중급유기 및 무인정찰기 등 첨단 군사력 보유를 통해 남한 공군은 한반도의 제공권 장악은 물론이고 미군에 대한 의존도를 줄이는 동시에 독자적인 작전 수행 능력을 향상하고 있다.[56]

4. 북한의 지대지 미사일 대응 및 방어능력

남한의 지대지 미사일 전력에 대한 북한의 대응 전력은 지대지 미사일과 공군력, 특히 폭격기 등이라고 할 수 있다. 이 가운데 앞서 충분히 살펴본 북한의 지대지 미사일 전력을 논외로 할 경우 고찰해야 하는 대상을 북한의 폭격기 전력과 그 무장 능력으로 한정할 수 있다. 북한은 80대의 H-5와 3대의 Su-25 폭격기, MiG-21 bis 및 Su-7 전폭기를 각각 30대와 18대 보유한 것으로 알려졌다.[57] Su-25는 최대 항속거리가 1,250km에 달하고 4t의 무장이 가능하지만 최대 속도가 마하 0.8에 그친다는 단점이 있다.[58] H-5(Il-28)는 작전반경이 1,100~2,400km에 달하며 3t 이상의 폭탄을 운반할 수 있지만 1940년대 후반 개별된 구형으로 운용이 가능한 기체는 30대에 불과한 것으로 추정된다.[59]

MiG-21의 개량형인 MiG-21 bis는 일반 폭탄만 장착할 수 있는데, 남한이 점차 도태시키고 있는 F-4E에 비해서도 성능이 뒤처지는 것으로 평가된다. 대지 공격기인 Su-7은 마하 1.6의 속도를 낼 수 있도록 설계됐다. 그러나 2세대 항공기인 Su-7은 고속으로 비행할 때 연료 소모가 과다해 항속거리가

---

55) 〈연합뉴스〉, 2014년 4월 7일자 등 참고.
56) 이정우, "북한의 군사위협과 한미동맹의 효용 변화에 관한 연구" (성균관대학교 대학원 정치학 박사학위논문, 2010), pp. 85~87; 이상호, "한국 공군의 현 위상 및 향후 전력건설 방향," 『정치·정보연구』, 13-2 (2010), p. 122; 홍성표·조관행, "전시작전통제권 전환과 공군력 발전방향," 『평화연구』, 17-2 (2009), pp. 217~218.
57) IISS, *The Military Balance 2015*, p. 263.
58) 한국국방안보포럼 편, 『북한 무기체계 양적·질적 평가』 (2010), pp. 23~24.
59) www.fas.org/nuke/guide/russia/bomber/il-28.htm 참고(검색일: 2014년 2월 11일); 한국국방안보포럼 편, 『북한 무기체계 양적·질적 평가』, p. 23.

급격히 감소하는 단점이 있다. 북한이 보유한 구형 항공기는 공대공 측면에서 자체 보호를 위한 무장 정도만 갖추고 있으며, 공대지 측면에서 자체 보호에 필요한 전자 장비를 거의 갖추지 못해 생존성을 보장하기 어렵다. 또 항법 장비의 노후화로 전천후 야간 공격 및 정밀무장 운용 능력이 제한되는 것으로 알려졌다.[60] 북한은 항공기에 장착 가능한 공대지 미사일로 AS-7(Kh-23) 및 AS-10(Kh-25) 등을 보유하고 있다.[61] 그러나 MiG-21 및 Su-25 등에 장착 가능한 두 미사일 모두 최대 사거리가 10km에 불과해 지대지 미사일과 같은 전략적 목표를 달성하기는 어려운 것이 사실이다.[62]

북한은 6.25전쟁 시 미군의 공습에 대한 피해 경험 등으로 인해 평양과 주요 거점을 중심으로 거미줄 같은 방공망을 구축한 것으로 알려졌다. 북한은 SA-2(NATO명. 소련명 S-75 Dvina)와 SA-3(NATO명. 소련명 S-125 Pechora), SA-5(NATO명. 소련명 S-200) 지대공 미사일을 각각 179기 이상, 133기, 38기 보유한 것으로 알려졌다.[63] 각 미사일의 교전거리와 교전고도는 SA-2가 30km 및 3~22km, SA-3가 15km 및 10~100km, SA-5가 150km 및 20~300km라는 점에서 북한은 저·중·고고도 등 중층 방공망을 갖춘 것으로 평가할 수 있다.[64] 그러나 북한이 보유한 지대공 미사일은 대체로 1950~ 60년대 개발돼 실전배치된 것으로, 항공기 요격용으로 남한이 보유한 HAWK 및 Nike-Hercules 등과 유사한 성능을 지니지만 PAC-2에 비해서는 성능이 뒤처지는 것으로 평가된다.[65]

북한은 비교적 최근 들어 외부의 지대지 미사일 공격을 방어하기 위한 지

---

60) 한국국방안보포럼 편, 『북한 무기체계 양적·질적 평가』, pp. 18~20, 23·26.

61) IISS, *The Military Balance 2015*, p. 263.

62) 한국국방안보포럼 편, 『북한 무기체계 양적·질적 평가』, p. 41.

63) IISS, *The Military Balance 2015*, p. 263.

64) 한국국방안보포럼 편, 『북한 무기체계 양적·질적 평가』, p. 45.

65) 더니건은 지대공 미사일의 효용성/전천후 능력과 관련해 HAWK는 45/6, PAC-2는 100/7, SA-2는 23/4, SA-3는 32/4, SA-5는 65/4로 평가했다. 제임스 F. 더니건 지음, 김병관 옮김, 『무엇이 현대전을 움직이는가(How to Make War)』(서울: 플래닛미디어, 2008), pp. 322~323.

대공 미사일 능력을 구비하기 시작한 것으로 보인다. 북한은 2013년 3월 하순 김정은 국방위원회 제1위원장이 "초정밀무인타격기의 대상물 타격과 자행고사로케트 사격훈련을 지도했다"고 전했다. 이 가운데 '자행고사로켓'이 토마호크 순항 미사일로 가장한 대상을 요격하는 데 이용됐다.[66] 북한이 2013년 4월 6일 조선중앙TV를 통해 방영한 '김정은 동지께서 인민군대 사업을 현지에서 지도. 주체102(2013). 3 전편'이라는 제목의 기록영화에서 공개한 자행고사로켓은 남한이 보유한 저고도 단거리 지대공 미사일인 천마와 유사하게 전차 또는 장갑차 차체에 지대공 미사일과 레이더 등을 탑재한 외형이다.[67] 북한의 자행고사로켓은 구 소련이 1970년대 후반 항공기 요격용으로 개발해 실전 배치한 SA-13(NATO명. 소련명 9K35 Strela-10)과 매우 유사한 것으로 보인다.[68] 북한은 2000년대 중·후반 SA-13을 입수해 순항 미사일 요격용으로 개량한 것으로 추정된다.[69] 그러나 북한은 남한의 지대지 탄도 미사일을 방어할 수 있는 수단을 아직까지 제대로 갖추지 못하고 있다.

제4절 남북한 지대지 미사일 개발의 공통점과 차이점

1. 공통점

가. 독자적 개발 중심

남북한 지대지 미사일 개발의 공통점으로 가장 먼저 언급할 수 있는 것은 남북한 모두 독자적 능력을 중심으로 지대지 미사일을 개발했다는 것이다.

---

66) 〈로동신문〉, 2013년 3월 21일자.
67) 〈연합뉴스〉, 2013년 4월 6일자; 국방과학연구소 웹사이트(http://www.add.re.kr) 참고(검색일: 2014년 2월 12일).
68) 〈통일뉴스〉, 2013년 6월 1일자; www.militaryfactory.com/armor/detail.asp?armor_id=315 참고(검색일: 2014년 2월 12일).
69) IISS, *The Military Balance 2013* (2013), p. 310; IISS, *The Military Balance 2005 · 2006* (2005), p. 283.

남한은 1970년대 추진한 자주국방정책의 일환으로 백곰 미사일을 개발했다. 북한도 1980년 1월 구 소련제 스커드-B 미사일을 도입해 역설계하는 방법으로 독자적인 기술력을 축적하고, 이를 발판으로 지대지 탄도 미사일 개발을 본격화했다. 물론 남한이 미국으로부터 일부 도움을 받고, 북한이 이집트에서 스커드-B 미사일을 도입하는 한편 이란·파키스탄 등과 협력했다는 점에서 남북한의 지대지 미사일 개발이 '무에서 유를 창조한 것'이라고 할 수는 없다. 그렇지만 남한의 지대지 미사일 개발에 대한 미국 카터 행정부의 반대와 방해,[70] 고르바초프 시대 소련의 대북정책 변화 등을 감안하면 남북한이 외부의 도움보다는 독자적인 능력을 중심으로 지대지 미사일을 개발했다고 평가하는 것이 무리는 아니다.[71]

남북한이 독자적 능력을 중심으로 지대지 미사일 개발을 추진했다는 점은 지대지 미사일 사거리 연장 과정에서도 잘 드러난다. 남한은 1970년대 말 사거리 180km의 백곰 미사일을 개발한 이후 1983년 아웅산 테러 사건을 계기로 백곰을 개량한 현무 지대지 탄도 미사일을 개발했다. 이후 남한은 한·미 미사일 양해각서 및 지침에 규정된 지대지 탄도 미사일 사거리 제한 등으로 2007년에 가서야 사거리 300km의 현무Ⅱ-A 지대지 탄도 미사일 개발을 본격화했다. 이는 남한이 1990년대 초반 ATACMS 도입을 계획하며 취소한 전술용 단거리 지대지 탄도 미사일 개발을 재개한 것으로 보인다. 남한은 2009년 현무Ⅱ-A 미사일의 탄두 중량을 줄여서 사거리를 연장하는 방식으로 사거리 500km인 현무Ⅱ-B 지대지 탄도 미사일을 개발했다.

---

70) 엄정식, "카터 행정부 시기 대한무기이전 정책의 변용: 백곰 미사일의 개발과 F-5E/F 공동생산의 합의" (서울대 대학원 외교학 박사학위논문, 2012) 참고.

71) 구 소련은 1985년 12월 북한이 NPT에 가입하게 했으며, 1990년 9월에는 북한에 제공하던 핵연료 공급을 중단했다. 윤익중, "한반도에서 러시아의 역할 변화: 북한 핵 미사일 위기를 중심으로(1991~1996)," 한국외대 러시아연구소, 『슬라브연구』, 17-1 (2001), p. 4. 고르바초프 시대를 전후한 시기 소련의 대한반도 정책 변화에 대해서는 김성호, "한-소 국교수립과 북한: 소련의 대 한반도 정책," 고려대 평화연구소, 『평화연구』, 11-4 (2003); 윤해수, "고르바쵸프시대의 소련·북한관계: 상호의존이론을 중심으로," 『한국과 국제정치』, 8-1 (1992) 등 참고.

북한 역시 스커드-B 지대지 미사일을 도입한 이후 기술적 역량을 축적해 1984년 스커드-A 개량형을, 이듬해에는 스커드-B 모방형 지대지 탄도 미사일을 개발했다. 이후 북한은 스커드-B 모방형 미사일의 탄두 중량을 1t에서 700kg으로 줄여 사거리를 500km로 연장한 스커드-C 유사형 지대지 탄도 미사일을 1980년대 후반 개발했다. 1990년대 초반에는 스커드-B 미사일의 엔진을 크게 만드는 방식으로 추력을 증가해 사거리를 1,300km로 연장한 노동 미사일을 개발했다. 북한은 2006년 7월 노동 미사일 엔진 4개를 집속한 형태의 1단 추진체를 갖는 대포동-2호 미사일을 시험 발사한 뒤 2009년과 2012년에는 은하-2호와 은하-3호 SLV를 각각 쏘아 올렸다.

이같이 남북한은 지대지 탄도 미사일의 사거리 연장을 위해 탄두 중량 감소라는 동일한 방법을 채택했다. 북한은 이 외에도 기존의 엔진을 크게 만드는 방법을 채택하거나 여러 개의 엔진을 묶어서 사용하는 방법 등으로 미사일의 사거리 연장을 추진했다.[72] 그러나 이 같은 방법은 지대지 탄도 미사일의 정확성을 크게 떨어뜨리는 것이 사실이다.[73] 이는 남북한이 독자적 능력을 중심으로 지대지 미사일을 개발해왔다는 증거가 되는 것이기도 하다. 만약 남북한이 외부의 도움 또는 기술적 지원·협력에 크게 의존했다면 이처럼 정확성이 떨어지는 방식보다는 새로운 엔진을 도입해 정확성을 확보하는 방식으로 미사일의 사거리를 연장하려고 했을 것이기 때문이다.

나. 핵개발 병행 추진

시기는 다르지만, 남북한이 핵개발과 지대지 미사일 개발을 병행 추진했다는 점도 남북한의 지대지 미사일 개발에서 나타나는 공통점이라고 할 수

---

72) 미사일의 사거리에 가장 큰 영향을 미치는 힘은 추(진)력이다. 탄두 및 동체 중량 감소, 대형 엔진 장착, 엔진 집속 등의 방법으로 추력을 증가시켜 사거리를 연장할 수 있다. 이와 관련한 내용은 양영록·조태환·명노신, "유도 미사일의 사거리 민감도 연구," 『한국군사과학기술학회지』, 14-1 (2011) 등 참고.
73) 미사일의 사거리 연장 방법이 정확성에 미치는 영향에 관한 논의는 권용수, "북한 미사일의 위협 및 전망," 원광대학교 출판국, 『원광군사논단』, 5 (2009), pp. 131~138 등 참고.

있다. 박정희 정부는 핵무기와 지대지 미사일 개발을 병행 추진하다가 핵개발은 포기했지만, 지대지 미사일 개발은 지속적으로 추진했다. 북한 역시 스커드-B 모방형 개발을 완료한 뒤 1990년대부터 현재까지 지대지 미사일 개발과 핵개발을 병행하고 있다. 핵·미사일 병행 개발은 미국과 소련 등 NPT가 규정한 '핵무기 보유국(Nuclear Weapon State)'뿐 아니라 인도·파키스탄·이스라엘 등 사실상의 핵무기 보유국, 이란 등 핵무장 추진국에서 나타나는 공통된 현상이다.[74] 이는 지대지 미사일이 핵무기의 생존성을 극대화하면서 안전하게 운반하기에 가장 적합한 수단이기 때문이다.

남북한과 같은 국가가 핵·미사일 개발을 병행 추진하는 가장 큰 이유는 안보적인 것이라고 할 수 있다. 외부의 위협에 대응하기 위한 핵심적 수단을 독자적으로 개발·보유하려는 것은 국가 최고지도자의 가장 기본적이며 주된 관심사이다.[75] 즉, 국가 최고지도자들은 유사시 외부로부터의 지원이 차단되더라도 국가의 생존을 확보하기 위해서는 자체적인 역량을 갖춰야 한다고 인식하는 것이다. 지대지 탄도 미사일의 군사적 효용성이 전투기 및 전투폭격기에 비해 크지 않다는 지적도 있다.[76] 그렇지만 탄도 미사일은 아군의 인명 피해 없이 기습적으로 사용할 수 있고, 상대방이 탐지하기 어려우며, 탐지·식별하더라도 요격 수단이 제한돼 있을 뿐 아니라 요격 수단 마련에 막대한 비용이 필요하다.[77]

---

74) 이스라엘은 사거리가 각각 500km, 1,500km, 4,800km인 제리코(Jericho)-1/2/3 지대지 탄도 미사일을 개발해 실전에 배치하고 있고, 핵무기 개발을 추진하는 것으로 의심받는 이란은 사거리 1,300~2,000km의 샤하브(Shahab)-Ⅲ 지대지 탄도 미사일의 개발을 완료하고 최대 사거리가 2,500km에 달하는 지대지 탄도 미사일을 개발하고 있다. 외교부, 『군축·비확산 편람 2013』(2013), p. 257.
75) Scott D. Sagan, "Why Do States Build Nuclaer Weapons?: Three Models in Search of a Bomb," *International Security*, 21-3 (1996/97), pp. 57~63.
76) Uzi Rubin, "How Much Does Missile Proliferation Matter?," *Orbis*, 35-1 (1991), pp. 29~33.
77) James Roche, "Proliferation of Tactical Aircraft and Ballistic and Cruise Missiles in the Developing World," Janne E. Nolan, ed., *The Diffusion of Advanced Weaponary* (Washington, D.C.: American Association for the Advancement of Science Program on Science and International Security, 1994), p. 81; 홍용표, 『북한의 미사일 개발전략』, pp. 10~11에서 재인용.

핵 · 미사일 병행 개발은 박정희 정부가 미국의 대한(對韓) 방위 공약 약화에 대응해 추진한 자주국방정책의 핵심적인 내용이었다. 박정희 정부는 오랜 기간 누적돼 온 대미 불신으로 핵개발이라는 궁극적인 목표를 은밀하게 추진하고자 했다.[78] 그러나 박정희 정부는 1970년대 초반 핵무기 개발을 의욕적으로 추진하다가 미국의 압력으로 포기했다. 이후 박정희 정부는 국제 규범 등을 감안해 1970년대 후반에는 잠재적인 핵능력을 추구한다는 이른바 '이중적 핵정책'으로 방향을 전환했다. 지대지 미사일 개발의 지속 추진은 박정희 정부에 있어서 핵개발 재개에 필요한 전략적 · 심리적 마지노선이었을 수 있다.

북한의 핵 · 미사일 병행 개발 역시 안보적인 목적이 가장 크다고 할 수 있다. 북한은 미국의 이른바 '대북 적대시 정책' 때문에 핵 · 미사일을 개발할 수밖에 없었다고 강변한다. 탈냉전 이후 유일 초강대국의 지위에 올라선 미국의 군사력, 특히 핵전력은 다른 국가의 추종을 불허한다. 특히 남한에 대한 미국의 핵우산 제공 공약은 유사시에 북한을 대상으로 한다는 점에서 북한이 큰 위협으로 인식할 수 있다. 게다가 1980년대를 지나며 재래식 군사력 부문에서 북한의 대남 우위가 사라지고, 시간이 지날수록 남북한 사이의 재래식 군비 격차는 확대됐다. 이러한 상황에서 보다 적은 비용으로 가능한 핵무기 개발 및 핵전력 강화는 북한에 매력적인 수단일 수 있다.[79]

다. 우주개발과 연계

1990년대 후반 이후 남북한이 지대지 미사일 개발을 우주개발과 연계해 추진한다는 점도 남북한의 지대지 미사일 개발에서 찾을 수 있는 공통점이

---

78) 민병원, "1970년대 후반 한국의 안보위기와 핵개발: 이중적 핵정책에 관한 반(反)사실적 분석," 『한국정치외교사논총』, 26-1 (2004), p. 156.
79) 김도태, "체제위기 관리 차원에서 본 북한의 핵 · 미사일 정치: 광명성3호 발사 및 3차 핵실험 가능성 분석," 충북대 사회과학연구소, 『사회과학연구』, 29-1 (2012), p. 8.

다. 북한은 1998년 8월 광명성-1호 인공위성을 탑재한 백두산-1호 장거리 로켓을 발사한 뒤 약 11년 만인 2009년 4월 광명성-2호 위성을 실은 은하-2호 장거리 로켓을 발사했다. 그리고 3년여 뒤인 2012년 4월과 12월에는 광명성-3호 및 광명성-3호 2호기 위성을 은하-3호 장거리 로켓에 실어 날려 보냈다.[80] SLV와 ICBM의 기술적 차이가 크지 않다는 점에서 북한이 쏘아 올린 SLV에 지대지 미사일 관련 기술 및 부품이 활용됐을 개연성이 큰 것으로 여겨져 왔다. 이러한 추정은 남한이 2012년 12월 북한의 은하-3호 로켓 잔해를 수거한 뒤 사실로 확인됐다. 남한 당국이 발표한 잔해 분석 결과에 따르면, 북한은 은하-3호의 1단 추진체로 사거리 1,300km의 노동 미사일 엔진 4개 등을 묶어서 사용했다.

남한도 1990년대 초반부터 인공위성 발사 등 우주개발에 필요한 로켓을 본격적으로 개발하기 시작했다. 한국항공우주연구원이 1993년 6월 발사에 성공한 KSR-Ⅰ 로켓은 ADD가 백곰 미사일 관련 기술을 이용해 개발한 고체 연료 로켓이었다. 항공우주연구원이 1998년 6월 발사에 성공한 KSR-Ⅱ 2단 고체 로켓 역시 하단은 KSR-Ⅰ의 추진 기관, 즉 백곰 미사일 기술을 활용한 고체 연료 로켓을 그대로 사용했다.[81] 남한이 2002년 11월 쏘아 올린 3단 액체 로켓인 KSR-Ⅲ는 액체 연료 로켓이어서 무기체계로 직접 전환하기에는 부적합한 점이 있지만, 적지 않은 부분에서 고체 로켓 및 미사일과 중복되는 것이 사실이다.[82] 남한이 2003년부터 개발하고 있는 추력 30t급의 액체 로켓 엔진은 북한의 노동 미사일 엔진 추력과 비슷하다.[83] 이를 감안하면, 남한의

---

80) 북한은 지금까지 시도한 4차례의 인공위성 발사가 모두 성공했다고 주장했지만, 국제기구와 전문가들은 앞선 3차례의 시도는 실패했고 가장 최근의 시도 역시 위성이 지구 주위를 돌고 있지만 제 역할을 하지는 못하는 것으로 평가하고 있다.
81) 채연석, "한국 로켓 기술," 한국기술사회, 『기술사』, 45-4 (2012), p. 25.
82) 김재수, "우주개발자립을 위한 우주발사체 개발제언," 과학기술정책연구원, 『과학기술정책』, 22-4 (2012), p. 35. 액체 로켓 개발과 관련한 내용은 한상엽, "전 세계 발사체 액체로켓엔진 기술개발 동향," 한국항공우주연구원, 『항공우주산업기술동향』, 10-1 (2012) 등 참고.
83) 채연석, "한국 로켓 기술," pp. 28~29.

액체 로켓 개발 기술이 향후 지대지 탄도 미사일 개발에 활용될 개연성을 배제할 수 없다.

2. 차이점

가. 사거리 연장 속도의 차이

남북한의 지대지 미사일 개발에서 나타나는 가장 큰 차이점은 사거리를 연장하는 데 걸린 시간이라고 할 수 있다. 즉, 남한은 비교적 신중하게 지대지 미사일의 사거리를 연장한 반면 북한은 매우 빠른 속도로 미사일의 사거리를 연장했다. 남한은 1979년 9월 노재현 국방장관이 위컴 주한미군 사령관에게 보낸 서한을 통해 남한의 최전방 지역에서 평양을 공격할 수 있을 정도인 180km로 백곰 미사일의 사거리를 제한했다. 이러한 사거리 제한은 전두환 · 노태우 · 김영삼 정부 시기 뿐 아니라 김대중 정부 초기까지 20년 넘게 이어졌다. 남한은 2001년 한 · 미 미사일 양해각서를 지침으로 개정하면서 지대지 탄도 미사일의 사거리를 300km로 연장하고, 순항 미사일의 사거리 제한을 없앴다. 2012년 10월 남한은 탄도 미사일의 사거리를 800km로 다시 연장했다.

그렇지만 이 같은 변화가 남한 지대지 미사일의 전력 증강으로 직결된 것은 아니었다. 남한은 백곰 미사일을 실전 배치하지 않았으며, 평양을 타격할 수 있는 현무 미사일은 1984년 개발이 시작돼 1987년 실전에 배치됐다. 남한은 2000년대 중반에 가서야 사거리 300km 지대지 탄도 미사일인 현무Ⅱ-A를, 2009년께 사거리 500km의 현무Ⅱ-B 탄도 미사일을 배치한 것으로 전해졌다. 한편 남한은 2001년 순항 미사일의 사거리 제한이 철폐되자 거의 곧바로 사거리 500km급의 지대지 순항 미사일인 현무Ⅲ-A 개발에 착수했고, 2006년 10월 개발 완료를 발표했다. 이후 사거리 1,000km(현무Ⅲ-B) 및

1,500km(현무Ⅲ-C)급의 지대지 순항 미사일 개발을 진행해 2010년 무렵 개발을 마쳤다.

반면 북한은 1985년 사거리 300km의 스커드-B 모방형 지대지 탄도 미사일의 개발을 완료한 뒤 1989년 사거리 500km의 스커드-C 유사형 탄도 미사일을 개발했다. 1993년 5월에는 사거리가 1,300km에 달해 한반도를 벗어나는 것으로 평가되는 노동 미사일을 시험 발사했다. 4년여마다 사거리가 2배 정도로 증가한 것이다. 이후 북한은 1단 미사일의 사거리 연장을 지속적으로 추진해 2007년 4월 25일 열병식에서 사거리 3,000~4,000km로 추정되는 일명 무수단 미사일을 선보이기도 했다. 북한은 다단 미사일 및 SLV 개발에도 박차를 가해 1998년과 2009년, 2012년 각각 지대지 탄도 미사일 기술을 활용한 것으로 추정되는 백두산-1호, 은하-2호, 은하-3호 SLV를 쏘아 올렸고,[84] 2012년 4월 15일에는 ICBM급으로 평가되는 KN-08 지대지 탄도 미사일을 처음으로 공개했다.

나. 외부의 규제에 대한 입장 차이

남북한의 지대지 미사일 개발에서 나타나는 차이점 가운데 하나는 MTCR 및 유엔 안보리와 같은 외부 규제에 대한 양측의 입장 차이라고 할 수 있다. 남한은 미국과의 협상을 통해 2001년 MTCR에 가입하고, 유엔 안보리를 비롯한 국제사회가 남한의 지대지 미사일 개발을 규제하지 않는 등 외부와 비교적 원활한 관계를 맺고 있다. 물론 남한이 미국과 미사일 협상을 벌이는 과정에서 크고 작은 갈등이 있었던 것은 사실이다. 그렇지만 2001년 한·미 미사일 양해각서를 지침으로 개정하고 MTCR에 가입한 뒤에는 남한과 국제사회 사이에서 지대지 미사일 개발을 둘러싼 불협화음은 더 이상 나타나지 않고 있다.

---

84) 이춘근, "나로호 발사 부분성공으로 본 과학기술 혁신정책과 지역 내 협력 과제," 과학기술정책연구원, 『과학기술정책』, 19-3 (2009), p. 28.

반면 북한은 유엔 안보리 결의를 위반하며 장거리 로켓 발사를 지속해 국제사회의 규탄을 받는 등 외부와의 마찰이 빈번하게 발생하고 있다. 북한은 국제사회가 자신들을 비롯해 이란 등 이른바 미국과 불편한 관계에 있는 국가들의 미사일 및 SLV 개발을 보다 엄격하게 통제하는 차별을 받고 있다고 주장한다.[85] 이는 남한의 나로호 발사에 대한 북한의 반응에서 어렵지 않게 확인할 수 있다. 남한의 나로호 발사 소식이 전해지자 북한은 2009년 8월 10일 외무성 대변인 기자회견을 통해 "4개월 전에 6자회담 참가국들은 북한이 진행한 과학위성발사를 유엔 안보리에 끌고 가 규탄하고 대북 제재를 실동에 옮긴바 있다"며 "6자회담 참가국들이 남조선의 위성발사도 유엔 안전보장리사회에 상정시키는지 주시해볼 것"이라고 주장했다.[86]

이에 앞서 북한은 1996년 4월부터 2000년 11월까지 총 6차례에 걸쳐 미국과 미사일 회담을 벌이기도 했다. 북·미 미사일 회담에서 미국은 북한에 MTCR 가입 등을 요구했고, 북한은 경제적 보상이 이뤄져야만 미사일 수출을 중단할 수 있다고 대립했다. 특히, 마지막 6차 회담에서 북한은 MTCR 규정을 감안해 사거리 300km 이상인 노동 미사일과 스커드-C 유사형 미사일의 수출 중단 대가를 구체적인 액수로 제시한 것으로 알려졌다. 그러나 미국은 현금 보상에 난색을 표하며 대북 투자 확대 및 국제금융기구를 통한 지원 등 기존 입장을 되풀이해 별다른 성과를 거두지 못했다고 한다.[87] 이같이 북한은 미사일 수출 등에 관해서는 비교적 유연한 태도를 보이면서도 미사일 개발은 주권에 관한 사안이라고 강조하며 외부의 규제에 강경한 태도로 맞서고 있다.

---

85) 〈로동신문〉, 2009년 2월 7일자. 이란의 미사일 및 SLV와 국제사회의 규제에 관한 내용은 박재현, "국제사회의 대이란 제재동향 및 우리의 대응," 국립외교원 외교안보연구소, 『주요국제문제분석』, 2012-45 (2013); 백승주, "북한-이란 간 미사일 기술협력 경과와 협력형태," 한국국방연구원, 『동북아안보정세분석』 (2009.3.31); 공현철·오범석·홍일희, "이란의 우주개발과 미사일기술통제체제(MTCR) 규제," 한국항공우주연구원, 『항공우주산업기술동향』, 5-2 (2007) 등 참고.

86) 통일부, 『월간 북한동향』, 8월호 (2009), p. 34.

87) 〈연합뉴스〉, 2000년 11월 5일자.

다. 남한의 지대지 순항 미사일 개발

남한이 지대지 탄도 미사일뿐 아니라 지대지 순항 미사일 개발에 나선 것도 남북한의 지대지 미사일 개발에서 발견할 수 있는 차이점이라고 할 수 있다. 왜냐하면 북한은 지대지 순항 미사일을 개발하지 않고 지대지 탄도 미사일만을 지속적으로 개발해왔기 때문이다. 앞서 언급한 것처럼, 북한이 개발 · 보유한 지대지 미사일은 모두 탄도 미사일이다. 반면, 남한은 2000년대 중반부터 지대지 탄도 미사일과 순항 미사일 개발을 병행했다. 남한이 지대지 순항 미사일 개발에 나서게 된 것은 순항 미사일에 대한 국제적 규제가 상대적으로 약하기 때문이라고 할 수 있다. 1987년 설립된 MTCR는 그동안 탄도 미사일의 확산을 더디게 하는 데 있어서는 성공했지만, 순항 미사일의 확산 억제와 관련해서는 상대적으로 성과가 미흡한 것으로 평가된다.[88]

MTCR는 미사일의 수평적 확산을 방지하기 위해 탄도 및 순항 미사일 관련 물자 등을 2개의 범주(Category)로 구분하고 있다. 아주 예외적으로 국가 간 이전이 허용되는 범주1에는 탑재중량이 500kg이고 사거리가 300km 이상인 탄도 미사일과 SLV, 순항 미사일을 비롯한 UAV의 완성품 및 주요 하부 체계가 통제 대상이다. 그러나 순항 미사일을 포함한 UAV는 탑재중량이나 사거리 가운데 어느 하나를 약화시킴으로써 수출이 가능한 범주2에 해당하는 것으로 조정할 수 있다. 이로 인해 MTCR는 그동안 순항 미사일을 포함한 UAV 규제에 소극적이라는 비판을 받아왔던 것이 사실이다.[89] MTCR를 주도하는 미국은 무장장착 기능이 없는 정찰용 UAV인 프레데터XP를 아랍에미리트연합에 수출했고,[90] MTCR 가입국인 러시아는 인도에 SS-N-27(NATO

---

88) Michael Dutra, "Strategic Myopia: The United States, Cruise Missile, and the Missile Technology Control Regime," *Journal of Transnational Law and Policy*, 14-1 (2004), pp. 62~65; 이용호, "미사일기술통제체제(MTCR)의 한계," 『성균관법학』, 21-3 (2009), p. 1054.

89) Dennis M. Gormley, "Missile Defence Myopia: Lessons from the Iraq War," *Survival*, 45-4 (2003-04), p. 79.

90) 김성배 · 김지명, "미사일기술통제체제(MTCR)가 무인항공기 획득에 미치는 영향," 『주간국방논단』, 1507

명. 러시아명 3M-51) 순항 미사일을 판매했다. MTCR 비가입국이지만 자발적인 MTCR 지침 준수를 강조하는 중국은 이란 등에 순항 미사일을 판매하고 면허 생산할 수 있도록 했다.[91]

남한도 이 같은 점을 감안해 국제적으로 통제가 엄격한 탄도 미사일이 아닌 순항 미사일 개발을 추진한 것으로 보인다. 순항 미사일 개발을 추진하기에 앞서 남한은 2001년 MTCR에 가입하기 전에 미국과의 협상을 통해 한·미 미사일 양해각서를 지침으로 개정하면서 그동안 탄도 미사일과 동일하게 유지됐던 순항 미사일의 사거리 제한을 사실상 철폐했다. 당시 한·미는 MTCR의 규정을 원용해 남한의 순항 미사일이 탑재중량 500kg 또는 사거리 300km를 넘지 않아야 한다고 규정해 탑재중량 500kg 이내에서는 사거리 제한을 받지 않도록 했다.[92] 이를 발판으로 남한은 2000년대 초반 사거리 500km의 순항 미사일 개발에 착수해 2006년 10월 개발 완료 사실을 공개했던 것이다.

라. 북한의 미사일 수출

남한이 지대지 미사일을 수출하지 않는 반면, 북한이 이란 등 아랍지역 국가와 미사일 개발을 긴밀히 협력하고 이들 국가에 지대지 미사일을 수출하는 것도 양측의 지대지 미사일 개발에서 나타나는 차이점이다. 미사일 수출은 국제적으로 강력한 규제를 불러올 수 있는 행위이다. MTCR가 비록 자발적인 협력체로 구속력이 강한 것은 아니지만, 미사일과 관련한 기술 및 부품의 국가 간 이전은 쉽지 않은 상황이다. 게다가 2000년대 초반부터는 미국을 중심으로 '대량살상무기 확산방지구상(PSI: Proliferation Security Initiative)'이 구성돼 작동하고 있다. 2002년 12월 북한제 스커드 미사일 15기 등을 신

(2014), p. 6.

91) 김호식, "Cruise Missile Defense(순항미사일 방어)," 『국방과학기술정보』, 40 (2013), p. 179.

92) 대통령실, 『한미 미사일 지침 개정 주요 내용 및 의미, 기대효과(청와대 정책소식 vol.135)』 (2012), p. 6.

고 예멘으로 향하던 이른바 '서산호' 사건이 PSI 출범의 직접적인 계기가 된 만큼,[93] PSI는 투명하지 않은 미사일 이전을 차단하는 활동에 초점이 맞춰져 있다. 그러나 PSI도 MTCR처럼 유엔의 틀 밖에서 이뤄진 국가 간 자발적 협력 체로 유엔해양법협약 등 국제법과 충돌하고 이중용도 품목에 대한 판단 기준이 불명확하다는 이유에서 비판의 대상이 되기도 한다.[94]

〈표 5-8〉 북·중·러의 탄도 미사일 수출 현황: 1987~2009

연 도	러시아		중 국		북 한		계
	수량	지역	수량	지역	수량	지역	
1987	230	중동			20	중동	250
1988	120	중동	30	중동	150	중동	300
1989			70	중동	40	중동	110
1990			60	중동	40	중동	100
1991			80	중동	60	중동	140
1992			30	아시아	80	중동	110
1993					30	중동	30
1994							
1995							
1996					10	아시아	10
1997							
1998							
1999					20	중동	20
2000	40	사하라 이남 아프리카					40
2001					10	중동	10

---

93) 외교부, 『군축·비확산 편람 2013』, p. 156. 서산호 사건이란 2002년 12월 9일 캄보디아 선적의 북한 선박 '서산호'가 북한제 단거리 탄도 미사일인 스커드 미사일(재래식 탄두 장착) 15기와 그 추진체를 싣고 아라비아해의 공해 상을 항행하던 중 미국 정부의 요청에 따라 스페인 군함(Navarra)이 정지·검색하여 적재물을 발견한 뒤 조사를 위해 인도양의 Diego Garcia에 있는 미군기지로 압송하였고, 그 과정에서 구매자인 예멘으로부터의 항의와 동 미사일의 제3국으로의 재이전 불허용 약속을 받은 후 동년 12월 11일 석방한 사건을 말한다. 이용호, "확산방지안보구상(PSI)의 발전과 한계," 강원대 비교법학연구소, 『강원법학』, 39 (2013), p. 319.

94) 전기원, "갈등적 동아시아 해양질서: 국제조약, 국제레짐 그리고 패권 도전국," 국가안보전략연구소, 『국제문제연구』, 13-2 (2013), pp. 116~118; 함형필, "PSI의 국제동향과 한국의 활용방향," 『국방정책연구』, 28-2 (2012), pp. 180~184; 이용호, "확산방지안보구상(PSI)의 발전과 한계," pp. 329~338 등 참고.

연도							계
2002					20	중동	20
2003					10	중동	10
2004							
2005					20	중동	20
2006					10	중동	10
2007							
2008							
2009	10	중동					10
계	400	-	270	-	510	-	1,180

* 수출 지역 가운데 아시아에는 아프가니스탄 · 파키스탄이, 중동에는 이란과 아랍지역 및 북아프리카 지역 국가들이 포함됨.
출처: Joshua Pollack, "Ballistic Trajectory: The Evolution of North Korea's Ballistic Missile Market," *The Nonproliferation Review*, 18-2 (2011), pp. 412~413.

북한은 이 같은 국제제도 등에 가입하지 않고 제도적 허점을 충분히 활용하며 지대지 미사일 수출을 지속하고 있다. SIPRI는 북한이 1986~2004년 스커드 미사일을 이란에 270기, 리비아에 5기, 시리아에 260기, 베트남과 예멘에 각각 25기와 45기를 수출했으며, 노동 미사일도 파키스탄에 2기 이전한 것으로 평가하고 있다.[95] 〈표 5-8〉에 나타난 것처럼, 1987~2009년 북한이 중동 지역 등에 수출한 탄도 미사일은 총 510기에 달해 러시아(400기)와 중국(270기)보다 많다. 이처럼 북한은 이란과 시리아 등 중동 지역 국가와 파키스탄 등에 미사일 수출을 집중하고 있는 것이다.[96]

북한은 냉전기 지대지 미사일 등 무기 수출을 통해 적지 않은 외화를 벌어들인 것으로 알려졌다. 1980년대 북한의 전체 수출에서 무기 수출이 차지하

---

95) SIPRI 무기 수출 데이터 베이스(http://portal.sipri.org/publications/pages/transfer/trade-register)에 공급국을 북한(Korea, North)으로, 기간을 1985년부터 2012년까지로, 무기 종류를 미사일(Missile)로 지정해 검색하면 〈표 5-9〉와 같은 결과를 얻을 수 있다.

96) 북한의 미사일 수출이 이슬람 국가들에 집중되는 현상에 대해 한 연구자는 중세 유럽 제국들에 대한 이슬람 세계의 태도 등을 근거로 "과거 역사적 사례를 비추어 볼 때 이슬람 세계가 지니고 있는 외부세계와의 문화적 교류의 폐쇄성과 문화수용의 소극적인 태도와 연관된다는 점에서 내부적 요인이 크다"고 분석한다. 김주삼, "북한의 대 중동군사외교: 전략무기체계를 중심으로," 조선대 동북아연구소, 『동북아연구』, 25-2 (2010), p. 48.

는 비중은 평균 23%나 됐다.[97] 특히, 1990년대 북한의 지대지 미사일 수출은 매년 5억~10억 달러를 기록했다. 이 시기 북한 경제가 이른바 '고난의 행군' 과 '강행군'을 겪으며 1년 수출액이 10억~50억 달러 수준이었다는 점을 감 안하면, 미사일 수출이 북한의 외화 획득에 적지 않게 기여한 것으로 평가할 수 있다.[98] 2000년대에 접어들어 PSI 등 국제적인 무기 수출 통제 체제가 본 격적으로 작동하면서 북한의 무기 수출은 감소하는 추세이다.[99] 그러나 북한 은 최근 경제가 점차 회복하는 기미를 보이자 군수산업 가동률을 경제난 이 전인 1990년대 초반 수준으로 끌어올렸고,[100] 핵 및 지대지 미사일 개발에도 박차를 가하고 있다.

〈표 5-9〉 북한의 지대지 미사일 수출 현황: 1985~2012

수입국	주문량 (기)	미사일 종류	주문 년도	배송 년도	배송량 (기)
이 란	100	스커드-B 모방형	1987	1987~1988	100
	170	스커드-C 유사형	1990	1991~1993	170
리비아	5	스커드-C 유사형	1995	1999~1999	5
파키스탄	2	노 동	1993	1996~1997	2
시리아	160	스커드-C 유사형	1990	1991~2000	160
	100	스커드-D 개량형	1996	2000~2009	100
베트남	25	스커드-C 유사형	1997	1998~1998	25
예 멘	45	스커드-C 유사형	1994	2001~2002	45

출처: 스톡홀름 국제평화연구소(SIPRI) 무기 수출 데이터 베이스(http://portal.sipri.org/ publications/pages/transfer/trade-register) 참고(검색일: 2014년 2월 13일).

---

97) 최종철, "무기이전 정책: 달러, 안보 및 영향력 확보," 최종철 외, 『북한의 생존정책』(서울: 보성문화사, 1995), p. 352.
98) 임을출, "북한의 미사일 산업·기술 평가와 향후 발전 전망," 현대경제연구원, 『통일경제』, 56 (1999), p. 101.
99) 김연철, "북한의 선군체제와 경제개혁의 관계," 『북한연구학회보』, 17-1 (2013), pp. 48~49.
100) 탁성한, "북한의 군수산업: 북한 경제에의 영향과 향후 전망," 『수은북한경제』, 9-2 (2012), p. 18.

마. 북한의 핵 · 미사일 연계

북한이 핵과 미사일 개발을 연계하는 것도 남북한의 지대지 미사일 경쟁에서 찾을 수 있는 차이점이다. 남한은 박정희 정부 이후 핵무기 개발을 시도하지 않고 있지만, 북한은 1990년대 이후 핵과 미사일 개발을 본격적으로 연계하고 있다. 북한이 핵과 미사일 개발을 연계한다는 의도를 가장 잘 드러낸 행위는 3차례의 핵실험을 전후한 장거리 지대지 미사일 또는 로켓 발사라고 할 수 있다. 북한은 1차 핵실험 3개월 전에 대포동-2호 미사일을, 2차 핵실험 50일 전에 은하-2호 장거리 로켓을, 3차 핵실험 2개월 전에 은하-3호 장거리 로켓을 각각 발사했다(〈표 5-10〉 참고). 이로 인해 북한이 핵탄두를 탑재한 미사일 보유에 가까이 가고 있는 것이라는 관측도 나오지만 북한이 핵탄두를 탑재한 미사일 보유를 선언하거나 핵탄두 탑재 장거리 탄도 미사일을 공개한 적은 아직 없다. 그러나 북한은 3차례의 핵실험을 통해 폭발력을 증대시키는 동시에 장거리 미사일 또는 로켓의 비거리를 연장함으로써 핵과 미사일을 연계하는 행태를 보이고 있다.

〈표 5-10〉 북한의 핵실험 전후 장거리 미사일 · 로켓 발사 일지

시 기	사 건
2006. 7. 5	대포동-2호(1기) 등 단 · 중거리 미사일 7기 발사
2006. 10. 9	제1차 핵실험
2009. 4. 5	은하-2호 장거리 로켓 발사
2009. 5. 25	제2차 핵실험
2012. 12. 12	은하-3호 장거리 로켓 재발사
2013. 2. 12	제3차 핵실험

북한의 핵 · 미사일 연계 전략 본격화는 북한이 내놓은 언명에서도 쉽게 발견할 수 있다. 북한은 2009년 4월 13일 유엔 안보리가 은하-2호 장거리

로켓 발사를 규탄하는 의장성명을 발표하자, 같은 달 29일 추가 핵실험과 ICBM 시험 발사를 시사하는 외무성 대변인 성명으로 대응했다. 2013년 2월 3차 핵실험을 단행한 직후 북한은 "소형화, 경량화 된 원자탄을 사용"했다고 주장했다. 이는 미사일에 탑재할 수 있는 핵탄두를 개발하는 것이 핵실험을 실시한 목적 가운데 하나라는 사실을 숨기지 않은 것으로 해석할 수 있다. 특히, 북한은 2012년 4월 「헌법」을 개정하면서 핵보유국을 자처했다. 또한 북한은 김정은 시대의 국가전략으로 내놓은 이른바 '경제 · 핵무력 건설 병진노선'에서 핵무력 건설과 관련한 과제로 위성 개발 및 추가 발사, 핵보유 법적 고착 및 핵무력의 강화, 핵무력의 전투준비태세 완비 및 핵무력 중심의 전략 · 전술 완성 등을 제시했다.[101]

장거리 로켓 발사와 핵실험 병행은 북한이 핵탄두 제조를 위한 핵물질 확보, 핵장치의 설계 · 제조 및 고폭실험, 핵실험, 핵장치의 소형화 · 경량화 단계를 넘어 미사일에 핵탄두를 장착할 수 있는 능력을 키워나가는 과정이라고 이해할 수 있다.[102] 이로 인해 북한이 핵개발을 외교적 자산으로 활용하는 차원을 넘어 핵무장이라는 군사적 자산 확보를 위한 길에 들어선 것이 확실하다는 분석이 설득력을 얻고 있다.[103] 심지어 북한의 핵무기 전력화와 실전 배치는 시간문제라며, 향후 2~3년 이내에 핵탄두를 장착한 미사일을 작전 배치할 수 있을 것이라는 주장도 제기된다.[104] 김정은 체제가 제시한 경제 · 핵무력 건설 병진노선은 북한이 더 이상 평화적 이용(원자력과 로켓)과 군사적 이용(핵무기와 미사일)을 구분하지 않겠다는 뜻을 분명히 한 것이라는

101) 〈연합뉴스〉, 2012년 5월 30일자; 〈로동신문〉, 2013년 4월 1일자.
102) 전성훈, "북한의 핵능력과 핵위협 분석," 『국가전략』, 11-1 (2005), p. 8 등 참고.
103) 김용순, "북한의 대미 외교행태 분석: 선군 리더십의 위기관리" (연세대 대학원 정치학 박사학위논문, 2007); 한용섭, "북한의 대량살상무기 정책," 경남대 북한대학원 엮음, 『북한 군사문제의 재조명』 (파주: 한울, 2006); 신성호, "북한의 핵과 장거리 미사일 개발이 동북아 정세에 미치는 영향," 『전략연구』, 48 (2010) 등 참고.
104) 함형필, "3차 핵실험 이후 북한 핵능력 평가," p. 6.

분석도 가능하다. 즉, 김정은 체제가 핵개발 강화를 원자력 및 우주개발과 함께 다루고 있다는 점에서 북한은 앞으로 군수와 민수 두 분야에서 사용 가능한 소위 '이중용도(Dual-use)' 기술을 적극 활용해 경제·군사적 역량을 동시에 확충하려 할 수 있다.[105]

북한의 핵·미사일 연계 전략은 김정은 제1위원장이 2012년 3월 초 전략로켓사령부를 시찰한 뒤 북한 매체가 이 부대와 전략로켓군을 지속적으로 선전하는 것에서도 어렵지 않게 유추할 수 있다. 북한은 김일성 주석 100회 생일을 기념해 진행한 열병식에 전략로켓군 장병을 처음으로 선보였다. 2013년 3월 26일에는 최고사령부 성명을 통해 전략로켓 부대 등에 '1호 전투근무태세'를 명령하기도 했다. 특히, 북한 매체는 사흘 뒤 김정은 제1위원장이 전략미사일 부대의 긴급 작전회의를 주재한 모습을 촬영한 사진을 내보내면서 북한에서 발사된 미사일이 미국 본토와 하와이 등을 타격하는 계획을 담은 '전략군 미본토 타격계획'이라는 상황도를 공개했다.[106] 이에 앞서 북한은 2013년 1월 24일 내놓은 국방위 성명을 통해 장거리 로켓 발사와 핵실험이 미국을 겨냥한다는 점을 분명히 하기도 했다.[107]

---

105) 전성훈, "김정은 정권의 경제·핵무력 병진노선과 '4·1 핵보유 법령'," 통일연구원, 『온라인 시리즈 13-11』 (2013), pp. 2~3.
106) 〈연합뉴스〉, 2012년 4월 15일자; 2013년 3월 26일자, 29일자.
107) 전현준, "북한의 제3차 핵실험 위협 배경 분석," 통일연구원, 『온라인 시리즈 13-05』 (2013), p. 2; 〈로동신문〉, 2013년 1월 25일자.

제6장

남북한 지대지 미사일 개발 결정요인

남북한 지대지 미사일 개발 결정요인

이 장에서는 남북한의 지대지 미사일 경쟁에 영향을 미친 요인이 무엇인지 알아보고자 한다. 앞서 언급한 것처럼, 결정요인은 안보적 요인과 비안보적 요인으로 구분할 수 있다. 안보적 요인은 군비경쟁과 동맹관계로, 비안보적 요인은 국내정치적 요인, 경제 · 기술적 여건, 기타 요인 등으로 세분할 수 있다. 남한의 지대지 미사일 개발에 영향을 미친 요인은 남북관계를 포함한 북한의 군사적 위협에 따른 군비경쟁, 한미동맹 관계의 변화 및 미국의 우려 등 안보적 요인과 대통령의 권력 공고화 및 관료정치 등 국내정치적 요인, 경제 · 기술적 여건, 국제적인 비확산 체제 등 비안보적 요인으로 구분할 수 있다. 북한의 지대지 미사일 개발에 영향을 미친 요인은 남북 및 북미관계를 포함한 한 · 미의 군사적 위협에 따른 군비경쟁과 탈냉전에 따른 미국으로부터의 직접적 위협 및 이에 대한 대응, 북한과 중국/소련 사이의 관계 변화 등 안보적 요인과 후계체제 구축 및 대내 결속 강화 등 국내정치적 요인, 경제난과 우주개발 등 경제 · 기술적 여건, 국제사회의 제제와 같은 비안보적 요인으로 구분할 수 있다.

제1절 남한의 지대지 미사일 개발 결정요인

1. 안보적 요인

가. 군비경쟁

(1) 북한의 군사적 도발

1961년 5월 16일, 박정희 당시 육군 소장을 중심으로 한 일부 군 세력이 남한의 권력을 장악하는 '군사 쿠데타'가 발생하자, 북한은 정확한 정보가 없던 상황에서 한 때 지지성명을 준비하기도 했다. 그러나 북한은 쿠데타 이틀 뒤부터 '미국이 사주해 남한에 쿠데타가 발생했다'고 비난하며, 군사정권을 북한에 대한 위협으로 규정했다.[1] 북한은 노동당 중앙위원회 상무위원회 비공개 회의를 열어 '7개년 계획'의 시작을 1963년까지 유보하고, 이때까지 방위력 강화에 집중하면서 경제 발전 속도를 늦추기로 결정했다.[2]

북한은 1962년 12월 당 중앙위 제4기 제5차 전원회의에서 "인민경제 발전에서 일부 제약을 받더라도 우선 국방력을 강화하여야 한다"고 강조한 뒤 이른바 '경제-국방 병진노선'으로 불리는 독자적인 군사력 강화 정책을 본격적으로 추진했다.[3] 이 과정에서 1962년 1억 8,100만 달러였던 북한의 군사비는 4년 만인 1966년 2배(3억 8,700만 달러)가 됐고, 1970년에 다시 2배(7억 4,200만 달러)가 됐다.[4] 이처럼 군비 부담이 급증함에 따라 북한은 1966년 10월 당 대표자회에서 7개년 계획 수행을 3년 연장할 것을 결정했다. 이와 함께 "군대의 간부화, 군대의 현대화, 전체 인민의 무장화, 전국의 요새화를 군사노선의 기본내용으로 규정"한다며 군사력 강화 정책을 지속적으로

---

1) 신종대, "5·16 쿠데타에 대한 북한의 인식과 대응: 남한의 정치변동과 북한의 국내정치," 한국학중앙연구원, 『정신문화연구』, 33-1 (2010) 참고.
2) 김보미, "북한 '자주로선'의 형성 1953~1966: 비대칭동맹의 특수사례" (북한대학원대 북한학 박사학위논문, 2013), p. 220.
3) 조선중앙통신사, 『조선중앙연감 1963』 (1963), p. 158.
4) 함택영, 『국가안보의 정치경제학: 남북한의 경제력·국가역량·군사력』 (서울: 법문사, 1998), pp. 220~221.

추진할 것임을 천명했다.[5]

북한의 이 같은 군사력 강화 정책은 공세적 대남 정책, 특히 군사적 도발로 이어졌다. 북한은 1967년부터 1970년까지 대남 무장침투 및 납치 등 군사적 도발을 빈번하게 벌였다. 북한이 이 시기 벌인 도발은 운수봉 지구 작전(1967년 6월 23~24일), 정읍 내장산 작전(1967년 7월 18~19일), 청와대 기습 사건(1968년 1월 21일), 서귀포 간첩선 침투(1968년 8월 20일), 울진·삼척 지역 무장 공비 침투(1968년 10월 20일 ~ 11월 3일), 북평 앞바다 무장간첩선 침투(1969년 6월 12일), 군산 앞바다(1969년 9월 20일) 및 흑산도 근해 50t급 무장간첩선 사건(1969년 9월 24일), 대한항공(KAL) 여객기 납치(1969년 12월 11일) 등이다.[6] 북한은 1970년 6월 3명의 공작원을 서울에 침투시켜 국립묘지에 시한폭탄을 설치하기도 했지만, 폭탄이 먼저 터져 목적을 달성하지는 못했다.[7]

북한은 같은 시기 미국을 향한 도발도 감행했다. 북한은 청와대 기습 사건을 벌인 지 이틀 뒤 원산 앞바다에서 미국의 첩보함 푸에블로호를 나포했다. 미국의 린든 존슨(Lyndon Baines Johnson) 행정부는 푸에블로호에 타고 있던 80여명의 승무원을 송환하기 위해 북한과 11개월에 걸쳐 협상을 벌였다. 그 결과 미국은 1968년 12월 선박을 제외한 승무원 전원을 귀환시킬 수 있었다. 1969년 4월 15일에는 북한군이 미국 해군의 EC-121 정찰기를 동해상에서 격추하는 일도 있었다. 탑승자 전원이 사망한 이 사건에 대응하기 위해 미국의 고위 정책 결정자들은 군사적인 보복을 검토했지만, 실행에 옮기지는 않았다.[8]

---

5) 조선중앙통신사, 『조선중앙년감 1966~67』(1967), p. 115.

6) 허문영, "통일정책," 김영수 외 지음, 『김정일 시대의 북한』(서울: 삼성경제연구소, 1997), p. 484.

7) Joseph S. Bermudez Jr., North Korean Special Forces, 2nd ed. (Annapolis, MD: Naval Institute Press, 1998), pp. 116~117; 국방군사연구소, 『국방정책변천사 1945~1994』(1995), pp. 137~138.

8) Henry A. Kissinger, White House Years (New York: Warner Books, 1979), pp. 472~476.

이 같은 북한의 군사적 도발은 박정희 정부가 자주국방정책 추진을 결심하는 데 주요한 원인으로 작용했다. 1960년대 초반까지 남한의 군사력은 북한에 비해 우세한 것으로 평가됐다. 북한이 본격적인 군비증강을 추진하기 이전까지 남한은 60만명 정도의 병력을 보유해 약 40만명으로 추산되는 북한의 병력을 양적 측면에서 압도했다. 북한이 500대의 제트기를 보유해 공군력에서 남한이 열세였지만, 이러한 격차는 75대의 F-100 초음속전폭기로 무장한 미 공군사단이 교체 형식으로 한국에 머무르면서 메워줬다. 게다가 미국은 남한에 2개 보병사단을 유지하면서 수백기의 전술핵무기를 전개해 확고한 대북 우위를 점하고 있었다.[9] 이같이 한 · 미측의 군사적 우위가 지속되던 1960년대 후반 잇따른 북한의 군사적 도발, 특히 청와대 기습 사건은 남북한 군사력 균형을 다시 생각하게 하는 계기가 됐을 것이다. 이러한 상황에서 미국의 대한 방위 공약 약화는 박정희 정부가 군비증강을 추진하게 하는 결정적 요인으로 작용했다.

남한이 자주국방정책을 본격적으로 추진한 1970년대 북한도 군사력을 크게 증강시켰다. 이 시기 북한의 군사력 증강은 특히 지상군의 병력과 장비 증가에서 두드러졌다.[10] 북한은 1970년 41만 3,000명의 병력과 900대의 전차를 보유하고 있었지만, 1979년에는 최소한 63만 2,000명의 병력과 2,300대의 전차를 보유하게 됐다.[11] 또한 북한은 '정규전과 비정규전의 배합'이라는 군사교리를 실현하기 위해 1970년대 특수부대 전력을 대폭 증강했다. 북한은 17정찰여단을 제외한 모든 정찰국 예하부대를 해체 · 재편해 특수 8군단을 창설하고, 1970년 1만 7,000명이던 특수부대 병력을 1978년 4만 1,000명

---

9) 함택영, 『국가안보의 정치경제학』, pp. 169~170.
10) 함택영, 『국가안보의 정치경제학』, p. 182.
11) 고경은, "1970년대 한반도 군비경쟁과 남북한," 하영선 편, 『한반도 군비경쟁의 재인식: 전쟁에서 평화로』 (부천: 인간사랑, 1988), pp. 143~145.

으로 증가시켰다.[12] 북한은 1973년 10~12월 총 43차례에 걸쳐 서해 북방한계선(NLL: Northern Limit Line)을 침범해 서해 5개 도서 지역을 분쟁지역화하려 했다.[13] 1976년 8월에는 판문점에서 미루나무를 제거하던 미군 장교 2명을 도끼로 살해하는 사건을 감행하는 등 1960년대 후반에 시작한 군사적 도발을 1970년대에도 이어갔다.

(2) 북한의 아웅산 테러

전두환 대통령은 1983년 10월 9일 북한이 벌인 이른바 '아웅산 테러' 사건을 계기로 자신이 취소했던 지대지 탄도 미사일 개발 사업을 부활시켜 '현무 유도탄 사업'을 추진하라고 ADD에 지시했다.[14] 아웅산 테러 피해자 가운데 한 사람인 이기백 당시 합참의장은 김포에 있는 국군통합병원에서 박정희 정부 시절 백곰 미사일 개발을 주도한 구상회 박사를 만나 전두환 대통령의 지시라며 "서울올림픽의 성공적인 개최를 위해 1987년 말까지 무슨 일이 있어도 지대지 탄도 미사일을 개발해 실전배치 해야 한다"고 말했다고 한다. 윤성민 당시 국방장관도 이 자리에서 "이른 시일 내에 개발계획서를 국방부에 제출"하라며 "필요한 예산은 전액 배당할 것이고, 증원이 필요하다면 승인할 것"이라고 밝혔다고 한다.[15]

그러나 전두환 대통령은 아웅산 테러 이후 북한에 대한 보복이나 응징을 공개적으로 내세우지는 않았다. 오히려 전 대통령은 대북 보복을 준비한 군 지휘부를 만류했다. 그는 당시 상황에 대해 "그 때 우리 군에서는 육군, 해군, 공군 할 것 없이 북한을 때리려고" 했다며 "내가 버마(미얀마)에서 돌아와보니 군에서 전부 때릴 준비가 다 되어 있었다. 위에서 승인을 안 해도 들어가

---

12) Josheph S. Bermudez Jr., *North Korean Special Forces* (Survey: Jane's, 1988), pp. 106~107, 114.
13) 이상철, "북방한계선(NLL), 우리가 사수하고 있는 남북 해상경계선," 『통일과 법률』, 14 (2013), p. 10.
14) 박준복, 『한국 미사일 40년의 신화: 자주국방 그리고 꿈을 이룬 사람들』 (서울: 일조각, 2011), p. 67.
15) 『신동아』, 4월호 (1999) 참고.

겠다는 거야"라고 회상했다. 그러면서 "내가 필요한 시기, 적절한 시기에 때리라고 할 때 때리라고 했"다며 "내 명령없이 병사 한 명이라도 넘으면 나에 대한 불충이다 … 내 명령에 따르라 … 그래서 진정을 시켰"다고 덧붙였다.[16] 그는 1983년 10월 15일 '군 주요지휘관 신고'를 받는 자리에서도 "우리의 가장 강력한 응징은 국방을 더욱 튼튼히 하고 국력을 획기적으로 강화하여 힘의 우위를 확보하는 일"이라며 "그들에게 궁극적으로 보복하는 일은 통일과 번영을 우리의 힘으로 이룩하는 것임을 다시 한 번 확신"하게 됐다고 말했다.[17] 즉, 전 대통령은 아웅산 테러를 일으킨 북한에 대한 보복이 아니라 대북 억지력 확보를 강조한 것이다.[18]

전두환 대통령은 평양을 타격할 수 있는 능력을 갖추기 위해 자신이 중단시킨 지대지 탄도 미사일 개발을 재개하기로 결정하고, 이를 은밀히 지시했다. 전 대통령은 1983년 ADD에 △장기적으로 선별된 분야의 세계 정상 도달, △중기적으로 군 소요 무기체계의 개발과 기술 관리, △단기적으로 운용 유지에 필요한 대군(對軍) 기술지원 등 3가지 임무를 부여했다. 이 같은 지시에 따라 박정희 대통령 피살로 중단되었던 지대지 탄도 미사일 개발 사업이 현무 지대지 탄도 미사일 개발이라는 이름으로 새롭게 시작됐다. 남한의 군수산업 정책도 지대지 탄도 미사일 등과 같은 주요 무기체계 개발은 ADD가 주도하되, 그 이외의 사업은 민간업체가 주도해 개발하도록 하는 방향으로 변화했다.[19]

---

16) 김성익, 『전두환 육성증언(1986.1.20~1988.2.24): 5공 청와대 통치 기록 담당자가 공개하는 격동기 대통령의 생생한 현장 실토』 (서울: 조선일보사 출판국, 1992), p. 128.
17) 전두환 저, 대통령비서실 편, 『전두환대통령연설문집』, 4 (서울: 대통령비서실, 1984), pp. 201~202.
18) 백학순, 『박정희정부와 전두환정부의 통일 · 대북정책 비교』 (성남: 세종연구소, 2014), p. 164.
19) 국방과학연구소, 『국방의 초석 40년』, p. 215.

(3) 북한의 핵·미사일 위협

북한은 1990년대 이후 다양한 사거리의 지대지 미사일 뿐 아니라 핵무기 개발을 병행 추진하고 있다. 북한은 2006년 이후 3차례의 핵실험을 단행하며 핵능력을 강화해왔다. 특히, 2013년 2월의 3차 핵실험 실시 직후에는 '폭발력이 크면서도 소형화, 경량화 된 원자탄으로 지하 핵실험'을 단행했다고 주장했다. 북한의 주장이 '참'이라는 객관적 증거는 많지 않지만, 그렇다고 북한의 주장이 '거짓'이라고 단정할만한 증거도 거의 없는 것이 사실이다. 북한의 주장이 거짓이라면 그나마 남한에 덜 위협적이지만, 만약 사실이라면 이는 남한의 안보에 심각하면서도 현실적인 위협이다. 왜냐하면 소형화·경량화는 핵탄두를 미사일에 탑재하기 위해 반드시 거쳐야 하는 과정이기 때문이다. 즉, 북한의 핵장치 소형화·경량화 주장이 사실이라면 북한은 핵탄두를 탑재한 지대지 탄도 미사일 보유에 매우 근접해있음을 암시하는 것이다.[20]

게다가 김정일 국방위원장 사망 이후 북한의 최고지도자가 된 김정은 국방위원회 제1위원장은 2013년 3월 노동당 중앙위 전원회의를 통해 '경제건설과 핵무력건설 병진노선'을 전략적 노선으로 채택했다. 일부에서는 이 노선에 관해 북한이 핵무력으로 체제안보를 위한 억제력을 확보했기 때문에 추가적인 국방비를 들이지 않게 돼 경제건설 투자에 집중하겠다는 의사를 밝힌 것으로 해석한다.[21] 그러나 북한은 새로운 병진노선을 실현하기 위한 과업으로 '세계의 비핵화가 실현될 때까지 핵무력을 질량적으로 확대 강화할 것'이며 '군대에서 전쟁억제력과 전쟁수행전략의 모든 측면에서 핵무력의 중추적 역할을 높이는 방향에서 전법과 작전을 완성해 나가며 핵무력의

---

20) 홍기호, "북한 핵무기의 군사적 위협과 대비방향," 『신아세아』, 20-1 (2013), p. 162.
21) 홍권희, "북한의 '경제·국방 병진노선' 연구" (경남대 대학원 정치학 박사학위논문, 2014), pp. 305~306. 김정은 제1위원장은 2013년 3월 31일 노동당 전원회의에서 병진노선의 우월성에 관해 '국방비를 늘리지 않고도 적은 비용으로 나라의 방위력을 더욱 강화하면서 경제건설과 인민생활 향상에 큰 힘을 돌릴 수 있게 한다'고 설명했다. 〈로동신문〉, 2013년 4월 2일자.

정상적인 전투준비태세를 완비해 나가야 한다'고 강조했다.[22] 이를 근거로 김정은 체제가 핵무력에 전략 · 전술상 중추적 역할을 부여했다고 봐야 한다는 주장도 제기되고 있다.

또한 북한은 병진노선을 추진하는 과정에서 '자립적 핵동력 공업을 발전시키고 경수로를 개발하기 위한 사업을 힘있게 추진하여 나라의 긴장한 전력문제를 푸는 데 적극 이바지'하며 '우주과학기술 발전에 박차를 가하여 통신위성을 비롯한 보다 발전된 위성들을 더 많이 개발 발사'해야 한다고 역설했다.[23] 북한은 '경제-핵무력 건설 병진노선'을 채택한 다음날 최고인민회의 제12기 7차 회의를 열고 '자위적 핵보유국의 지위를 더욱 공고히 할 데 대하여'를 최고인민회의 법령으로 채택하는 동시에 「우주개발법」을 제정하고, '국가우주개발국' 신설을 결정했다.[24] 북한이 2000년대 중반 이후 3차례의 핵실험 단행을 전후해 지대지 탄도 미사일 및 SLV 발사를 병행했다는 사실을 감안할 때, 북한의 이 같은 조치는 김정은 체제가 핵과 지대지 미사일의 병행 개발을 보다 적극적으로 추진하겠다는 의도를 내비친 것으로 풀이된다.

이러한 상황에 직면해 남한은 다양한 대응책을 강구하고 있다. 남한 내에서는 1990년대 초반까지 주한미군이 보유했던 미국의 전술 핵무기를 다시 반입 · 배치해야 한다거나 독자적인 핵무장 추진에 나서야 한다는 주장이 제기됐다.[25] 그러나 미국의 전술핵 재반입과 남한의 핵무장 추진은 2015년 가을까지 현실화되지 않고 있다. 이와 관련해 박근혜 대통령이 2014년 5월 말 해외 언론과의 인터뷰에서 '만약 북한이 4차 핵실험을 감행한다면 동아시아에서 핵도미노 현상이 나타나는 것을 방지하기는 힘들 것'이라고 말한 사실

---

22) 통일부, 『주간북한동향』, 제1146호 (2013), p. 4.
23) 성채기, "북한의 「경제-핵 병진노선」 평가: 의도와 지속가능성," 한국국방연구원, 『동북아안보정세분석』 (2013.6.20), p. 1.
24) 〈로동신문〉, 2013년 4월 2일자.
25) 전성훈, "북한 비핵화와 핵우산 강화를 위한 이중경로 전략," 『국가전략』, 16-2 (2010) 등.

이 눈에 띈다. 이를 두고 전문가들은 남한이 단기간 내에 독자적으로 핵무장을 추진하겠다는 의지를 밝힌 것이라기보다는 북한의 4차 핵실험을 차단하기 위한 목적이 큰 것으로 해석하고 있다.[26]

그러나 박근혜 대통령의 '핵도미노' 발언을 남한이 추진하는 킬체인과 연결하면 북한의 핵·미사일 위협에 대처하기 위한 남한의 대응이 매우 공세적 성격으로 변화했다는 사실을 확인할 수 있다. 북한의 지대지 미사일 개발이 본격화 된 1980년대 이후부터 남북관계가 획기적으로 변화하기 시작한 2000년 이전까지 북한의 지대지 미사일 위협에 대한 남한의 대응은 주로 한미동맹에 의존하는 것이었다. 이 시기 남한이 독자적으로 취한 군사적 대응은 현무 단거리 지대지 탄도 미사일 개발이 전부이다. 김대중·노무현 정부는 북한의 핵·미사일 전력 강화에 대응해 '대화를 통한 해결'이라는 외교적 해법을 강조하며 독자적인 군사적 대응책을 조용하게 추진했다.[27]

이명박 정부 시기 벌어진 '천안함·연평도 사건' 등으로 남한의 군사적 대응은 조용한 기조에서 벗어나 남한에 대한 북한의 안보 위협에 대응하는 가장 중요한 수단으로 부각됐다. 이명박 정부는 지대지 탄도 미사일의 사거리를 800km로 연장하는 문제를 미국과 합의했으며, 박근혜 정부는 남한이 보유한 현무Ⅱ 계열의 지대지 탄도 미사일과 현무Ⅲ 계열의 지대지 순항 미사일을 일반에 처음으로 공개해 억지력을 과시했다. 또한 박근혜 대통령은 사거리 500km 이상인 지대지 탄도 미사일의 첫 시험 발사를 직접 참관하기도 했다. 남한이 구축하려고 하는 KAMD 체계는 북한의 미사일이 남한에 떨어지기 전에 요격하는 것이 목적이고, 이른바 킬체인은 북한이 미사일을 발사할 '확실한 징후'가 보이면 미사일 발사 지점을 먼저 타격하겠다는 것이다.

---

26) 〈문화일보〉, 2014년 6월 2일자.
27) 고봉준, "군사력 증강의 정치학: 북한 탄도미사일에 대한 한일 양국 대응의 공격현실주의적 해석," 『한국정치학회보』, 42-3 (2008), p. 398.

이와 함께 남한은 미국과 협의해 2009년부터 양국 국방 당국의 고위 관계자들이 참여하는 '확장억제정책위원회'를 구성 · 운영하며 미국의 핵우산 제공방안에 대해 논의하고 있다.[28]

(4) 남북관계

남북관계가 남한의 지대지 미사일 개발에 미친 영향에 관해 논의해보자. 남한 입장에서 남북관계 경색은 북한의 대남 위협과 동의어일 수 있다. 이러한 맥락에서 남북관계 경색은 남한의 지대지 미사일 개발을 촉진하는 요인일 수 있다. 박정희 · 전두환 정부는 북한의 청와대 기습 사건 및 아웅산 테러와 같은 북한의 도발 이후 대북 비대칭 전력이라고 할 수 있는 지대지 미사일 개발을 추진했다. 이같이 일견 과도하게 보일 수도 있는 조치를 두 정부가 취할 수 있었던 이유는 남북관계가 대결 국면이었던 상황에 기인한다. 당시 체제 경쟁을 벌이며 첨예하게 대결하던 남북관계는 북한의 도발에 과장된 방법으로 대응하는 것이 가능하게 했다. 특히, 박정희 · 전두환 정부와 같은 독재 · 권위주의 정권은 최고지도자의 이른바 '정권안보'를 국가안보와 동일시하거나 정권안보를 국가안보에 앞세우는 경향이 있다. 이러한 점에서 두 대통령의 목숨을 노린 북한의 도발은 남한이 매우 강력한 대응 조치를 모색하기에 충분한 조건으로 작용했다.

반면 원활한 남북관계는 남한의 지대지 미사일 개발을 억제하는 요인이 될 수 있다. 남북관계가 좋다는 것은 남북한 사이의 적대감이 완화되는 것이기 때문이다. 이는 남북한이 서로를 타격할 수 있는 무기체계인 지대지 미사일을 개발하는 데 부정적인 영향을 미칠 수 있다. 이러한 맥락에서 노무현 정부가 추진한 평화번영정책이 국가안보와 괴리를 보였다는 주장도 가능할 수

---

28) 김영호, "한반도 평화유지를 위한 군사안보전략: 대북 억제력 강화방안을 중심으로," 『국가전략』, 19-2 (2013), pp. 47~48.

있고,[29] 북한의 군사적 위협 가능성에 기반한 안보인식의 혼란이 초래됐다고 지적할 수도 있다.[30] 그러나 다른 시기에 비해 남북관계에 훈풍이 불었던 김대중·노무현 정부 시기 남한은 지대지 미사일 개발에 필요한 제도적 기반을 구축하거나 지대지 미사일 개발을 본격적으로 추진하는 등 안보를 강화하는 정책을 추진했던 것이 사실이다.

김대중 정부는 북한의 미사일 위협을 내세우며 남한이 독자 개발·보유할 수 있는 지대지 탄도 미사일의 사거리를 연장해야 한다고 미국을 설득했다. 한·미는 2001년 '한·미 미사일 양해각서'를 '한·미 미사일 지침'으로 개정하면서 남한이 개발·보유할 수 있는 지대지 탄도 미사일의 사거리를 180km에서 300km로 연장했고, 지대지 순항 미사일의 사거리를 사실상 폐기했다. 이에 기반해 노무현 정부는 전방 지역에서 발사할 경우 북한 전역을 타격할 수 있는 현무Ⅲ 계열의 지대지 순항 미사일 개발을 추진해 일정하게 성과를 거뒀다. 즉, 원활한 남북관계가 남한의 지대지 미사일 개발을 억제하지는 못한 것이다.

이는 당시 남북관계의 개선과 발전이 경제적·사회문화적 분야의 교류·협력에 머물렀기 때문으로 보인다. 김대중·노무현 정부 시기 남북관계는 정치·군사적 문제를 심도 있게 논의하는 수준으로까지 발전하지 못했던 것이 사실이다.[31] 김대중 대통령과 김정일 위원장은 2000년 정상회담에서 「6·15공동선언」 1항과 2항을 통해 통일의 방향성에 관해 합의했지만, 관련 논의를 더욱 발전시키지 못했다. 노무현 대통령과 김정일 위원장은 2007년 정상회담에서 서해에 공동어로수역 지정 및 평화수역 조성, 정전체제 종식 및 항구적 평화체제 구축을 위한 3자 또는 4자 정상회담 추진 등에 합의했지만,

29) 문순보, 『노무현 정부의 대북정책: 국가안보와 평화번영정책의 괴리』 (성남: 세종연구소, 2014).
30) 정영태, "신정부의 대북정책 과제와 전망," 『전략연구』, 15-1 (2008), p. 114.
31) 청와대, 『성숙한 세계국가: 이명박 정부 외교안보의 비전과 전략』 (2009), p. 17.

이 역시 제대로 이행된 것이 거의 없다. 이 시기 남북한은 군사 부문에서 초보적인 군사적 신뢰구축 조치의 일부에만 합의했을 뿐이다.[32] 당시 양측은 경제·사회문화 분야의 교류·협력을 군사적으로 보장하기 위한 조치와 '서해상에서 우발적 충돌 방지와 군사분계선 지역에서의 선전활동 중지 및 선전수단 제거'를 합의하는 데 그쳤다.

김대중·노무현 정부 시기 남북한이 '역사적인' 남북정상회담을 2차례나 개최했고, 국방장관회담 2차례, 장성급군사회담 7차례, 군사실무회담 36차례 등 군사 분야 회담을 많이 개최했다는 점 등을 근거로 이 시기 남북한 사이에 군사적 신뢰가 일정하게 구축됐다고 평가할 수도 있다. 그러나 이것이 북한을 군사적 측면에서 '주적(主敵)'으로 보는 남한의 인식을 바꾸지는 못했다. 국방부는 「국방백서」에 1996년부터 "주적인 북한"이라는 표현을 사용했지만, 2004년 당시 남북관계 등을 감안해 "현존하는 북한의 군사적 위협"이라는 표현으로 수위를 다소 완화했다. 만약 김대중·노무현 정부를 지나는 동안 남북관계가 획기적으로 변화해 남한의 대적관이 완전하게 바뀌었다면 이명박 정부가 천안함 사건을 계기로 '주적' 개념 부활을 검토하기는 어려웠을 것이다.[33]

이처럼 남북관계가 비교적 원활했던 김대중·노무현 정부 시기에도 군사적 측면에서 남한은 북한을 적으로 인식했다. 남한 국민들 가운데 상당수는 남북관계가 개선되면서 북한을 '동포'로 인식했지만, 여전히 북한을 적으로 인식하는 사람들이 일정한 비율로 존재했던 것이 사실이다.[34] 남북한 당

---

32) 남북한 사이의 군사분야 회담에 관한 내용은 이미숙, "남북한 군사협상의제 연구" (이화여대 대학원 북한학 박사학위논문, 2010), pp. 183~276; 윤종우, "한반도 군비통제의 '포괄적 병행 접근'에 관한 연구" (단국대 대학원 정치학 박사학위논문, 2010), pp. 123~133 등 참고.
33) 그러나 국방부는 「2012 국방백서」까지 "현존하는 북한의 군사적 위협"이라는 표현을 바꾸지는 않고 있다. 국방부, 『2012 국방백서』(2012), p. 36.
34) 정원칠, "한국전쟁 발발 60주년: 변화하는 한국민의 대북인식과 통일인식," 『EAI 여론브리핑』, 84 (2010), p. 2; 김태현, "한국민의 대북 인식과 대북정책 태도," 중앙대 민족발전연구원, 『민족발전연구』, 6 (2002) 등 참고.

국 간 관계도 이 시기 대화의 진전과 교류 · 협력의 발전으로 이전 상황에 비하면 많이 발전했던 것이 사실이다. 그렇지만 양측 당국 간 관계 역시 간헐적교전 등 유혈사태와 군사적 대치의 지속, 각종 회담에서 나타나는 대결적 경향 등에서 알 수 있는 것처럼 적대관계와 협력관계의 이중성이 내포된 것이었다고 할 수 있다.[35]

이는 결국 북한의 군사적 위협을 남한이 배제할 수 없게 했으며, 나름의 군사적 대비태세를 지속적으로 유지할 수밖에 없는 요인으로 작용했다. 김대중 정부는 북한과의 화해 · 협력을 주요 내용으로 하는 '대북포용정책'을 추진했던 것으로 유명하지만, 이에 앞서 '북한의 무력도발 불용'과 '확고한 자주적 안보태세 유지'를 언제나 강조했다.[36] 노무현 정부 역시 '전쟁 반대'를 원칙으로 한 평화번영정책과 '확고한 안보태세 확립을 위한 협력적 자주국방'을 병행했다.[37] 이러한 맥락에서 김대중 정부가 추진한 지대지 탄도 미사일 사거리 연장 및 순항 미사일 사거리 폐기와 노무현 정부의 단거리 순항미사일 개발은 북한의 위협에 대응하기 위해 취한 현실적 조치 가운데 하나였다고 할 수 있다.

이명박 · 박근혜 정부도 지대지 미사일 개발을 추진하며 북한의 지대지 탄도 미사일 개발에 대칭되는 대응책이라는 점을 내세우고 있다. 이명박 정부의 천영우 청와대 외교안보수석은 남한의 독자 개발 · 보유 지대지 탄도 미사일의 사거리를 800km로 연장하는 내용의 한 · 미 미사일 지침 개정 배경과 관련해 "북한의 미사일이 발사되기 전에 대부분을 무력화한다는 목표를 가지고 앞으로 필요한 능력을 갖추어나갈 것"이라고 설명했다.[38] 킬체인 역

---

35) 김근식, "남북한 관계의 특성: 과도기의 이중성," 경남대 북한대학원 엮음, 『남북한 관계론』 (파주: 한울, 2005), pp. 120~125.
36) 통일부, 『2000 통일백서』 (2000), p. 22; 국방부, 『1998 국방백서』 (1998), p. 51.
37) 국가안전보장회의(NSC), 『평화번영과 국가안보: 참여정부의 안보정책 구상』 (서울: 국가안전보장회의 사무처, 2004), pp. 24, 27.
38) 대통령실, 『한미 미사일 지침 개정 주요 내용 및 의미, 기대효과(청와대 정책소식 vol.135)』 (2012), p. 7.

시 '북한이 핵·미사일로 남한을 타격할 가능성이 커질 경우 이러한 징후를 조기에 포착해 선제공격'하겠다는 개념이다.[39] 게다가 천안함·연평도 사건과 같은 '대남 도발'뿐 아니라 핵실험 및 중·장거리 지대지 탄도 미사일(또는 로켓) 발사와 같은 북한의 행위는 남한이 지대지 미사일 능력을 강화하는 현실적 요인으로 작용하는 것이 사실이다.

나. 동맹관계

(1) 미국의 상이한 태도와 박정희의 불만

1965년 남한의 베트남 파병을 통해 군건한 관계를 과시했던 한·미 동맹은 1968년 1월에 벌어진 북한의 청와대 기습 사건과 푸에블로호 나포 사건에 대한 미국의 태도가 상이해 균열이 생기기 시작했다. 유엔사가 청와대 기습 사건을 논의하기 위해 제의한 군사정전위원회 제261차 본회의는 공교롭게도 푸에블로호 사건 다음 날인 1월 24일 개최됐다. 이 회의에서 유엔사는 두 사건을 함께 언급했지만,[40] 북한은 푸에블로호 사건에 대해서만 언급했다.[41] 이로 인해 군정위를 계기로 이뤄진 북·미 양자 간 논의에서 북한의 청와대 기습 사건은 자연스럽게 배제될 수밖에 없었을 것으로 보인다.

미국은 청와대 기습 사건에 대해 별다른 조치를 취하거나 반응을 내놓지 않았다. 그렇지만 푸에블로호 사건에 대응해서는 사건 발생 당일 일본에서 베트남으로 향하던 항공모함 엔터프라이즈호를 동해로 긴급 회항시키는 등 적극적으로 북한을 압박했다.[42] 박정희 대통령은 포터 주한 미국대사를 만나 국군과 미군이 북한에 대해 보복할 것을 요청했다. 그러나 포터 대사는 미국이 북한에 보복하지 않을 것이라며, 남한의 어떠한 보복 조치도 미국의 강력

---

39) 김열수, "킬체인(Kill-Chain)과 한국형 미사일 방어체제(KAMD): 실현가능성을 중심으로," 『신아세아』, 20-4 (2013), pp. 119~121.
40) 합참 정보참모본부, 『군사정전위원회 편람』, 제4집 (서울: 합동참모본부, 1999), p. 224.
41) 이문항, 『JSA-판문점(1953~1994)』 (서울: 소화, 2001), p. 23.
42) 김희일, 『미제는 세계인민의 흉악한 원수』 (평양: 조국통일사, 1974), p. 387.

한 반대에 직면할 것이라고 경고했다.[43] 미국이 청와대 기습 사건과 관련해 이같이 소극적인 태도를 보이자 박 대통령은 포터 대사에게 베트남에 파병된 남한 병력을 철수하겠다고 엄포를 놓기도 했다. 또한 국무회의에서 미국이 두 사건을 동등하게 다뤄야 한다는 내용의 각서를 채택하는 등 불만을 노골적으로 드러냈다.[44]

한편 미국은 푸에블로호 사건 해결을 위해 판문점에서 같은 해 2월 2일부터 12월까지 북한과 약 30차례의 비공개 협상과 군정위 회의를 병행했다. 그러나 미국은 동맹국인 남한에 협상 내용을 제대로 알려주지 않았다. 이러한 사실도 박정희 대통령의 대미 불신을 키우는 요인이 됐다.[45] 남한은 판문점 회담이 남한을 배제하고 진행된 점과 이 회담에서 청와대 기습 사건을 의제로 다루지 않은 점 등을 미국에 항의했다. 남한은 북한의 행위에 대한 미국의 단호한 보복과 응징도 주장했다. 더불어 청와대 기습 사건과 같은 북한의 군사적 도발이 계속될 경우에 대비하기 위한 미국의 확고한 보장을 요구했다.[46] 그러나 미국은 북한에 대한 보복 조치를 취하고자 했던 남한의 기대에 부응하지 않았다.[47]

이처럼 미국이 청와대 기습 사건에 대해서는 침묵하면서도 푸에블로호 나포 사건을 해결하기 위해 북한에 적극적으로 대처하는 태도를 보인 것은 박정희 대통령의 대미 불신을 증폭시켰다. 박 대통령은 북·미 간 협상이 진행 중이던 2월 7일 열린 경전선 개통식에서 미국이나 유엔군에 의존하기 보다

---

43) 빅터 D. 차(Victor D. Cha) 지음, 김일영·문순보 옮김, 『적대적 제휴: 한국, 미국, 일본의 삼각 안보체제 (Alignment Despite Antagonism: The US-Korea-Japan Security Triangle)』 (서울: 문학과 지성사, 2004), pp. 111, 415.

44) Lyndon B. Johnson, The Vantage Point: Perspective of the Presidency 1965~1969 (New York: Holt, Rinehart and Winston, 1971), pp. 385, 585.; 엄정식, "푸에블로호 사건을 둘러싼 북한과 미국의 접근," 국방부 군사편찬연구소, 『군사』, 86 (2013), p. 81.

45) 푸에블로호와 관련해 북한과 미국이 벌인 협상에 대해서는 이신재, "푸에블로호 사건이 북한의 대미 인식과 협상전략에 미친 영향" (북한대학원대 북한학 박사학위논문, 2013), pp. 73~102 참고.

46) 국방군사연구소, 『국방정책변천사 1945~1994』, pp. 165~166.

47) 제임스 팔레, "한국과 미국의 파트너십," 『아세아연구』, 46-1 (2003), p. 119.

는 먼저 자체적인 역량을 바탕으로 한 국방 건설의 필요성을 강조했다.[48] 박정희 대통령은 이른바 미국으로부터 '방기'될지도 모른다는 위기감을 느꼈고, 이 같은 위기감은 박정희 대통령이 향후 자주국방을 정책으로 추진하는 데 큰 영향을 미쳤던 것이다.[49]

그러나 남한은 1968년까지 자주국방을 '정책'으로 추진하지는 않았다. 박정희 대통령의 경전선 개통식 연설에도 확인할 수 있지만, 그는 당시 북한의 노농적위대에 대응하기 위해 향토예비군의 창설 및 무장화를 강조하는 데 그쳤다.[50] 남한은 1968년 4월 1일 향토 예비군을 창설했으며, 박정희 대통령은 1968년 4월 17일 존슨 미국 대통령과 하와이에서 정상회담을 갖고 북한의 청와대 기습 사건과 푸에블로호 나포 사건을 침략 행위로 규정했다. 한·미 정상회담에서는 양국이 연례국방각료회의(한·미 국방장관회담)를 개최하고, 향토예비군에 대한 경무기 공급과 국군현대화를 미국이 지원하며, 대간첩 작전 시 예비군을 포함한 국군 전체에 대한 작전통제권을 남한이 행사한다는 내용에 합의했다.[51]

(2) 닉슨 행정부의 대한(對韓) 방위 공약 변화

미국 내에서 베트남 전쟁에 따른 반전(反戰) 여론이 거세던 시기인 1969

---

48) 박정희 대통령은 "전쟁이 일어나면 미국이나 유엔군이 원자 무기를 가져와서 적을 방어해 줄 것이다. 우리는 전쟁이 일어나면 그렇게 될지 모르지만"이라며 "우선 1차적으로는 우리 힘으로 우리가 방어를 해야 되겠다는 그런 결심이 없는 그런 국방을 가지고는 안 된다는 것을 절실히 느낍니다"라고 말했다. 대통령 기록관 웹사이트(http://www.pa.go.kr/online_contents/speech/speech02/1305942_6175.html) 참고(검색일: 2014년 7월 10일).

49) 이경수, "박정희·노무현 정부의 '자주국방' 정책 비교 연구" (성균관대 대학원 정치학 박사학위논문, 2007), p. 56.

50) 박정희 대통령은 "김일성이가 지금 큰소리하는 것은 이북에 100만 적위대를 가졌다고 장담하고 큰소리를 땅땅하고 있읍니다"라며 "대한민국 재향 군인 250만 전부가 무장화되었을 때, 김일성이가 큰소리 쾅쾅하는 100만 적위대 그까짓 것 문제가 안 된다고 나는 생각합니다"라고 말했다. http://www.pa.go.kr/online_contents/speech/speech02/1305942_6175.html 참고(검색일: 2014년 7월 10일).

51) 국방군사연구소, 『국방정책변천사 1945~1994』, p. 166; 조성렬, "주한미군의 안보적 역할과 연합방위태세," 김일영·조성렬 지음, 『주한미군: 역사, 쟁점, 전망』(서울: 한울, 2003), pp. 175, 197; 국방부, 『2012 국방백서』(2012), p. 270.

년 출범한 닉슨 행정부는 유럽과 아시아에서의 대 소련 봉쇄를 유지하기 위해 미국의 우위를 전제로 한 세력균형 전략을 추진했다. 닉슨 행정부는 봉쇄 전략의 일환으로 유럽에서 소련의 기습공격을 억제할 수 있는 '전략적 충분성'을 확보하기 위해 북대서양조약기구(NATO: North Atlantic Treaty Organization)를 중심으로 2차 공격 능력을 유지하는 동시에 1972년까지 서유럽에 배치한 재래식 전력도 유지하기로 결정했다.[52] 당시 미국은 전략 핵무기로 소련의 중거리 핵무기를, 미국이 서유럽에 배치한 전술 핵무기로 소련의 재래식 군사력을 상쇄하고 유럽 국가들의 재래식 전력으로 군사적 우위를 달성해 안정을 확보할 수 있다고 판단했다.[53]

닉슨 행정부는 아시아에서 대 소련 봉쇄를 위해 베트남 전쟁을 조속히 마무리하고, 중국과의 관계 개선을 추구하는 동시에 일본의 역할을 강화하려는 전략을 취했다. 닉슨 행정부의 윌리엄 로저스(William P. Rogers) 국무장관은 1969년 5월 24일 파키스탄을 방문해 중국 문제에 관해 협의하고, 중국과 비밀 접촉을 시작할 수 있도록 지원을 요청했다.[54] 미국은 또 중국의 핵개발을 둘러싸고 소련이 중국의 핵시설에 대한 선제공격 가능성을 검토하자 소련에게 대중 공격을 좌시하지 않겠다는 메시지를 전달했다.[55] 미국은 미·소·중 삼각관계에서 상대적 약자인 중국과 전략적으로 제휴함으로써 소련을 봉쇄하고자 했다. 미국은 또 2차 대전 이후 서태평양의 방패로 인식해 온 일본의 경제력이 급성장하자 아시아에서 일본이 일정한 역할을 해주기를 바랐다. 닉슨 행정부는 일본이 아시아에서 군사적으로 부상하기보다는 경제적·

---

52) 유인석, "닉슨 행정부의 주한미군 철수정책: 안정자 역할과 부분감축" (서울대 대학원 정치학 박사학위논문, 2006), pp. 54~59.
53) 이수형, "미국-서유럽 국가들간의 중거리핵무기(INF) 논쟁과 NATO의 이중결정: 포기-연루 모델을 중심으로" (한국외대 대학원 정치학 박사학위논문, 1998), p. 41.
54) Ted Szulc, *The Illusion of Peace: Foreign Policy in the Nixon Years* (New York: Viking, 1978), p. 116.
55) Seymour M. Hersh, *The Price of Power: Kissinger in the Nixon White House* (New York: Summit Book, 1983), pp. 357~358.

기술적 지원을 통해 지역의 안전에 기여하기를 원했다.[56]

닉슨 행정부의 이 같은 안보전략은 기존 안보전략의 변화를 의미하는 것이었다. 본래 미국의 안보전략은 '2½ 재래식 전쟁(two and one-half conventional wars)' 시나리오였다. 이 전략은 미국이 소련의 공격에 대항해 전쟁 초기에 서유럽을 3개월간 방위하면서 한국 혹은 동남아시아에서 중국의 공격에 대항해 신뢰할만한 억제력을 유지하고, 중동지역에서 발생 가능한 제3의 불확실성에 대처할 수 있는 군사적 능력을 갖춰야 한다는 것이다. 그러나 닉슨 행정부는 이 전략이 실행 불가능하다는 사실을 알게 됐고, 미국의 능력에 맞게 유럽이라는 하나의 주전장과 아시아 및 중동이라는 약간의 부전장을 운영하는 '하나 이상(one more)의 전쟁' 시나리오로 변화를 꾀했던 것이다.[57]

이러한 안보전략 변화에 따라 미국은 아시아에 배치한 재래식 전력을 감축하기로 결정했다. 본격적인 전력 감축에 앞서 키신저 당시 국가안보보좌관은 1969년 7월 18일 백악관 브리핑에서 미국의 대 아시아 정책과 관련해 "미국의 역할과 전반적인 안보의 관점에서 계속 개입할 것이지만, 모든 개념과 자원을 제공할 수 없다"고 밝혔다.[58] 일주일 뒤 닉슨 대통령은 괌에서 "모든 조약의 공약을 준수하고 동맹국과 우방국에게 보호(shield)를 제공하겠지만, 다른 형태의 위협에 대해서는 직접 위협을 받는 국가가 주요 책임을 져야 한다"는 내용의 이른바 '닉슨 독트린'을 발표했다.[59]

닉슨 대통령은 1969년 11월 '다시는 베트남 전쟁과 같은 분쟁에 말려들지

---

56) 유인석, "닉슨 행정부의 주한미군 철수정책," pp. 64~71.

57) Kissinger, *White House Years*, pp. 220~222. 김일영, "인계철선으로서의 주한미군: 규모, 편제, 운용 방식의 변화를 중심으로," 김일영·조성렬 지음, 『주한미군: 역사, 쟁점, 전망』 (서울: 한울, 2003), p. 86 에서 재인용.

58) Kissinger, *White House Years*, p. 223.

59) "Informal Remarks in Guam with Newsman," July 25, 1969, *Public Papers of President Richard Nixon* (Washington D.C.: GPO, 1971), p. 546.

않고, 조약상 공약은 계속 지키겠지만 강대국이 핵위협을 가할 경우 이외에는 아시아 국가가 스스로 이에 대처해야 하며, 아시아에서 미국의 역할은 아시아 국가의 자주적 행동을 옆에서 지지·지원하는 형식의 소규모로 한다'는 내용의 대 아시아 정책을 재천명했다.[60] 이에 따라 미국은 아시아에 있는 미군 병력을 1969년 1월의 72만 7,300명에서 1971년 12월 28만 4,000명 수준까지 대폭 감축했다.[61] 구체적으로 베트남에 있던 미군 병력이 54만9,500명에서 15만9,000명으로 39만500명 줄었고, 주한미군과 주일미군을 포함해 총 44만3,300명 규모의 미군이 아시아에서 철수했다.[62] 이와 함께 미국은 베트남과 비밀협상을 적극 추진해 1973년 베트남 전쟁을 종결하는 이른바 '파리평화협정'을 체결했다.[63]

이에 앞서 닉슨 대통령은 1969년 2월 미국의 국가안보회의(NSC: National Security Council)가 존슨 행정부 시절부터 진행하던 주한미군 감축에 관한 연구를 계속할 것을 승인했다. 연구 결과에 근거해 닉슨 대통령은 1970년 3월 20일 주한미군 2만명을 1971년 말까지 철수하는 대신 1971년부터 1975년까지 매년 2억 달러의 무상군사원조를 남한에 제공하는 것을 주요 내용으로 하는 '국가안보결정 비망록(NSDM: National Security Decision Memorandum) 48호'에 서명했다.[64] 미국은 이 같은 결정을 남한에 곧바로 통보하지 않다가 약 4개월 후인 1970년 7월 6일에야 포터 대사를 통해 남한 정부에 공식 통보했다.[65]

'닉슨 독트린' 등을 통해 미국의 대한 방위 공약 약화를 예상하고 있던 박

60) 주봉 한상무 박사 정년기념 논문집 간행위원회, 『평화정착을 위한 미국의 대한반도 정책: 1945년부터 1993년까지』(서울: 주봉 한상무 박사 정년기념 논문집 간행위원회, 1993), p. 66.
61) 빅터 D. 차 지음, 『적대적 제휴』, p. 108.
62) 김일영, "인계철선으로서의 주한미군," p. 87에서 재인용.
63) 한국국방연구원, 『베트남 평화협정과 월남공산화 과정의 연계성 분석』(서울: 한국국방연구원, 1994) 참고.
64) 김수광, "닉슨─포드 행정부의 대 한반도 안보정책 연구: 한국방위의 한국화 정책과 한미연합방위체계의 변화"(서울대 대학원 외교학 박사학위논문, 2008), pp. 85~86.
65) 김일영, "인계철선으로서의 주한미군," p. 88.

정희 정부는 미국이 주한미군 감축을 공식 통보하자 분주하게 움직였다. 7월 9일 박정희 대통령은 청와대에서 정일권 국무총리, 최규하 외무장관, 정래혁 국방장관, 김규원 중앙정보부장 등과 대응책을 협의했다. 이틀 뒤에는 심홍선 합참의장과 로버트 N. 스미스 유엔군사령부 참모장 사이의 한·미 군사 고위실무자회담이 유엔군사령부에서 열렸다. 이 자리에서 남한은 '주한미군 감축을 위한 협의'를 진행하자는 미국의 제의를 일축하고, 국군의 전투력 증강 및 노후 장비 대체 등 장비 현대화가 선행조건으로 합의되지 않는 한 감군 논의에 응할 수 없다는 입장을 개진했다.[66]

현지시간으로 7월 21일부터 22일까지 하와이에서 열린 한·미 제3차 연례국방각료회담에서 양국은 미국의 대한 군사원조 등의 내용을 담은 공동성명을 채택했지만, 미국은 남한의 주한미군 감축 연기 요청을 거절했다.[67] 박정희 대통령은 8월 25~26일 청와대에서 스피로 애그뉴(Spiro Agnew) 미국 부통령을 만나 미국의 결정을 수용할 수 없음을 분명히 했으며, 한·미는 남한의 안전보장과 주한미군 감축 문제를 동시에 논의해 나가기로 합의했다.[68] 한편 미국은 10월 15일 주한미군사령부가 경기도 운천에 있는 미 7사단 1여단 사령부인 캠프 카이저를 11월 15일을 기해 폐쇄한다고 발표한 것을 시작으로 7사단의 철수·해산과 3개 공군 비행대대의 철수, 비무장지대를 따라 최전선에 배치했던 미 2사단의 후방 이동 배치 등을 빠른 속도로 진행했다.[69]

한·미는 1971년 2월 6일 주한미군 감축과 국군 현대화에 합의했다는 공동성명을 발표했다. 구체적으로 양국은 1971년 6월 말까지 미 7사단 철수를 중심으로 주한미군 1만 8,000명을 감축하는 한편 미 2사단을 후방으로 이동

---

66) 서울신문사 편저, 『주한미군 30년: 1945~1978』(서울: 행림출판사, 1979), pp. 360~361.
67) 서울신문사 편저, 『주한미군 30년』, p. 361. 빅터 D. 차 지음, 『적대적 제휴』, p. 115.
68) 서울신문사 편저, 『주한미군 30년』, p. 362.
69) 김일영, "인계철선으로서의 주한미군," p. 89.

시켜 휴전선의 지상 방어 임무를 국군이 전담하게 했다. 대신 미국은 국군 현대화 5개년 계획을 지원하기 위해 약 15억 달러의 군사 원조 및 차관 등을 제공하며, 양국 정부의 외무·국방 관계 고위 관리가 참석하는 '연례안보협의회'를 개최한다는 것 등이다.[70] 한편 미국은 7사단 철수로 미 1군단 편제에 차질이 생기고 주한미군 철수에 부정적인 남한을 의식해 한·미 연합방위체제 일환으로 1971년 7월 1일 '한·미 제1군단'을 창설했다. 국군 1군단, 5군단, 6군단과 미 2사단으로 편성된 한·미 제1군단은 미 8군 사령관의 작전지휘 하에서 미 1군단이 맡던 서부전선에 대한 방어를 담당했다.[71]

이 같은 조치에도 불구하고 미국으로부터 '방기'당할지 모른다는 박정희 대통령의 대미 불신은 강화됐다. 특히, 박 대통령은 주한미군 철수와 관련해 미국이 보인 일방적이고 자기중심적인 태도에 강한 불만을 갖고 있었다.[72] 그는 1970년 6월 8일 "주한미군 1개 사단 철군의 일방적 통보 운운은 한·미 상호방위조약 정신에 비춰 있을 수 없는 일"이라고 지적했다.[73] 국회도 미국이 주한미군 감축 결정을 남한에 공식 통보한 지 1주일 뒤 '미국이 베트남에서 성실하게 동맹 의무를 수행하고 있는 한국을 배신했다'는 내용의 결의를 만장일치로 채택했다.[74] 즉, 닉슨 행정부의 대한 방위 공약 약화에 따른 박정희 대통령의 방기 우려 및 대미 불신 강화는 그가 독자적 군사력 증강 정책인 자주국방을 본격적으로 추진해야 한다는 결심을 굳히게 한 결정적 요인이었던 것이다.[75]

즉, 박정희 정부는 1960년대 후반부터 북한의 위협이 증가하고 미국의 안보 공약이 후퇴하는 모습을 보이자 자주국방정책을 주창하며 지대지 미사일

70) 서울신문사 편저, 『주한미군 30년』, pp. 365~366.
71) 서울신문사 편저, 『주한미군 30년』, p. 372; 김일영, "인계철선으로서의 주한미군," p. 89.
72) 이경수, "박정희·노무현 정부의 '자주국방' 정책 비교 연구," pp. 44~46.
73) 서울신문사 편저, 『주한미군 30년』, p. 359.
74) 〈동아일보〉, 1970년 7월 17일자.
75) 이경수, "박정희·노무현 정부의 '자주국방' 정책 비교 연구," p. 46.

개발에 착수했던 것이다. 특히, 1968년 초 잇달아 벌어진 북한의 대남 및 대
미 도발에 대해 미국의 상이한 태도는 박정희 정부가 미국에 대한 불신을 갖
게 하기에 충분했다. 또한 닉슨 행정부의 일방적인 주한미군 철수 결정 및 통
보와 인권 문제 제기는 박정희 정부의 대미 불신을 더욱 증폭시켰다. 이로 인
해 박정희 대통령은 자주국방 정책의 일환으로 핵·미사일 개발을 검토하라
고 지시했으며,[76] 미국의 압력 등으로 핵개발을 포기하는 가운데서도 지대지
미사일 개발을 관철해 백곰 미사일 시험 발사 성공이라는 성과를 거뒀다.[77]

   (3) 미국의 우려

   남한의 지대지 미사일 개발에 관한 미국의 우려는 남한의 지대지 미사일 개
발을 억제하는 요인으로 작용했다. 미국은 박정희 정부가 추진하던 핵무기 및
지대지 탄도 미사일 개발을 곱지 않은 시선으로 바라봤다. 미국은 남한의 핵·
미사일 개발이 북한과의 군비경쟁뿐 아니라 동북아 정세에 부정적 영향을 미
칠 것이라고 판단했다.[78] 이로 인해 포드 행정부는 박정희 정부가 캐나다와 유
럽 국가들에서 핵무기 제조에 이용할 수 있는 시설을 도입하려고 하자 압력을
행사해 결국 취소시켰다. 또한 카터 행정부는 남한이 미사일 개발에 필요한 기
술 지원을 요청하자 초기에는 비협조로 일관했다. 남한이 백곰 미사일 시험 발
사에 성공하자 미국은 남한의 공식적인 기술 지원 요청에 응하는 한편 백곰 미
사일 성능 개량에 필수적인 관성유도장치 확보를 적극적으로 통제하고 지대
지 미사일의 사거리를 사실상 제한하는 이중성을 보였다.[79]

   미국과의 관계에 대한 고려는 남한이 핵 및 지대지 미사일 개발을 중단하

---

76) 조동준, "'자주'의 자가당착: 한반도 국제관계에서 나타난 안보모순과 동맹모순," 『국제정치논총』, 44-3 (2004), p. 43.
77) 자크 하이만스·김승영·헤닝 리어키, "핵무장을 강행할 것인가 말 것인가: 비교 관점에서 본 남북한의 핵무장결정," 『계간 사상』, 45 (2000), pp. 199~208.
78) 조철호, "박정희 핵외교와 한미관계 변화," pp. 50~57.
79) 엄정식, "미국의 무기이전 억제정책에 대한 박정희 정부의 미사일 개발전략," 『국제정치논총』, 53-1 (2013), pp. 170~175.

게 하는 요인으로 작용하기도 했다. 1979년 박정희 대통령이 피살된 뒤 남한의 권력을 장악한 전두환 정부는 미국과의 관계를 감안해 박정희 정부가 추진하던 핵·미사일 개발을 스스로 포기했다.[80] 전두환 정부는 1980년 12월 19일 박정희 정부 시절 핵무기 개발을 주도한 한국원자력연구소와 한국핵연료개발공단을 전격적으로 통폐합하고, 연구소의 명칭도 '원자력'이라는 용어를 없앤 '한국에너지연구소'로 변경했다.[81] 이후 전두환 정부는 미국의 감시단이 남한의 핵시설물에 용이하게 접근할 수 있도록 조치했다. 이처럼 남한은 1980년대 들어 핵무기 개발 가능성을 배제한 에너지 안보 차원에 초점을 맞춘 원자력 정책을 추진했다. 전두환 정부는 박정희 정부가 추진했던 NRX 연구용 원자로와 재처리 시설을 근간으로 하는 핵의 군사적·전략적 가치를 중시해 인도 모델을 따라가던 계획을 포기했다. 대신 전력 생산을 위한 원자력 발전과 방사성 동위원소 이용이라는 상업적 이용에 기반을 두고 핵연료 주기 기술을 지속적으로 완성해 가던 일본 모델로 원자력 정책의 방향을 바꿔 핵기술 자립화 정책을 표방했다.[82]

전두환 정부가 지대지 탄도 미사일 개발을 중단한 이유는 백곰 미사일에 대한 전두환 대통령의 불신이 가장 큰 요인이라는 주장이 있다. 백곰 미사일 개발 주역인 구상회 박사의 언급에서 알 수 있는 것처럼,[83] 전두환은 대통령

80) 구상회, "무기체계개발과 더불어," 『국방과 기술』, 10 (1998), p. 91; 〈신동아〉, 1월호 (1996), pp. 389~392.
81) 전두환 정부가 원자력법을 개정하지 않고 한국원자력연구소의 명칭을 바꿨다는 점에서 얼마나 급하게 연구소 통폐합을 추진했는지를 짐작할 수 있다. 박익수, 『한국원자력창업사: 1955~1980』 (서울: 과학문화사, 1999), p. 179.
82) 김성회, "한국·북한·일본의 핵정책 비교 분석," pp. 58~59. 이러한 가운데 1984년 9월 특기할 만한 사건이 발생했다. 경제기획위원회가 과학기술처에 다목적용 원자로에 대한 연구 개시를 통보한 것이다. 당시 남한은 캐나다로부터 산화혼합핵연료(MOX: Mixed-Oxide Fuel) 생산에 필요한 기술을 획득하기 위해 노력했다. 그러나 미국은 캐나다에 압력을 넣어 남한과의 협력을 중지시켰다. 자크 하이만스 외, "핵무장을 강행할 것인가 말 것인가," pp. 209~210, 248; Peter Hayes, "The Republic of Korea and the Nuclear Issue," Andrew Mack, ed., *Asian Flashpoint: Security and the Korean Peninsula* (Canberra: Allen & Unwin, 1993), p. 53 재인용.
83) 구상회 박사는 "전두환 대통령은 보안사령관 재직 시부터 '백곰 유도탄은 미제 NH(나이키-허큘리스) 유도탄을 페인트칠로 위장한 것'이라고 믿고 있었"다며 이 같은 언급을 여러 차례 했다고 밝혔다. 『신동아』,

이 된 뒤 박정희 정부 시절 추진한 백곰 미사일 개발을 사실로 믿지 않는 듯한 발언을 종종 했다고 한다. 심지어 전두환 정부가 들어선 뒤 '백곰 미사일 공개 시험 발사는 사기극이었고, 박정희 대통령을 기만한 것'이라는 소문이 돌기도 했다.[84] 전두환 대통령은 백곰 미사일 개발이 많은 비용을 들였지만 아무런 성과도 내지 못한 사업이라고 인식했거나 그렇게 인식하는 것처럼 비춰지려 했을 가능성이 크다. 이러한 맥락에서 전두환 대통령은 ADD의 지대지 탄도 미사일 개발을 완전히 중단하고 개발 계획도 폐기할 것을 지시한 것으로 추측할 수 있다.

그러나 전두환 대통령은 보안사령관 재직 시절부터 지대지 미사일 개발에 많은 관심을 보였다는 주장도 있다. 전두환 보안사령관은 자신의 소관 사항도 아닌데 ADD에 미사일 개발의 진척 상황을 묻기도 했고, 상황 파악을 위해 보안사 요원을 ADD에 상주시켰다.[85] 만약 이 같은 내용이 사실이라면 박정희 정부가 추진해 성과를 거둔 지대지 탄도 미사일 개발을 전두환 정부가 스스로 포기한 이유는 전두환 대통령이 갖고 있던 백곰 미사일에 관한 불신이 아니라는 것이 된다. 따라서 전두환 정부가 핵에너지의 군사적 이용 정책과 지대지 미사일 개발을 포기한 이유와 관련해 원치 않는 상황에 연루될 가능성을 우려했던 미국 때문이라는 추론이 유력해진다.

2. 비안보적 요인

가. 국내정치적 요인

박정희 정부는 유신체제를 수립하면서 '국가안보의 위기'라는 이유를 제시했다. 박 정부는 유신체제를 국가안보의 필요에 따라 성립된 '예외상태'라

4월호 (1999) 참고.
84) 박준복, 『한국 미사일 40년의 신화』, p. 65.
85) 오원철, 『한국형 경제개발: 제5권』 (서울: 기아경제연구소, 1996), p. 544.

고 주장했고, 이 주장은 무소불위의 국가 권력 행사를 보장해주는 정당화 기제로 작동했다. 1968년 북한에 의한 일련의 도발은 박정희 정부가 안보국가적 성격을 강화하는 데 중요한 계기가 된 것이 사실이다.[86] 그러나 박정희 정부는 정권안보를 위해 국가안보를 이용했고, 이러한 연장에서 지대지 미사일 개발을 추진했다. 반면 전두환 정부는 정권안보를 위해 지대지 미사일 개발 계획을 폐기했다. 전두환 대통령은 쿠데타라는 정당하지 못한 방법으로 권력을 사실상 장악해 정통성이 취약했다. 전 대통령은 이를 보완하기 위해 미국의 신임과 지지가 필요했다. 즉, 전두환 대통령은 정권의 정당성을 미국으로부터 인정받기 위해 미국이 우려하던 핵·미사일 개발을 포기한 것이다.[87]

한편 김대중 정부가 지대지 미사일 개발에 필요한 제도적 기반을 만들고, 노무현 정부가 지대지 미사일 개발을 본격적으로 추진한 이유 가운데 비안보적 이유는 두 정부에 대한 국내의 비판적 여론 때문이라고 할 수 있다. 정권 교체를 통해 탄생한 김대중 정부와 김대중 정부의 계승을 표방한 노무현 정부는 그 전후 정부와는 다른 성격의 이른바 '진보적' 성격을 갖고 있었다.[88] 이처럼 김영삼 정부 시기까지와는 차별화된 정체성에 기반해 김대중·노무현 정부는 남북관계 개선 및 발전을 강조했다. 그러나 김대중·노무현 정부가 안보의 중요성을 간과한 것은 아니다. 이는 남북관계의 이중성이라는 현실을 감안한 것인 동시에 두 정부에 부정적인 국내의 보수적 여론을 의식한 것이라고 할 수 있다. 왜냐하면 국내의 보수적 여론은 김대중·노무현 정부가 추진한 대북포용정책을 이른바 '퍼주기'라고 비난하면서 안보를 등한시한다고 주장했기 때문이다.[89]

---

86) 황병주, "1970년대 유신체제의 안보국가 담론," 『역사문제연구』, 27 (2012), pp. 110~111, 115.
87) 자크 하이만스 외, "핵무장을 강행할 것인가 말 것인가," p. 209.
88) 백학순, "김대중정부와 노무현정부의 대북정책 비교," 『세종정책연구』, 5-1 (2009), pp. 282, 285.
89) 백학순, "김대중정부와 노무현정부의 대북정책 비교," pp. 299~303; 백장현, "한국정부의 통일정책과 통

김대중 정부가 미국에 지대지 탄도 미사일의 사거리 연장을 강력하게 요구한 것도 이러한 맥락에서 이해할 수 있다. 김대중 대통령은 1999년 7월 말 방한한 코헨 국방장관에게 "북한은 일본·미국까지 도달하는 미사일을 개발하고 있는데 한국이 북한 전역을 커버하는 미사일을 못 갖는 것은 군과 국민의 사기문제"라며 "한국이 미사일을 갖는 것은 북한의 미사일 개발을 억지하는 효과가 있다"고 말했다.[90] 북한이 2006년 10월 제1차 핵실험을 단행하자 노무현 정부가 현무Ⅲ-A 단거리 지대지 순항 미사일 개발 완료 사실을 공개한 것도 안보를 고려한 것인 동시에 노무현 정부에 비판적인 국내 여론을 의식해 안보를 등한시 하지 않는다는 모습을 보여주기 위한 것이라고 할 수 있다.

김대중·노무현 정부에 부정적이었던 국내의 보수적 여론은 이명박·박근혜 정부를 지지하는 세력이다. 이들은 이명박·박근혜 정부가 대북포용정책보다는 북한을 강하게 압박하는 정책을 추진해야 한다고 생각하는 경향이 강하다. 이명박·박근혜 정부는 집권의 기반이자 정책 추진의 원동력인 이들의 요구를 무시하기 어렵다. 김대중·노무현 정부가 추진했던 남북한 사이의 교류·협력을 이명박·박근혜 정부가 배제한 것은 아니지만 이보다는 안보를 강조하는 이유가 바로 이것이다.[91] 이명박 정부는 '상생과 공영의 대북정책'을 내걸었지만, 이보다 북한의 비핵화를 전제로 하는 '비핵·개방·3000' 전략을 강조해 남북관계의 경색 국면을 자초한 측면이 크다. 박근혜 정부는 대북포용정책뿐 아니라 이명박 정부의 대북정책이 북한의 의미 있는 변화를 유도하지 못하는 한계가 있었다고 비판하면서 이른바 '한반도 신뢰

일여건의 상관성 연구: 국력과 정체성을 중심으로" (경남대 대학원 정치학 박사학위논문, 2012), pp. 177, 181~182, 195~197 참고.
90) 〈경향신문〉, 1999년 7월 30일자.
91) 백학순, 『이명박 정부의 대북정책: 2008~2012』 (성남: 세종연구소, 2013), pp. 15~18 참조.

프로세스'를 내세웠지만,[92] 2015년 가을까지는 이렇다 할 성과를 내지 못하고 있다.

지대지 미사일 개발에 영향을 미친 국내정치적 요인으로 이른바 '관료정치'도 살펴볼 필요가 있다. 전력증강 사업인 '율곡사업'을 가장 처음 구상한 시기와 인사는 1973년 이병형 당시 합참 전략본부장이라고 한다. 그는 합참 부임 직후부터 대미 의존적인 군의 전략 개념을 자주국방 태세로 전환해야 한다고 강력히 주장했다. 그는 1973년 4월 19일 을지연습 참관차 국방부를 방문한 박정희 대통령에게 '지휘체계와 군사전략'이라는 제목의 브리핑을 통해 독자적 군사전략 개발과 자주적 작전의 필요성을 강조하면서 국방계획을 근본적으로 수정·발전시켜야 한다고 역설한 것으로 알려졌다. 이를 두고 군 수뇌부 사이에서 찬반 양론이 있었지만, 박 대통령은 즉석에서 이를 수용하고 구체적인 발전계획을 수립하라고 지시했으며, 이를 계기로 율곡사업이 본격적으로 추진됐다고 한다.[93]

특히, 박정희 정부의 지대지 미사일 개발은 국방부로 대표되는 군을 배제한 정책 결정 및 이행 구조 하에서 진행됐다는 특징이 있다. 대통령이 군수산업을 전담하는 제2경제수석 등 청와대 인사에게 지시하면, 이것이 ADD로 곧바로 하달돼 무기 개발이 추진되는 구조였다. 이러한 정책 집행 과정에 대해 개발된 무기의 최종 수요처인 군은 강한 불만을 갖고 있었다. 국방부 입장에서 일개 산하 기관인 ADD가 청와대의 지시를 직접 받아 무기를 개발하는 체계는 그리 달가운 것이 아니었다. 이 같은 ADD와 군 사이의 갈등을 무마하는 차원에서 박정희 대통령은 국방부의 비중을 키웠지만, 그렇다고 정책 방향 등을 변경하지는 않았다.[94]

---

92) 통일부, 『한반도 신뢰프로세스』 (2013), p. 7.
93) 부형욱, "방위력 개선사업에서의 정책 변동: Kingdon의 정책흐름(Policy Stream) 모형과 관료정치모델의 설명력 고찰을 중심으로," 『국방정책연구』, 55 (2002), p. 138.
94) 이와 관련해 한 연구자가 "관료정치는 박 정권 하에서는 아주 미미한 영향력을 가졌을 뿐"이라고 평가하

반면 박정희 정부에 이어 들어선 전두환 정부는 국방부의 손을 확실하게 들어줬다. 전두환 정부는 박정희 정부 시절 주로 과학·기술자가 임명되던 ADD 소장에 예비역 장군 출신을 임명하고, ADD의 연구 인력을 대폭 감축하는 동시에 군수산업 정책을 국방부가 주도하도록 했다. 이에 관해 전두환 대통령이 박정희 정부 시절 존재했던 ADD와 군의 갈등을 잘 알고, 군 출신이기 때문에 군의 손을 들어준 것이 아니냐는 해석이 가능하다. 그러나 전두환 정부는 초기에 박정희 정부가 추진하던 독자적 무기 개발 정책을 포기하는 대신 미국 등 선진국의 무기를 도입하는 것으로 군수산업 정책 방향을 변화했다. 이에 따라 독자적 무기 개발의 핵심 기관이었던 ADD의 위상이 전두환 정부 들어 추락하는 현상은 어쩌면 당연한 것이었을지도 모른다.

나. 경제·기술적 여건

다음으로 남한의 지대지 미사일 개발에 영향을 미친 비군사적 요인 가운데 경제·기술적 여건에 관해 논의해보자. 경제·기술적 여건은 지대지 미사일뿐 아니라 각종 무기 개발을 포함한 군수산업 전반과 연관돼 있다. 경제·기술적 여건은 무기 개발 여부를 결정하는 중요한 요인 가운데 하나이기 때문이다. 박정희 대통령은 1970년대 초반 자주국방 정책을 주창하며 군수산업을 본격적으로 육성하기 시작했다. 당시 남한은 해외 자본 도입에 의존한 경제개발계획의 성공으로 경제성장률이 고공 궤도에 진입하던 시기였다. 전두환 대통령 역시 남한 경제의 양적 팽창이 한창 무르익던 시절인 1980년대 집권했다.

이 시기 남한이 추진한 군수산업 육성 정책은 경제 성장에 부정적 영향을 미치지는 않았다. 남한의 연평균 경제성장률은 1974~1979년 10.26%,

---

는 것이 눈에 띈다. 현인택, "국방비의 적정수준에 대한 논의," 백종천·이민룡 공편, 『오늘의 한국국방: 전방위 안보시대의 국방비』 (서울: 국방부, 1994), p. 141.

1981~1987년 9.97%였다. 이는 지대지 미사일 개발 등 군사력 건설에 비교적 경제적 여유가 있었음을 의미하는 것이라고 할 수 있다.[95] 또한 남한은 1960년대 초반 이후 국제시장에서 경쟁함으로써 선진국 기술을 도입해 생산에 활용하며 기술 경쟁력을 향상하면서 중화학공업과 군수산업의 연계, 면허 생산 등을 통해 군수산업에 필요한 능력을 습득 · 축적해 나갔다.[96] 이러한 맥락에서 박정희 정부 이후 남한의 경제 · 기술적 여건은 지대지 미사일 개발을 뒷받침하기에 부족하지 않았다고 할 수 있다.

다. 기타: MTCR

1970년대 남한의 지대지 미사일 개발은 미국을 비롯한 국제사회가 MTCR를 결성하게 된 중요한 이유 가운데 하나라고 할 수 있다. 당시 미국은 남한 등 5개국이 핵무기와 미사일 개발을 병행 추진하는 것을 우려했으며, 이를 제한하기 위해 영국, 프랑스, 서독, 이탈리아 등과 접촉해 '공급자 중심'의 미사일 통제 기구 설치를 논의하기 시작했다.[97] 이렇게 창설된 MTCR는 1990년대를 지나며 유럽 국가와 미사일 개발 기술을 보유한 국가들을 선별적으로 회원국으로 받아들여 국제사회에서 '규범적 정당성'을 획득했다. 이러한 상황은 냉전체제가 붕괴하며 WMD의 수평적 · 수직적 비확산을 선호하는 국제사회의 분위기와 맞물려 남한이 지대지 미사일 개발을 진전하기 매우 어려운 구조적 제약이 됐다. 이로 인해 1990년대 초반 남한은 10여년 전에 미국의 요구에 따라 스스로 선언한 독자 개발 미사일의 사거리 제한을 재확

95) 자세한 내용은 박재필, "한국 군사력 건설의 주요 결정요인 및 논쟁 · 대립구조에 관한 연구" (충남대 대학원 군사학 박사학위논문, 2011), pp. 138~146.
96) 김종천, 『기술진보와 과학기술정책』 (서울: 미크로, 2000), p. 225. 박정희 정부의 중화학공업 및 군수산업 연계 정책에 관한 내용은 김형아 지음, 신명주 옮김, 『박정희의 양날의 선택: 유신과 중화학공업』 (서울: 일조각, 2005) 등 참고.
97) Wyn Q. Bowen, "U.S. Policy on Ballistic Missile Proliferation: The MTCR's First Decade(1987~1997)," The Nonproliferation Review, 5-1 (1997); 길정일 · 이춘복, "미국의 미사일 통제정책과 MTCR: 미-북 미사일 협상의 전망," 『동서연구』, 11-1 (1999) 등 참고.

인할 수밖에 없었다. 이는 MTCR가 남한의 지대지 미사일 개발을 간접적으로 제약하는 요인 가운데 하나였다는 추론을 가능하게 한다.

한편 MTCR는 남한이 지대지 미사일의 사거리를 연장할 수 있는 기재가 되기도 했다. 남한은 1990년대 후반 미국과의 미사일 협상에서 미사일 사거리 연장의 필요성을 주장하면서 MTCR 규정을 내세웠다. MTCR는 사거리 300km, 탄두 중량 500kg 이상의 탄도 미사일 개발에 이용될 수 있는 기술과 물자의 수출을 통제해야 한다고 규정하고 있다. 남한은 이 내용을 강조하며 탄도 미사일의 사거리 제한을 180km에서 300km로 연장하는 동시에 순항 미사일의 사거리 제한을 없애야 한다고 미국에 요구했다. 미국은 결국 자신이 주도해 만든 규정 때문에 남한의 주장을 수용할 수밖에 없었다.[98] 남한은 2001년 MTCR에 가입한 뒤 미사일 개발에 있어서 MTCR로부터 거의 아무런 제한도 받지 않고 있다.

제2절 북한의 지대지 미사일 개발 결정요인

1. 안보적 요인

가. 군비경쟁

(1) 남한의 자주국방 정책

북한은 남한이 1970년대 추진한 자주국방 정책에 많은 관심을 나타냈다. 북한은 박정희 대통령이 연두기자회견에서 자주국방 의지를 천명한 1970년에 관해 "미제와 박정희 괴뢰 도당은 '전투태세의 완비'에 대하여 떠들어대면서 여러 가지 신형무기들과 군사장비들을 끌어들여 남조선 괴뢰군의 '현대화'와 '향토예비군'의 '무장화'를 다그쳤다"고 평가했다.[99] 북한은 미국이

---

98) 정철호, "한국 미사일사거리 연장정책과 한미협상 문제," 『정세와 정책』, 197 (2012), p. 5.
99) 조선중앙통신사, 『조선중앙년감 1971』 (1971), p. 302.

대한방위공약을 변화하며 국군 현대화를 지원한 것과 관련해 "미제 침략자들은 남조선 괴뢰군의 장비를 '현대화'하고 그의 전투 능력을 높이기 위하여 박정희 괴뢰 도당에게 해마다 제공하는 수억 딸라(달러)의 군사 '원조' 외에 추가적으로 10억 딸라에 이르는 막대한 군사 '원조'를 주기로 하였으며 남조선 강점 미제 침략군이 가지고 있던 군사장비 1억 딸라 분을 남조선 괴뢰군에게 넘겨주었다"고 밝혔다.[100]

북한은 박정희 정부가 중화학 공업 우선 정책을 추진하자 "군사적 잠재력을 가진 '중화학 공업' 건설에 집중 투자하여 경제의 군사화를 다그쳤다"고 비판했다.[101] 이어 "남조선 호전분자들은 '방위산업 육성'의 간판 밑에 '국방부'에 있는 '방위산업국'을 정비하고 남조선의 모든 물적 자원을 전쟁준비에 복종시키는 데 광분하는 한편 남조선에 병기공장들과 기타 군사장비들도 끌어들여 남조선의 군사적 잠재력을 강화하는 놀음을 벌였다"며 "놈들(남한)은 '경제개발을 통해 국력배양'을 해야 한다고 떠벌리면서 미ㆍ영 등 여러 자본주의 나라 독점체들로부터 더 많은 자본을 끌어들여 '방위산업'을 목적으로 하는 '중화학 공업 건설'에 박차를 가하였다"고 비난했다.[102]

북한은 1970년대 후반 남한의 자주국방정책이 성과를 나타내기 시작하자 더욱 예민하게 반응했다. 북한은 "남조선으로부터의 미군 철거를 주장하는 내외의 목소리가 날로 높아감에 따라 극도의 불안과 공포에 사로잡힌 박정희 괴뢰 도당은 '자주국방능력'을 강화할 데 대하여 지껄여대면서 1977년 괴뢰 정부 예산의 36.4%를 군사부문에 돌리고 군사기구와 그 성원 및 병력을 늘리는 한편 군수산업에 대한 투자를 늘리는 소동을 벌였다"고 지적했다.[103] 북한은 '남한이 1978년 정부 예산 세출에서 1977년의 1.3배, 1961년의 7배

---

100) 조선중앙통신사, 『조선중앙년감 1972』 (1972), pp. 372~373.
101) 조선중앙통신사, 『조선중앙년감 1974』 (1974), p. 267.
102) 조선중앙통신사, 『조선중앙년감 1975』 (1975), p. 455.
103) 조선중앙통신사, 『조선중앙년감 1978』 (1978), p. 334.

에 해당하는 1조2천515억원의 군사비를 사용해 국군 현대화와 군수산업 육성에 집중 투자했다'고 주장했다.[104]

북한은 또 "남조선 호전분자들은 (1977년) 6월 17일 '군수산업의 확대진흥회'라는 모의를 벌여놓고 1980년 말까지 항공기와 전자무기를 제외한 모든 무기를 자체로 생산하는 것이 과제라고 하면서 이것이 제놈들의 생존과 운명에 직결된다고 고아댔다"며 "(같은 해) 11월 24일에도 이러한 모의판을 벌여놓고 군수산업의 확장을 다그칠 데 대한 꿍꿍이를 꾸미면서 새 전쟁 준비에 박차를 가하였다"고 남한의 자주국방정책을 '전쟁 준비'를 위한 것으로 평가했다.[105] 북한은 박정희 정부가 추진한 고속도로 건설도 체제 경쟁의 일환으로 인식했다. 김일성 주석은 1975년 호주의 한 기자를 만난 자리에서 "지금까지 우리는 고속도 도로를 얼마 건설하지 않았다. 남조선 괴뢰들은 전쟁준비를 하느라고 고속도 도로를 먼저 닦았다"라며 "이제는 인민생활도 높아지고 자동차도 많이 생산하는 조건에서 고속도 도로를 닦기로 하였다"라고 말했다.[106]

특히, 북한은 박정희 정부가 자주국방정책의 일환으로 추진한 핵무기와 미사일 개발에 대해 예민하게 반응했다. 남한이 1974년 CANDU형 원자로 도입을 위한 본격적 움직임을 보이자 북한은 "이 중수형 원자로는 천연 우라니움을 연료로 사용하기 때문에 2기의 로에서 연소한 핵연료로부터 한 해에 생산되는 플루토니움(Pu: Plutonium)-239는 500키로그람에 달하며 이것은 태평양 전쟁 시기 일본 나가사끼에 투하된 것과 같은 원자탄 50개를 만들 수 있는 량에 해당된다"고 지적했다.[107] 남한이 캐나다에서 CANDU형 원자로

---

104) 조선중앙통신사, 『조선중앙년감 1979』 (1979), p. 323.
105) 조선중앙통신사, 『조선중앙년감 1978』, p. 334.
106) 김일성, "오스트랄리아 작가이며 기자인 월프레드 버체트와 한 담화(1975년 10월 21일)," 『김일성 저작집』, 제30권 (평양: 조선로동당출판사, 1985), p. 588.
107) 조선중앙통신사, 『조선중앙년감 1975』, p. 455.

도입 계약을 체결한 이듬해인 1976년 11월 김일성 주석은 김일성종합대학 교직원 앞에서 한 연설을 통해 "우리가 원자력을 연구하는 것은 원자탄을 만들자는 데 목적이 있는 것이 아니라 원자력을 동력으로 리용하여 인민경제를 발전시키자는 데 목적이 있는 것"이라며 원자력 연구의 필요성과 중요성을 강조했다.[108]

북한은 ADD가 1975년 미국에서 들여온 미사일 추진제 관련 물품을 "전략무기에 사용되는" 것이라고 규정하며 경계심을 드러냈다.[109] 북한은 또 "(1976년) 4월 8일 놈들(미국)은 남조선의 '대공방위 무력을 강화'한다는 이름 밑에 '나이크 허큘레스' 미싸일들을 남조선 괴뢰군에게 넘겨주었"고,[110] 남한이 "남조선 강점 미제 침략군이 가지고 있던 나이크-허큘레스 지상 대공중 미싸일 1개 대대 분의 장비를 (1977년) 6월 30일까지 넘겨받았으며, (같은 해) 9월에는 남조선 강점 미 제4미싸일사령부 산하 2개 대대 분의 오네스트존을 비롯한 미싸일 장비들을 넘겨받았다"고 설명했다.[111]

이러한 맥락에서 북한이 1970년대 중반 중국과 공동으로 지대지 탄도 미사일 개발에 나선 것은 휴전선 이남 지역의 군사력 증강이라는 한반도 군사력 구조 변화에 대응해 균형을 추구하기 위한 조치의 일환이라고 해석할 수 있다. 미국은 1950년대 후반부터 주일미군에 배치했던 핵무기를 한반도로 옮기기 시작하고, 1964년 중국이 핵실험에 성공하자 핵지뢰와 핵탄두 장착 미사일을 휴전선 가까이에 추가로 집중 배치했으며, 1970년대 중반까지 이 같은 상황을 유지했다.[112] 주한미군의 핵전력 증강이라는 직접적 위협에 더

---

108) 김일성, "민족간부 양성사업을 더욱 개선 강화할 데 대하여(김일성종합대학 교직원들 앞에서 한 연설, 1976년 11월 28일)," 『김일성 저작집』, 제31권 (평양: 조선로동당출판사, 1986), p. 474.
109) 조선중앙통신사, 『조선중앙년감 1976』 (1976), p. 409.
110) 조선중앙통신사, 『조선중앙년감 1977』 (1977), p. 262.
111) 조선중앙통신사, 『조선중앙년감 1978』, p. 334.
112) 김일영, "주한미군과 핵전력의 변화," 김일영 · 조성렬 지음, 『주한미군: 역사, 쟁점, 전망』 (서울: 한울, 2003), pp. 109~110.

해 박정희 정부가 1970년대 본격적으로 추진하기 시작한 자주국방정책은 북한에 군사적 위협으로 인식됐을 것이다. 그러나 북한은 능력 부족으로 이 같은 군사력 균형 변화에 직접적으로 대응하는 조치를 거의 취할 수 없었다. 이러한 상황에서 핵실험에 성공한 중국의 중거리 지대지 탄도 미사일 개발에 북한이 동참 기회를 잡은 것은 행운에 가까운 것이라고 할 수 있다.

북한은 1975년께부터 중국과 공동으로 중거리 지대지 탄도 미사일인 DF-61 개발을 추진했지만, 이 사업은 1년여 만에 전격 취소됐다. 만약 DF-61 개발이 성공했다면 북한은 아마도 남한 전역을 타격할 수 있는 사거리 600km 의 지대지 탄도 미사일을 남한보다 먼저 손에 넣었을지도 모른다. 이러한 가운데 1978년 남한의 백곰 미사일 시험 발사 성공은 북한에 적지 않은 충격을 줬을 것이 분명하다. 북한이 남한, 특히 서울을 타격할 수 있는 수단을 제한적으로만 갖춘 상황에서 남한이 평양을 타격할 수 있는 미사일을 개발했다는 사실은 전략적인 측면에서 남북한 간 군사적 균형의 추가 남한으로 기울었음을 의미하는 것이기 때문이다.[113] 이에 따라 지대지 미사일 개발을 다시 추진하기 위한 북한의 발걸음은 한층 바빠졌을 것이다. 북한은 제4차 중동전쟁에 공군을 파견하며 지원했던 국가인 이집트에서 1980년 1월 소련제 스커드-B 지대지 탄도 미사일 등을 도입해 지대지 미사일의 독자 개발 및 생산 기틀을 마련할 수 있었다.

(2) 재래식 군사력의 열세

북한은 1962년 12월 당 중앙위 제4기 5차 전원회의에서 '전인민의 무장화', '전국토의 요새화', '전군의 간부화'의 원형을 제시한 뒤 1966년 10월 열린 제2차 노동당 대표자회에서 '전군의 현대화'를 추가해 이른바 '4대 군사

---

113) 당시 북한은 130mm 야포 등 재래식 무기와 소련이 공급한 FROG 미사일로 서울을 위협하고 있었다. 엄정식, "미국의 무기이전 억제정책에 대한 박정희 정부의 미사일 개발전략," pp. 162~163.

노선'을 확립했다.[114] 이후 북한은 1960년대 말 군수산업을 전담하는 부서로 정무원 산하에 제2기계공업부를 신설하고, 1972년께 이를 제2경제위원회로 확대하며 군수산업을 발전시켰다. 이때까지만 해도 북한은 군사력의 물적 토대 부문에서 어느 정도의 자신감을 갖고는 있었던 것으로 보인다. 김일성 주석은 1973년 말 노동당 중앙위 정치위원회에서 한 연설에서 "우리는 올해에 국방건설 분야에서도 커다란 성과를 거두었다"고 평가했다.[115] 김 주석은 이에 앞서 "우리(북한) 인민군대의 무장장비도 현대화되었으며 군인들의 기술수준도 매우 높아졌다"고 자평하기도 했다.[116]

경제·국방병진노선을 통해 거둔 성과를 강조하던 김일성 주석은 1970년대 후반에 들어서며 북한의 군사력을 남한과 비교하는 취지의 발언을 여러 차례 했다. 1979년 9월 김 주석은 미국의 카터 행정부가 2개월 전에 발표한 주한미군 철수 잠정 중단을 비판하면서 남한의 군사력이 북한보다 강력하다는 취지로 해석될 수 있는 발언을 했다. 김일성은 당시 '북한의 군사력이 남한보다 강해졌다는 주장은 거짓'이라며 '사실대로 말하면 남한이 북한보다 군대도 더 많고 인구도 훨씬 더 많다'고 언급했다.[117] 김 주석은 카터 행정부의 주한미군 철수 잠정 중단 정책에 결정적 영향을 미친 미 중앙정보국(CIA)의 1978년 보고서를 비판하기 위해 이 같이 발언한 것으로 보인다.[118] 그렇

---

114) 조선중앙통신사, 『조선중앙년감 1963』 (1963), p. 159; 조선중앙통신사, 『조선중앙년감 1966~67』, p. 115.
115) 김일성, "올해 사업 총화와 다음해 사업방향에 대하여(조선로동당 중앙위원회 정치위원회에서 한 연설, 1973년 12월 31일)," 『김일성 저작집』, 제28권 (평양: 조선로동당출판사, 1984), p. 626.
116) 김일성, "인민군대의 중대를 강화하자(조선인민군 중대장, 중대 정치지도원 대회에서 한 연설, 1973년 10월 11일)," 『김일성 저작집』, 제28권 (평양: 조선로동당출판사, 1984), pp. 537~538.
117) 원문은 "카터가 남조선에서 미군을 철거하지 않겠다고 하는데 거기에는 아무런 구실도 있을 수 없습니다. 구실이 있다면 우리의 군사력이 남조선보다 더 강해졌다는 것인데 그것은 거짓말입니다. 우리는 남조선보다 군사력을 더 증강할 조건이 없습니다. 사실대로 말하면 남조선은 우리 공화국 북반부보다 군대도 더 많고 인구도 훨씬 더 많습니다. 우리의 군사력이 남조선보다 강하다고 하는 것은 세계 인민들을 기만하기 위한 술책입니다"이다. 김일성, "전인도 조선친선협회 대표단과 한 담화(1979년 9월 23일)," 『김일성 저작집』, 제34권 (평양: 조선로동당출판사, 1987), p. 399.
118) CIA 보고서의 주요 내용은 '북한군의 전력이 당초 예상보다 훨씬 많으며 전진배치된 것으로 판명됐다'는 것이었다. 김일영, "인계철선으로서의 주한미군," p. 95.

지만 공개 석상에서 북한의 최고지도자가 남한의 군사력이 북한보다 강하다는 것으로 해석될 수 있는 발언을 했다는 것 자체가 이전까지는 찾아보기 어려운 현상이라고 할 수 있다. 또한 김 주석은 1983년 6월 말부터 7월 초까지 3차례에 걸쳐 핵으로 무장한 한·미 전력이 북한의 군사력보다 우세하다고 주장했다.[119] 이듬해 그는 정신전력에서만 북한의 군사력이 남한보다 우세할 것이라고 말하기도 했다.[120]

남북한의 군사력에 관한 김일성 주석의 이러한 발언은 남북한의 총군사비 누계 또는 '투자비 및 운영유지비' 누계 비교 결과와 크게 다르지 않다. 남북한의 총군사비 누계를 살펴보면, 북한이 4대 군사노선을 확립한 1960년대 후반부터 1970년대 중·후반까지의 기간 동안만 북한이 우세한 것으로 나타난다. 총군사비에서 인건비를 제외한 '투자비+운영유지비' 누계 추정치 비교 결과도 1960년대 후반부터 1980년대 초반까지만 북한이 앞서는 것으로 나타난다.[121] 즉, 북한이 지대지 미사일 개발을 본격적으로 추진하기 시작한 1980년대 초반 무렵 북한의 군사력은 1960년대 후반부터 10년 정도 남한에 우세를 보이던 상황에서 남한과 비슷하거나 열세인 상황으로 변화했던 것이다.

1980년대 초반 이후부터 현재까지는 남한의 군사력이 우위인 상황이 지속되는 것으로 보인다. 북한은 전체 세출에서 차지하는 군사비의 비중을 1967년부터 30%를 상회하는 수준이라고 발표하다가 1972년부터는 20% 이

---

119) 원문은 "조선의 북과 남의 군사력을 대비하여 보아도 우리가 '남침'하려고 하지 않는다는 것을 명백히 알 수 있습니다. 지금 남조선에는 4만여명의 미군과 70여만명의 남조선 괴뢰군이 있으며 1,000여개의 핵무기가 전개되어 있습니다. 그러나 우리 인민 군대는 남조선 괴뢰군의 절반 밖에 되지 않습니다. 군사 장비 면에서도 남조선에 주둔하고 있는 미군과 남조선 괴뢰군은 현대적인 미국식 무기로 무장하고 있지만 우리 인민 군대는 우리가 자체로 만든 무기로 장착하고 있습니다"이다. 김일성, "주체사상을 구현하기 위한 조선인민의 투쟁에 대하여: 뻬루 아메리카 인민혁명동맹 대표단과 한 담화(1983년 6월 30일, 7월 1일, 5일)," 『김일성 저작집』, 제38권 (평양: 조선로동당출판사, 1992), p. 104.

120) 원문은 "우리가 남조선보다 더 강대하다고 하면 그것은 정치사상적 면에서 그렇게 말할 수 있을 것입니다"이다. 김일성, "쏘련 따쓰통신사 대표단과 한 담화(1984년 3월 31일)," 『김일성 저작집』, 제38권 (평양: 조선로동당출판사, 1992), p. 286.

121) 함택영, 『국가안보의 정치경제학』, pp. 229, 237.

하로 급격히 낮췄으며, 1990년대부터는 전체 예산의 12% 수준이라고 발표했다. 북한은 1999년 4월 최고인민회의 제10기 2차 회의에서 14.5%로 다시 상향 책정한 뒤 현재까지 14~15% 수준을 유지하고 있다. 이처럼 북한이 공식적으로 발표하는 군사비는 북한의 지속적인 군사력 증강 노력이나 병력수, 군사비로 분류되는 지출대상의 포괄성 등에 비춰 상식적으로 이해하기 어려운 수준이라는 점에서 신뢰하기가 어려운 것이 사실이다.[122] 그렇지만 이러한 측면을 감안해 최대한 보수적으로 추정하더라도, 최근 북한의 1년 군사비는 많아야 수십억 달러(수조원) 수준일 것으로 보인다. 남한의 국방비가 1981년 2조 7,000억원 수준에서 꾸준히 증가해 2012년 33조원에 가깝다는 점을 감안하면,[123] 군사비 및 군사투자비를 기준으로 한 남북한 군사력 비교는 남한의 절대적 우세라고 할 수 있다.

이 같은 남한의 재래식 군사력 우위는 북한이 지대지 미사일 개발 노력을 강화하는 데 영향을 미쳤을 것으로 보인다. 1980년대부터 남북한 사이의 경제력 격차가 확대됨에 따라 재래식 군사력 경쟁에서 북한의 대남 우위가 불가능하게 됐다. 게다가 중국이 두드러진 강대국으로서의 위상을 드러내기 이전인 1980년대 말 급격하게 이뤄진 소련 및 동유럽 사회주의권 국가들의 몰락과 체제전환은 북한에 있어 물리적·심리적 우방의 소멸을 의미했다. 이러한 상황에서 북한은 남북한 군사력 균형의 유지조차도 어려운 상황이 도래하고 있음을 우려할 수밖에 없었을 것이다.[124] 남한의 노태우 정부는 탈냉전이라는 세계사적 변화에 편승해 중국과 소련 등 사회주의권 국가들과 수교하는 '북방정책'을 추진하면서 북한과의 관계 개선을 모색했다. 그렇지만 북한은 이를 외교적 고립 정책으로 받아들였다. 결과론적이지만 북한의

---

122) 윤홍석·홍성국, "북한 군사비의 적정 및 과다지출 규모 추정," 『국제문제연구』, 9-2 (2009), pp. 153~154.
123) 국방부, 『2012 국방백서』, p. 323 참고.
124) 홍용표, 『북한의 미사일 개발전략』 (서울: 통일연구원, 1999), p. 26.

지대지 미사일 개발은 생존을 도모하고 난국을 타개하는 데 필요한 대남 군사적 우위를 유지하기 위해 북한이 고민해 추진한 나름의 방책 가운데 하나였을 수 있다.[125]

(3) 탈냉전과 북 · 미관계의 변화

1980년대 이후 이뤄진 북한의 지대지 탄도 미사일 사거리 연장은 북한 입장에서 매우 당연할 것일 수 있다. 북한은 1980년대 중반 스커드-B 모방형 미사일 개발에 성공했지만, 이것만으로는 남한 전역을 타격할 수 없었다. 이로 인해 북한은 사거리 500km의 지대지 탄도 미사일 개발에 나서게 됐으며, 스커드-B 모방형 미사일의 탄두 중량 등을 줄이는 대신 사거리를 연장하는 방법으로 1990년대 초반 남한 전역을 타격할 수 있는 스커드-C 유사형 지대지 탄도 미사일을 확보했다. 이와 함께 북한은 다단으로 이뤄진 지대지 탄도 미사일 개발도 추진해, 1993년 2단 형태의 노동 미사일의 시험발사에 성공했다. 노동 미사일은 사거리가 1,000~1,300km 정도라는 점에서 한반도뿐 아니라 주일미군 기지를 포함해 일본을 타격할 수 있는 것으로 평가된다.[126]

1990년대 들어 냉전체제가 붕괴되는 등 국제정세가 급격하게 변화한 상황에서 북한은 미국과 직접 대화할 필요성을 인지했던 것으로 보인다.[127] 즉, 북한은 미국으로부터 안전을 보장받기 위해 핵무기를 개발하는 동시에 핵무기의 유력한 운반수단인 지대지 미사일의 사거리를 연장했던 것이다. 북한은 우주개발이라는 명분을 내세우며 지대지 탄도 미사일의 사거리를 점차 연장한 결과, 현재 무수단 및 대포동-1/2호 등과 같은 중 · 장거리 지대지 탄

---

125) 임동원, 『피스메이커: 남북관계와 북핵문제 20년』 (서울:중앙북스, 2008), pp. 188~189 참고.
126) 미쯔시다 나루시게, "북한의 핵 미사일 위협에 대한 일본의 군사 외교적 대응," 『신아세아』, 19-4 (2012), pp. 9~10; 남창희 · 이종성, "북한의 핵과 미사일 위협에 대한 일본의 대응: 패턴과 전망," 『국가전략』, 16-2 (2010), pp. 69~70.
127) 한용섭, "북한의 대량살상무기 정책," 경남대 북한대학원 엮음, 『북한 군사문제의 재조명』 (파주: 한울, 2006), pp. 419~421.

도 미사일을 개발·보유한 것으로 평가된다. 북한이 핵탄두 탑재 미사일로 미국을 공격할 수 있는 능력을 갖췄는지에 관해서는 신중하게 평가해야 한다는 견해가 우세하지만, 미국의 동맹국인 남한과 일본을 타격할 수 있는 수단은 구비하고 있다.[128]

북한이 미국과의 직접적인 접촉을 위해 지대지 미사일 개발 및 사거리 연장을 적극적으로 활용했다는 사실은 김정일 국방위원장의 언급에서도 확인할 수 있다. 김정일 위원장은 2000년 8월 방북한 남한 언론사 사장단을 만난 자리에서 미사일과 관련해 "미사일 문제는 내가 만든 것"이라며 "나라가 작을수록 자존심을 굳게 세우고 열강 대국에 맞서야 한다"고 말했다고 한다. 그는 이어 "대국에 비굴하거나 아첨하면 절대 안 된다"며 "내가 무엇 때문에 큰 나라를 찾아다니나, 내가 평양에 있어도 여러 열강에서 나를 찾아온다"고 주장했다. 그러면서도 김 위원장은 "대륙간 탄도탄을 만들어 2, 3발로 미국을 공격하면 우리(북한)가 미국을 이깁니까"라고 말했다.[129] 이로 미뤄 김정일 위원장은 지대지 미사일을 통해 미국을 군사적으로 공격하기보다는 미국과의 협상에 지대지 미사일 관련 사안을 활용하려는 생각을 가졌던 것으로 추정할 수 있다.

1996년 4월부터 2000년 11월까지 6차례에 걸쳐 이뤄진 북한과 미국 사이의 이른바 '미사일 협상'은 북한이 미국과의 관계 개선을 위해 지대지 미사일 문제를 적극적으로 활용한 대표적 사례이다.[130] 북·미 미사일 협상에서 미국은 북한의 미사일 수출을 제지하기 위해 북한의 MTCR 가입을 촉구했지만, 북한은 미사일 수출 중단 의사를 표명하면서 경제적 보상을 요구했다. 북

---

128) 홍우택, 『북한의 핵·미사일 대응책 연구』(서울: 통일연구원, 2013), pp. 13~14.

129) 연합뉴스, 『2002 북한연감』(2001), pp. 298~299.

130) 북·미 미사일 협상 관련 내용은 박종철, 『북·미 미사일 협상과 한국의 대책』(서울: 통일연구원, 2001); 윤태영, "북·미 미사일 회담: 협상과정, 쟁점 및 해결전망," 『동서연구』, 12-2 (2000); 김경수, "북한 미사일 현안: 전망과 대책," 『주간국방논단』, 776 (1999) 등 참고.

한은 또 미사일 개발 중단과 관련해 인공위성 대리 발사와 미국의 대북정책 변화를 조건으로 내세웠다. 북한은 중·장거리 미사일 개발 중단에 대한 보상으로 인공위성 대리 발사를, 모든 미사일 개발 중단에 대한 보상으로 미국의 대북정책 변화를 요구한 것이다. 북한은 또 미국과의 미사일 협상에서 유리한 입지를 구축하기 위해 '미사일 발사 중단'을 협상 카드로 적극 활용했다. 북한은 장거리 로켓이 군사적 목적의 중·장거리 지대지 탄도 미사일로 전용될 수 있다는 사실을 숨기지 않고 있다.

북·미 미사일 회담에서 북한의 지대지 미사일 배치 문제는 논의되지 않은 것으로 보인다. 이는 1990년대 후반까지 북한이 배치한 미사일이 스커드-B 모방형, 스커드-C 유사형, 노동 미사일 등에 불과해 미국을 직접 위협하지 못했기 때문일 것이다. 물론 미국은 협상에서 북한의 미사일 배치 문제를 의제로 다룰 경우, 북한이 주한미군과 주일미군, 미국 태평양사령부가 보유·배치한 미사일을 거론할 수 있을 것으로 예상해 언급하지 않았을 수 있다. 북한도 체제 안전 보장, 주한미군 감축, 북·미 평화협정 체결 등 이른바 근본 문제를 제시하며 미사일 배치 문제를 협상에서 다루지 않기를 원했을 수 있다. 이같이 북한은 미사일 배치, 개발, 수출, 발사 등 각 이슈를 세분화하는 이른바 '살라미' 전술을 구사하며 미국과의 접촉에 지대지 미사일 문제를 십분 활용하면서 이익을 극대화하고자 했다.[131]

(4) 미국의 관심 제고

일부 제3세계 국가가 지역적 차원에서 위상을 높이기 위해 핵무기나 탄도 미사일 개발을 추진하는 것처럼, 북한은 사실상 지대지 탄도 미사일이라고 할 수 있는 SLV 발사를 통해 대외적 위상을 제고했다고 강조한다. 북한이 광명성-1호를 발사한 지 1주일 뒤 〈로동신문〉은 "우리나라가 과학기술 발전에

---

131) 박종철, 『북·미 미사일 협상과 한국의 대책』, p. 49.

서 당당하게 선진국의 대열에 들어섰다는 것을 의미하며, 자본주의에 비한 사회주의의 우월성을 힘있게 과시해 주고 있다"고 주장했다.[132] 〈로동신문〉은 2009년 4월 광명성-2호 발사 직후 "우리나라 우주과학기술의 비약적인 발전 면모를 과시한 이번 위성발사의 성공은 우리의 과학기술이 세계 최첨단 과학기술의 정수에 당당히 올라섰다는 것을 그대로 보여주고 있다"고 선전했다.[133] 2012년 12월 북한은 "첫 위성 발사에서 성공한 나라는 거의나 없다"며 "인공지구위성 기술분야에서 첨단이라고 하는 태양동기극궤도위성인 '광명성-3'호 2호기를 성공적으로 발사하였다"고 의미를 부여했다.[134] 일부 연구자 역시 북한이 미사일 개발을 통해 대외적 고립을 탈피하고 국제적 위상을 높이려 한다고 분석한다.[135]

그러나 북한이 위치해 있는 동북아의 지정학을 감안한다면 북한이 SLV 발사를 통해 지역적 차원의 위상을 높이기에는 한계가 있다는 사실을 알 수 있다. 지리적으로는 동북아에 속하지 않지만 지정학적으로는 동북아 국가라고 할 수 있는 미국은 과거에 비해 위상이 추락했지만 여전히 동북아 지역에서 안보·경제적으로 가장 강력한 영향력을 행사하는 국가이다. 북한이 국경을 접하고 있는 중국은 현재 이른바 'G2'라는 표현이 시사하는 것처럼 미국과 어깨를 나란히 하면서 국제 및 동북아 질서의 가장 중요한 행위자 가운데 하나가 됐다. 러시아는 과거 소련이 보여줬던 정도의 위상은 아니지만 유엔 안보리 상임이사국으로 활동하며, 국제질서의 주요 행위자로 기능하고 있다. 남한과 일본 역시 총체적인 국력 측면에서 북한이 상대하기에는 버거운 국가이다. 이같이 북핵문제 해결을 위한 6자회담 참여국 가운데 북한보다 지역적 위상이 낮은 국가는 없다. 북한의 핵미사일 보유가 사실로 확인되더라도

132) 〈로동신문〉, 1998년 9월 7일자.
133) 〈로동신문〉, 2009년 4월 6일자.
134) 〈로동신문〉, 2012년 12월 20일자.
135) 홍용표, 『북한의 미사일 개발전략』, pp. 45~46.

지역적 차원에서 북한의 위상은 높아지지 않을 것이 자명하다.

여기에서 1990년대 이후 북한의 지대지 미사일 개발 및 발사에 미국이 어떻게 반응했는지를 살펴볼 필요가 있다. 왜냐하면 1990년 초반 북한 핵문제가 국제사회에 이슈로 대두되기 이전까지 미국은 외교무대에서 북한을 지속적으로 배제해왔기 때문이다.[136) 북한은 1980년대 남한 전역을 타격할 수 있는 지대지 탄도 미사일을 개발한 이후 지대지 탄도 미사일의 사거리 연장 등 수직적 확산을 본격적으로 추진했다. 동시에 북한은 파키스탄, 이란 등과 지대지 탄도 미사일과 관련해 협력하는 등 수평적 확산도 지속했다.[137) 북한의 이 같은 행위는 탈냉전 이후 세계적인 WMD 비확산·반확산 움직임을 주도한 미국의 대외정책에 걸림돌이 됐다. 이로 인해 미국은 북한의 미사일 확산 문제에 관심을 갖게 됐으며, 문제 해결을 위한 노력을 기울일 수밖에 없었다. 북한은 미국의 이러한 처지를 십분 활용하며 미사일의 수직적·수평적 확산을 지속하는 등의 행동을 통해 미국을 협상 테이블로 끌어내는 데 성공했다.[138) 즉, 북한은 지대지 미사일 개발을 통해 냉전기 북한에 별로 관심이 없었던 미국의 관심을 제고하고자 했던 것이다.

(5) 남북관계

대결적 남북관계는 북한의 지대지 미사일 개발을 촉진하는 요인으로 작용했다. 1970년대 박정희 정부가 자주국방정책의 일환으로 추진한 백곰 단거리 지대지 미사일 개발은 김일성 시대 북한의 지대지 미사일 개발 추진에 영

---

136) 케네스 퀴노네스 지음, 노순옥 옮김, 『(2평 빵집에서 결정된)한반도 운명: 북폭이냐 협상이냐』(서울: 중앙M&B, 2000), pp. 30~31.

137) 미사일의 수평적(horizontal) 확산이란 미사일 보유국이 증가한다는 의미이고, 수직적(vertical) 확산이란 미사일을 보유한 국가의 미사일 전력이 증강된다는 의미이다. 이와 관련된 내용은 류광철·이상화·임갑수, 『외교 현장에서 만나는 군축과 비확산의 세계』(서울: 평민사, 2005), pp. 211~218 등 참고.

138) 최용환, "1990년대 북한의 대미 정책: 핵과 미사일 사례로 본 북한의 협상전략," 『현대북한연구』, 8-1 (2005), p. 84.

향을 미친 것으로 보인다.[139] 북한은 남한이 1975년 12월 미국과 미사일 추진제 관련 계약을 체결한 지 얼마 지나지 않은 시점에 백곰 미사일 개발 계획을 인지했다.[140] 북한은 1976년 중국과 DF-61 단·중거리 지대지 탄도 미사일 개발을 본격적으로 추진하기 시작했다. 이러한 정황으로 미뤄 박정희 정부의 백곰 미사일 개발이 김일성 시대 북한이 중국과 지대지 미사일을 개발하는 데 결정요인으로 작용했을 것이라는 추정이 가능하다.

또한 전두환 정부가 추진한 현무 단거리 지대지 탄도 미사일 개발이 북한의 스커드 계열 지대지 탄도 미사일 개발에 영향을 미쳤을 수 있다. 전두환 정부는 1983년 말부터 현무 미사일 개발에 착수해 1984년 9월과 1985년 5월 시험 발사에 각각 성공하고, 1986년부터 1차분을 생산해 실전에 배치했다. 북한은 1980년 1월 이집트에서 도입한 스커드-B 지대지 탄도 미사일을 역설계하면서 기술적 역량을 축적한 뒤 1984년 4월과 9월 자체 생산한 스커드-A 개량형 미사일을 시험 발사했다. 북한은 1985년 스커드-B 모방형 지대지 탄도 미사일의 독자 개발에 성공했고, 1986년부터 이 미사일을 양산한 것으로 알려졌다. 북한이 스커드-B 미사일을 도입한 것이 전두환 정부의 현무 미사일 개발 착수보다 시기적으로 앞서지만, 남한의 현무 미사일 개발이 북한의 스커드 계열 미사일 개발을 가속화시켰을 개연성을 배제하기는 어렵다. 또한 현무 미사일의 최대 사거리가 500km에 가까운 것으로 추정된다는 일각의 견해는 북한이 스커드-B 모방형 미사일을 개량해 스커드-C 유사형 미사일을 개발하는 데 영향을 미쳤을 지도 모른다는 점을 암시한다.

반면 원활한 남북관계는 남한뿐 아니라 북한의 지대지 미사일 개발에도

139) 박준복, 『한국 미사일 40년의 신화』, p. 59.
140) 1976년 북한은 미국이 1975년 "전략무기들에 사용되는 '고체연료 로케트 시설'"을 박정희 정부에 넘겨줬다고 밝혔다. 조선중앙통신사, 『조선중앙년감 1976』, p. 409. 미국은 박정희 정부의 백곰 미사일 개발 계획을 1974년 후반께 파악한 것으로 보인다. 이에 관한 내용은 김수광, "닉슨-포드 행정부의 대 한반도 안보정책 연구: 한국방위의 한국화 정책과 한미연합방위체계의 변화" (서울대 대학원 외교학 박사학위논문, 2008), p. 329 참고.

억제 요인으로 작용할 수 있다. 최고지도자의 변화를 기준으로 북한 입장에서 남북관계 역사를 구분한다면, 김정일 시대가 김일성 · 김정은 시대보다 상대적으로 좋았다고 평가할 수 있다. 김정일 위원장은 탈냉전이라는 세계 사적 변화에 대응해 체제와 정권의 생존을 도모하면서 김대중 · 노무현 정부 가 추진한 대북포용정책에 적극적으로 편승하고자 했다. 김 위원장은 남북 관계 개선 및 발전을 통해 북한이 만성적으로 겪고 있는 구조적 경제난, 이 가운데서도 특히 식량난의 완화 및 해소를 도모하고자 했다. 이를 위해 북한 은 남한이 적극적으로 요구하는 이산가족상봉을 수용하는 대신 상당한 양의 쌀과 비료를 지원받았다. 동시에 김정일 체제는 이른바 '황색바람'과 같이 남 북관계 활성화가 북한에 미치는 부정적 영향을 차단하기 위해 수세적 성격 의 대남정책을 추진했다.[141]

그러나 김정일 위원장은 남북관계가 원활한 시기에도 지대지 미사일 개발 을 중단하지 않았다. 이러한 측면에서 원활한 남북관계가 북한의 지대지 미 사일 개발의 제한 요인으로 작용하지 못했다는 주장이 가능할 수 있다. 언 뜻 이 같은 주장이 참인 것처럼 보이기도 하지만, 좀 더 세밀하게 살펴보면 이 주장이 성립하기 어려운 것이라는 사실을 알 수 있다. 왜냐하면 김정일 시 대 북한은 지대지 탄도 미사일의 사거리 연장을 추진하며 중 · 장거리 미사 일 개발에 매진했기 때문이다. 김정일 위원장이 북한의 최고지도자로 공식 등장한 1998년, 북한은 백두산-1호 장거리 로켓을 발사했으며, 2006년 대포 동-2호 중거리 지대지 탄도 미사일을, 2009년에는 은하-2호 장거리 로켓을 쏘아 올렸다. 즉, 이 시기 북한은 남한이 아닌 일본 또는 미국을 타격할 수 있 는 지대지 탄도 미사일을 개발하고 있었던 것이다.

만약 당시의 원활한 남북관계가 정치적 · 군사적 부문에서의 교류 · 협력

---

141) 김근식, "김정은 시대 북한의 대외전략 변화와 대남정책: '선택적 병행' 전략을 중심으로," 『한국과 국제정 치』, 29-1 (2013), p. 215.

이 활성화되는 단계로까지 발전했더라도 김정일 시대에 북한이 추진한 중·장거리 지대지 탄도 미사일 개발은 남북한이 논의하기 쉽지 않은 의제였다. 왜냐하면 북한은 중·장거리 미사일로 남한을 타격하기 어렵기 때문이다. 탄도 미사일은 연료를 덜 채우거나 비행 고도를 높이는 등의 방법으로 사거리를 하향 조정할 경우 신뢰성과 안정성이 크게 훼손된다. 게다가 남한 전역을 타격할 수 있는 단거리 지대지 탄도 미사일을 충분히 보유하고 있는 북한이 일본 또는 미국을 타격 또는 억지하기 위해 개발한 중·장거리 미사일을 남한을 향해 발사하는 것은 합리적인 행위라고 보기 어렵다. 또한 남한은 북한의 중·장거리 미사일에 대칭되는 무기체계를 보유하고 있지 못하고, 북한의 중·장거리 미사일 개발 의지를 저지할 수 있는 수단도 없다.[142] 이러한 측면에서 원활한 남북관계와 남한의 대북 지원은 구조적으로 북한의 중·장거리 미사일 개발에 장애 요인으로 기능하기 어려운 것이라고 할 수 있다.

이러한 맥락에서 남북관계는 김정은 시대 북한의 지대지 탄도 미사일 개발에 제한적인 영향만 미칠 수 있을 것이라고 전망할 수 있다. 북한이 개발·개량 중인 것으로 알려진 사거리 100~120km의 KN-02 단거리 지대지 탄도 미사일은 남한을 타격하기 위한 것으로 보인다는 점에서 남북한 사이에 논의할 수 있는 사안이다. 그렇지만 2015년 11월 현재의 남북관계를 감안하면, 양측 사이에서 KN-02와 관련한 논의를 진행하기는 쉽지 않은 것이 사실이다. 만약 남북관계가 개선된다고 하더라도, 이것이 예민한 군사적 사안을 논의할 수 있을 정도가 되기까지는 많은 시간이 소요될 것이다. 반면 김정일 시대에 이어 김정은 시대에도 북한이 SLV를 명분으로 삼아 추진하는 장거리 지

---

142) 이종석 전 통일부장관은 2006년 5월 북한의 대포동-2호 미사일 발사 움직임을 저지하기 위해 최승철 당시 북한 노동당 통일전선부 부부장에게 '북한이 장거리 미사일을 발사하면 대북 쌀 지원은 불가능하다'는 메시지를 상부에 전달해달라고 요청했다고 밝혔다. 그러면서 그는 "북한이 나의 으름장에 영향을 받을 리 없었다"며 "정부도 우리가 할 수 있는 노력을 다하는 것이지, 그것으로 북한의 태도가 바뀌리라고 기대하지는 않았다"고 소회했다. 이종석, 『칼날 위의 평화: 노무현 시대 통일외교안보 비망록』 (고양: 개마고원, 2014), p. 503.

대지 탄도 미사일 개발은 남북관계와 상관없이 진행될 공산이 크다. 김정일 시대 비교적 원활했던 남북관계가 북한의 중·장거리 지대지 탄도 미사일 개발에 거의 아무런 영향을 미치지 못했기 때문이다.

나. 동맹관계의 변화: 중·소 및 북·소 갈등

사회주의권 국가들 간 갈등은 스탈린 사후 집권한 니키타 흐루시초프(Nikita Khrushchev)가 1956년 2월 소련 공산당 제20차 대회에서 '반(反) 스탈린주의' 정책을 주창하면서 본격화됐다. 그러나 이 시기 북한 내에서 김일성을 중심으로 한 '스탈주의적' 체제가 구축되고 있었다.[143] 따라서 소련의 이 같은 결정을 북한이 수용하기는 어려웠을 것이다.[144] 이렇게 시작된 북한과 소련의 갈등은 1961년 9월까지 표면적으로 드러나지 않았지만, 같은 시기 소련과 중국의 갈등은 점입가경을 달렸다.[145] 중국과 소련의 갈등이 지속·강화되는 상황은 북한의 독자 노선 구축에 유리한 여건으로 작용했다. 북한이 1961년 7월 소련 및 중국과 거의 동시에 '우호협력 및 상호원조 조약', 즉 양자 동맹 조약을 체결하는 과정은 북한이 중·소 갈등을 어떻게 이용했는지를 잘 보여준다.[146] 북한이 중국과의 교섭 내용을 소련에게 알려주지 않았다는 사실에서 북한이 소련에 가졌던 불신이 어느 정도였는지를 짐작할 수 있다.

---

143) 북한 정치체제의 스탈린주의적 요소에 관한 내용은 최완규, "북한 국가성격의 이론과 쟁점: 비교사회주의적 관점," 최완규 엮음, 『북한의 국가성격 변용에 관한 연구: '예외국가'의 공고화』(서울: 한울, 2001), pp. 13~22 참고.

144) 김용현, "1960년대 북한의 위기와 군사화," 경남대 북한대학원, 『현대북한연구』, 5-1 (2002), pp. 128~129.

145) 평화공존론을 둘러싸고 1957년 11월 모스크바에서 열린 사회주의 공산당 및 노동당 당 대표자회에서 소련과 중국 사이에 의견 대립이 발생했고, 소련은 이듬해 7월 중국을 군사적으로 통제하려 했지만 중국이 거부했다. 1959년 6월 소련은 약 2년 전에 중국과 체결한 국방 신기술 협정을 일방적으로 파기했고, 3개월 뒤 벌어진 중국과 인도 간 국경 분쟁에서는 중립을 표방하며 사실상 인도를 지지했다. 소련은 1960년 7월 중국에 파견했던 1,390여명의 전문가를 일방적으로 철수시키고 257개에 이르는 과학기술 합작 조항을 일방적으로 폐기해 중국의 경제 건설에 막대한 손실을 입혔다. 이태섭, 『김일성 리더십 연구』(서울: 들녘, 2001), p. 284, 294.

146) 션즈화(沈志華) 저, 최만원 역, 『마오쩌둥 스탈린과 조선전쟁』(서울: 선인, 2010), p. 449; 시모토마이 노부오 지음, 이종국 옮김, 『모스크바와 김일성』(서울: 논형, 2012), p. 17.

특히, 북한은 경제 · 국방 병진노선을 제기하기 2개월 전에 벌어진 이른바 '쿠바 미사일 위기'에 대한 소련의 무기력한 대응을 지켜보며 소련이 북한을 버릴 수도 있다는 이른바 '방기'의 우려를 갖게 된 것으로 보인다. 북한은 1962년 10월 28일 흐루시초프가 케네디 미국 대통령의 쿠바 봉쇄에 사실상 굴복하는 상황을 지켜본 뒤 소련에 대한 불신과 비난을 가중했다. 북한의 대소 비난에 대응해 소련은 쿠바 사태 한 달 뒤 소련을 찾아 지원을 요청하는 김광협 당시 부수상 겸 민족보위상을 빈손으로 돌려보냈다. 소련의 지원 중단은 북한의 경제뿐 아니라 군사 부문에서 치명적이었다. 당시 북한은 소련으로부터 지원받는 연료와 첨단 무기 등에 크게 의존했기 때문이다.[147]

2. 비안보적 요인

가. 국내정치적 요인

(1) 김정일 후계체제 구축

지대지 미사일 개발에 결코 적지 않은 자금과 인력이 필요하다는 점에서 국내정치, 특히 최고지도자의 의지가 중요한 요인이라고 할 수 있다. 북한이 지대지 미사일 개발을 본격적으로 시작한 1980년대 초 북한의 최고지도자는 김일성 주석과 그의 후계자인 김정일 당시 노동당 정치국 상무위원 등 사실상 2명이었다. 한 탈북자는 북한의 지대지 미사일 개발과 관련해 "김정일이 1980년대 초 로켓 개발을 위한 첫 과업으로 소련제 스커드 미사일을 모방 설계할 과업을 주었다"며 "당시 김정일이 '중국과 소련도 우리(북한)가 자체로 국방력을 강화하는 것을 달가워하지 않는다"고 말하며 미사일 독자 개발을 다그쳤다'고 주장했다.[148]

---

147) 함택영, "주체사상과 북한의 국방정책: 자위노선의 업적 및 한계," 경남대 극동문제연구소, 『북한의 정치이념: 주체사상』 (서울: 경남대 극동문제연구소, 1990), p. 166.
148) 김길선, "북한의 국방과학연구기지: 제2자연과학원," 『북한조사연구』, 3-1 (1999), p. 37.

북한에서 미사일 개발에 직접 참여했던 과학기술자 출신이라고 자신을 소개한 다른 탈북자도 "김일성과 김정일 모두 북한의 미사일 개발에 많은 관심을 갖고 있었다"면서도 "북한이 미사일 개발을 본격적으로 시작하던 1980년대 초반 이전부터 북한의 대외정책을 제외한 나머지 주요 현안은 김정일이 사실상 관장했다고 할 수 있기 때문에 미사일 개발과 관련한 주요 사안은 김정일이 직접 챙겼을 것"이라고 말했다. 그는 "김정일이 김일성의 후계자로 내정된 이후 각종 정책에 대한 관여 범위를 넓힌 것으로 안다"며 "1980년을 전후한 시기부터는 사실상 북한의 최고 정책결정자는 김정일이었다"고 전했다. 이 탈북자는 "1985년 제2자연과학원 전시관을 방문했을 때, 북한이 이집트에서 들여간 소련제 스커드 미사일 실물을 직접 봤다"며 "당시 미사일 앞 설명판에는 스커드 미사일의 길이가 23m, 사거리가 200km라고 적혀있었다"고 전했다.[149]

만약 이러한 내용이 사실이라면, 김정일이 미사일 개발을 직접 지시한 배경은 무엇일까? 이와 관련해 김정일이 1964년 노동당 사업을 시작한 이후부터 1980년 제6차 노동당 대회를 통해 김 주석의 후계자로 공식 데뷔하기까지 20년 가까이 후계체제를 구축했지만 군사분야에서 특별한 '업적'을 보여주지는 못했다는 사실을 상기할 필요가 있다. 김정일은 김일성의 지원을 받으며 총정치국을 통해 북한군을 조직·사상적으로 통제하고, 군의 충성을 유도하는 데 성공했다.[150] 그러나 김일성 주석의 항일무장투쟁 경험, 창군 및 6·25전쟁 등과 같은 군사적 업적을 갖고 있지는 못했다. 이러한 측면에서 김정일의 지대지 미사일 개발 지시는 후계자로서 당연히 했어야 할 책무인 동시에 자신이 취약한 군사분야의 성과를 만들어내기 위한 것이었을 수 있다.

1980년대 초반 상황을 돌이켜보면, 북한이 이집트에서 도입한 소련제 스

---

149) 탈북자 인터뷰, 2014년 6월 2일.
150) 정영철, 『김정일 리더십 연구』(서울: 선인, 2005), pp. 255~262, 331~337.

커드-B 미사일의 모방 생산에 성공할 가능성은 그다지 크지 않았던 것으로 보인다. 컴퓨터 관련 기술이 발전하지 않았던 당시에 실물의 조립·분해를 반복해 설계도를 만들어가면서 제작 기술을 습득하는 역설계 방식은 성공에 이르기까지 무수한 시행착오를 거치기 마련이다. 게다가 당시 북한의 기술 수준은 지대지 미사일 및 항공기와 같은 첨단 정밀 무기를 독자적으로 개발·생산할 정도에는 미치지 못했다.[151] 즉, 1980년대 초 북한의 지대지 미사일 모방 생산은 많은 시간과 노력이 투입된 뒤에야 성공이 가능한 사업이었던 것이다. 실패 가능성이 작지 않다는 점에서 김일성 주석보다는 당시 후계자였던 김정일이 지대지 미사일 개발 사업에 관여했을 개연성이 크다고 할 수 있다.

지대지 미사일 개발에 대한 김정일 위원장의 강력한 의지는 북한 매체의 보도 내용을 통해서 간접적으로 확인할 수 있다. 북한의 노동당 기관지인 〈로동신문〉은 노동당 창건 65주년을 기념하는 사설을 통해 "위대한 장군님(김정일)의 선군정치에 의하여 … 우리 공화국은 인공지구위성 제작발사국, 핵보유국으로 불패의 위용을 떨치게 되었다"고 전했다.[152] 김정은 국방위원회 제1위원장도 2013년 이른바 '선군절'을 맞아 〈로동신문〉과 북한군 기관지 〈조선인민군〉를 통해 발표한 담화에서 "장군님(김정일)의 탁월한 선군혁명 영도가 있음으로 하여 인공지구위성 제작 및 발사국, 핵보유국으로 됐다"고 칭송했다.[153] 북한은 이처럼 김정일 위원장의 업적으로 인공위성 제작·발사 및 핵실험을 꼽고 있다. 이는 김정일 위원장이 인공위성 발사체인 장거리 로켓, 즉 지대지 미사일 개발을 직접 관장했다는 사실을 의미하는 것으로 해석할 수 있다.

151) 변상정, 『김정일 시대 북한의 과학기술정책』(파주, 한국학술정보, 2010), p. 138.
152) 〈로동신문〉, 2010년 9월 9일자.
153) 〈로동신문〉, 2013년 8월 25일자.

(2) 대내 결속 강화

북한은 지대지 미사일과 기술적으로 밀접한 장거리 로켓 발사에 정치적 의미를 부여하며 대내에 대대적으로 선전했다. 북한이 1998년 8월 말 광명성-1호를 발사한 것은 다분히 대내 정치적 의도를 담고 있는 것으로 평가된다. 광명성-1호 발사 시기와 관련해 〈조선신보〉는 "90년대 초에는 발사준비를 완료하고 있었다"며 "그동안 국제정세의 격변과 김일성 주석의 서거에 대한 국상기간(3년간)을 고려하여 발사시기를 기다리고 있었으나 국경절 50돐을 축하하여 드디어 발사하기로 하였던 것"이라고 설명했다.[154] 여기에서 '국경절'은 북한의 정부수립일(9월 9일)을 의미하는 것으로, 정부 수립 50주년을 기념하는 이른바 '축포'로 광명성-1호를 발사했다는 것이다. 물론 같은 해 9월 5일 열린 최고인민회의 제10기 1차 회의에서 김정일을 국방위원장에 재추대하는 것도 광명성-1호를 발사하게 된 배경 가운데 하나라고 할 수 있다.[155] 또한 북한은 광명성-1호 발사를 통해 '인공위성 발사국' 대열에 진입함으로써 과학기술 강국이 됐다고 선전했다.[156] 북한은 1998년 내외국인들이 많이 찾는 '3대혁명전시관'에 인공지구위성관을 추가로 제작해 전시하며 광명성-1호 관련 동영상을 상영했다고 한다.[157]

북한이 2006년 7월 4일 미국의 독립기념일에 맞춰 대포동-2호, 노동, 스커드 등 총 7기의 단·중·장거리 지대지 미사일을 발사한 것 역시 북한의 대내 정치적 상황과 무관하지 않다. 당시 북한의 대내외 상황은 매우 좋지 않았다. 대외적으로는 2002년 10월 시작된 이른바 '제2차 북핵위기'와 부시 행정부의 대북 강경 정책이 지속되고 있었다. 대내적으로는 구조적 경제난에서 벗어나지 못하는 가운데 장마당과 시장의 활성화로 북한 당국의 주민 통

---

154) 〈조선신보〉, 1998년 9월 28일자; 〈통일뉴스〉, 2001년 2월 26일자 재인용.
155) 정영태·유호열, "북한의 인공위성(?) 발사: 배경과 파장," 『통일경제』, 45 (1998), p. 13.
156) 〈조선신보〉, 2012년 4월 9일자.
157) 〈통일뉴스〉, 2007년 12월 6일자.

제력은 급격하게 위축됐다. 여기에 남북한 사이의 교류·협력 확대로 북한 당국이 두려워하는 이른바 '황색바람'이 침투해 주민들의 사상이 크게 이완됐다. 이러한 상황에서 김정일 위원장은 미국의 이목을 끄는 동시에 외부의 위협을 강조함으로써 대내 결속을 강화할 수 있는 방법 가운데 하나로 다량의 지대지 미사일 발사를 선택했을 수 있다.[158]

북한은 '강성대국'이라는 목표를 제시한 지 10여년 만인 2009년 광명성-2호 인공위성을 쏘아 올렸다. 일본에 있는 조선대학교의 한 교수는 북한이 광명성-2호를 발사하고 "'리상이 실현되는 해'를 장식했다"고 찬양했다.[159] 광명성-1호와 마찬가지로 광명성-2호 발사 역시 북한의 내부적인 정치행사와 무관치 않다. 이와 관련해 북한은 2009년 김정일을 국방위원장으로 다시 추대하기 직전에 축제 분위기를 만들기 위해 광명성-2호를 발사했다는 주장이 있다. 또한 2009년 초 김정일 위원장이 후계자로 김정은을 낙점했다는 점에서 광명성-2호 발사는 김정일·김정은 공동통치 시대 개막을 알리는 '축포'의 의미도 가질 수 있다.[160] 광명성-2호 발사 당시 김정일 위원장이 후계자 김정은과 함께 함경북도 화대군 무수단리 발사장에서 현장을 지켜봤고, 김 위원장이 "적들이 우리 위성을 요격했더라면 김대장(김정은)의 반타격에 큰일 날뻔했다"고 말한 것으로 알려졌다.[161]

북한은 2012년 4월 은하-3호 발사에 실패한 뒤 겨울철로 기상 조건이 좋지 않음에도 같은 해 12월 은하-3호 2호기 재발사를 강행했다. 이는 북한이 수년 전부터 김일성 주석의 100회 생일을 맞는 2012년을 '강성대국의 대문을 여는 해'로 규정했기 때문으로 보인다. 북한이 강성대국을 이루는 3대 요

158) 조민, "북한 미사일 사태와 한반도 평화," 『한국과 국제정치』, 22-3 (2006), pp. 78~79.
159) 〈조선신보〉, 2012년 4월 9일자.
160) 정성장, "북한의 인공위성 로켓 발사 배경과 한·미의 대응 방향," 『정세와 정책』, 157 (2009), p. 7.
161) 한기범, "북한의 미래와 국가정보원의 역할: 북한 내부사정 변화에 따른 대북 정보활동 방향," 『북한연구논평』, 4 (2011), p. 87.

소로 규정한 것 가운데 장거리 로켓 발사는 군사강국 및 경제강국과 연결되는 사안이라고 할 수 있다. 북한 당국은 주민들에게 일종의 경제적 성과를 달성했다는 자부심을 부여하기 위해 장거리 로켓 발사에 성공했다고 선전할 수 있다. 이는 로켓 탑재물인 인공위성이 제 궤도에 진입해 정상적으로 작동하는지 여부와는 상관이 없다. 장거리 로켓 발사가 사실상 장거리 지대지 탄도 미사일 능력을 과시하는 행위라는 점에서 북한 당국은 은하-3호 2호기 발사 성공을 통해 군사강국의 기반을 더욱 공고히 했다고 내부적으로 선전할 수도 있다.[162]

이처럼 북한이 장거리 로켓 발사를 대내외에 대대적으로 선전하는 이유 가운데 하나는 이를 통해 북한 주민의 자부심을 고취시키고, 대내 결속을 강화할 수 있기 때문이다. 북한은 광명성-3호 2호기 발사에 성공한 지 사흘째 되는 2012년 12월 14일 평양 김일성광장에서 15만여 명이 참여한 '평양시 군민경축대회'를 개최했다. 이 대회에서 김기남 노동당 비서는 인공위성 발사 성공이 "당과 군대와 인민이 (최고지도자에게) 드리는 충정의 선물이며 유훈을 관철한 민족사적 대경사"라고 찬양했다. 북한은 2009년 광명성-2호 발사 때도 사흘 후 같은 자리에서 10만여 명의 시민을 모아놓고 대규모 군중집회를 열었다.[163] 이 같은 대규모 군중집회 개최가 북한 주민의 결속과 충성을 강화하기 위한 조치의 일환이라는 것은 불문가지이다.[164]

나. 경제 · 기술적 여건

　(1) 경제성장에 기초한 군비증강

　중국과 소련 사이의 갈등이 첨예해지자 북한은 1962년 12월 열린 당 중

---

162) 김갑식, "북한의 '광명성 3호 위성' 발사 의도 및 쟁점," 국회입법조사처, 『이슈와 논점』, 413 (2012), p. 4.
163) 〈한국일보〉, 2012년 12월 15일자; 〈연합뉴스〉, 2012년 12월 14일자.
164) 김주삼, "핵실험 이후 북한의 내부체제결속과 북-미관계변화," 조선대 동북아연구소, 『동북아연구』, 21-2 (2006), p. 142.

앙위 제4기 5차 전원회의에서 군사력 강화 정책을 채택했다. 북한이 전후 복구를 당초 계획보다 앞당겨 끝내고 1957년부터 추진한 5개년 계획 (1957~1961년)에 성공했다는 사실은 경제성장을 제약하면서 군사력 강화를 우선적으로 추진할 수 있게 했다. 북한의 발표를 종합하면, 5개년 계획 기간 동안 북한의 공업 총생산액은 1957년 44%, 1958년 42%, 1959년 53%, 1960년 16% 성장해 연평균 36.6%의 성장률을 보였다. 곡물 생산량도 5개년 계획 시작 직전인 1956년 287만톤을 기록해 6·25전쟁 발발 전년인 1949년의 279만톤 수준을 회복했고, 5개년 계획 기간 내내 매년 300만톤을 상회했다.[165] 북한이 과대평가한 중공업 생산량 성장률과 인플레이션 등을 감안하고 부가가치적인 요소를 포함시켜 재평가 하더라도 북한은 1954~1960년 연평균 8.9~10.4%에 달하는 초고속 성장을 이룩한 것으로 분석된다.[166] 김일성 주석은 경제·국방 병진노선을 제시하기 약 2개월 전인 1962년 10월 최고인민회의 제3기 1차 회의에서 "1961년에 우리 공업은 해방 후 1946년부터 1955년까지의 10년 동안에 생산한 것보다 훨씬 더 많은 공업제품을 단 한 해 동안에 생산했다"며 경제에 자신감을 드러내기도 했다.[167]

한편 이 시기 북한은 전후 복구와 5개년 계획을 수행하던 방법이었던 외연적 산업화 전략의 한계에 직면하고 있었다. 당시 북한은 외연적 산업화 전략이 아닌 다른 방향의 경제정책을 통해 탈출구를 모색해야 하는 상황이었던 것이다. 북한의 지도부를 구성하고 있던 소련파와 연안파, 빨치산파는 1950년대 중반 경제정책을 둘러싸고 갈등을 벌였다. 소련파와 연안파가 경공업 투자를 중심으로 하는 내포적 성장 방식을 주장한 반면 김일성 중심의 빨치산파는 중공업에 우선 투자하는 외연적 성장 방식을 지속함으로써 경제

165) 이태섭, 『김일성 리더십 연구』, pp. 295, 94.
166) 김석진, "북한경제의 성장과 위기: 실적과 전망" (서울대 대학원 경제학 박사학위논문, 2002), p. 39.
167) 김일성, "조선민주주의인민공화국 정부의 당면 과업에 대하여(최고인민회의 제3기 제1차 회의에서 한 연설, 1962년 10월 23일)," 조선로동당출판사, 『김일성 저작집』, 제16권 (1982), p. 445.

를 단번에 도약시켜야 한다고 맞섰다. 이러한 갈등은 1956년 8월 이른바 '종파 투쟁'에서 소련파와 연안파를 숙청한 빨치산파의 승리로 귀결됐다. 노동당과 인민군의 지도부를 장악한 빨치산파는 외부 지원의 감소로 한계에 직면했던 외연적 성장 방식을 다시 추진하기로 결정했다. 이것은 이전까지 추진했던 외연적 성장과는 분명히 다른 것이었다.[168] 1960년대 초반 중·소 및 북·소 갈등에서 비롯한 대외적 위기를 명분으로 내세웠다는 점에서 당시의 중공업 우선 투자 정책은 군사력 강화를 위한 군수산업 육성과 밀접하게 연관된 것이었기 때문이다.[169]

북한은 1962년 12월 열린 당 중앙위 제4기 5차 전원회의에서 경제·국방 병진노선을 추진하기 위한 방법으로 "전체 인민이 무장하고 … 온 강토를 난공불락의 요새로, 진지로 전변 … 인민 군대를 간부 군대로 육성"해야 한다고 강조했다.[170] 이는 이른바 '국방에서의 자위' 정책을 추진하기 위한 구체적 방법론으로, 훗날 '4대 군사노선'으로 명명된다. 그러나 1960년대 초반 북한의 결정에서는 4대 군사노선 가운데 '전군의 현대화'는 포함되지 않았다. 군 현대화가 막대한 재원을 소모하는 군수산업 육성과 첨단 기술이 필요한 신무기 개발 등을 의미하는 것이라는 점에서 1960년대 초반 북한의 경제력과 기술력이 군 현대화를 감당할 수 없었기 때문이다.

---

168) 북한은 6·25전쟁으로 국가의 주요 기간 산업 대부분이 파괴된 상황에서 외부의 원조와 지원에 의존해 전후 복구와 1차 5개년 계획을 수행하는 데 막대한 인적·물적 자원을 투입했다. 이 과정에서 '더 좋은' 생산재를 투입하기보다는 '더 많은' 생산재를 동원해 단기적인 경제적 성과 도출을 강제하는 경향이 만연해졌다. 이와 관련된 논의는 김연철, "북한의 산업화 과정과 공장관리의 정치(1953~70): '수령제' 정치체제의 사회경제적 기원" (성균관대 정치학 박사학위논문, 1995); 이태섭, "북한의 집단주의적 발전전략과 수령체계의 확립" (서울대 정치학 박사학위논문, 2001) 등 참고.

169) 김일성 주석은 1960년대 초반 상황에 대해 "7개년 계획을 세울 때 경공업 발전에 힘을 넣을 것으로 예견하였는데 미 제국주의자들이 까리브해 위기(쿠바 미사일 위기)를 조성하고 웽남(베트남) 침략 전쟁을 더욱 확대하면서 정세를 긴장하게 만들었습니다. 당시 조성된 정세는 경공업을 발전시키는 것을 좀 뒤로 미루더라도 무기를 더 많이 만들 것을 요구하였습니다"라고 말했다. 김일성, "조국의 사회주의 건설 형편에 대하여(총련 의장을 단장으로 하는 총련 대표단과 한 담화, 1975년 9월 26일)," 『김일성 저작집』, 제30권 (평양: 조선로동당출판사, 1985), p. 489.

170) 조선중앙통신사, 『조선중앙년감 1963』, p. 159.

그러나 북한은 4대 군사노선의 원형을 제시한 지 4년 만인 1966년 10월 열린 노동당 대표자회에서 "군대의 간부화, 군대의 현대화, 전체 인민의 무장화, 전국의 요새화를 군사노선의 기본내용으로 규정"한다고 밝힘으로써 4대 군사노선을 완성된 형태로 제시했다.[171] 전군 간부화는 유사시 군인 모두가 한 계급 이상의 역할을 해낼 수 있도록 해야 한다는 의미이고, 전민 무장화는 노농적위대의 훈련 강화뿐 아니라 북한 주민이 양 손에 무기와 '낫·마치(망치)'를 들고 국가를 보위해야 한다는 것이다. 전국 요새화는 주요 군사 및 산업시설을 지하화하고 전역에 방위시설을 만들어야 한다는 것이며, 전군 현대화는 현대적인 무기와 전투기술로 군을 무장시켜야 한다는 것이다.[172]

4대 군사노선의 추진 성과에 대해 김일성 주석은 1970년 노동당 제5차 대회에서 "전체 인민이 다 총을 쏠 줄 알며, 총을 메고 있다"며 "또한 온 나라의 모든 지역에 철옹성 같은 방위시설들을 쌓아놓았으며, 중요한 생산시설들까지도 다 요새화하였다"고 강조했다. 그는 또 "오늘에 와서는 튼튼한 자립적인 국방공업 기지가 창설되어 자체로 조국보위에 필요한 여러 가지 현대적 무기와 전투기술 기재들을 만들 수 있게 되었다"고 자부했다.[173] 김 주석은 1978년 9월 정권 수립 30주년 기념 보고에서도 4대 군사노선이 당의 기본노선임을 명백히 했고, 1992년 4월 창군 60주년 기념보고회에서 최광 당시 인민군 총참모장도 4대 군사노선의 강화를 강조했다.[174]

북한의 독자적 군수산업 육성 정책이 일정한 수준에 올라선 것은 1970년대 초반으로 추정된다. 북한은 군사비가 10억 달러를 돌파한 1970년대 초반

171) 조선중앙통신사, 『조선중앙년감 1966~67』, p. 115.

172) 김일성, "현 정세와 우리 당의 과업(조선로동당 대표자회에서 한 보고, 1966년 10월 5일)," 『김일성 저작집』, 제20권 (평양: 조선로동당출판사, 1982), pp. 426~427.

173) 김일성, "조선로동당 제5차 대회에서 한 중앙위원회 사업총화보고(1970년 11월 2일)," 조선로동당출판사, 『김일성 저작집』, 제25권 (1983), pp. 256~257.

174) 김용현, "북한의 군사국가화에 관한 연구: 1950~60년대를 중심으로" (동국대 정치학 박사학위논문, 2001), p. 125.

군수산업을 전담하는 조직인 제2경제위원회를 신설한 것으로 보이기 때문이다.[175] 북한은 군수산업 집중 육성 정책을 추진하면서 1960년대 말 정무원에 제2기계공업부를 신설했고, 노동당 비서국에 군수공업 담당 비서를 두고 군수산업 전반을 총괄하게 했다. 북한은 1972년께 규모가 커진 군수산업을 전담하는 기관으로 제2경제위원회를 신설하고, 이 기관이 일반 산업에 우선하는 군수산업을 독자적으로 추진하게 했다.[176] 현재 제2경제위원회는 국방위원회 산하 기관으로,[177] 군과 협의하여 자체적으로 무기 등 주요 군수품과 관련된 연구·개발(제2자연과학원), 생산(8개의 총국), 수출입(대외경제총국 등)을 담당하는 것으로 알려졌다.[178] 그러나 북한은 제2경제위원회를 신설한 것으로 추정되는 1972년부터 재정 대비 군사비 비율이 17%라고 발표했다. 이는 제2경제위원회 신설 등과 상황적 맥락에서 어울리지 않는다는 점에서 북한의 공표 군사비 은폐 가능성의 근거가 되기도 한다.[179]

(2) 경제난과 미사일·로켓 개발

지대지 미사일 개발에 본격 착수한 1980년대 초반 북한의 경제·기술적 사정은 좋지 않았다. 1980년대 전반기 성장률이 1960년대와 1970년대 후반기에 비해 좋은 것으로 나타나지만, 이는 대흉작으로 마이너스 성장률을 기록한 1980년 이듬해의 성장률이 매우 높기 때문이다. 사실 북한 경제는 6·25전쟁 이후부터 1960년대 초반까지 약 10년 동안 전후 복구 및 해외 원조 등에 힘입어 연 평균 10%에 근접하는 초고속 성장을 했다. 그러나 소련의 지원 중단 등으로 인해 1960년대 초·중반 경제 사정이 크게 나빠졌고, 1980

---

175) 성채기·박주현·백재욱·권오봉, 『북한 경제위기 10년과 군비증강 능력』 (서울: 한국국방연구원, 2003), p. 57.
176) 임강택, 『북한의 군수산업 정책이 경제에 미치는 효과 분석』 (서울: 통일연구원, 2000), p. 73.
177) 제2경제위원회의 백세봉 위원장은 북한 헌법 상 최고국방지도기관인 국방위원회의 위원이다. 통일부 북한자료센터 웹사이트(http://unibook.unikorea.go.kr) 참고(검색일: 2013년 10월 2일).
178) 임강택, 『북한의 군수산업 정책이 경제에 미치는 효과 분석』, pp. 68~69, 74~86.
179) 성채기 외, 『북한 경제위기 10년과 군비증강 능력』, pp. 56~59.

년대 말까지 지속적인 저성장을 경험한 것으로 보인다.[180] 게다가 1990년대 들어 급속하게 진행된 소련 및 동구권의 몰락과 1994년 김일성 주석의 사망은 북한 경제가 회복할 수 없는 상태에 처하게 했다. 이른바 '고난의 행군'과 '강행군'을 겪는 동안 행정 시스템이 붕괴되며 사회 전반에 고착된 만성적인 구조적 경제난은 2015년 현재까지도 지속되는 것으로 보인다.

김정일 국방위원장은 2000년 8월 방북한 남한 언론사 사장단을 만나 "로켓 한발에 2억, 3억 달러가 들어"가고 "위성 발사는 과학 목적으로 하는데 1년에 2~3번 하면 9억 달러 들어"간다며 "우리처럼 작은 나라에서 1년에 2발씩 쏘면 비경제적"이라고 밝힌 바 있다. 그러나 김 위원장은 "수리아(시리아)와 이란에 로켓을 판매하고 있다"며 "로켓 연구해서 몇 억 달러씩 나오는데 그거 안할 수 있습니까"라고도 말하기도 했다.[181] 이에 앞서 북한은 미국과 벌인 6차례의 미사일 협상에서 장거리 로켓 개발 및 발사 중단에 대한 보상으로 매년 10억 달러를 요구한 것으로 알려졌다.[182] 북한의 이 같은 행태는 1990년대 초반 이스라엘이 북한의 중동 지역 국가들에 대한 지대지 미사일 수출을 중단시키고자 3~10억 달러를 제안했던 것이 영향을 미쳤기 때문으로 보인다.[183]

그렇지만 경제상황이 썩 좋지 않은 상황에서도 북한은 스커드-B 미사일 모방에 착수한 지 4년여 만인 1984년 지대지 미사일 개발에 있어서 일단의 가능성을 확인했다. 시제품으로 개발한 스커드-A 개량형 미사일의 시험 발사에서 절반의 성공을 거뒀기 때문이다. 이듬해에는 스커드-B 모방형 미사일의 자체 개발에 성공했다. 여기에 이란 등 일부 중동국가들이 관심을 표명

---

180) 김석진, "북한경제의 성장과 위기," pp. 36~39.
181) 연합뉴스, 『2002 북한연감』, pp. 298~299.
182) 1998년 10월 1~2일 미국 뉴욕에서 열린 제3차 북·미 미사일 회담에서 북한은 향후 3년간 매년 10억 달러를 보상할 경우 미사일 수출을 중단할 수도 있다는 입장을 표명했다고 한다. 박종철, 『북·미 미사일 협상과 한국의 대책』, pp. 30~33.
183) 박종철, 『북·미 미사일 협상과 한국의 대책』, pp. 12, 53.

하자 '외화벌이'를 위한 대량생산 체계를 갖추고 수출을 적극적으로 추진했다. 즉, 경제 사정이 좋지 않은 상황에서 시작한 지대지 미사일 개발이 기술력 및 가격 경쟁력을 확보하자 경제적 어려움을 조금이나마 줄여주는 역할을 하게 된 것이다.[184] 북한은 탈냉전 이후 국제적인 WMD 비확산 체제가 강화된 상황에서도 2013년 발생한 청천강호 사건이 보여주는 것처럼 미사일 등 관련 수출을 지속하고 있다.[185]

지대지 미사일 개발에 막대한 자금이나 최첨단의 기술이 필요한 것은 아니다. 진정한 의미에서 독자적으로 지대지 미사일을 개발한 국가는 제2차 세계대전 당시의 독일이 유일하다. 2차 대전 이후 지대지 미사일 개발에 나선 미국과 소련 등은 독일이 개발한 V-1/2를 모방 · 발전시켰기 때문이다. V-1/2 미사일을 개발할 때인 1940년대 독일의 여건이 아무리 좋았다고 하더라도 컴퓨터 관련 기술이 고도로 발전한 2015년 현재 북한의 여건과 비교하기는 어려운 것이 사실이다. 미국과 소련이 ICBM을 처음 개발한 1950년대 후반의 여건 역시 마찬가지이다. 이러한 맥락에서 북한이 지대지 미사일 및 장거리 로켓을 개발하는 데 있어서 경제 · 기술적 제약을 받았을 것이라고 단정하기는 어렵다.

(3) 우주개발

북한은 1956~57년 소련에 의존해 '과학발전 10개년 계획'을 수립하고 세부화했다. 그러나 북한은 1957년 초부터 계획을 미처 완성하지도 않은 상태에

---

184) 장형수, "UN 안보리 결의 1874호가 북한경제에 미치는 영향과 전망," 국가안보전략연구소, 『정책연구』, 164 (2010), pp. 77~78; 김중호, "북한의 외화수요에 대한 미국의 전략적 대응," 『수은북한경제』, 9-2 (2012), pp. 50~51.

185) 청천강호 사건은 2013년 7월 15일(이하 현지시간) 쿠바를 출발해 북한으로 향하던 북한 선박 '청천강호'가 설탕 등 신고 품목 외의 물품인 미사일 관련 부품 등을 싣고 파나마 운하를 통과하다가 파나마 당국에 적발된 사건이다. 유엔 안보리 산하 북한제재위원회는 2014년 3월 11일 전문가 패널 연례 보고서를 통해 "청천강호에서 지대공 관련 미사일 트레일러 6개, 2대분의 MiG-21이 적재된 컨테이너 25개, 지대공 미사일 부품, 탄약과 여타 무기 관련 물품 등의 은닉 화물을 확인했다"고 밝혔다. 〈연합뉴스〉, 2014년 3월 11일자.

서 본격적으로 시행하기 시작했다. 당시 북한에서는 소련과의 갈등 등 대외 정세 변화 및 '천리마운동' 등의 성과에 기반한 현장 중심의 과학기술 정책의 필요성이 대두됐다. 이에 따라 북한은 과학기술 계획을 급속하게 독자적 방향으로 전환했다. 북한은 현장 밀착형 과학기술 정책에 따라 1980년대 후반까지 약 30년간 국가적 차원의 장기적인 과학기술발전 계획을 수립하지 않았다.[186] 그러나 북한은 제3차 7개년 경제계획 기간인 1987년부터 1993년까지 '과학기술발전 3개년 계획'을 2차례에 걸쳐 각각 수립 · 추진했다. 또한 같은 기간 '2000년까지의 과학기술개발 장기계획'을 시행하기도 했다. 북한은 이 계획들을 추진하는 동안 김일성 주석 사망과 경제난 등으로 별다른 성과를 거두지는 못했다고 한다. 첫 번째 과학기술발전 3개년 계획을 시작한 이듬해인 1988년 말 북한은 최고인민회의 상설회의 결정을 통해 「과학기술법」을 제정했다. 북한은 1998년 말 광명성-1호 인공위성 및 백두산-1호 장거리 로켓을 발사했지만, 1990년대 후반까지 북한의 과학기술발전 계획에 인공위성 발사 등 우주개발과 관련된 내용은 거의 없었던 것이 사실이다.[187]

여기에서 북한이 1990년대 초반부터 다단계로 이뤄진 장거리 로켓과 인공위성 발사를 준비하고 있었다는 주장을 주의 깊게 살펴볼 필요가 있다. 북한의 입장을 대변해 온 〈조선신보〉는 북한이 광명성-1호 인공위성을 발사한 지 약 1개월 뒤인 1998년 9월 말 "벌써 6년 전에 '광명성1호' 본체와 운반 로케트의 개발이 기본적으로 끝나고 90년대 초에는 발사준비를 완료하고 있었다"고 주장했다.[188] 즉, 김일성 주석 생전인 1992년에 북한은 광명성-1호 인공위성과 백두산-1호 장거리 로켓의 개발을 일단락 했다는 것이다. 이는 미국의 첩보위성이 1994년 초 북한이 2단 형태의 새로운 지대지 탄도 미

---

186) 강호제, 『북한 과학기술 형성사 I』(서울: 선인, 2007), pp. 149~153.
187) 이춘근 · 배용호, 『북한의 경제 · 과학기술체제 개혁과 남북한 과학기술협력 촉진 방안』(서울: 과학기술정책연구원, 2003), pp. 122~130.
188) 〈통일뉴스〉, 2001년 2월 26일자; 〈조선신보(웹사이트)〉, 1998년 9월 28일자 재인용.

사일 2기를 제작하고 있다는 사실을 포착한 것과 연결되는 대목이다. 그러나 앞서 언급한 것처럼, 북한이 1980년대 후반부터 1990년대 후반까지 추진한 과학기술 관련 계획에서 우주개발과 관련한 내용을 찾아보기 어렵다는 점에서 1990년대 초반 광명성-1호 및 백두산-1호 개발은 과학기술 이유가 아닌 다른 이유에서 진행됐을 개연성이 큰 것으로 보인다.

북한 내각 기관지 〈민주조선〉은 과학원 창립 50주년을 맞은 2002년 12월 1일 '당의 과학중시사상을 더욱 철저히 구현해 나가자'라는 사설에서 광명성-1호 발사를 김정일 위원장의 업적으로 선전했다.[189] 이와 관련해 광명성-1호 발사는 북한이 1998년부터 2002년까지 시행했다는 '과학기술발전(제1차) 5개년 계획'의 일환이고, 2012년 광명성-3호 2호기 발사는 2008년부터 2012년까지 이뤄진 제3차 5개년 계획의 일환이라는 주장이 있다.[190] 그러나 북한이 1998년 제1차 과학기술발전 5개년 계획을 시작했다는 주장은 사실이 아닐 수도 있다. 북한 국가과학원(구 과학원)의 리문호 과학기술참사실장은 2006년 6월 〈조선신보〉와 인터뷰에서 "김정일 장군님께서 과학원 함흥분원을 현지지도하시면서 과학기술부문에서 5개년 계획을 세우라고 하셨습니다"라고 말했다.[191] 이와 관련해 〈조선신보〉는 "'고난의 행군', 강행군이라 불리운 1990년대 후반의 경제적 시련의 시기에는 나라가 그러한 계획을 세울 수 있는 조건이 되지 않았다"고 설명했다.[192] 이는 북한이 1998년 과학기술발전 5개년 계획을 수립·추진했다는 주장이 사실이 아니라는 증거라고 할 수 있다. 이로 인해 광명성-1호 발사가 과학기술적 차원에서 이뤄진 것이 아닐 수 있다는 주장의 설득력은 더욱 강해진다.

---

189) 〈민주조선〉, 2002년 12월 1일자.
190) 〈조선신보(웹사이트)〉, 2012년 12월 13일자.
191) 당시 김 위원장의 과학원 함흥분원 현지지도 소식을 전한 〈로동신문〉과 〈조선중앙년감〉에서는 이 같은 내용을 찾을 수 없다. 〈로동신문〉, 3월 8일자; 조선중앙통신사, 『조선중앙년감 2000』 (2000), p. 27.
192) 〈조선신보〉, 2006년 6월 12일자.

북한은 2012년부터 광명성-3호 인공위성 및 은하-3호 장거리 로켓 발사가 '국가우주개발계획'과 '우주개발 5개년 계획'에 따른 것임을 강조하고 있다. 북한의 조선우주공간기술위원회는 광명성-3호 발사 실패 6일 후인 2012년 4월 19일 발표한 대변인 담화에서 "우리에게는 우주개발기구를 최첨단의 요구에 맞게 확대 강화하고 나라의 경제발전에 필수적인 실용위성들을 계속 쏴올리는 것을 포함한 종합적인 국가우주개발계획이 있다"고 주장했다.[193] 또한 북한은 같은 해 12월 광명성-3호 2호기 인공위성 발사를 앞두고 "올해부터 우주개발 5개년 계획이 시작됐다"며 "다음단계는 정지위성의 개발 … 관제지휘소의 능력을 보강, 확충하고 '은하-3'호보다 더 큰 대형운반로케트의 개발에도 착수한다"고 전했다.[194] 이어 북한은 2013년 3월 노동당 중앙위 전원회의에서 '경제건설과 핵무력건설 병진노선'을 채택한 다음날 열린 최고인민회의 제12기 7차 회의에서는 「우주개발법」 제정 및 국가우주개발국 신설 등을 결정했다.

국가우주개발국 이전에 북한에서 우주개발을 전담하던 기구인 조선우주공간기술위원회는 명칭 등이 광명성-1호 발사 직후 처음으로 대외에 공개됐다고 한다. 중국 관영 인민일보가 발행하는 〈환구시보〉는 1998년 10월 25일 광명성-1호의 연구개발 및 발사에 참여한 조선우주공간기술위원회의 김종손 기술국 부국장 등 위원회 소속 전문가 3명과 인터뷰한 내용을 보도했다. 당시 〈환구시보〉는 우주공간기술위가 미사일, 로켓 및 위성 등의 연구개발과 시험 등을 주관한다고 전했고, 북한의 대남 선전조직인 '한국민족민주전선'(한민전)은 〈환구시보〉 보도 다음 달 우주공간기술위가 당 중앙위와 내각의 지도를 받는다고 소개했다. 북한은 11년이 지난 뒤인 2009년 2월 24일 우주공간기술위 대변인 담화 형식을 빌어 광명성-2호 발사 준비를 발표하

---

193) 〈조선중앙통신〉, 2012년 4월 19일자.
194) 〈조선신보〉, 2012년 12월 12일자.

며 위원회의 존재를 처음으로 대외에 알렸다.[195] 우주공간기술위가 국가우주개발국으로 확대·개편됐을 개연성이 크지만, 사실 여부는 확인되지 않았다. 이상의 내용으로 미뤄, 북한은 SLV와 지대지 탄도 미사일의 기술적 차이가 적다는 점을 십분 활용하며, 1990년대에는 비과학기술적 차원에서 장거리 로켓 개발에 접근했으며, 비교적 최근에 들어서야 우주개발을 위한 제도를 본격적으로 마련했다고 할 수 있다.

다. 기타: 국제사회의 제재

국제사회의 제재도 북한의 지대지 미사일 개발에 영향을 미치는 비안보적 요인이라고 할 수 있다. 2001년 미국에서 9·11 테러가 발생한 뒤 테러 조직이 WMD를 이용할 가능성에 대한 국제적 우려가 증대했다. 이에 따라 유엔 안보리는 2004년 4월 28일 비국가 행위자의 WMD 제조·획득·보유·운송·사용 등에 대한 지원을 금지하는 것을 주요 내용으로 하는 결의 1540호를 채택했다. 이어 유엔 안보리는 2006년 7월 북한이 대포동-2호로 추정되는 발사체를 쏘아 올리자 북한의 이 같은 행위를 규탄하고, 탄도 미사일 프로그램 중단과 미사일 발사 모라토리엄 준수를 요구하는 것을 주요 내용으로 하는 결의 1695호를 채택했다.

특히, 유엔 안보리는 2006년 10월 북한의 제1차 핵실험 이후 채택한 모든 대북제재 결의에 탄도 미사일 관련 내용을 포함하고 있다. 유엔 안보리는 북한의 첫 핵실험 닷새 뒤에 채택한 결의 1718호에서 북한의 '탄도 미사일 발사를 금지'하도록 요구했다. 북한의 2차 핵실험 18일 뒤에 채택한 결의 1874호에서는 북한이 '탄도 미사일 기술을 사용한 어떠한 종류의 발사도 금지'하도록 내용을 강화했다. 즉, 북한이 인공위성을 발사하더라도 이는 결국 탄도 미사일과 동일한 기술을 사용한 것이기 때문에 SLV 발사 자체가 금지되

---

195) 〈연합뉴스〉, 2012년 12월 6일자.

며, SLV를 발사하는 행위는 안보리 결의 위반이 되는 것이다.[196] 이에 따라 유엔 안보리는 북한이 2012년 12월 은하-3호 장거리 로켓을 재발사한 지 41일 만에 채택한 결의 2087호에서 북한의 장거리 로켓 발사가 유엔 안보리 결의 1874호의 위반임을 지적하면서 제재 대상을 추가했다.

일반적으로 유엔 안보리 결의는 법적인 구속력을 갖는 것으로 해석되는데, 특히 경제제재와 관련해 제재위원회를 구성하거나 각국의 제재 이행 상황을 유엔 안보리에 제출하도록 하는 등을 통해 강제력을 발휘한다. 유엔 안보리는 2009년 4월 북한의 은하-2호 장거리 로켓 발사 이후 2013년 말까지 북한에서 인공위성 개발 및 발사를 담당하는 조선우주공간기술위원회를 비롯한 19개 기관과 평양 인근에 있는 위성통제센터 책임자인 백창호 등 12명의 개인을 제재 대상으로 지정했다. 그러나 유엔 안보리 제재가 실효성이 있는지에 대해서는 논란이 존재하는 것이 사실이다. 2006년 말 유엔 안보리 결의 1718호 이후 시행된 유엔의 대북 경제제재 조치가 일부 효과를 거둔 것은 사실이지만, 제재 조치의 목적인 북한의 핵 프로그램 포기와 핵무기 폐기를 달성하는 데 성공하지 못했기 때문이다.[197]

북한이 유엔 안보리뿐 아니라 미국, 일본 등 개별 국가들로부터도 제재를 받고 있지만 계속해서 핵·미사일을 개발하고 있다는 사실을 통해서도 경제제재의 실효성이 크지 않다는 점을 확인할 수 있다. 미국 등이 이란, 이라크, 리비아, 시리아 등과 같은 적대국을 제재할 경우에는 감수해야 하는 외교적 비용이 매우 적거나 거의 없기 때문에 제재를 단행하기가 보다 쉬울 수 있다.[198] 그러나 제재를 단행하는 것과 제재가 효과를 나타내는 것은 분명 별개의 문제이다. 북한과 같이 제재를 당하는 국가가 미국·일본 등과 같이 제재

---

196) 임갑수·문덕호, 『유엔 안보리 제재의 국제정치학』(파주: 한울, 2013), pp. 197~198.
197) 임강택, 『대북경제제재에 대한 북한의 반응과 대북정책에의 함의』(서울: 통일연구원, 2013), pp. 8~9.
198) Michael Nacht, "The Future Unlike the Past: Nuclear Proliferation and American Security Policy," International Organization, 35-1 (1981), pp. 210~212 참고.

를 가하는 국가 외에 다른 공급원을 갖고 있을 경우 양자 간 제재는 별 효과를 보지 못할 수 있기 때문이다.[199] 또한 북한의 지대지 미사일(또는 SLV)에 대한 미국의 제재는 미국이 기존에 취하고 있던 강력하고 지속적이며 광범위한 대북제재와 상당 부분 중첩되기 때문에 북한에 큰 경제적 피해를 주기가 어려운 것이 사실이다.[200]

제3절 소결

1960년대 후반 북한의 군사적 도발과 1970년대 초반 미국의 대한(對韓) 방위 공약 약화는 박정희 정부가 자주국방 정책을 결정·추진하는 데 결정적 영향을 미쳤다. 박정희 정부는 자주국방 정책을 추진하면서 핵무기와 지대지 탄도 미사일 개발을 핵심 사안으로 간주했다. 이 과정에서 남한은 미국의 압력으로 핵무기 개발을 포기하면서도 지대지 탄도 미사일 개발은 포기하지 않았다. 오히려 남한은 지대지 탄도 미사일 개발에 관한 미국의 제한적 협력을 끌어냈고, 1978년에는 휴전선 인근에서 발사할 경우 평양을 타격할 수 있는 사거리 180km의 백곰 미사일 시험발사에 성공했다.

북한은 남한이 백곰 미사일 개발에 박차를 가하던 1970년대 중반 중국과 지대지 탄도 미사일 공동 개발을 추진했다. 그러나 이 계획은 착수 1년여 만에 중국측 사정으로 무산됐다. 그럼에도 북한은 지대지 탄도 미사일 개발을 위한 노력을 지속해 1980년 1월 이집트에서 소련제 스커드-B 지대지 탄도 미사일을 도입하는 데 성공했다. 북한은 도입한 스커드-B 미사일을 역설계

---

199) 조셉 S. 나이, "외교적 수단," 로버트 D. 블랙윌·알버트 카너세일 엮음, 김일우·이정우 옮김, 『미국의 핵정책과 새로운 핵보유국』(서울: 한울, 1997), p. 109.

200) 최용환, "북한의 대미 비대칭 억지·강제 전략: 핵과 미사일 사례를 중심으로" (서강대 대학원 정치학 박사학위논문, 2003), pp. 134~135. 미국의 대북경제제재의 효과에 대한 논의는 김정민, "미국의 대북 경제제재 완화에 따른 영향: 적성국교역법 적용 제외와 테러지원국 지정 해제를 중심으로," 『수은북한경제』, 5-2 (2008); 홍순식, "미국의 대북경제제재 실효성: 리비아 사례와 비교," 『동아연구』, 53 (2007) 등 참고.

하면서 기술력을 축적했고, 1984년 독자적으로 생산한 사거리 300km의 스커드-A 모방형 지대지 탄도 미사일의 시험발사에서 일단의 성공을 거뒀다. 남한의 백곰 미사일 개발이 북한의 스커드-B 미사일 도입 및 스커드 계열 미사일 개발에 어떠한 영향을 미쳤는지를 확인할 수 있는 증거는 찾기 어렵다. 그렇지만 남한의 백곰 미사일 개발과 북한의 스커드 계열 미사일 개발 사이에 아무 연관이 없다고 단정하기도 어렵다. 즉, 1970년대 후반 북한이 남한의 백곰 미사일 개발을 어떻게 인식했는지에 관한 추가적인 연구가 필요한 것이다.

북한이 스커드-B 미사일을 도입했을 무렵 남한의 권력을 장악한 전두환 정부는 이른바 '정권안보'를 위해 박정희 정부가 추진하려던 백곰 미사일 개량 계획을 폐기했다는 것이 중론이다. 그러나 전두환 정부는 1983년 10월 북한이 저지른 아웅산 테러가 발생하자 대외적으로는 국력배양을 강조하는 한편 지대지 탄도 미사일 개발을 비밀리에 다시 추진했다. 그 결과 남한은 1987년 이동식 발사가 가능한 사거리 180km의 현무 지대지 탄도 미사일을 개발해 배치할 수 있었다. 비슷한 시기 북한은 1985년 사거리 320~340km의 스커드-B 모방형 미사일 개발에 성공해 1년 뒤 양산 체제를 갖췄다. 북한은 1987년부터 스커드-B 모방형 미사일을 이란에 수출한 것으로 알려졌다. 이러한 냉전기 남북한의 지대지 미사일 경쟁은 작용-반작용 법칙에 완벽하게 부합하는 것이라고 보기 어렵다. 이는 같은 시기 남북한이 '공시적' 군비증강과 현상 유지 및 각기 시차를 두고 진행된 남북한의 '일방적' 군비증강과 궤를 같이 하는 것이라고 할 수 있다.[201]

냉전체제가 붕괴하자 미국은 국제질서에서의 유일 초강대국 지위 유지를 위해 강력한 WMD 비확산 정책을 추진했다. 남한은 동맹국인 미국의 이 같

---

201) 함택영, 『국가안보의 정치경제학』, p. 247.

은 정책을 감안해 현무 미사일을 개량하거나 새로운 지대지 미사일 개발에 나서지 않았다. 1987년 MTCR가 설립되는 요인 가운데 하나가 박정희 정부의 백곰 미사일 개발이었다는 점은 남한이 1990년대 초반 지대지 미사일을 개발하기 어려운 조건으로 작용했다. 미국이 1989년 말 MTCR 지침을 내세우며 현무 미사일의 일부 핵심 부품과 원료에 대한 수출을 지연시키다가 결국 거부한 것도 남한의 지대지 미사일 개발을 어렵게 한 요인이었다.[202] 한편 북한은 스커드 계열 미사일의 사거리 연장을 추진해 1989년 최전방에서 발사할 경우 남한 전역을 타격할 수 있는 사거리 500km의 스커드-C 유사형 지대지 탄도 미사일 개발에 성공했다. 그리고 이란으로부터 지원받은 자금을 활용해 1991년 스커드-C 유사형 미사일의 대량 생산 및 실전 배치를 시작했다.

북한은 1990년대 중반부터 중·장거리 지대지 탄도 미사일 및 장거리 로켓 개발을 본격적으로 추진했다. 북한은 이 시기 다단계로 이뤄진 대포동 계열의 미사일을 제작했고, 급기야 1998년 8월에는 '광명성-1호' 인공위성을 탑재한 '백두산-1호' 장거리 로켓을 발사했다. 이처럼 탈냉전 초기 남한의 지대지 미사일 개발이 정체된 상황에서 북한은 우방진영의 소멸 및 남한의 재래식 전력 증강 등과 같이 악화된 대외환경에 대응하고, 스스로 생존을 도모하기 위해 미사일 사거리 연장 노력을 지속했던 것이다.[203] 그 결과, 북한은 일본과 미국을 겨냥할 수 있는 중·장거리 지대지 탄도 미사일 개발 능력을 진일보시킬 수 있었다.

이 같은 비경쟁적인 남북한의 지대지 탄도 미사일 개발 양상은 2000년대 남한이 단·중거리 지대지 순항 미사일 개발을 본격화하면서 경쟁적 양상으로 변화했다. 남한은 북한의 지대지 탄도 미사일 개발에 따른 위협에 보다 적

---

202) 박준복, 『한국 미사일 40년의 신화』, p. 133.
203) 함택영, "김정일시대 북한의 체제특성과 국가역량," 함택영 외, 『김정일체제의 역량과 생존전략』 (서울: 경남대 극동문제연구소, 2000), pp. 54~61.

극적으로 대응하기 위해 2001년 한·미 미사일 양해각서를 한·미 미사일 지침으로 개정했다. 이를 통해 남한은 '스스로 제한'했던 탄도 미사일의 사거리를 180km에서 북한의 스커드-B 모방형 미사일과 비슷하게 300km로 연장하고, 순항 미사일의 사거리 제한을 사실상 폐지했다. 이를 발판으로 남한은 기존의 백곰·현무 미사일 체계와는 완전히 다른 사거리 300km의 현무 II-A 지대지 탄도 미사일 개발을 추진해 2000년대 중반 성공했다.

이와 함께 남한은 지대지 순항 미사일 개발도 추진해 2006년 9월 휴전선 인근에서 발사할 경우 북한 전역을 타격할 수 있는 사거리 500km의 현무III-A 지대지 순항 미사일 개발 성공을 대내외에 알렸다. 이후 현무III-A 순항 미사일을 개량해 2007년 10월 이전에 사거리 1,000km의 현무III-B 순항 미사일을, 2010년 무렵 한반도 최남단에서 발사해도 북한 전역을 타격할 수 있는 사거리 1,500km의 현무III-C 순항 미사일 개발에 성공했다. 남한은 2012년 10월 한·미 미사일 지침을 다시 개정하면서 자체 개발할 수 있는 지대지 탄도 미사일의 사거리를 800km로 연장한 뒤 2015년 6월 사거리 500km 이상인 지대지 탄도 미사일의 첫 시험 발사에 성공했고, 사거리 800km의 지대지 탄도 미사일 개발 완료를 목전에 두고 있는 것으로 알려졌다.

북한은 2000년대 들어 3차례의 핵실험을 단행하는 가운데 지대지 탄도 미사일의 사거리 연장을 지속적으로 추진했다. 동시에 북한은 그 동안 주력했던 액체 연료 지대지 탄도 미사일의 운용적 한계를 극복하기 위해 고체 연료를 사용하는 신형 단거리 지대지 탄도 미사일 개발도 2000년대 중반부터 본격화했다. 1998년 8월 처음으로 장거리 로켓을 쏘아올린 북한은 약 8년 뒤인 2006년 7월 스커드 계열 및 노동 미사일 6기와 함께 대포동-2호 미사일 1기 등 총 7기의 미사일을 발사했다. 북한은 이듬해 창군 75주년 열병식에서 사거리가 4,000km로 추정되는 무수단 중거리 지대지 탄도 미사일을 선보였으며, 김일성 주석의 100회 생일을 기념하는 2012년 4월의 열병식에서는 ICBM급으로 평가되는 KN-08 장거리 지대지 탄도 미사일을 처음으로 공개했다. 북한은 중·장거리 지대지 탄도 미사일과 기술적으로 밀접하게 연관된 SLV를 지속적으로 개발·발사하고 있다. 북한은 2009년 4월과 2012년 12월에 인공위성 발사를 주장하며 은하-2호 및 은하-3호 장거리 로켓을 쏘아 올렸다. 이와 함께 북한은 2005년께부터 사거리 100~120km로 추정되는 고체 연료 단거리 지대지 탄도 미사일 KN-02 개발을 시작해 시험 발사를 지속하고 있다.

〈표 6-1〉 남북한의 지대지 미사일 경쟁 양상 및 결정요인의 변화

남 한		구 분	북 한	
결정요인	미사일		미사일	결정요인
청와대 습격 사건 미국 방위공약 약화	백곰 성공	냉전기	DF-61 공동개발 실패	북소관계 악화 남한 백곰 개발*
전두환 권력 공고화*	백곰 개량형 계획 폐기		스커드-B 모방형 개발 성공	남한 백곰 개발* 김정일 권력 공고화 지대지 미사일 수출
북한 아웅산 테러	현무 개발 성공			
국제적 비확산 체제 북한 미사일 위협 소형 미사일 필요성	ATACMS 도입	탈냉전 초기	스커드-C 유사형 개발 성공	소련 붕괴, 북중관계 변화 남한 전역 타격 필요성 지대지 미사일 수출
			노동 개발 성공	일본 위협, 대미 압박 기술 진전 한계
국제적 비확산 체제 북한 핵·미사일 위협	현무III 성공	2000년대 이후	무수단	대미 상징적 억지력 과시 미국의 관심 제고
			KN-08	
북한 핵·미사일 위협	현무II 성공 KAMD 추진		KN-02	한·미 미사일 위협 고체 연료 미사일 필요성

* 결정요인으로 규정하기 위해서는 추가적인 연구가 필요함.

이처럼 지금까지 남북한이 벌인 지대지 미사일 경쟁의 결과는 현재 양측이 보유한 지대지 미사일 전력에 반영돼 있다고 할 수 있다. 우선 SLV를 포함한 중·장거리 지대지 미사일 부문에서 북한이 남한을 앞서는 것으로 평가된다. 북한은 KN-08, 무수단 등 중·장거리 지대지 탄도 미사일을 보유하고 있으며, 은하-2호 및 은하-3호와 같이 중·장거리 미사일로 전환이 비교적 쉬운 SLV 능력도 보유하고 있다. 반면 남한은 중·장거리 지대지 미사일뿐 아니라 SLV를 보유하지 못하고 있다. 이러한 맥락에서 남한의 미사일 전력이 북한에 비해 열세라는 주장이 가능할 수 있다. 그러나 남북한의 중·장거리 지대지 탄도 미사일 전력을 기준으로 양측 간 미사일 전력의 우열을 판단하는 것은 적절하지 못하다. 왜냐하면 북한이 보유한 중·장거리 미사일은 남한에 직접적인 군사적 위협이라고 단정하기가 어렵기 때문이다. 이론적으로는 북한이 중·장거리 미사일에 연료를 덜 채워 남한을 타격하는 것이 가능하다. 그러나 북한이 소량 보유하고 있는 중·장거리 미사일을 남한을 향해 발사할 경우 미국과 일본에 대한 억지 능력이 사라지게 된다. 북한의 중·장거리 미사일은 평시에 미국과 일본을 위협하고, 전시에 남한에 대한 외부의 증원을 방지하는 역할을 한다고 이해하는 것이 보다 타당하다.

한편 남북한이 서로를 타격하기 위해 보유하고 있는 지대지 미사일 전력 부문에서는 우열을 가리기 쉽지 않은 상황이다. 북한은 스커드-B 모방형(300km)과 스커드-C 유사형(500km)을 200~600기, 노동(1,300km) 90~200기 정도를 보유한 것으로 알려졌다. 이에 맞서 남한은 ATACMS(165km), 현무(180km) ATACMS 개량형 및 현무Ⅱ-A(이상 300km), 현무Ⅱ-B(500km) 등 단거리 지대지 탄도 미사일을 총 300기 이상 배치하고 있다. 또한 남한은 최전방 지역에서 발사할 경우 북한 전역을 타격할 수 있는 현무Ⅲ-A(500km)와 이보다 사거리가 긴 현무Ⅲ-B(1,000km) 및 현무Ⅲ-C(1,500km) 지대지 순항 미사일을 수십기씩 보유한 것으로 전해졌다. 이처럼 북한을 타격할 수 있는 남한의 지대지 미사일은 북한이 보유한 것으로 추정되는 최소치보다 많고 최대치의 절반 수준이다.

여기에 CEP 등 정확성 측면에서 남한의 지대지 미사일(수십~수백 m 수준)이 북한(수 km 수준)보다 뛰어나다는 질적 요소를 감안하지 않을 수 없다. 또한 남한이 도입을 결정한 사거리 500km의 공대지 미사일 타우러스와 2012년부터 대형 구축함과 이지스함에 탑재하기 시작한 사거리 500~1,500km의 함대지 순항 미사일인 해성 시리즈도 남한의 미사일 전력을 평가하는 데 있어서 반드시 감안해야 하는 요소이다. 지대지 미사일과 경쟁 관계에 있는 공군력도 남한이 북한을 앞서는 것으로 평가된다. 또한 방어 능력 부문에서는 남북한의 방공전력이 상대방의 지대지 미사일을 요격하기에 충분하지 않지만 상대적으로 남한이 북한을 앞서는 것이 사실이다. 즉, 남북한이 보유한 지대지 미사일의 군사적 효용성을 종합적으로 분석·비교하면 양적 측면에서는 북한이, 질적 측면에서는 남한이 우세하다는 결론을 얻을 수 있는 것이다.

제7장

결론

제7장
결론

남북한의 지대지 미사일 개발은 그동안 별개의 것으로 인식돼 온 경향이 강하다. 1990년대 이후 북한의 핵·미사일 개발이 국제사회에서 주요 화두가 된 상황 등으로 인해 기존 논의는 북한의 지대지 미사일 위협을 강조하거나 개발 의도를 분석 또는 추정하기 위해 이뤄진 것이 대부분이다. 반면 남한의 지대지 미사일 개발에 관한 논의는 거의 이뤄지지 않았다. 이는 남한이 지대지 미사일에 관한 정보를 거의 공개하지 않고 있기 때문에 발생한 현상이다. 남북한의 지대지 미사일 개발을 별개로 인식하는 이러한 선행연구 경향은 1970년대 이후부터 지금까지 양측이 군비경쟁의 일환으로 지대지 미사일 경쟁을 벌여왔다는 현실을 제대로 반영하지 못하고 있다. 이러한 문제의식 하에서 이 책은 남북한의 지대지 미사일 개발을 경쟁의 관점에서 분석하고자 했다.

먼저, 남북한의 지대지 미사일 경쟁 양상이 어떻게 변화했는지에 관해 살펴보도록 하자. 남한은 1970년대 초반 자주국방정책의 일환으로 지대지 탄도 미사일 개발에 착수해 성공했다. 이에 대한 대응으로 북한은 1970년대 중반 중국과 함께 지대지 탄도 미사일 개발에 착수한 것으로 보이지만, 이는 중국의 국내정치적 상황 변화로 실패했다. 북한은 지대지 탄도 미사일 개발을 위해 지속적으로 노력한 결과, 1980년 1월 이집트에서 구 소련제 스커드-B 지대지 탄도 미사일을 도입해 독자적 지대지 탄도 미사일 개발을 위한 발판을 마련했다. 스커드-B를 역설계하면서 기술력을 축적한 북한은 1980년대 중반 스커드-B 모방형 미사일을 개발했다. 같은 시기 남한도 1980년대 초반 폐기했던 백곰 개량형 개발 계획을 부활시켜 현무 지대지 탄도 미사일을 개발했다.

북한은 지대지 탄도 미사일 사거리 연장을 추진해 1990년대 초반 스커드-C 유사형 및 노동 미사일 개발에 성공했고, 1998년 장거리 로켓을 발사했다. 북한의 백두산-1호 발사 이후 남한은 지대지 미사일 개발을 위한 제도 개선에 나섰다. 남한은 미국과 협상을 벌여 탄도 미사일의 사거리를 180km에서 300km로 연장하고 순항 미사일의 사거리 제한을 사실상 폐기했다. 이를 계기로 남한은 2000년대 지대지 순항 미사일 개발에 박차를 가해 2006년께부터 최대사거리가 1,500km에 달하는 현무Ⅲ 시리즈를 차례로 선보였다. 또한 최대사거리가 500km인 현무 Ⅱ 탄도 미사일을 개발했다. 이 시기 북한은 3차례에 걸쳐 핵실험을 단행하면서 무수단 · KN-08 등 중 · 장거리 미사일을 선보이고, 우주발사체인 은하-2/3호를 발사했다. 북한은 고체 연료를 사용하는 KN-02 단거리 지대지 미사일도 개발하고 있다.

다음으로 남북한의 지대지 미사일 경쟁에 영향을 미친 결정요인들에 관해 논의해보자. 남북한의 지대지 미사일 경쟁에 가장 큰 영향을 미친 요인은 양측이 지속하는 군비경쟁 및 동맹관계와 같은 안보적 요인이라고 할 수 있다. 청와대 기습 사건, 아웅산 테러, 핵 · 미사일 능력 강화 등과 같은 북한의 도발 및 위협에 대응해 남한은 자주국방정책, 현무 미사일 개발, 현무Ⅱ/Ⅲ 개발 등 군사력 증강을 추진했다. 한편 남한은 주한미군 철수와 같은 한미동맹

변화로 이른바 '방기' 가능성 우려했고, 이것이 남한의 군사력 증강에 영향을 미치기도 했다. 북한의 지대지 미사일 개발에는 남한의 자주국방정책, 한·미 연합 전력 강화에 따른 재래식 군사력의 열세, 탈냉전으로 인한 미국으로부터의 직접적 위협 등에 따른 군사력 강화 정책이 큰 영향을 미쳤다고 할 수 있다. 물론, 소련과의 관계 악화에 따른 군사적·경제적 지원 감축 등 동맹관계의 변화 역시 북한이 군사력 증강에 나서게 된 중요한 요인이다.

남북한의 지대지 미사일 경쟁에는 안보적 요인뿐 아니라 비안보적 요인도 영향을 미쳤다. 남북한의 최고지도자는 자신의 권력을 강화하는 데 지대지 미사일 개발을 적극 활용했다. 전두환 정부가 쿠데타를 통해 장악한 권력의 정당성을 미국으로부터 인정받기 위해 미국이 곱지 않게 여기던 지대지 미사일 개발을 포기한 것은 예외적인 경우라고 할 수 있다. 남한에서 지대지 미사일 개발을 둘러싸고 벌어진 국방부와 ADD 사이의 갈등과 같은 이른바 '관료정치'의 영향도 무시할 수 없다. MTCR 및 PSI와 같은 국제적 비확산 체제도 남북한의 지대지 미사일 개발에 영향을 미쳤다. 유엔 안보리는 북한의 지대지 미사일 개발에 장애를 조성하기 위해 제재를 취하고 있지만, 별다른 효과를 거두지 못하는 것으로 평가된다.

이어서 남북한이 보유한 지대지 미사일 전력을 양적·질적 측면을 모두 감안해 비교·분석해보자. 남한은 북한 전역을 타격할 수 있는 사거리 165~500km의 지대지 탄도 미사일을 300기 이상, 사거리 500~1,500km의 지대지 순항 미사일을 수십기 실전 배치하고 있으며, 사거리 800km 이상의 지대지 탄도 미사일을 개발하고 있다. 북한도 남한 전역을 타격할 수 있는 사거리 300~500km의 지대지 탄도 미사일을 200~600기 이상, 사거리 1,300km 정도의 지대지 탄도 미사일을 90~200기 이상 배치하고 있으며, 사거리 120km의 지대지 탄도 미사일을 개발·개량하고 있다. 이처럼 남북한의 지대지 미사일 전력은 양적 측면에서 북한이 우세하다. 그렇지만 남한의 지대지 미사일은 CEP 등 정확성 측면에서 북한의 미사일보다 훨씬 우수하다. 또한 남한은 고체 연료 지대지 미사일을 보유한 반면 북한은 KN-02를 제외한 모든 미사일의 연료로 액체를 사용하고 있어 신속성과 생존성 측면에서 남한에 뒤진다. 남한은 공군력과 공대지 · 함대지 미사일 능력에서도 북한보다 우세해 질적 측면에서 남한의 미사일 전력이 뛰어나다고 할 수 있다.

남북한 사이의 지대지 미사일 경쟁은 2000년대 중반부터 서로를 타격할 수 있는 지대지 미사일 전력을 경쟁적으로 강화하는 양상으로 전개되고 있다. 남한은 현재 보유한 지대지 미사일 가운데 현무와 ATACMS 계열의 미사일을 제외한 나머지를 2000년대 중반부터 급속하게 확충했다. 남한이 이처럼 지대지 미사일 전력을 확충한 이유로 내세우는 것은 북한의 핵 · 미사일 위협 강화이다. 게다가 남한은 독자 개발 · 보유할 수 있는 지대지 탄도 미사일의 사거리를 800km로 연장하고, 이의 개발을 위해 노력하고 있다. 만약 남한이 사거리 800km의 지대지 탄도 미사일 개발에 성공한다면 남한은 순항 미사일뿐 아니라 탄도 미사일로도 남한 대부분 지역에서 북한 전역을 타격할 수 있게 된다.

북한도 2000년대 중반부터 기존의 지대지 탄도 미사일 전력을 강화하면서 기존에 보유하고 있지 않던 사거리 100~120km의 KN-02 지대지 탄도 미사일 개발을 추진하고 있다. 북한은 1960~70년대 도입해 구형이 된 FROG 계열의 미사일을 대체하기 위해 KN-02 미사일을 개발하는 것으로 보인다. 물론 남한과 주한미군이 보유한 ATACMS(165km) 및 현무(180km) 미사일에 대칭되는 전력을 구축하기 위한 목적도 있을 것이다. 고체 연료를 사용하는 KN-02 미사일은 액체 연료를 사용하는 스커드 계열 및 노동 미사일보다 신속한 발사가 가능해 상대적으로 생존성이 뛰어난 것으로 평가된다.

남북한의 지대지 미사일 경쟁에서 나타나는 문제는 경쟁이 단기간 내에 끝날 것처럼 보이지 않는다는 것이다. 남한은 북한의 위협을, 북한은 남한과 미국의 위협을 강조하며 지대지 미사일 개발 및 전력 강화를 경쟁적으로 추진하고 있다. 그러나 남북한과 미국 모두 상대방이 자신에 미치는 위협만을 강조하며 상대방에 대한 위협을 줄이거나 그만둘 생각을 하지 않는다. 즉, 상대방의 입장이나 상황을 고려하지 않은 채 자신의 입장만 내세우는 것이다. 이 같은 경쟁 양상이 지속되면 결국 안보딜레마로 이어져 안보를 강화하기보다는 위태롭게 하는 결과를 초래할 것이 자명하다. 어느 일방이 선제적 결단과 행동을 통해 상대방의 상응한 조치를 끌어내야 하지만 그렇게 하기가 쉽지 않은 것이다.

이러한 상황에서 남북한의 지대지 미사일 경쟁이 갖는 딜레마를 해소할 수 있는 방안은 양측이 함께 서로에 대한 지대지 미사일 위협을 동시에 줄여나가는 것이다. 이를 위한 방안 가운데 하나로 남북한이 공통적으로 보유하고 있는 단거리 지대지 탄도 미사일의 감축 및 폐기를 위해 공동으로 노력하는 것을 생각해 볼 수 있다. 여기에서 '단거리 지대지 탄도 미사일'에는 구체적으로 남한의 ATACMS 및 그 개량형, 현무, 현무Ⅱ-A/B 미사일과 북한의 스커드-B 모방형 및 스커드-C 유사형, KN-02 미사일이 포함된다. 남북한이 보유한 단거리 지대지 탄도 미사일은 사거리가 500km 이하로 제한돼 남북한 이외의 국가에는 거의 위협이 되지 않는다. 이러한 특성을 잘 아는 미국과 일본, 중국 등은 남북한의 단거리 지대지 탄도 미사일 문제 해결에 별다른 관심을 보이지 않는다. 즉, 남북한의 단거리 지대지 미사일 위협은 남북한 스스로 해소해야 하는 것이다.

그렇지만 남북한은 그동안 이뤄진 많은 양자 회담과 다자 대화에서 이 문제를 거의 다루지 않았다. 남북한 사이의 대화에서 단거리 지대지 미사일 문제가 논의조차 되지 못한 이유는 군사적 사안에 관한 양측 입장 차이 때문이라고 할 수 있다. 남북한은 군사적 대치가 지속되는 현실을 타개해야 한다는 동일한 목적을 갖고 있다. 그렇지만 남한은 군사적 신뢰구축을 우선적으로 협의·추진해야 한다는 입장인 반면 북한은 군사적 신뢰구축보다 군축을 앞세운다. 그러나 군사적 신뢰구축과 군축은 반드시 선후관계에 있는 하는 사안이 아니다. '신뢰가 구축돼야만 군축이 가능하다'는 주장과 '군축을 통해 신뢰를 구축할 수 있다'는 주장 모두 일견 타당하기 때문이다.

여기에서 과거 미국과 소련 사이에 진행된 여러 군축 협상이 주는 교훈을 상기할 필요가 있다. 미·소는 적대적 대결 관계를 지속하면서도 다양한 분야의 회담과 접촉을 통해 군사 문제 해결을 위한 협상을 추진했다. 또한 미·소는 군사 부문에서의 합의를 이행하는 과정에서 구축된 신뢰에 기반해 추가적인 군사 분야의 협상을 벌여 상당한 성과를 거두기도 했다. 특히, 양국은 자신의 안보에 직접적 위협이 되는 상대방의 군사력을 감축하기 위해 자신의 군사력 일부를 포기할 줄 아는 '실용적 태도'로 협상에 참여했다. 이는 양측이 다양하게 전개한 핵전력 감축 관련 회담과 이를 통해 합의한 협정, 그 이행과정 등을 통해 확인할 수 있다.

남북한도 미·소의 이 같은 태도에서 교훈을 찾아 자신에 위협이 되는 상대방의 군사력을 감축하기 위해 보다 적극적으로 노력할 필요가 있다. 군사적 대치가 70년 가까이 지속되면서 남북한의 군사력은 재래식 전력만으로도 이미 과도한 수준이다. 이러한 상황에서 남북한이 안보를 위해 보유한 지대지 미사일 등 각종 비재래식 전력은 스스로의 안보를 위협하는 최대의 걸림돌로 작용하고 있다. 한반도의 안정과 평화, 궁극적으로 통일을 위해 남북한은 다양한 분야에서 신뢰를 구축하기 위해 노력해야 한다. 이와 함께 남북한은 군사 부문의 문제를 해결하기 위한 대화에 보다 진취적으로 임해야 한다. 남북한이 비교적 대등하게 보유한 단거리 지대지 탄도 미사일 폐기를 위해 함께 노력하기로 한다고 상징적인 수준에서라도 합의한다면, 이것이 남북관계 전반에 미치는 영향력은 결코 작지 않을 것이다.

|참 고 문 헌|

1. 국문 자료

가. 논 문

강선일 · 권오성 · 이정호 · 김영한 · 하성업 · 조광래. "KSR-Ⅲ 로켓 추진기
　　　관 연소시험." 한국군사과학기술학회. 『한국군사과학기술학회지』.
　　　7-2. 2004.

강창욱. "국방과학기술의 민 · 군겸용 활성화 방안." 『안보학술논집』. 10-2.
　　　1999.

강호제. "선군정치와 과학기술중시 정책: 경제발전 전략의 핵심." 서울대
　　　통일평화연구원. 『통일과 평화』. 3-1. 2011.

고경은. "1970년대 한반도 군비경쟁과 남북한." 하영선 편. 『한반도 군비경
　　　쟁의 재인식: 전쟁에서 평화로』. 부천: 인간사랑, 1988.

고병철. "남북한 관계의 역사적 맥락: 한국전쟁 이후 현재까지." 경남대 북
　　　한대학원 엮음. 『남북한 관계론』. 파주: 한울, 2005.

고봉준. "공세적 방어: 냉전기 미국 미사일방어체제와 핵전략." 『한국정치
　　　연구』. 16-2. 2007.

＿＿＿. "군사력 증강의 정치학: 북한 탄도미사일에 대한 한일 양국 대응의
　　　공격현실주의적 해석." 『한국정치학회보』. 42-3. 2008.

고상두. "이명박 정부의 대북정책 분석: 비판적 검토와 개선방안." 『21세기
　　　정치학회보』. 19-1. 2009.

고유환. "이명박 정부 대북정책 평가와 차기 정부 대북정책 방향." 동국대
　　　북한학연구소. 『북한학연구』. 8-2. 2012.

공현철 · 오범석 · 홍일희. "이란의 우주개발과 미사일기술통제체제(MTCR)
　　　규제." 『항공우주산업기술동향』. 5-2. 2007.

곽태환 · 주승호. "중거리핵무기협정(INF Treaty) 협상과정에 관한 연구: 소련의 정책결정과정을 중심으로." 현대사회연구소. 『현대사회』. 39. 1991.

구갑우. "남북한 관계의 이론틀." 경남대 북한대학원 엮음. 『남북한 관계론』. 서울: 한울, 2005.

_____. "북한연구와 비교사회주의 방법론." 경남대 북한대학원 엮음. 『북한연구방법론』. 서울: 한울, 2003.

구상회. "과학기술정책과 민군겸용기술." 『국가전략』. 3-2. 1997.

구영록. "한국의 안보전략." 『국가전략』. 1-1. 1995.

권만학. "한반도의 탈냉전과 통일안보 정책." 『한국과 국제정치』. 17-1. 2001.

권영근. "한국 공군의 '전략적 혁신': 항공력의 효율적인 지휘구조 정립을 중심으로." 김기정 · 문정인 · 최종건 편. 『21세기 항공우주력의 전략혁신』. 서울: 오름, 2012.

권용수. "북한 미사일의 위협 및 전망." 원광대학교 출판국. 『원광군사논단』. 5. 2009.

_____. "북한 탄도미사일의 기술 분석 및 평가." 『국방연구』. 56-1. 2013.

권용수 · 김정희 · 이경행. "성공적 하층 미사일방어 수행을 위한 시스템 요구능력 도출." 『한국국방경영분석학회지』. 37-2. 2011.

권장혁. "국가 우주개발 기본 계획." 세종대 항공산업연구소. 『항공산업연구』. 40. 1996.

기광서. "소련의 한국전 개입과정." 『국제정치논총』. 40-3. 2000.

길정일 · 이충묵. "미국의 미사일 통제정책과 MTCR: 미-북 미사일 협상의 전망." 『동서연구』. 11-1. 1999.

김갑식. "북한의 '광명성 3호 위성' 발사 의도 및 쟁점." 국회입법조사처. 『이슈와 논점』. 413. 2012.

김광수. "조선인민군의 창설과 발전. 1945~1990." 경남대 북한대학원 엮음. 『북한군사문제의 재조명』. 서울: 한울, 2006.

김경민. "일본의 우주개발전략 연구: 우주의 평화이용원칙을 중심으로." 현대일본학회.『일본연구논총』. 31. 2010.

김경수. "북한 미사일 현안: 전망과 대책."『주간국방논단』. 776. 1999.

김광진. "미 · 소 군비감축 성공 사례 분석: INF 협상을 중심으로."『국방정책연구』. 58. 2002.

김근식. "김정은 시대 북한의 대외전략 변화와 대남정책: '선택적 병행' 전략을 중심으로."『한국과 국제정치』. 29-1. 2013.

_____. "남북한 관계의 특성: 과도기의 이중성." 경남대 북한대학원 엮음. 『남북한 관계론』. 파주: 한울, 2005.

김기석. "우리나라 조병기술발전사(2)."『국방과 기술』. 133. 1990.

김기정. "전환기의 한미동맹: 이론과 현상."『한국과 국제정치』. 24-1. 2008.

김기정 · 김순태. "군사주권의 정체성과 한미동맹의 변화."『국방정책연구』. 79. 2008.

김기정 · 박한규. "국제레짐의 강제집행력과 개별국가들과의 관계: 1970년대 국제핵비확산레짐과 한국과 일본의 핵재처리정책 비교연구." 『한국과 국제정치』. 18-4. 2002.

김길선. "북한의 국방과학연구기지: 제2자연과학원."『북한조사연구』. 3-1. 1999.

_____. "북한의 국방산업 개관."『북한조사연구. 5-2. 2001.

김대성 · 김현철. "1980년대 한반도 군비경쟁과 미국." 하영선 편.『한반도 군비경쟁의 재인식: 전쟁에서 평화로』. 부천: 인간사랑, 1988.

김대현. "미사일기술통제체제(MTCR)와 정책방향." 국방부.『국방저널』. 338. 2002.

김덕기. "중국의 전략 · 전술 미사일 능력 향상과 미사일 외교."『해양전략』. 117. 2002.

김도태. "체제위기 관리 차원에서 본 북한의 핵 · 미사일 정치: 광명성3호 발사 및 3차 핵실험 가능성 분석." 충북대 사회과학연구소.『사회과학연구』. 29-1. 2012.

김동엽. "선군시대 북한의 군사지도·지휘체계: 당·국가·군 관계를 중심으로." 북한대학원대 북한학 박사학위논문, 2013.

김명진. "최근 미·인도 협력관계 구축 동향." 『주요국제문제분석』. 서울: 외교안보연구원, 2006.

김민석. "미사일 기술통제제도(MTCR)와 한국의 입장." 『한반도 군비통제』. 14. 1994.

김민석·박균열. "북한 핵 문제와 해결전망." 『북한연구학회보』. 8-1. 2004.

김병문. "제왕적 대통령제로부터의 탈피: 집권초기 노무현 대통령을 중심으로." 『한국지방자치연구』. 14-4. 2013.

김병용·엄종선. "미사일 방어 체계 특징과 우리의 방향." 『국방정책연구』. 69. 2005.

김보미. "북한 '자주로선'의 형성 1953~1966: 비대칭동맹의 특수사례." 북한대학원대 북한학 박사학위논문, 2013.

김석진. "북한경제의 성장과 위기: 실적과 전망." 서울대 대학원 경제학 박사학위논문, 2002.

김성걸. "한국의 미사일 방어(MD) 선택." 성균관대 대학원 정치학 박사학위논문, 2008.

김성배·김지명. "미사일기술통제체제(MTCR)가 무인항공기 획득에 미치는 영향." 『주간국방논단』. 1507. 2014.

김성철. "냉전기 핵통제 인식공동체의 형성." 한국평화연구학회. 『평화학연구』. 14-1. 2013.

김성호. "한-소 국교수립과 북한: 소련의 대 한반도 정책." 고려대 평화연구소. 『평화연구』. 11-4. 2003.

김성회. "한국·북한·일본의 핵정책 비교 분석." 경남대 대학원 정치학 박사학위논문, 2006.

김세중. "해외 Spin-on 사례 검토를 통한 국내 Spin-on 정착의 의미." 국방품질관리소. 『국방품질』. 31. 2005.

김수광. "닉슨-포드 행정부의 대 한반도 안보정책 연구: 한국방위의 한국화 정책과 한미연합방위체계의 변화." 서울대 대학원 외교학 박사학위논문, 2008.

김순태. "미국의 군사전환과 동북아 양자동맹: 한일의 대미 동맹정책 비교연구." 연세대 대학원 정치학 박사학위논문, 2008.

김승조. "우주강국 도약을 위한 KARI Vision." 김세연의원실·이상민의원실·민병주의원실·국회입법조사처·한국항공우주연구원. 『2013 나로호 성공 이후, 우주강국 도약을 위한 전략 심포지엄(공동 개최 정책 세미나 자료집)』. 2013.

김연철. "북한의 산업화 과정과 공장관리의 정치(1953~70): '수령제' 정치체제의 사회경제적 기원." 성균관대 대학원 정치학 박사학위논문, 1995.

_____. "북한의 선군체제와 경제개혁의 관계." 『북한연구학회보』. 17-1. 2013.

김영호. "한반도 평화유지를 위한 군사안보전략: 대북 억제력 강화방안을 중심으로." 『국가전략』. 19-2. 2013.

_____. "탄도미사일 방어: 현황과 한국의 선택." 『국제정치논총』. 50-5. 2010.

김용순. "북한의 대미 외교행태 분석: 선군 리더십의 위기관리." 연세대 대학원 정치학 박사학위논문, 2007.

김용현. "1960년대 북한의 위기와 군사화." 경남대 북한대학원. 『현대북한연구』. 5-1. 2002.

_____. "북한의 군사국가화에 관한 연구: 1950~60년대를 중심으로." 동국대 대학원 정치학 박사학위논문, 2001.

_____. "한국전쟁 이후 중국인민지원군의 역할에 관한 연구." 『북한연구학회보』. 10-2. 2006.

김일성. "미국조선친선공보쎈터 집행위원회와 잡치 '조선의 초점' 편집국이 제기한 질문에 대한 대답(1974년 6월 16일)." 『김일성 저작집』. 제29권. 평양: 조선로동당출판사, 1985.

_____. "민족간부 양성사업을 더욱 개선 강화할 데 대하여(김일성종합대학 교직원들 앞에서 한 연설, 1976년 11월 28일)." 『김일성 저작집』. 제31권. 평양: 조선로동당출판사, 1986.

_____. "민족의 분열을 방지하고 조국을 통일하자(체스꼬슬로벤스꼬사회주의공화국 당 및 정부 대표단을 환영하는 평양시 군중대회에서 한 연설, 1973년 6월 23일)." 『김일성 저작집』. 제28권. 평양: 조선로동당출판사, 1984.

_____. "쏘련 따쓰통신사 대표단과 한 담화(1984년 3월 31일)." 『김일성 저작집』. 제38권. 평양: 조선로동당출판사, 1992.

_____. "오스트랄리아 작가이며 기자인 월프레드 버체트와 한 담화(1975년 10월 21일)." 『김일성 저작집』. 제30권. 평양: 조선로동당출판사, 1985.

_____. "올해 사업 총화와 다음해 사업방향에 대하여(조선로동당 중앙위원회 정치위원회에서 한 연설, 1973년 12월 31일)." 『김일성 저작집』. 제28권. 평양: 조선로동당출판사, 1984.

_____. "인민군대의 중대를 강화하자(조선인민군 중대장, 중대 정치지도원 대회에서 한 연설, 1973년 10월 11일)." 『김일성 저작집』. 제28권. 평양: 조선로동당출판사, 1984.

_____. "일본 정치리론잡지 '세까이' 편집국장과 한 담화(1976년 3월 28일)." 『김일성 저작집』. 제30권. 평양: 조선로동당출판사, 1986.

_____. "일본 정치리론잡지 '세까이' 편집국장과 한 담화(1978년 10월 21일)." 『김일성 저작집』. 제33권. 평양: 조선로동당출판사, 1987.

_____. "일본 참관단과 한 담화(1979년 5월 5일)." 『김일성 저작집』. 제33권. 평양: 조선로동당출판사, 1987.

_____. "일본 총평 및 중립로련 대표단과 한 담화(1974년 10월 12일)." 『김일성 저작집』. 제29권. 평양: 조선로동당출판사, 1985.

_____. "일조우호촉진 의원련맹 회장과 한 담화(1977년 1월 27일)." 『김일성 저작집』. 제32권. 평양: 조선로동당출판사, 1986.

_____. "전인도 조선친선협회 대표단과 한 담화(1979년 9월 23일)." 『김일성 저작집』. 제33권. 평양: 조선로동당출판사, 1987.

_____. "조국의 사회주의 건설 형편에 대하여(총련 의장을 단장으로 하는 총련 대표단과 한 담화, 1975년 9월 26일)." 『김일성 저작집』. 제30권. 평양: 조선로동당출판사, 1985.

_____. "조선로동당 제5차 대회에서 한 중앙위원회 사업총화보고(1970년 11월 2일)." 『김일성 저작집』. 제25권. 평양: 조선로동당 출판사, 1983.

_____. "조선민주주의인민공화국 정부의 당면 과업에 대하여(최고인민회의 제3기 제1차 회의에서 한 연설, 1962년 10월 23일)." 『김일성 저작집』. 제16권. 평양: 조선로동당 출판사, 1982.

_____. "조선의 자주적 평화통일을 위한 국제련락위원회 대표단과 한 담화(1978년 6월 15일)." 『김일성 저작집』. 제33권. 평양: 조선로동당 출판사, 1987.

_____. "조성된 정세에 대처하여 전쟁준비를 잘할 데 대하여(당중앙위원회 부부장 이상 일꾼들과 도당 책임비서들 앞에서 한 연설, 1968년 3월 21일)." 『김일성 저작집』. 제22권. 평양: 조선로동당출판사, 1983.

_____. "주체사상을 구현하기 위한 조선인민의 투쟁에 대하여: 뻬루 아메리카 인민혁명동맹 대표단과 한 담화(1983년 6월 30일, 7월 1일, 5일)." 『김일성 저작집』. 제38권. 평양: 조선로동당출판사, 1992.

_____. "핀란드 공산당 중앙기관지 '칸산 우우티세트'를 위하여 핀란드 민주청년동맹 대표단이 제기한 질문에 대한 대답(1969년 9월 2일)." 『김일성 저작집』. 제24권. 평양: 조선로동당출판사, 1983.

_____. "현 정세와 우리 당의 과업(조선로동당 대표자회에서 한 보고, 1966년 10월 5일)." 『김일성 저작집』. 제20권. 평양: 조선로동당출판사, 1982.

김일영. "인계철선으로서의 주한미군: 규모, 편제, 운용방식의 변화를 중심으로." 김일영·조성렬 지음.『주한미군: 역사, 쟁점, 전망』. 서울: 한울, 2003.

_____. "주한미군과 핵전력의 변화." 김일영·조성렬 지음.『주한미군: 역사, 쟁점, 전망』. 서울: 한울, 2003.

김재수. "우주개발자립을 위한 우주발사체 개발 정책제언." 과학기술정책연구원.『과학기술정책』. 22-4. 2012.

김정민. "미국의 대북 경제제재 완화에 따른 영향: 적성국교역법 적용 제외와 테러지원국 지정 해제를 중심으로."『수은북한경제』. 5-2. 2008.

김종범. "우주개발 혁신체제 특성과 영향요인에 관한 국가관 비교 연구: 한국. 일본. 미국을 중심으로." 고려대 대학원 과학관리학 박사학위논문, 2006.

김주삼. "북한의 대 중동군사외교: 전략무기체계를 중심으로." 조선대 동북아연구소.『동북아연구』. 25-2. 2010.

_____. "핵실험 이후 북한의 내부체제결속과 북-미관계변화." 조선대 동북아연구소.『동북아연구』. 21-2. 2006.

김주홍. "리처드슨의 군비경쟁 이론에 대한 비판적 고찰." 서울대 대학원 정치학 박사학위논문, 1994.

김중호. "북한의 외화수요에 대한 미국의 전략적 대응."『수은북한경제』. 9-2. 2012.

김지형. "1960~1970년대 박정희 통치이념의 변용과 지속: 민주주의와 반공주의 및 상호관계를 중심으로." 전남대 5·18연구소.『민주주의와 인권』. 13-2. 2013.

김진기. "탈냉전기 미국과 일본의 방위산업 협력: 미·일기술포럼에서의 논의를 중심으로."『국방연구』. 53-2. 2010.

김철웅·조원국·이은석. "러시아 우주발사체 산업 동향."『항공우주산업기술동향』. 9-2. 2011.

김청길. "미국의 대동북아 정책과 한반도: 「레이건」 행정부 후반기의 대동북아 정책을 중심으로." 국토통일원. 『통일논총』. 6-1. 1986.

김태형. "파키스탄의 대 강대국 외교: 대미 대중 관계를 중심으로." 『동서연구』. 24-2. 2012.

김학영. "중·고고도 지대공 미사일 PATRIOT 소개." 『전략연구』. 1. 1994.

김한권. "미국의 현실주의적 대중국 전략하의 중국·인도관계." 『주요국제문제분석』. 2012-23. 2012.

김현욱. "오바마 정부의 핵정책: 2010년 핵태세검토보고서(NPR)를 중심으로." 『주요국제문제분석』. 2010-09. 2010.

김호식. "Cruse Missile Defense(순항미사일 방어)." 국방기술품질원. 『국방과학기술정보』. 40. 2013.

김훈기. "과학커뮤니케이션 전략과 사회 여론의 형성: 나로호 1·2차 발사 사례를 중심으로." 『한국과학사학회지』. 34-1. 2012.

김흥규. "1980년대 한반도 군비경쟁과 남북한." 하영선 편. 『한반도 군비경쟁의 재인식: 전쟁에서 평화로』. 부천: 인간사랑, 1988.

나윤도. "인도와 파키스탄의 분쟁 연구: 미국의 개입과 영향력을 중심으로." 인하대 대학원 정치학 박사학위논문, 1998.

남창희·이종성. "북한의 핵과 미사일 위협에 대한 일본의 대응: 패턴과 전망." 『국가전략』. 16-2. 2010.

노 훈. "북한 핵개발 진전과 '시한성 긴급표적 처리 체계'의 발전." 한국국방연구원. 『주간국방논단』. 1455. 2013.

루이스 A. 던. "미국안보에 대한 새로운 핵보유국의 위협." 로버트 D. 블랙윌·알버트 카너세일 엮음. 김일우·이정우 옮김. 『미국의 핵정책과 새로운 핵보유국』. 서울: 한울, 1997.

류선미·이승유·백철훈. "유도무기 개발 현황 및 발전 방향: 공중전 중심으로." 세종대 항공산업연구소. 『항공산업연구』. 77. 2013.

리영희. "남북한 전쟁능력 비교연구." 『사회와 사상』. 1-1. 1988.

문병철. "제2차 북핵위기와 미국 패권의 능력 그리고 한계."『한국과 국제정치』. 28-2. 2012.

문수언. "러시아의 새로운 억지정책과 핵전략." 한국슬라브학회.『슬라브학보』. 15-1. 2000.

문순보. 『국제정치 속의 한국 대북정책: 이명박 정부의 안보정책을 중심으로』. 성남: 세종연구소, 2013.

문주현. "핵실험을 통해 본 북한의 핵능력."『통일문제연구』. 53. 2010.

미찌시다 나루시게. "북한외교와 군사력의 역할." 경남대 북한대학원 엮음.『북한군사문제의 재조명』. 파주: 한울, 2006.

_____. "북한의 핵 미사일 위협에 대한 일본의 군사 외교적 대응."『신아세아』. 19-4 (2012).

박건영. "핵무기와 국제정치: 역사, 이론, 정책, 그리고 미래."『한국과 국제정치』. 27-1. 2011.

박광기 · 박정란. "한국의 통일 · 대북정책 60년: 회고와 전망." 한국정치 · 정보학회.『정치 · 정보연구』. 11-1. 2008.

박광호. "1980년대 한반도 군비경쟁과 한국." 하영선 편.『한반도 군비경쟁의 재인식: 전쟁에서 평화로』. 부천: 인간사랑, 1988.

박병광. "중국의 전략적 협력동반자관계: 인도 · 파키스탄 · 한국 사례의 비교와 시사점."『외교안보연구』. 6-1. 2010.

박상중. "전시작전통제권 전환의 정치적 결정에 관한 연구: 정책흐름모형을 중심으로." 서울과학기술대 IT정책전문대학원 박사학위논문, 2013.

박성호. "인터넷 미디어의 사회 문화적 충격과 정책방향." 한국전산원.『정보화정책』. 10-1. 2003.

박영실. "정전이후 중국인민지원군의 對북한 지원과 철수."『정신문화연구』. 29-4. 2006.

박영준. "한국의 안전보장제도와 정책: 지속과 변화." 함택영 · 박영준 편. 『안전보장의 국제정치학』. 서울: 사회평론, 2010.

박용환. "북한의 선군시대 군사전략에 관한 연구: '선군군사전략'의 형성." 『국방정책연구』. 28-1. 2012.

박원곤. "미국의 대외 무기판매 정책 결정과정 연구: 카터 행정부 F-16 대한국 판매 철회 사례를 중심으로." 『국방정책연구』. 26-3. 2010.

_____. "카터 행정부의 대한정책 1977~1980: 도덕외교의 적용과 타협." 서울대 대학원 외교학 박사학위논문, 2008.

박원기 · 정재화. "무인항공기 개발동향." 국방기술품질원. 『국방과학기술정보』. 23. 2010.

박일송. "'자주국방' 정책의 추진과 군의 현대화: 1970~1997." 『군사』. 68. 2008.

박재필. "한국 군사력 건설의 주요 결정요인 및 논쟁 · 대립구조에 관한 연구." 충남대 대학원 군사학 박사학위논문, 2011.

박재현. "국제사회의 대이란 제재동향 및 우리의 대응." 국립외교원 외교안보연구소. 『주요국제문제분석』. 2012-45. 2013.

박준혁. "예방공격과 공격-방어이론: 군사전략과 군사기술의 역할에 대한 연구." 국방부 군사편찬연구소. 『군사』. 86. 2013.

박창희. "한국의 '신 군사전략' 개념: 전쟁수행 중심의 '실전기반 억제'." 『국가전략』. 17-3. 2011.

박현진 · 이정동 · 정경인 · 이춘주. "국방기술이전 성과영향요인에 관한 연구." 『한국국방경영분석학회지』. 32-1. 2006.

박홍영. "북한 미사일 문제에 대한 일본의 관점: 노동1호, 대포동1 · 2호, 광명성2호 발사에 대한 반응과 조치." 『국제문제연구』. 11-2. 2011.

박휘락. "북한 핵무기 사용 위협 시 선제타격(Preemptive Strike) 대안 분석." 한국의정연구회. 『의정논총』. 8-1. 2013.

_____. "북한 핵미사일 공격 위협 시 한국의 대안과 대비방향."『국방연구』. 56-1. 2013.

_____. "한국 미사일 방어에 관한 주요 쟁점 분석."『국가전략』. 14-1. 2008.

배양일. "한국 안보전략의 변화와 한국 공군 60년." 김기정 · 문정인 · 최종건 편.『한국 공군 창군 60년과 새로운 60년을 향한 항공우주력 발전 방향』. 서울: 오름, 2010.

_____. "한국전투기사업(KFP)의 정책결정과정에 관한 연구." 경남대 대학원 정치학 박사학위논문, 2007.

백승주. "북한-이란 간 미사일 기술협력 경과와 협력형태." 한국국방연구원.『동북아안보정세분석』. 2009.3.31.

백 철. "한국 방위산업의 미국시장 진출전략 연구." 관동대 대학원 경영학 박사학위논문, 2007.

백태열. "필리핀과 이집트의 군사적 종속타파에 관한 비교연구." 서울대 국제학연구소.『국제지역연구』. 15-2. 2006.

부형욱. "군사력 비교평가 방법론 소개."『국방정책연구』. 45. 1999.

_____. "방위력 개선사업에서의 정책 변동: Kingdon의 정책흐름(Policy Stream) 모형과 관료정치모델의 설명력 고찰을 중심으로."『국방정책연구』. 55. 2002.

_____. "한국의 군사력 건설 현황 및 발전 방향에 대한 고찰."『국방정책연구』. 61. 2003.

서상현. "핵무기 폐기의 이론적 접근: 남아공 사례를 중심으로."『한국아프리카학회지』. 26. 2007.

성채기. "북한 군사력의 경제적 기초." 경남대 북한대학원 엮음.『북한군사문제의 재조명』. 서울: 한울, 2006.

_____. "북한의「경제-핵 병진노선」평가: 의도와 지속가능성." 한국국방연구원.『동북아안보정세분석』. 2013.6.20.

서　훈. "북한의 선군외교 연구: 약소국의 대미 강압외교 관점에서." 동국 대 대학원 정치학 박사학위논문, 2008.

서정욱. "금이간 소련과 이집트의 맹방관계: 소련군사 고문단 축출의 안 팎." 육군본부.『육군』. 174. 1972.

선종률. "남북한 군비경쟁 양상 변화에 관한 연구." 울산대 대학원 정치학 박사학위논문, 2011.

손영환. "탄도미사일 확산과 각국의 미사일 방어 구상."『국방논집』. 39. 1997.

송영선. "북한의 핵안전협정체결 배경과 핵사찰 전망."『국방논집』. 17. 1992.

송유하. "공중발사 유도무기 개발 동향 및 발전 추세."『국방과 기술』. 384. 2011.

신욱희. "데탕트와 박정희의 전략적 대응: 박정희는 공격적 현실주의자인 가."『세계정치』. 31-2. 서울: 논형, 2010.

_____. "북미관계와 한반도 평화체제: 역사적 고찰."『한국정치외교사논 총』. 33-2. 2012.

신성택. "북한의 대량살상무기(WMD) 체계 위협."『국방논집』. 41. 1998.

신성호. "북한의 핵과 장거리 미사일 개발이 동북아 정세에 미치는 영향." 『전략연구』. 17-1. 2010.

_____. "한국의 국가안보전략에 대한 소고: 참여정부의 평화번영정책." 『국가전략』. 14-1. 2008.

신종대. "5 · 16 쿠데타에 대한 북한의 인식과 대응: 남한의 정치변동과 북 한의 국내정치." 한국학중앙연구원.『정신문화연구』. 33-1. 2010.

신현익. "박정희 대통령 서거 직후 미국의 대한정책."『유라시아 연구』. 7-3. 2010.

_____. "전두환 군부정권 성립과정에서의 미국의 역할." 고려대 대학원 정 치학 박사학위논문, 2006.

沈志華. "소련과 한국전쟁: 러시아 비밀 해제 당안 속의 역사 진상."『현대 북한연구』. 3-1. 2000.

암협원청(巖狹源晴). "중국의 전략탄도미사일."『극동문제』. 240. 1999.

양영록 · 조태환 · 명노신. "유도 미사일의 사거리 민감도 연구." 『한국군사 과학기술학회지』. 14-1. 2011.

엄정식. "미국의 무기이전 억제정책에 대한 박정희 정부의 미사일 개발전 략." 『국제정치논총』. 53-1. 2013.

_____. "카터 행정부 시기 대한무기이전 정책의 변용: 백곰 미사일의 개발과 F-5E/F 공동생산의 합의." 서울대 대학원 외교학 박사학위논문, 2012.

_____. "푸에블로호 사건을 둘러싼 북한과 미국의 접근." 국방부 군사편찬 연구소. 『군사』. 86. 2013.

오항균. "김정일 시대 북한 군사지휘체계 연구." 북한대학원대 북한학 박사 학위논문, 2012.

유성옥. "북한의 핵정책 동학에 관한 이론적 고찰." 고려대 대학원 정치학 박사학위논문, 1996.

유인석. "닉슨 행정부의 주한미군 철수정책: 안정자 역할과 부분감축." 서 울대 대학원 정치학 박사학위논문, 2006.

유재승. "유엔 대북제재위원회 – 국가별 이행 보고 현황." 『KDI 북한경제리 뷰』. 15-2. 2013.

유진석. "핵억지 형성기 최초의 전쟁으로서 6 · 25전쟁과 미국의 핵전략." 『한국과 국제정치』. 27-2. 2011.

유 훈. "카터 행정부의 세계전략과 주한미군 철수정책." 서울대 대학원 정 치학 박사학위논문, 2012.

윤공용. "1950년대 미국의 대한안보정책과 한국군 전력구조에 관한 연구." 경남대 대학원 정치학 박사학위논문, 2011.

윤덕민. "일본의 TMD 구상." 『외교』. 50. 1999.

윤동현. "한국 안보정책의 특성에 관한 연구: 대미 안보협력과 자주성을 중 심으로." 경남대 대학원 정치학 박사학위논문, 1998.

윤석구 · 윤현로. "하늘엔 '신궁' 바다엔 '해성'이 우리 영토 지킨다: 유도 무 기 기술." 한국과학기술단체총연합회. 『과학과 기술』. 495. 2010.

윤익중. "한반도에서 러시아의 역할 변화: 북한 핵 미사일 위기를 중심으로 (1991-1996)." 한국외대 러시아연구소.『슬라브연구』. 17-1. 2001.

윤태영. "북·미 미사일 회담: 협상과정, 쟁점 및 해결전망."『동서연구』. 12-2. 2000.

윤한수. "장거리 공대지 유도무기의 발전추세."『국방과 기술』. 204. 1996.

윤해수. "고르바쵸프시대의 소련·북한관계: 상호의존이론을 중심으로." 『한국과 국제정치』. 8-1. 1992.

윤홍석·홍성국. "북한 군사비의 적정 및 과다지출 규모 추정."『국제문제연구』. 9-2. 2009.

이경수. "박정희·노무현 정부의 '자주국방' 정책 비교 연구." 성균관대 대학원 정치학 박사학위논문, 2007.

이경현. "국방과 국방예산." 박종기·이규억 편.『국가예산과 정책목표』. 서울: 한국개발연구원, 1982.

이규태. "한국 방위산업의 전략적 무역정책 발전방안에 관한 연구: 러시아 및 터키와의 전략적 국제방산협력 사례를 중심으로." 단국대 대학원 경영학 박사학위논문, 2009. - 러시아, 불곰사업

이근욱. "군사전략과 국내정치."『전략연구』. 47. 2009.

_____. "북한의 핵전력 지휘-통제 체계에 대한 예측: 이론 검토와 이에 따른 시론적 분석."『국가전략』. 11-3. 2005.

이상목. "국가우주개발 중장기계획 수립." KDI 경제정보센터.『나라경제』. 109. 1999.

이상민. "동맹결속도가 한·일 방위산업 발전에 미친 영향: 한·미동맹과 미·일동맹 비교를 중심으로." 한국외대 국제지역대학원 정치학 박사학위논문, 2011.

이상현. "1945년 이후 미국의 세계 군사전략과 주한미군 정책의 변화." 한용섭 편.『자주냐 동맹이냐: 21세기 한국 안보외교의 진로』. 서울: 오름, 2004.

이상호. "한국 공군의 현 위상 및 향후 전력건설 방향." 한국정치정보학회. 『정치 · 정보연구』. 13-2. 2010.

이상환. "인도-파키스탄과 브라질-아르헨티나의 핵정책 비교연구: 핵무장 강행 및 포기 사례의 분석." 한국외대 남아시아연구소. 『남아시아 연구』. 10-2. 2005.

이석호 · 이지훈. "쿠바 미사일 위기와 소련 정보." 국방대 안보문제연구소. 『국방연구』. 45-2. 2002.

이선희. "미국의 대외 정책 결정과정에 관한 연구: Allison 모형에 의한 강압외교정책사례 비교분석." 경희대 대학원 행정학 박사학위논문, 2005.

이성만. "우주개발과 한 · 미협력: 현황과 과제." 『한국동북아논총』. 49. 2008.

이수형. "동맹의 안보 딜레마와 포기-연루의 순환: 북핵 문제를 둘러싼 한-미 갈등 관계를 중심으로." 『국제정치논총』. 39-1. 1999.

_____. "미국과 러시아의 군비통제와 군축: 전략무기감축조약(START)을 중심으로." 『외교안보연구』. 5. 2009.

_____. "미국-서유럽 국가들간의 중거리핵무기(INF) 논쟁과 NATO의 이중결정: 포기-연루 모델을 중심으로." 한국외대 대학원 정치학 박사학위논문, 1998.

_____. "유럽안보와 미-소의 군비통제 협상: 중거리핵무기(INF) 협상을 중심으로." 『21세기정치학회보』. 9-1. 1999.

이신재. "푸에블로호 사건이 북한의 대미 인식과 협상전략에 미친 영향." 북한대학원대 북한학 박사학위논문, 2013.

이영호. "북한 군사력의 해부: 위협의 정도와 수준 - 남북 군사력 균형 평가를 중심으로." 『전략연구』. 11. 1997.

이용호. "미사일기술통제체제(MTCR)에 관한 연구." 『국제법학회논총』. 45-2. 2000.

_____. "미사일기술통제체제(MTCR)의 한계." 『성균관법학』. 21-3. 2009.

_____. "확산방지안보구상(PSI)의 발전과 한계." 강원대 비교법학연구소. 『강원법학』. 39. 2013.

이은국. "남·북한 군비경쟁행태의 공적분 분석." 연세대 통일연구원. 『통일연구』. 8-1. 2004.

_____. "남북한 군비경쟁행태의 실증적 분석." 『한국정책학회보』. 4-2. 1995.

이재봉. "남한의 핵무기 배치와 북한의 핵무기 개발: 한반도의 비핵화를 위하여." 세계평화통일학회. 『평화학연구』. 9-3. 2008.

이재욱. "북한의 미사일 위협과 아국의 대응방향." 『국방정책연구』. 50. 2000.

이재학. "억제이론으로 본 중국의 핵억제전략." 『신아세아』. 18-2. 2011.

이재현. "인도의 대동아시아 외교정책의 현황과 전망." 『주요국제문제분석』. 2012-12. 서울: 국립외교원 외교안보연구소, 2012.

이정민. "클린턴과 미국의 신군사전략: 탈냉전화의 의미와 한계." 『사상』. 16. 1993.

이정우. "북한의 군사위협과 한미동맹의 효용 변화에 관한 연구." 성균관대 대학원 정치학 박사학위논문, 2010.

이정호. "미국 군산복합체: 탈냉전적 변화와 냉전적 관성의 유지." 『대한정치학회보』. 9-2. 2001.

_____. "미국 군수정책 결정의 배분정치론적 고찰: 군수구매의 배분을 통해 본 미국 군산복합체의 국내정치적 기반." 국제지역학회. 『국제지역연구』. 3-1. 1999.

이정훈. "'국방개혁 2020' 수정안과 공군의 전력증강." 김기정·문정인·최종건 편. 『한국 공군 창군 60년과 새로운 60년을 향한 항공우주력 발전 방향』. 서울: 오름, 2010.

이주철. "북한연구를 위한 문헌자료의 활용." 경남대 북한대학원 엮음. 『북한연구방법론』. 서울: 한울, 2003.

_____. "북한의 국가의 역사적 변천: 정치제도적 측면에서 본 시기구분." 최완규 엮음. 『북한의 국가성격 변용에 관한 연구: '예외국가'의 공고화』. 서울: 한울, 2001.

이주태. "김정일 시기 북한의 위기조성전략 연구: 비대칭전력 및 군사 도발 사례 분석." 북한대학원대 북한학 박사학위논문, 2013.

이준구. "한국의 군사전략과 방위산업: 민군협력과 국제협력의 국가전략 분석." 경기대 정치전문대학원 정치학 박사학위논문, 2013.

이진영. "한국방위산업의 변환과 국가의 역할: 김대중, 노무현 정부를 중심으로." 연세대 대학원 정치학 박사학위논문, 2009.

이춘근. "나로호 발사 부분성공으로 본 과학기술 혁신정책과 지역 내 협력 과제." 과학기술정책연구원. 『과학기술정책』. 19-3. 2009.

이춘근 · 송위진. "민군기술협력 촉진과 민군겸용기술사업 활성화 방안." 기술경영경제학회. 『기술혁신연구』. 14-3. 2006.

이태섭. "북한의 집단주의적 발전전략과 수령체계의 확립." 서울대 대학원 정치학 박사학위논문, 2001.

이필중 · 김용휘. "주한미군의 군사력 변화와 한국의 군사력 건설 사이의 상관관계: 한국의 국방예산의 변화와 그 추이를 중심으로." 국방부 군사편찬연구소. 『군사』. 62. 2007.

이호령. "미국의 비확산 정책: 잃어버린 기회-북한사례를 중심으로." 고려대 대학원 정치학 박사학위논문, 2001.

_____. "핵확산과 미국의 이중적 대응." 『국방연구』. 44-2. 2001.

임동원. "한국의 국가전략: 개념과 변천과정." 『국가전략』. 1-1. 1995.

임수호. "북한 3차 핵실험 이후 동북아 정세와 남북관계." 『수은북한경제』. 10-1. 2013.

_____. "실존적 억지와 협상을 통한 확산: 북한의 핵정책과 위기조성외교(1989~2006)." 서울대 대학원 정치학 박사학위논문, 2007.

임용순. "국가안보정책과 방위산업." 『한국방위산업학회지』. 12-2. 2005.

임을출. "북한의 미사일 산업 · 기술 평가와 향후 발전 전망." 현대경제연구원. 『통일경제』. 56. 1999.

자크 하이만스 · 김승영 · 헤닝 리이키. "핵무장을 강행할 것인가 말 것인가:
　　　　비교 관점에서 본 남북한의 핵 무장결정."『계간 사상』. 45. 2000.

장성호. "미국이 한국의 정치변동에 미친 영향 분석."『한국동북아논총』.
　　　　7-3. 2002.

장수만. "방산정책이 방산업체의 경영성과에 미치는 영향 분석." 숭실대 대
　　　　학원 경영학 박사학위논문, 2012.

장용철. "남북한 사회보장정책 비교 연구." 동국대 대학원 북한학 박사학위
　　　　논문, 2012.

장용훈. "남북 정상회담과 정치적 리더십의 역할." 경남대 북한대학원 북한
　　　　학 박사학위논문, 2013.

장은석. "후원-의존 관계에서의 약소국 방위산업 발전의 전망과 한계."『국
　　　　방정책연구』. 69. 2005.

장준익. "북한의 핵무기와 미사일 전략에 관한 연구." 경기대 정치전문대학
　　　　원 정치학 박사학위논문, 2004.

장철운. "남북한 핵정책 비교 연구." 경남대 북한대학원 북한학 석사학위논
　　　　문, 2006.

장　혁. "참여정부와 이명박 정부의 전시작전통제권 전환정책 비교 연구."
　　　　경남대 대학원 정치학 박사학위논문, 2013.

장형수. "UN 안보리 결의 1874호가 북한경제에 미치는 영향과 전망." 국가
　　　　안보전략연구소.『정책연구』. 164. 2010.

전기원. "갈등적 동아시아 해양질서: 국제조약, 국제레짐 그리고 패권 도전
　　　　국." 국가안보전략연구소.『국제문제연구』. 13-2. 2013.

전두환 저. 대통령비서실 편.『전두환대통령연설문집』. 4. 서울: 대통령비서실,
　　　　1984.

전봉근. "박근혜정부의 대북정책과 과제."『외교』. 105. 2013.

＿＿＿. "북한의 2.13 합의 이행 동향과 전망."『주요국제문제분석』.
　　　　2007.6.12.

전성훈. "김정은 정권의 경제 · 핵무력 병진노선과 '4 · 1 핵보유 법령'." 통
　　　일연구원. 『온라인 시리즈 13-11』. 2013.

_____. "'방어적 충분성'(NOD) 이론과 한반도 안보전략." 『국가전략』.
　　　1-2. 1995.

_____. "북한의 핵능력과 핵위협 분석." 『국가전략』. 11-1. 2005.

_____. "MTCR과 한국의 안보." 『전략연구』. 10. 1997.

전재성. "동맹이론과 한국의 동맹정책." 『국방연구』. 47-2. 2004.

_____. "미사일기술통제레짐(MTCR)과 미국의 미사일정책: 국제제도론적
　　　분석과 대북 정책에 대한 현실적 함의." 『국제정치논총』. 39-3. 1999.

전현준. "북한의 제3차 핵실험 위협 배경 분석." 통일연구원. 『온라인 시리
　　　즈 13-05』. 2013.

전호원. "미국의 대한(對韓) 핵우산 공약에 대한 역사적 조명." 『국방정책
　　　연구』. 24-2. 2008.

전홍찬. "소련의 대북한 경제 · 군사원조정책에 관한 연구." 『중소연구』.
　　　17-4. 1993.

전황수. "미 · 일 전역미사일방어체제(TMD)와 동북아 안보." 명지대학교
　　　부설 일본문제연구센터. 『일본연구』. 8. 2000.

정성임. "조선인민군: 위상 · 편제 · 역할." 세종연구소 북한연구센터 엮음.
　　　『북한의 당 · 국가기구 · 군대』. 서울: 한울, 2007.

정성장. "북한의 인공위성 로켓 발사 배경과 한 · 미의 대응 방향." 『정세와
　　　정책』. 157. 2009.

정영태 · 유호열. "북한의 인공위성(?) 발사: 배경과 파장." 『통일경제』. 45.
　　　1998.

정철호. "한국 미사일사거리 연장정책과 한미협상 문제." 『정세와 정책』.
　　　197. 2012.

제임스 E. 도거티, 로버트 L. 팔츠그라프 지음. 이수형 옮김. 『미국 외교정책
　　　사(American Foreign Policy FDR To Reagan)』. 서울: 한울, 1997.

제임스 팔레. "한국과 미국의 파트너십."『아세아연구』. 46-1. 2003.

정병준. "북한의 한국전쟁 계획 수립과 소련의 역할." 한국역사연구회.『역사와 현실』. 66. 2007.

정성화. "미국의 대소 핵정책: 트루만, 아이젠하워 시대." 한국미국사학회.『미국사연구』. 9. 1999.

_____. "미국의 핵전략과 군수산업 및 군사과학의 발전." 명지사학회.『명지사론』. 10. 1999.

정세진. "미국의 미사일방어망(MD) 추진과 한국 정부의 대응."『북한연구학회보』. 5-1. 2001.

정태용. "남북한, 미국 그리고 미사일." 한세정책연구원.『한세정책』. 37. 1997.

조광래. "나로호 성공과 비행결과 분석." 김세연의원실 · 이상민의원실 · 민병주의원실 · 국회입법조사처 · 한국항공우주연구원.『2013 나로호 성공 이후, 우주강국 도약을 위한 전략 심포지엄(공동 개최 정책 세미나 자료집)』. 2013.

조동준. "'자주'의 자가당착: 한반도 국제관계에서 나타난 안보모순과 동맹모순."『국제정치논총』. 44-3. 2004.

_____. "핵확산의 추세 vs. 비확산의 방책."『한국과 국제정치』. 27-1. 2011.

조 민. "북한 미사일 사태와 한반도 평화."『한국과 국제정치』. 22-3. 2006.

조성렬. "일본 핵정책의 이중성과 핵무장 옵션."『국제정치논총』. 39-3. 1999.

_____. "주한미군의 안보적 역할과 연합방위태세." 김일영 · 조성렬 지음.『주한미군: 역사, 쟁점, 전망』. 서울: 한울, 2003.

_____. "한 · 미 동맹에 대한 도전요인과 주한미군 관련쟁점." 김일영 · 조성렬 지음.『주한미군: 역사, 쟁점, 전망』. 서울: 한울, 2003.

조셉 S. 나이. "외교적 수단." 로버트 D. 블랙윌 · 알버트 카너세일 엮음. 김일우 · 이정우 옮김.『미국의 핵정책과 새로운 핵보유국』. 서울: 한울, 1997.

조승연. "정책변동과 일관성 영향요인 연구: 김영삼 · 김대중 · 노무현 정부 대북정책의 비교분석." 조선대 대학원 행정학 박사학위논문, 2008.

조철호. "박정희 핵외교와 한미관계 변화." 고려대 대학원 정치학 박사학위 논문, 2000.

_____. "이중적 핵력개발정책과 한미 핵갈등." 『아세아연구』. 45-4. 2002.

주명건. "항공우주산업 발전전략." 세종대 항공산업연구소. 『항공산업연 구』. 77. 2013.

지그프리드 해커. "북한의 핵능력과 향후 6자회담을 위한 제언." 동아시아 연구원. 『Smart Q&A』. 2013-08. 2013.9.30.

지효근. "북한의 군사전략과 무기체계 변화." 『동서연구』. 18-2. 2006.

진희관. "유엔 대북제재 결의의 의미와 효용성 및 한반도 주변국의 역할." 『북한연구학회보』. 17-1. 2013.

채연석. "로켓의 역사와 미래." 한국물리학회. 『물리학과 첨단기술』. 7-5. 1998.

_____. "한국 로켓 기술." 한국기술사회. 『기술사』. 45-4. 2012.

_____. "한국항공우주연구원의 과학로켓개발." 한국항공우주학회. 『KSAS 매거진』. 3-2. 2009.

최강호. "대만 국민당과 민진당의 대륙정책에 관한 비교연구." 동국대 대학 원 정치학 박사학위논문, 2009.

최동주. "중국 전략 탄도 미사일." 21세기군사연구소. 『군사세계』. 74. 2001.

_____. "한국의 베트남 전쟁 참전 동기에 관한 재고찰." 『한국정치학회보』. 30-2. 1996.

최봉대. "탈북자 면접조사 방법." 경남대 북한대학원 엮음. 『북한연구방법 론』. 서울: 한울, 2003.

최완규. "남북한 관계의 전망과 과제." 경남대 북한대학원 엮음. 『남북한 관 계론』. 파주: 한울, 2005.

＿＿＿. "북한 국가성격의 이론과 쟁점: 비교사회주의적 관점." 최완규 엮음.『북한의 국가성격 변용에 관한 연구: '예외국가'의 공고화』. 서울: 한울, 2001.

＿＿＿. "북한의 연방제 통일전략 변화 연구."『북한조사연구』. 10-2. 2006.

최용환. "1990년대 북한의 대미 정책: 핵과 미사일 사례로 본 북한의 협상 전략."『현대북한연구』. 8-1. 2005.

＿＿＿. "북한의 대미 비대칭 억지·강제 전략: 핵과 미사일 사례를 중심으로." 서강대 대학원 정치학 박사학위논문, 2003.

＿＿＿. "북한 핵개발 전략과 그 지정학적 함의."『한국과 국제정치』. 20-2. 2004.

최종철. "무기이전 정책: 달러, 안보 및 영향력 확보." 최종철 외.『북한의 생존정책』. 서울: 보성문화사, 1995.

최준민·임종빈·박정호. "세계 상업용 우주발사체 개발 동향과 우리나라 우주발사체 세계시장 진출 전략." 세종대 항공산업연구소.『항공산업연구』. 77. 2013.

최현호. "대한민국 탄도 및 순항 미사일 개발사." 와스코.『(월간)항공』. 7월호. 2012.

최환석·설우석·이수용. "KSR-Ⅲ 액체추진제 로켓 엔진 개발."『한국추진공학회지』. 8-3. 2004.

탁성한. "북한의 군수산업: 북한 경제에의 영향과 향후 전망."『수은북한경제』. 9-2. 2012.

한국항공우주산업진흥회 편. "ICBM에 활용된 발사체 기술."『항공우주』. 116. 2012.

한기범. "북한의 미래와 국가정보원의 역할: 북한 내부사정 변화에 따른 대북 정보활동 방향." 북한연구회.『북한연구논평』. 4. 2011.

한상엽. "전 세계 발사체 액체로켓엔진 기술개발 동향." 한국항공우주연구원.『항공우주산업기술동향』. 10-1. 2012.

한석표. "한미군사지휘체계의 변동, 1971-1978: 유엔군 사령부 유지와 한미 연합군 사령부 창설." 서울대 대학원 외교학 박사학위논문, 2013.

한영민 · 이광진 · 홍일희. "인도의 우주발사체 역사와 개발 동향."『항공우주산업기술동향』. 9-2. 2011.

한용섭. "동맹 속에서의 자주국방: 이론과 실제의 딜레마." 한용섭 편.『자주냐 동맹이냐: 21세기 한국 안보외교의 진로』. 서울: 오름, 2004.

_____. "북한의 대량살상무기 정책." 경남대 북한대학원 엮음.『북한 군사문제의 재조명』. 파주: 한울, 2006.

_____. "한국 국방정책의 변천과정." 차영구 · 황병무 편저.『국방정책의 이론과 실제』. 서울: 오름, 2002.

_____. "한국의 자주국방과 한미동맹: 역사적 고찰과 양립 가능성에 관한 연구." 국방부 군사편찬연구소.『군사사 연구총서』. 4. 2004.

한인택. "핵폐기 사례연구: 남아프리카공화국 사례의 함의와 한계."『한국과 국제정치』. 27-1. 2011.

한창식. "냉전시 미 · 러의 핵전략."『국가전략』. 16-2. 2010.

함택영. "국력과 국가역량: 국가권력에 대한 이론적 · 방법론적 고찰."『동북아연구』. 5. 2000.

_____. "김정일시대 북한의 체제특성과 국가역량." 함택영 외.『김정일체제의 역량과 생존전략』. 서울: 경남대 극동문제연구소, 2000.

_____. "남북한 군비 경쟁과 군축 전망." 경남대 북한대학원 엮음.『남북한 관계론』. 파주: 한울, 2005.

_____. "남북한 군비경쟁 및 군사력 균형의 고찰." 경남대 극동문제연구소 엮음.『남북한 군비경쟁과 군축』. 서울: 경남대출판부, 1992.

_____. "남북한 군비경쟁의 대내적 요인: 국가권력 및 자율성을 중심으로." 국방대 안보문제연구소.『안보학술논집』. 3-1. 1992.

_____. "남북한의 군사력: 사실과 평가방법."『국제정치논총』. 37-1. 1997.

_____. "북한 군사력 및 군사위협 평가 재론."『현대북한연구』. 7-3. 2005.

_____. "주체사상과 북한의 국방정책: 자위노선의 업적 및 한계." 경남대 극동문제연구소 엮음.『북한의 정치이념: 주체사상』. 서울: 경남대출판부, 1990.

함택영 · 서재정. "북한의 군사력 및 남북한 군사력균형." 경남대 북한대학원 엮음.『북한군사문제의 재조명』. 파주: 한울, 2006.

함형필. "3차 핵실험 이후 북한 핵능력 평가: 사실상의 핵보유국인가?." 한국국방연구원.『동북아안보정세분석』. 2013.3.10.

_____. "PSI의 국제동향과 한국의 활용방향."『국방정책연구』. 28-2. 2012.

허문영. "통일정책." 김영수 외 지음.『김정일 시대의 북한』. 서울: 삼성경제연구소, 1997.

허 출. "한국의 미사일 개발과 MTCR." 공군사관학교.『논문집』. 47. 2001.

현인택. "국방비의 적정수준에 대한 논의." 백종천 · 이민룡 공편.『오늘의 한국국방: 전방위 안보시대의 국방비』. 서울: 국방부, 1994.

현준호 · 강성진. "항공 무장정확도 시험평가 방법에 관한 연구."『한국국방경영분석학회지』. 33-1. 2007.

홍관희. "한국에 있어서의 국가안보와 경제성장." 경남대 극동문제연구소 엮음.『남북한 군비경쟁과 군축』. 서울: 경남대출판부, 1992.

홍권희. "북한의 '경제 · 국방 병진노선' 연구." 경남대 대학원 정치학 박사학위논문, 2014.

홍기호. "북한 핵무기의 군사적 위협과 대비방향."『신아세아』. 20-1. 2013.

홍성표. "남북한 전쟁 수행 능력: 화력점수를 중심으로."『북한연구논평』. 4. 2011.

_____. "남북한 미사일 능력." 북한연구회.『북한연구논평』. 6. 2012.

_____. "한 · 미 미사일 지침 변경의 의미."『북한연구논평』. 7. 2012.

홍성표 · 조관행. "전시작전통제권 전환과 공군력 발전방향." 고려대 평화연구소.『평화연구』. 17-2. 2009.

홍순식. "미국의 대북경제제재 실효성: 리비아 사례와 비교."『동아연구』. 53. 2007.

홍창선. "과학과 정치, 그리고 우주항공 기술개발." 한국항공우주학회.
『KSAS 매거진』. 4-2. 2010.

황주호 · 문주현. "북한의 핵능력 증대 전망과 대책."『국방정책연구』. 24-2.
2008.

Goose, Stephen. "한반도의 군사상황." 존 설리번(John Sullivan) · 로버타
포스(Roberta Foss) 공편. 최봉대 역.『두개의 한국, 하나의 미래?』.
서울: 청계연구소, 1988.

Gordon, Anne. "중소 국경분쟁 조정에 관한 고찰."『중소연구』. 19-3. 1995.

Jianqun, Teng. "중국의 핵보유 정책." 배정호 · 구재회 편.『NPT 체제와 핵
안보』. 서울: 통일연구원, 2010.

나. 단행본

강호제. 『북한 과학기술 형성사 Ⅰ』. 서울: 선인, 2007.

경남대 북한대학원 엮음.『남북한 관계론』. 서울: 한울, 2005.

_____.『북한군사문제의 재조명』. 파주: 한울, 2006.

_____.『북한연구방법론』. 서울: 한울, 2003.

고재홍. 『한국전쟁의 원인: 남북 군사력 불균형』. 파주: 한국학술정보(주),
2007.

공석하. 『이휘소』. 서울: 뿌리, 1989.

교육과학기술부 · 기획재정부 · 외교통상부 · 국방부 · 행정안전부 · 지식경
제부 · 국토해양부 · 국가정보원.『제2차 우주개발진흥기본계획('
12~'16) 2012년도 우주개발 시행계획』. 2012.

구갑우. 『비판적 평화연구와 한반도』. 서울: 후마니타스, 2007.

구상회. 『한국의 방위산업: 전망과 대책』. 서울: 세종연구소, 1998.

구영록. 『한국의 국가이익』. 서울: 법문사, 1995.

국가기록원.『해외수집기록물 번역집 Ⅱ: 미국 포드 대통령 도서관 소장 기
록물. 1970년대 한미관계(상)』. 대전: 행정안전부 국가기록원, 2008.

_____. 『해외수집기록물 번역집 II: 미국 포드 대통령 도서관 소장 기록물. 1970년대 한미관계(하)』. 대전: 행정안전부 국가기록원, 2008.

국가안전보장회의(NSC).『평화번영과 국가안보: 참여정부의 안보정책 구상』. 서울: 국가안전보장회의 사무처. 2004.

국방과학연구소.『국방과학연구소 약사』. 제1권. 1989.

_____. 『국방의 초석 40년: 1970~2010』. 2010.

_____. 『세계의 탄도미사일과 우주발사체』, 2004.

국방군사연구소.『국방정책변천사 1945~1994』. 1995.

국방부. 『2010 국방백서』. 2010.

_____. 『2012 국방백서』. 2012.

_____. 『2014 국방백서』. 2014.

_____. 『군비통제 국제조약집』. 1993.

_____. 『대량살상무기(WMD) 문답백과』. 2004.

_____. 『대량살상무기에 대한 이해』, 2007.

_____. 『율곡 사업의 어제와 오늘 그리고 내일』, 1994.

_____. 『한국전쟁사』. 1. 1967.

국회도서관.『북한 장거리 로켓-미사일 한눈에 보기』, 2009.

그래엄 앨리슨 · 필립 젤리코 저. 김태현 역.『결정의 엣센스: 쿠바 미사일 사태와 세계핵전쟁의 위기』. 서울: 모음북스, 2005.

김갑식. 『김정일 정권의 권력구조』. 파주: 한국학술정보, 2005.

김경민. 『중국 우주항공 분야 정책의 변천과정과 실태』. 서울: 경제 · 인문사회연구회, 2011.

김기형 외.『(과학대통령)박정희와 리더십』. 서울: 엠에스미디어, 2010.

김기정 · 문정인 · 최종건 편.『21세기 항공우주력의 전략혁신』. 서울: 오름, 2012.

_____. 『한국 공군 창군 60년과 새로운 60년을 향한 항공우주력 발전 방향』. 서울: 오름, 2010.

김동수 · 안진수 · 이동훈 · 전은주. 『2013년 북한 핵프로그램 및 능력 평가』. 서울: 통일연구원, 2013.

김성익. 『전두환 육성증언(1986.1.20~1988.2.24): 5공 청와대 통치 기록 담당자가 공개하는 격동기 대통령의 생생한 현장 실토』. 서울: 조선일보사 출판국, 1992.

김순수. 『중국의 한반도 안보전략과 군사외교』. 서울: 양서각, 2013.

김웅진 · 김지희. 『정치학 연구방법론(개정판)』. 서울: 명지사, 2012.

김웅진 · 박찬욱 · 신윤환 편역. 『비교정치론강의 1: 비교정치연구의 분석논리와 패러다임』. 서울: 한울, 1995.

김일영 · 조성렬 지음. 『주한미군: 역사, 쟁점, 전망』. 서울: 한울, 2003.

김재두 외 지음. 한국국방연구원 기획. 『이란을 읽으면 북한이 보인다』. 서울: 한국경제신문, 2007.

김정렴. 『아 박정희』. 서울: 중앙M&B, 1997.

김종천. 『기술진보와 과학기술정책』. 서울: 미크로, 2000.

김종휘. 『「레이건」 행정부의 출범과 대미외교의 기본방향』. 서울: 국가안전보장회의 사무국, 1980.

김진균 · 홍성태. 『군신과 현대사회: 현대 군사화의 논리와 군수산업에 관한 연구』. 서울: 문화과학사, 1996.

_____. 『한국사회와 평화』. 서울: 문화과학사, 2007.

김철환. 『방위산업의 이론과 실제』. 서울: 국방대학교, 2003.

김태우. 『미사일 안보와 미사일 주권』. 성남: 세종연구소, 1999.

김형균. 『군수산업의 사회학』. 부산: 세종출판사, 1997.

김형아 지음. 신명주 옮김. 『박정희의 양날의 선택: 유신과 중화학공업』. 서울: 일조각, 2005.

김희일. 『미제는 세계인민의 흉악한 원쑤』. 평양: 조국통일사, 1974.

노엄 촘스키 외 지음. 정연복 옮김. 『냉전과 대학: 냉전의 서막과 미국의 지식인들』. 서울: 당대, 2001.

노재현. 『청와대비서실 2』. 서울: 중앙일보사, 1993.

니시무라 시게오 · 고쿠분 료세이 지음. 이용빈 옮김.『중국의 당과 국가: 정치체제의 궤적』. 파주: 한울, 2012.

로버트 D. 블랙윌 · 알버트 카너세일 엮음. 김일우 · 이정우 옮김.『미국의 핵정책과 새로운 핵보유국』. 서울: 한울, 1997.

류광철 · 이상화 · 임갑수.『외교 현장에서 만나는 군축과 비확산의 세계』. 서울: 평민사, 2005.

리영희. 『반세기의 신화: 휴전선 남 · 북에는 천사도 악마도 없다(개정판)』. 서울: 삼인, 2007.

마이클 오핸론 · 마이크 모치주키 지음. 최용환 옮김.『대타협: 북한 vs 미국. 평화를 위한 로드맵』. 서울: 삼인, 2004.

문성묵. 『군사대국중국: 그 힘의 근원과 실체』. 서울: 팔복원, 1993.

박건영 외.『한반도 평화보고서』. 서울: 한울, 2002.

박건영 · 정욱식.『북핵, 그리고 그 이후』. 서울: 풀빛, 2007.

박영규. 『김정일 정권의 외교전략』. 서울: 통일연구원, 2002.

박영실. 『중국인민지원군과 북 · 중관계』. 서울: 선인, 2012.

박익수. 『한국원자력창업사: 1955~1980』. 서울: 과학문화사, 1999.

박종기 · 이규억 편.『국가예산과 정책목표』. 서울: 한국개발연구원, 1982.

박종철. 『미국과 남북한: 갈등과 협력의 삼각관계』. 서울: 오름, 2002.

_____. 『북 · 미 미사일 협상과 한국의 대책』. 서울: 통일연구원, 2001.

박준복. 『미사일 이야기』. 파주: 살림, 2013.

_____. 『한국 미사일 40년의 신화: 자주국방 그리고 꿈을 이룬 사람들』. 서울: 일조각. 2011.

방위사업청.『방위사업개론』. 2008.

배정호. 『일본의 국가전략과 안보전략』. 파주: 나남, 2006.

배정호 · 구재회 편.『NPT 체제와 핵안보』. 서울: 통일연구원, 2010.

배정호 · 박재적 · 황지환 · 황재호 · 한동호 · 유영철.『북한 핵의 국제정치와 한국의 대북 핵전략』. 서울: 통일연구원, 2011.

백학순.『박정희정부와 전두환정부의 통일 · 대북정책 비교』. 성남: 세종연구소, 2014.

_____.『이명박 정부의 대북정책: 2008~2012』. 성남: 세종연구소, 2013.

변상정.『김정일 시대 북한의 과학기술정책』. 파주, 한국학술정보, 2010.

브라이언 하베이 지음. 김지훈 · 김유 옮김.『러시아 우주개척사』. 서울: 북스힐, 2012.

브루스 커밍스 외 지음. 한영옥 옮김.『대학과 제국: 학문과 돈, 권력의 은밀한 거래』. 서울: 당대, 2004.

빅터 D. 차(Victor D. Cha) 지음. 김일영 · 문순보 옮김.『적대적 제휴: 한국, 미국, 일본의 삼각 안보체제(Alignment Despite Antagonism: The US-Korea-Japan Security Triangle)』. 서울: 문학과 지성사, 2004.

서보혁.『탈냉전기 북미관계사』. 서울: 삼인, 2004.

서상문.『중국의 국경전쟁(1949~1979)』. 서울: 국방부 군사편찬연구소, 2013.

서울사회과학연구소 경제분과.『한국에서 자본주의의 발전: 시론적 분석』. 서울: 새길, 1991.

서울신문사.『주한미군 30년: 1945~1978』. 서울: 행림출판사, 1979.

서재정 지음. 이종삼 옮김.『한미동맹은 영구화하는가: 군사동맹에서의 군사력, 이해관계 그리고 정체성』. 서울: 한울, 2009.

성채기 · 박주현 · 백재옥 · 권오봉.『북한 경제위기 10년과 군비증강 능력』. 서울: 한국국방연구원, 2003.

세종연구소 지역연구실 편.『대량살상무기의 개발-이전: 북한 · 이란 · 이라크』. 성남: 세종연구소, 2002.

션즈화(沈志華) 저. 최만원 역.『마오쩌뚱 스탈린과 조선전쟁』. 서울: 선인, 2010.

손영환 · 김종국.『이스라엘 · 일본의 미사일 방어구상 연구』. 서울: 한국국방연구원, 1998.

스즈키 가즈토 지음. 이용빈 옮김.『우주개발과 국제정치: 경쟁과 협력의
　　　이명』. 파주: 한울, 2013.

시모토마이 노부오 지음. 이종국 옮김.『모스크바와 김일성』. 서울: 논형, 2012.

신기욱 지음. 이진준 옮김.『한국 민족주의의 계보와 정치』. 파주: 창비, 2009.

심융택.　『백곰, 하늘로 솟아오르다: 박정희 대통령의 핵개발 비화』. 서울: 기
　　　파랑, 2013.

양영조.　『남북한 군사정책과 한국전쟁: 1945-1950』. 파주: 한국학술정보, 2007.

연합뉴스.『2002 북한연감』. 2001.

오원철.　『(불굴의 도전 한국의 기적)박정희는 어떻게 경제강국을 만들었
　　　나』. 서울: 동서문화사, 2006.

_____.　『한국형 경제개발: 제5권』. 서울: 기아경제연구소, 1996.

오진용.　『김일성시대의 중소와 남북한』. 서울: 나남, 2004.

외교부.　『군축 · 비확산 편람 2013』. 2013.

_____.　『2013 외교백서』. 2013.

_____.　『이집트 개황』. 2013.

외교통상부.『군축 · 비확산 편람』. 2007.

_____.　『2007년 외교백서』. 2007.

_____.　『2010 외교백서』. 2010.

_____.　『이란 개황』. 2003.

_____.　『이스라엘 개황』. 2010.

_____.　『MTCR 의장 활동 자료집(2004.10~2005.9)』. 2005.

요나톤 모세스 · 투르본 크누투센. 신욱희 외 옮김.『정치학 연구방법론:
　　　자연주의와 구성주의』. 서울: 을유문화사, 2011.

윤해수.　『북한곡예외교론』. 서울: 한울, 2000.

이근욱.　『왈츠 이후: 국제정치이론의 변화와 발전』. 서울: 한울, 2009.

_____.　『쿠바 미사일 위기: 냉전 기간 가장 위험한 순간』. 서울: 서강대학
　　　교출판부, 2013.

이대근. 『북한 군부는 왜 쿠데타를 하지 않나』. 서울: 한울, 2003.

이문항. 『JSA-판문점(1953~1994)』. 서울: 소화, 2001.

이민룡. 『김정일체제의 북한군대 해부』. 서울: 황금알, 2004.

이상훈. 『21세기 한반도 안보환경과 주한미군의 역할』. 성남: 세종연구소, 2001.

이수형. 『북대서양조약기구(NATO): 이론 · 역사 · 쟁점』. 서울: 서강대학교 출판부, 2012.

_____. 『북대서양조약기구(NATO)와 유럽 안보』. 파주: 한울, 2004.

이은철. 『북한 핵과 경수로 지원』. 서울: 서울대학교출판부, 1996.

이재억 · 홍성범.『한국 국방기술혁신체제 특성분석』. 서울: 과학기술정책 연구원, 2012.

이종석. 『새로 쓴 현대북한의 이해』. 서울: 역사비평사, 2000.

이창희 · 정범승 · 안영수 · 강창모.『최근 국방획득정책의 주요 성과와 발전 과제』. 서울: 산업연구원, 2013.

이춘근. 『과학기술로 읽는 북한 핵』. 서울: 생각의 나무, 2005.

_____. 『북한 핵문제의 과학기술적 이해』. 서울: 과학기술정책연구원, 2003.

이춘근 · 배용호.『북한의 경제 · 과학기술체제 개혁과 남북한 과학기술협력 촉진 방안』. 서울: 과학기술정책연구원, 2003.

이태섭. 『김일성 리더십 연구』. 서울: 들녘, 2001.

이헌경. 『북한의 대량살상무기 실태와 미국의 대응: 전략과 시뮬레이션』. 서울: 통일연구원. 2001.

이호재. 『핵의 세계와 한국 핵정책』. 서울: 법문사, 1981.

이홍환. 『미국 비밀문서로 본 한국 현대사 35장면』. 서울: 삼인, 2002.

임갑수 · 문덕호.『유엔 안보리 제재의 국제정치학』. 파주: 한울, 2013.

임강택. 『대북경제제재에 대한 북한의 반응과 대북정책에의 함의』. 서울: 통일연구원, 2013.

_____. 『북한의 군수산업 정책이 경제에 미치는 효과 분석』. 서울: 통일연구원, 2000.

임동원. 『피스메이커』. 서울: 중앙북스, 2008.

장달중 · 이정철 · 임수호. 『북미 대립: 탈냉전 속의 냉전 대립』. 서울: 서울대학교출판문화원, 2011.

장준익. 『북한 핵 · 미사일 전쟁』. 서울: 서문당, 1999.

전성훈. 『미 · 일의 TMD 구상과 한국의 전략적 선택』. 서울: 통일연구원, 2000.

_____. 『한반도의 미사일 문제: 현황과 대응방안』. 서울: 민족통일연구원, 1997.

정규수. 『ICBM 그리고 한반도: 북한과 한반도 주변 열강의 탄도탄』. 서울: 지성사, 2012.

_____. 『ICBM, 악마의 유혹: 미국과 소련의 ICBM 치킨게임』. 서울: 지성사, 2012.

정욱식 · 강정민. 『핵무기: 한국의 반핵문화를 위하여』. 경산: 열린길, 2008.

정병기. 『사회과학 논문작성법』. 서울: 서울대학교출판문화원, 2008.

정영철. 『김정일 리더십 연구』. 서울: 선인, 2005.

정영태. 『파키스탄-인도-북한의 핵정책』. 서울: 통일연구원, 2002.

정진석. 『총성 없는 전선: 실록 청와대 – 격동의 한 · 미 · 일 현대 외교 비사』. 서울: 한국문원, 1999.

정철호. 『미국의 동북아 MD 정책과 한국의 KAMD 전략 발전 방향』. 성남: 세종연구소, 2013.

제임스 E. 도거티 · 로버트 L. 팔츠그라프 지음. 이수형 옮김. 『미국외교정책사: 루스벨트에서 레이건까지』. 서울: 한울, 1997.

제임스 F. 더니건 지음, 김병관 옮김. 『무엇이 현대전을 움직이는가(How to Make War)』. 서울: 플래닛미디어, 2008.

조길태. 『인도와 파키스탄: 대립의 역사』. 서울: 민음사, 2009.

조성렬. 『뉴한반도비전: 비핵 · 평화와 통일의 길』. 서울: 백산서당, 2012.

존 위컴 저. 유은영 외 역. 『12.12와 미국의 딜레마: 전 한미연합사령관 위컴 회고록』. 서울: 중앙M&B, 2000.

주봉 한상무 박사 정년기념 논문집 간행위원회. 『평화정착을 위한 미국의 대한반도 정책: 1945년부터 1993년까지』. 서울: 주봉 한상무 박사 정년기념 논문집 간행위원회, 1993.

주인도대사관. 『인도 개황』. 2013.

주파키스탄대사관. 『파키스탄 개황』. 2010.

차영구 · 황병무 편저. 『국방정책의 이론과 실제』. 서울: 오름, 2002.

찰스 틸리 지음. 안치민 · 박형신 옮김. 『비교역사사회학: 거대 구조, 폭넓은 과정, 대규모 비교』. 서울: 일신사, 1999.

최명해. 『중국 · 북한 동맹관계: 불편한 동거의 역사』. 서울: 오름, 2009.

최성빈 · 유재문 · 곽시우. 『북한 군수산업 개황』. 서울: 한국국방연구원, 2005.

최성빈 · 한남성 · 조남훈 · 손순아. 『군사기술 선진화 전략』. 서울: 한국국방연구원, 2004.

최완규 엮음. 『북한의 국가성격 변용에 관한 연구: '예외국가'의 공고화』. 서울: 한울, 2001.

케네스 월츠 지음. 박건영 옮김. 『국제정치이론(Theory of International Politics)』. 서울: 사회평론, 2000.

_____. 정성훈 옮김. 『인간, 국가, 전쟁: 전쟁의 원인에 대한 이론적 고찰(Man, the states and war)』. 서울: 아카넷, 2007.

케네스 퀴노네스 지음. 노순옥 옮김. 『(2평 빵집에서 결정된) 한반도 운명: 북폭이냐 협상이냐』. 서울: 중앙M&B, 2000.

피터 헤이즈 지음. 고대승 · 고영은 옮김. 『핵 딜레마: 미국의 한반도 핵정책의 뿌리와 전개과정』. 서울: 한울, 1993.

하경근. 『미사일 주권과 MTCR 가입』. 서울: 국회 국방위원회, 1996.

하영선. 『한반도의 전쟁과 평화: 군사적 긴장의 구조』. 서울: 청계연구소, 1989.

_____. 『한반도의 핵무기와 세계 질서』. 서울: 나남, 1991.

하영선 편. 『한반도 군비경쟁의 재인식: 전쟁에서 평화로』. 부천: 인간사랑, 1988.

한국국방안보포럼 편. 『북한 무기체계 양적 · 질적 평가』. 2010.

한국국방연구원. 『2010 동북아 군사력과 전략동향』. 서울: 한국국방연구원, 2011.

_____. 『베트남 평화협정과 월남공산화 과정의 연계성 분석』. 서울: 한국국방연구원, 1994.

한국원자력안전기술원 부설 국가원자력관리통제소. 『IAEA 추가의정서 발효에 의한 국가 의무 이행에 관한 연구』. 과천: 과학기술부, 2005.

한국원자력연구소. 『20년사』. 1980.

_____. 『북한의 원자력 이용개발 현황 분석 및 전망 연구(Ⅰ)』. 1993.

_____. 『북한 핵 문제와 경수로 사업』. 1999.

한국전략문제연구소. 『동북아 전략균형 2007』. 서울: 한국양서원, 2007.

한용섭. 『국방정책론』. 서울: 박영사, 2012.

한용섭 편. 『자주냐 동맹이냐: 21세기 한국 안보외교의 진로』. 서울: 오름, 2004.

한용원. 『남북한의 창군: 미 · 소의 역할을 중심으로』. 서울: 오름, 2008.

함택영. 『국가안보의 정치경제학: 남북한의 경제력 · 국가역량 · 군사력』. 서울: 법문사, 1998.

함택영 · 박영준 편. 『안전보장의 국제정치학』. 서울: 사회평론, 2010.

함형필. 『김정일체제의 핵전략 딜레마』. 서울: 한국국방연구원, 2009.

합참 정보참모본부. 『군사정전위원회 편람』. 제4집. 서울: 합동참모본부, 1999.

홍용표. 『북한의 미사일 개발전략』. 서울: 통일연구원, 1999.

홍우택. 『북한의 핵 · 미사일 대응책 연구』. 서울: 통일연구원, 2013.

홍현익. 『미국의 미사일방어체제와 한국의 대응』. 성남: 세종연구소, 2004.

황원태. 『크루즈 미사일: 한국형 크루즈 미사일 극비 개발의 진상』. 서울: 행림출판, 1995.

황일도. 『김정일, 공포를 쏘아 올리다: 북한 탄도미사일, 장사정포, 핵무기 위력 정밀해부』. 서울: 플래닛미디어, 2009.

황진환. 『한국의 안보와 군비통제(개정판)』. 서울: 봉명, 2005.

Barry Buzan 저. 김태현 역.『세계화 시대의 국가안보』. 서울: 나남, 1995.

T. 프라이스 저. 박정택 역.『원자력의 정치경제학』. 서울: 겸지사, 1997.

다. 기 타

대통령비서실.『박정희 대통령 연설문집, 제5집(1968년 1월-12월)』. 1969.

대통령실.『한미 미사일 지침 개정 주요 내용 및 의미, 기대효과(청와대 정책 소식 vol.135)』. 2012.

조선중앙통신사.『조선중앙년감』.

〈경향신문〉.

〈국방일보〉.

〈뉴시스〉.

〈동아일보〉.

〈로동신문〉.

〈매일경제〉.

〈문화일보〉.

〈세계일보〉.

〈시사저널〉.

〈신동아〉.

〈연합뉴스〉.

〈월간조선〉.

〈조선신보〉.

〈조선일보〉.

〈조선중앙년감〉.

〈조선중앙TV〉.

〈중앙일보〉.

〈한겨레〉.

〈한국경제〉.

〈한국논단〉.

〈한국일보〉.

〈SBS〉.

〈YTN〉.

국가기록원 인터넷 홈페이지(http://www.archives.go.kr/next/main.do).

박정희 대통령 인터넷 기념관(http://www.parkch.com).

외교부 웹사이트(http://www.mofa.go.kr).

한국원자력연구원 인터넷 홈페이지(http://www.keari.re.kr).

2. 영문 자료

가. 논 문

Albright, David. "North Korean Miniaturization." 38 North 웹사이트 (http://38north.org) 게재문.

Anderton, Charles H. "A Survey of Arms Race Models." Walter Isard ed. *Arms Races, Arms Control and Conflict Analysis.* New York: Cambridge University Press, 1988.

Bailey, Kathleen C. "Can Missile Proliferation be Reversed?." *Orbis.* 35-1. 1991.

Bermudez, Josheph S. Jr. "The North Korean 'Scud B' Program." *Jane's Soviet Intelligence Review.* May 1989.

Bluth, Christoph. "North Korean Missile Program: Origins, Capabilities and Future Trajectories." 아시아 · 유럽미래학회. 『유라시아연구』. 8-4. 2011.

Boese, Wade. "U.S. and South Korea Hold Ballistic Missile Talks." *Arms Control Today*. 29-7. 1999.

Bowen, Wyn Q. "U.S. Policy on Ballistic Missile Proliferation: The MTCR's First Decade(1987~1997)." *The Nonproliferation Review*. 5-1. 1997.

Collina, Tom Z. "Fix Missile Defense, Don't Expand It," Arms Control Association. *Issue Briefs*. 5-8. June 5, 2014.

Davenport, Kelsey. "South Korea Extends Missile Range." *Arms Control Today*. 42-9. 2012.

Di, Hua. "One Superpower Worse that Two." *Asia-Pacific Defense Reporter*. September 1991.

Dutra, Michael. "Strategic Myopia: The United States, Cruise Missile, and the Missile Technology Control Regime." *Journal of Transnational Law and Policy*. 14-1. 2004.

Elleman, Michael. "Prelude to an ICBM? Putting North Korea's Unha-3 Launch Into Context." *Arms Control Today*. 42-2. 2013.

Fetter, Steve. "Ballistic Missile and Weapons of Mass Destruction: What is the Threat? What Should be Done?" *International Security*. 16-1. 1991.

Gerardi, Greg J. and James A. Plotts. "An Annotated Chronology of DPRK Missile Trade and Developments." *The Nonproliferation Review*. 2-1. 1994.

Gormley, Dennis M. "Missile Defence Myopia: Lessons from the Iraq War." *Survival*. 45-4. 2003-04.

Gray, Colin S. "The Arms Race Phenomenon." *World Politics*. 24-1. 1971.

Hacker, Siegfried. "A Return Trip to North Korea's Yongbyon Nuclear Complex." http://iis-db.stanford.edu/pubs/23035/ HeckerYongbyon.pdf.

Harvey, John R. "Regional Ballistic Missiles and Advanced Strike Aircraft: Comparing Military Effectiveness." *International Security.* 17-2. 1992.

Hayes, Peter. "International Missile Trade and the Two Koreas." *The Korean Journal of Defense Analysis.* 5-1. 1993.

Hui, Zhang. "Revisiting North Korea's Nuclear Test." *China Security.* 3-3. 2007.

Huntington, Samuel P. "Arms Race: Prerequisites and Results." Robert J. Art and Kenneth N. Waltz eds. *The Use of Force: Military Power and International Politics,* 3rd edition. New York: University Press of America, 1988.

Hwang, Jae-ho and Christoph Bluth. "China and Missile Technology Control Regime: The Dilemma of China's Membership." *The Korean Journal of Security Affairs.* 12-1. 2007.

Jacobs, Gordon and Tim McCarthy. "China's Missile Sales—Few Changes for the Future." *Jane's Intelligence Review.* December 1992.

Karp, Aaron. "Ballistic Missile in the Third World." *International Security.* 9-3. 1984/1985.

_____. "The Spread of Ballistic Missiles and the Transformation of Global Security." *The Nonproliferation Review.* 7-3. 2000.

Kerr, Paul. "Iran, North Korea Deepen Missile Cooperation." *Arms Control Today.* 37-1. 2007.

Kim, Seung-Young. "Security, Nationalism and the Pursuit of Nuclear Weapons and Missile: The South Korean Case, 1970-82." *Diplomacy & Statecraft.* 12-4. 2001.

Kim, Tae-Hyung. "North Korea's Missile Development and its Impact on South Korea's Missile Development and the ROK-U.S. Alliance." *Korea Observer.* 39-4. 2008.

Kim, Taewoo. "South Korea's Missile Dilemmas." *Asian Survey.* 39-3. 1999.

Kusi, Newman Kwadwo. "Economic Growth and Defense Spending in Development Countries." *The Journal of Conflict Resolution.* 38-1. 1994.

Lee, Jung-Hoon. "The Missile Development Race Between South and North Korea, and the U.S. Policy of Checking." *East Asian Review.* 9-3. 1997.

Lee, Min Yong. "Ecological Dynamics and Third World National Security." *Asian Perspective.* 13-1. 1989.

Lewis, John Wilson and Hua Di. "China's Ballistic Missile Programs: Technologies. Strategies. Goals." *International Security.* 17-2. Fall 1992.

Liebl, Vernie. "India and Pakistan: Competing Nuclear Strategies and Doctrins." *Comparative Strategy.* 28-2. 2009.

Lynn-Jones, Sean M. "Offense-Defense Theory and Its Crisis." *Security Studies.* 4-4. 1995.

Malik, Mohan. "The Proliferation Axis: Beijing-Islamabad-Pyongyang." *The Korean journal of Defense Analysis.* 15-1. 2003.

Molas-Gallart, Jordi. "Which Way to Go? Defence Technolohy and the Diversity of 'Dual-use' Technology Transfer." *Research Policy.* 26-3. 1998.

Murphy, J. "P-wave Coupling of Underground Explosions in Various Geologic Media." E. S. Husebye and S. Mykkeltveit eds. *Identification of Seismic Sources-Earthquake or Explosion.* 1981.

Nacht, Michael. "The Future Unlike the Past: Nuclear Proliferation and American Security Policy." *International Organization*. 35-1. 1981.

Orlov, Vladimir A. "Russia's Policy Perspective toward the Korean Peninsula: Security Aspect." *KNDU Review*. 5-2. 2000.

Pant, Harsh V. and Gopalasawamy Bharath. "India's Emerging Missile Capability: The Science and Politics of Agni-Ⅱ." *Comparative Strategy*. 27-4. 2008.

Postol, Theodore. "Jonit Threat Assessment Appendix: A Technical Assessment of Iran's Ballistic Missile Program." EastWest Institute, *Iran's Nuclear and Missile Potential: A Joint Threat Assessment by U.S. and Russian Technical Experts*. New York: EastWest Institute, 2009.

Ringdal, F., P. D. Marshall, and R. W. Alewine, "Seismic Yield Determination of Soviet Underground Nuclear Explosions at the Shagan River Test Site." *Geophysical Journal International*. 109. 1992.

Rosenberg, David Alan. "American Atomic Strategy and the Hydrogen Bomb Decision." *The Journal of American History*. 66-1. 1979.

Rubin, Uzi. "How Much Does Missile Proliferation Matter?." *Orbis*. 35-1. 1991.

Russett, Bruce M. "International Interactions and Processes: The Internal vs. External Debate Revisited." Ada Finifter, ed. *Political Science: The State of the Discipline*. Washington: APSA, 1983.

Sagan, Scott D. "Why Do States Build Nuclaer Weapons?: Three Models in Search of a Bomb." *International Security*. 21-3. 1996/97.

Schiller, Markus and Robert H. Schumucker, "The Unha-3: Assessing the Successful North Korean Satellite Launch." 미국과학자협회 (FAS: Federation of American Scientists) 블로그(http://blogs.fas.org/pir/2013/02/the-unha-3-assessing-the-successful-north-korean-satellite-launch/.

Smith, Theresa C. "Arms Race Instability and War." *The Journal of Conflict Resolution.* 24-2. 1980.

Snyder, Scott. "The Future of U.S.-ROK Relations: The U.S. Approach." *Asian Perspective.* 32-2. 2008.

Starr, Barbara. "North Korean Missile R&D Gains New Peace." *Jane's Defence Weekly.* 21-25. 1994.

Venter, Al J. "Iran receives nuclear and missile aid." *Middle East.* Issue 295. 1999.

Venturini, Karen, Chiara Verbano, and Mitsutaka Matsumoto. "Space Technology Transfer: Spin-off Cases from Japan." *Space Policy.* 29. 2013.

Wagner, Alex. "S. Korea, U.S. Agree on Missile Guidelines, MTCR Membership." *Amrs Control Today.* 31-2. 2001.

_____. "U.S.-North Korea Missile. Terrorism Talks Resume: North Korea Admits to Exporting Rocket Technology." *Arms Control Today.* 30-7. 2000.

Wallace, Michael. "Arms Race and Escalation: Some New Evidence." *The Journal of Conflict Resolution.* 23-1. 1979.

Wolfsthal, Jon B. "U.S. Prods Israel to Halt Talks with North Korea on Missile Sales." *Arms Control Today.* 23-7. 1993.

Wright, David "An Analysis of North Korea's Unha-2 Launch Vehicle." http://www.ucsusa.org/assets/documents/nwgs/Wright-Analysis-of-NK-launcher-3-18-09.pdf. 2009.

Wright, David and Timur Kadyshev. "An Analysis of the North Korean Nodong Missile." *Science & Global Security.* 4. 1994.

_____. "The North Korean Missile Program: How Advanced Is It?" *Arms Control Today.* 24-3. 1994.

Yoon, Hyun-Kun. "Arms Production in the Third World Countries: Motives, Strategies, and Constraints." *KNDU Review*. 1. 1996.

나. 단행본

Allen, Kenneth W. et al. *Theater Missile Defenses in the Asia-Pacific Region.* A Hery L. Stimson Center Working Group Report. Washington D.C.: Henry L. Stimson Center, 2000.

Berman, Robert P. and John C. Baker, *Soviet Strategic Forces: Requirements and Responses.* Washington, D.C.: The Brookings Institution, 1982.

Bermudez, Josheph S. Jr. *A History of Ballistic Missile Development in the DPRK.* Monterey: Monterey Institute of International Studies, 1999.

_____. *North Korean Special Forces.* Survey: Jane's, 1988.

_____. *North Korean Special Forces.* 2nd ed. Annapolis, MD: Naval Institute Press, 1998.

_____. *The Armed Forces of North Korea.* London and New York: I.B.Tauris & Co. Ltd., 2001.

Buzan, Barry. *People, State and Fear: An Agenda for International Security Studies in the Post-Cold War Era.* 2nd ed. Boulder, Colo.: L. Rienner, 1991.

Carus, W. Seth. *Cruise Missile Proliferation in the 1990s.* Santa Barbara. CA: Praeger, 1992.

Cirincione, Joseph. *Bomb Scare: The History and Future of Nuclear Weapons.* New York: Columbia University Press, 2007.

Department of Defense. *Ballistic Missile Defense Reveiw Report.* 2010.

_____. *Proliferation: Threat and Response.* 2001.

_____. *Report to Congress on Theater Missile Defense Architecture*

Options for the Asia-Pacific Region. 1999.

EastWest Institute, *Iran's Nuclear and Missile Potential: A Joint Threat Assessment by U.S. and Russian Technical Experts.* New York: EastWest Institute, 2009.

Etcheson, Craig. *Arms Race Theory: Strategy and Structure of Behavior.* New York: Greenwood Press, 1989.

Evangelista, Matthew. *Innovation and the Arms Race: How the United States and the Soviet Union Develop New Military Technologies.* London: Cornell University Press, 1988.

Findlay, Trevor. ed. *Chemical Weapons and Missile Proliferation: with Implications for Asia, Pacific Region.* Boulder: Lynne Rienner Pub., 1991.

Foss, Christopher F. ed. *Jane's Armour and Artillery 1991-92.* Coulsdon, Surrey: Jane's Information Group, 1991.

Gaddis, John L. *The Long Peace: Inquiries into the History of the Cold War.* Oxford: Oxford University Press, 1987.

Ganguly, Sumit and Devin Hagerty, *Fearful Symmetry: India-Pakistan Crisis in the Shadow of Nuclear Weapons.* Seattle, WA: University of Washington Press, 2005.

Gill, Bates. *Rising Star: China's New Security Diplomacy.* Washington D.C.: Brookings Institution Press, 2007.

Gormley, Dennis M. *Missile Contagion: Cruise Missile Proliferation and the Threat to International Security.* Santa Barbara. Calif.: Praeger Security International. 2008.

Haslam, Jonathan. *The Soviet Union and the Politics of Nuclear Weapons in Europe, 1969~1987: The Problem of the SS-20.* London: McMillan Press, 1989.

Hersh, Seymour M. *The Price of Power: Kissinger in the Nixon White*

House. New York: Summit Book, 1983.

Hildreth. Steven A. *North Korean Ballistic Missile Threat to the United States*. Washington D.C.: The library of Congress, 2007.

Holden, Simon R. ed. *North Korea's Nuclear and Ballistic Weapons*. New York: Nova Science Publishers, 2010.

IISS. *North Korean Security Challenges: A Net Assessment*. London: IISS, 2011.

_____. *North Korea's Weapons Programmes: A Net Assessment*. New York: Palgrave Macmillan, 2004.

_____. *The Military Balance 2015*. London: Oxford University Press, 2015.

Ji, You. *The Armed Forces of China*. New York: I.B.Tauis & Co. Ltd., 1999.

Johnson, Lyndon B. *The Vantage Point: Perspective of the Presidency 1965~1969*. New York: Holt, Rinehart and Winston, 1971.

Jordan, Amos A., William J. Taylor, Jr., and Lawrence J. Korb. *American National Security: Policy and Process*. Baltimore and London: Johns Hopkins University Press, 1989.

Kan, Shirley A. *China and Proliferation of Weapons of Mass Destruction and Missile: Policy Issues*. CRS Report for Congress, 2007.

Kaufman, Daniel J. ed. U.S. *National Security: A Framework for Analysis*. Washington, D.C.: Lexington Books, 1985.

Kerr, Paul K. and Mary B. Nikitin. *Pakistan's Nuclear Weapons: Proliferation and Security Issues*. CRS Report for Congress, 2011.

Kissinger, Henry A. *White House Years*. New York: Warner Books, 1979.

Krepon, Michael. *Cooperative Threat Reduction, Missile Defense, and the Nuclear Future*. New York: Macmillan, 2003.

Laird, Robbin F. and Dale R. Herspring. *The Soviet Union and Strategic Arms*. Boulder: J. C. B. Mohr, 1984.

Legge, Micheal J. *Theater Nuclear Weapons and the NATO Strategy of Flexible Response.* Santa Monica, CA: RAND Corporation, 1983.

Mearsheimer, John J. *The Tragedy of Great Power Politics.* New York: Norton, 2001.

Medeiros, Evan S. *Ballistic Missile Defense and Northeast Asian Security: Views from Washington, Beijing, and Tokyo.* The Stanley Foundation and Center for Nonproliferation Studies. Monterey Institute of International Studies, 2001.

Mistry, Dinshaw. *Containing Missile Proliferation: Strategic Technology, Security Regimes, and International Cooperation in Arms Control.* Seattle: University of Washington Press, 2003.

Moltz, James Clay and Alexandre Y. Mansourov. *The North Korean Nuclear Program: Security, Strategy, and New Perspectives from Russia.* New York: Routledge, 2000.

Morris, Charles R. *Iron Destinies, Lost Opportunities: the Arms Race Between the U.S.A. and the U.S.S.R., 1945-1987.* New York: Harper & Row, 1992.

NASIC(National Air and Space Intelligence Center). *Ballistic & Cruise Missile Threat.* 2013.

Navias, Martin. *Ballistic Missile Proliferation in the Third World - Adelphi Paper No. 252.* London: IISS, 1990.

Niksch, Larry A. *North Korea's Nuclear Weapons Development and Diplomacy.* Congressional Research Service, 2006.

NTI(Nuclear Threat Initiative). *North Korea Missile Chronology.* 2012.

Neuman, Stephanie G. ed. *Defense Planning in Less-Industrialized States: The Middle East and South Asia.* Lexington: Lexington Books, 1984.

Pande, Aparna. *Explaining Pakistan's Foreign Policy: Escape India.* New York: Routledge, 2011.

Pinkston, Daniel A. *The North Korean Ballistic Misiile Program.* Washinton D.C.: U.S. Government, 2008.

Richardson, Lewis F. *Arms and Insecurity.* Chicago: Quadrangle, 1960.

Rumsfeld, Donald. *Report of the Commission to Access the Ballistic Missile Threat to the United States: Executive Summary.* 1998.

Sandler, Todd and Keith Hartley. *The Economics of Defense.* N.Y.: Cambridge University Press, 1995.

Schiller, Markus. *Characterizing the North Korean Nuclear Missile Threat.* Santa Monica. CA: RAND, 2012.

Skocpol, Theda. *Vision and Method in Historical Sociology.* Cambridge: Cambridge University Press, 1984.

Spector, Leonard S., Mark G. McDonough and Evan S. Medeiros. *Tracking Nuclear Proliferation: A Guide in Maps and Charts, 1995.* Washinton, D.C.: Brookings Institute Press, 1995.

Squassoni, Sharon A. *Weapons of Mass Destruction: Trade between North Korea and Pakistan.* CRS Report for Congress, 2006.

Steyn, Hannes, Richardt Van Der Walt and Jan Van Loggerrenberg. *Nuclear Armament and Disarmament: South Africa's Nuclear Experience.* Lincoln, NE: iUniverse, 2007.

Szulc, Ted. *The Illusion of Peace: Foreign Policy in the Nixon Years.* New York: Viking, 1978.

Thee, Marek. *Military Technology, Military Strategy, and the Arms Race.* New York: ST Martin's Press, 1986.

Tulliu, Steve and Thomas Schmalberger. *Coming to Terms with Security: A Lexicon for Arms Control, Disarmament and Confidence-Building.*

Geneva: UNIDIR, 2003. 신동익 · 이충면 번역. 『군비통제, 군축 및 신뢰구축 편람』. 제네바: UNIDIR, 2003.

United Nations. *South Africa's Nuclear-Tipped Ballistic Missile Capability.* 1991.

Vaughn, Bruce. U.S. *Strategic and Defense Relationships in the Asia-Pacific Region.* Washington D.C.: The library of Congress, 2007.

Woolf, Amy F. *The New START Treaty: Central Limits and Key Provisions.* CRS Report for Congress, 2012.

Yoan, Niek. *Cruise Missile.* Miss Press, 2011.

Zwick, Peter. *Soviet Foreign Relations.* Englewood, N.J.: Prentice-Hall, Inc., 1990.

다. 기 타

Arms Control Association. *Arms Control Today.*
IISS. *The Military Balance.*
SIPRI, *SIPRI Yearbook.*

http://38north.org.
http://fissilematerials.org.
http://iis-db.stanford.edu.
http://nkleadershipwatch.wordpress.com.
http://spaceflightnow.com.
http://www.add.re.kr.
http://www.army-technology.com.
http://www.cdi.org.
http://www.cns.miis.edu.

http://www.crisisgroup.org.

http://www.dni.gov.

http://www.ewi.info.

http://www.fas.org.

http://www.globalfirepower.com.

http://www.globalsecurity.com.

http://www.iiss.org.

http://www.militaryfactory.com.

http://www.missilethreat.com.

http://www.mtcr.info/english/index.html.

http://www.nrdc.org/nuclear/nudb/datainx.asp.

http://www.nti.org.

http://www.security-research.at.

http://www.strategicstudiesinstitute.army.mil.

http://www.ucsusa.org.

http://www.un.org/sc/committees/1718/.

http://www.wikileaks-kr.org.

http://www.wmdinsight.com.